望江柏拉图研究论丛

顾问 Luc Brisson

主编 梁中和 张爽

An Introduction to the Philosophy
of Ancient Platonism

古典柏拉图主义哲学导论

梁中和　编著

华东师范大学出版社

华东师范大学出版社六点分社　策划

2014年度教育部全国优秀博士论文专项资助项目
"柏拉图主义哲学研究"（201402）
结项成果

公元前1世纪的柏拉图学园马赛克壁画（Plato's Academy mosaic: Roman mosaic of the 1st century BCE from Pompeii, now at the Museo Nazionale Archologico, Naples.）

雅典柏拉图学园遗址局部
(Plato's Academy Archaeological Site in Akadimia Platonos subdivision of Athens, Greece, 2008, Author Tomisti)[1]

---

① http://commons.wikimedia.org/wiki/File:Athens_Plato_Academy_Archaeological_ Site_3.jpg

"望江柏拉图研究论丛"出版说明

顾问: Luc Brisson

主编: 梁中和、张爽

公元前387年柏拉图(428/427BC–348/347BC)创建学园从事教学,培养出亚里士多德、斯彪西波、色诺克拉底等著名学者,后来经历老学园柏拉图主义、中期柏拉图主义到新柏拉图主义兴起,众多杰出的学者在学园和柏拉图主义感召下接受哲学教育,一直持续到公元529年基督教帝王为统一思想而关闭学园,历经900载。

此后柏拉图学园传统在西方中断了近千年,文艺复兴最重要的柏拉图主义者斐奇诺(Ficino)在美第奇家族的支持下,于1462年恢复了关闭已久的柏拉图学园,他将美第奇家族赐给他的卡尔基庄园布置得像柏拉图的老学园一样,莽特维奇(Montevecchio)的石松林就相当于柏拉图老学园的普拉塔努斯(Platanus)树林,而泰兹勒(Terzolle)河就相当于老学园的开菲斯(Cephissus)河。在学员们聚会的大厅墙面上镌刻着各种格言,比如"万物来自善归于善"(A bono in bonum omnia dirigentur)、"切勿过度,免于劳碌,喜乐当下"(Fuge excessum, fuge negotia, laetus in praesens),大厅里还有一尊柏拉图的塑像,像前点着长明灯。

斐奇诺效仿柏拉图,在自己家中接待友人,被接待者被称为"学员"(Academici),他们的导师被称为"学园首席"(Princeps

Academicorum)，他们聚会之所叫作卡尔基学园。随着斐奇诺名声日隆，他被称作"再世柏拉图"。后来随着学园中的导师增多，学员也逐渐分化成了斐奇诺派(Ficiniani)、皮科派(Pichiani)和萨沃纳若拉派(Savonaroliani)等小团体。斐奇诺还成立了"柏拉图兄弟会"(fratres in Platone)，其成员也就是"柏拉图的家人"(Platonica familia)，他们相互问候的话语是"因柏拉图之名祝好"(Salus in Platone)。入会的条件是博学、道德高尚、和斐奇诺保持友谊。斐奇诺在一封给友人的信中说他的兄弟会有80个弟子和朋友。

2010年7月，我们在成都望江楼公园发起了"望江柏拉图学园"，望江楼是唐代遗迹，紧邻锦江，就像老学园旁有开菲斯河；园中还有茂密的竹林宛若老学园的普拉塔努斯树林，公园免费对外开放，人们在里面漫步、纳凉、品茗都十分适宜。我们正是在这里，开始了系统地对柏拉图对话的研读和讨论。9年来，前后有100余名学员在这里学习、交流，后来有些远赴重洋，有些在国内诸多著名高校继续相关研究，他们的学科背景和研究所涉及的学术领域包括哲学、数学、文学、历史、法律、宗教、艺术，等等，他们中有很多人在经历了柏拉图思想的教育后踏上了继续探寻真理与意义的道路。

目前，望江柏拉图学园的主要活动包括：每年举行柏拉图诞辰与逝世(11月7日)纪念活动；柏拉图对话的阅读与解释；柏拉图主义著作集体翻译与解读；柏拉图式对话训练；组织与柏拉图对话相关主题的讨论；相关影视作品放映和赏析；面向四川大学本科学生开设阅读柏拉图经典对话的文化素质公选课。学园组织的系列讲座和论坛有：ΦΙΛΙΑ讲座(学界同仁来学园的免费交流讲座)；ΣΟΦΙΑ系列专题讲座(邀请学者来学园做的系列专题讲座)；ΑΛΗΘΕΙΑ古希腊哲学论坛(定期召开的全国小型专业学术论坛)；ΦΙΛΑΝΘΡΩΠΙΑ文艺复兴思想论坛(不定期召开的全国小型专业学术论坛)；ΠΑΙΔΕΙΑ系列专题讲座(针对特定人群开设的哲学教育讲座）；IΔEA哲学通识论坛（不定期举行的哲学主题沙龙）。（详见学园官网http://site.douban.com/106694/）

　　本论丛是继学园主编"斐奇诺集"之后新开辟的译文和著作集，为的是发表和翻译国内外柏拉图和柏拉图主义研究方面的经典或前沿著作，为更广大的人群，从不同方面、不同领域接触和了解柏拉图思想，为柏拉图思想在中国的传播做出一点努力，也希望人们通过柏拉图的思想，爱上思考，爱上智慧。

　　因此，在本论丛开启之际，我们也同时欢迎和邀请学界和社会上所有感兴趣的专家、学友，同我们一起撰写、翻译和推荐优秀的著作、译作，我们会酌情考察、采纳乃至出版。

成都·望江柏拉图学园

2018年11月7日

谨以此书献给：雨竹和我们的湛儿

νάγκης ἄρχοντος τῷ πείθειν αὐτὴν τῶν γιγνομένων
τὰ πλεῖστα ἐπὶ τὸ βέλτιστον ἄγειν.
理智统御必然，经由说服，将大多造物引向完善。

——《蒂迈欧》48A

目　录

中篇　中期柏拉图主义

下篇 新柏拉图主义

序

　　喜欢柏拉图哲学的人，多半都会知道美国哲学家怀特海的那句名言："欧洲哲学传统的最稳定的一般特征，是由对柏拉图的一系列注释组成的。"的确，正是从柏拉图著名的"洞穴之喻"出发，欧洲人开始在人们习以为常的"现象"背后去探索那隐藏起来的"真相"。是以，才有了"物理学之后"的"第一哲学"，才有了绵延两千五百年之久的形而上学传统。在这种意义上，说西方哲学传统无非是柏拉图哲学的一系列注释，并不为过。而在这一系列注释中，自然首推柏拉图亲手创立的学园传统和此后逾千年之久依然以他的名字命名的"主义"。

　　正是由于这种缘故，在我最初步入哲学殿堂的那些岁月里，我就对柏拉图哲学和柏拉图主义产生了浓厚的兴趣，甚至曾以初生牛犊的勇气，"狂妄地"想与几位师兄弟合作，撰写一部完整的"柏拉图主义史"，从古代的学园传统和新柏拉图主义，经柏拉图主义在犹太教、基督教和伊斯兰教中的延伸，再到文艺复兴时期的柏拉图主义和此后的剑桥柏拉图学派，直至其在近现代哲学中的影响。然而，岁月蹉跎，世事难料。由于种种难以言说清楚的原因，我却始终未能真正进入这个曾经使我着迷的领域。志同道合的诸位友人，也都忙于在自己的领域里辛勤耕耘，收获颇丰。昔日那个雄心勃勃的计划，却从此无人问津。每念及此，总是不免心生感慨。故而，得知中和倾心于柏拉图主义哲学历史的研究，足慰老怀。

与中和结识，始于他到中国人民大学哲学院攻读博士学位。在了解了他的学术兴趣和此前的学术积累之后，我与他共同确定了他的博士论文主攻方向，即文艺复兴时期佛罗伦萨柏拉图主义的代表人物斐奇诺的哲学思想。3年后，他以《灵魂·爱·上帝：斐奇诺"柏拉图神学"研究》为题，完成博士学位论文和学业，此论文先后被评为中国人民大学优秀博士学位论文、全国优秀博士学位论文。毕业后，中和回到他曾求学的四川大学任教，继续从事与柏拉图主义相关的教学和研究工作，并创办了"望江柏拉图学园"，在内容和形式上都继承和延续了柏拉图主义的传统。这本新作《古典柏拉图主义哲学导论》，可谓他厚积薄发的一个成果。

本书从柏拉图于公元前347年去世后学园的第一代掌门人斯彪西波写起，一直写到雅典学园于公园529年被关闭乃至更迟，时间跨度近千年，涉及思想家逾百人，不仅脉络清晰，而且资料丰富。前者在于对古典柏拉图主义的各个历史时期、流派均做了详细梳理，师承关系、思想赓续一目了然；后者在于对每位思想家的生平、著作、主要学术思想皆有介绍，并对主要代表人物的思想进行了重点剖析，提纲挈领、简明扼要。有一些重要的史料，例如"柏拉图主义与基督教的纠葛"中的部分资料，是首次出现在汉语语境之中。作为"一种导论性研究"，这部著作很好地起到了古典柏拉图主义的一幅全景图和导游图的作用，为人们从宏观上把握、从微观上深入古典柏拉图主义提供了一个不可替代的向导。

然而，这部著作毕竟不仅仅是"向导"，它也是一种"研究"。在大量占有史料的基础上，中和也对古典柏拉图主义发展史上的一些热议的问题作出了自己的判断，提出了独到的见解。例如，对于素有争议的亚里士多德哲学与柏拉图主义的关系问题，中和并没有到柏拉图和亚里士多德的著作中去引章摘句，分析二人哲学思想的异同，而是枚举、参考了策勒、耶格尔、欧文等希腊哲学研究大师的见解，最终把着眼点放在"批评、完善或推进了柏拉图乃至苏格拉底提出的哲学问题"上面，确认"亚里士多德只不过是一个由于其自身理论光芒而超越了学园派标签的学园派哲学家，是学园派中最重要的理论工作者，也是学园哲学生长出的最好的理论果实之一"。对于后世柏拉图主义者谐和柏亚哲学的做法，中和也给予了充分的肯定。再如，对于新兴的基督教神学与新柏拉图主义之间的关系，中和亦没有简单地因袭新柏拉图主义是基督教神学思想来源的说法，而是依据思想史发展的史实，具体地分析了新柏拉图主义与基督教相遇时的思想运动，剖析了新柏拉图主义者对基督教的批判和基督教对新柏拉图主义哲学的吸纳和改造，客观准确地再现了两种思维传统在相遇时的碰撞、融合并产生一种新类型的"柏拉图主义"哲学的过程。

过去了的成为历史，历史终归要"过去"。然而，哲学的历史迥异于其他事物的地方就在于，包括古典柏拉图主义在内的那些明明已经"过去了的"哲学却依然不肯"过去"，作为现代哲学的源头，它依然或隐或显地影响着现代哲学的发展，这就是古典哲学的"现代性"问题。如何深入挖掘古代与现代之间的联系，在古代和现代之间建立起思想交流的桥梁，一直是西方哲学史研究的主流意识。早在撰写博士论文时期，中和就已经自觉地注意到了这一维度，把对斐奇诺哲学的研究与对现代哲学的源头的探讨牢牢地结合在一起。这一原则也被他贯彻在如今对古典柏拉图主义的研究中。他对古典柏拉图主义的研究绝不仅仅是在撷怀旧之蓄念，发思古之幽情，而同时是力图发掘古代与现代之间的密切联系。这一点，清晰地体现在"余论：柏拉图主义的现代处境"中，特别是"后现代与中国思想语境中的柏拉图主义"这个部分之中。

当然，中和的这部著作对于柏拉图主义的研究来说，还仅仅是一个开始。研究尚停留在"古典"柏拉图主义哲学，柏拉图主义更悠久的历史还继续有待梳理。限于篇幅，也限于"导论性"，即便是对于古典柏拉图主义也未能进行更深入具体的探讨。尤其是对于那些并非最重要的思想家来说，本书还多半限于简单的介绍，缺乏深入的剖析和评价。但尽管有这些遗憾，都不影响本书为柏拉图主义历史的介绍和研究开了一个好头。希望中和能沿着这条研究路线继续走下去，也希望更多有志之士受此书影响，参与到柏拉图主义哲学的研究中来。

是为序。

李秋零
2017年2月3日凌晨

导论　何谓柏拉图主义？

一、范围与意义

　　现代早先的柏拉图研究者或宣传者，如伯奈特、[1]沃尔特·佩特[2]等都围绕柏拉图展开对柏拉图主义的论述，甚至将柏拉图思想的主要内容视为柏拉图主义的主要内容。原则上，这样的做法没有太大问题，毕竟柏拉图是柏拉图主义的核心。但细致分析的话会发现，"柏拉图主义"这个标签毕竟不同于柏拉图，柏拉图的追随者一如所有智慧的追随者一样，不会是智慧本身，也很难忠于柏拉图本人。最宽泛意义上讲，所有那些追随柏拉图哲学，有所损益或改动的哲学思想都是柏拉图主义思想，其思想内核除了柏拉图对话中展示出的问题域外，是否还有一些固定的教条，这本身是一个值得探讨的问题。[3]

　　一般而言，直到公元1世纪，人们（主要指安提库斯[Antiochus]）才开始认为柏拉图作品本身就建立了一个融贯而本质上正确的哲学体系。公元2世纪开始，有不少哲学家开始通过系统解读柏拉图作品，来倡导一种独特的哲学流派和体系，并以"柏拉图主义者"

---

[1] John Burnet, 1926.
[2] 《柏拉图与柏拉图主义》，徐善伟译，大象出版社，2012年。
[3] 详参Gerson, 2005b。

自居。此后，公元200–600年的400年间，这些柏拉图主义者们创作了大量作品，来解释柏拉图哲学，其成果蔚为壮观。[1]只是到了文艺复兴之后，鲜有人论及。最近50年，随着学术的发展，这部分文献重新开始得到重视和广泛研究。

与其他希腊化学派相比，柏拉图主义者之间的异质性很强，因为他们没有一个统一的机构建制，也没有固定的人员章程，不像斯多亚派和伊壁鸠鲁派那么严格。因此也就没有固定的大家都认可的教义、教条，但是他们相互做着思想竞争和各种努力，又形成了有着亲缘性的"柏拉图式哲学"。从理论形式和方法上讲，这些柏拉图主义者大体有三点共识：第一、柏拉图的对话和其他作品，如书信，提出了一组内在一致的思想教条；第二、柏拉图的作品展示了一个哲学体系；第三、在大多数议题上，亚里士多德对其观点的理解和发展是最可靠的，[2]柏亚思想以和谐为主。因此，我们可以看到诸多建立柏拉图思想体系的努力，至于他们之间的优劣又可以细致辨别。从理论内部讲，按照现代著名柏拉图主义研究专家格尔森的看法，历史上各种各样的柏拉图主义者分享这样六个理论原则：

(1) 宇宙有一个协调或系统的统一体；

(2) 这一系统的统一体是一个可解释的等级；

(3) 神圣者制定了一个不可化约的解释范畴(本体论与神学不可分)；

(4) 这是一个灵魂学意义上的规定(宇宙本身是一个活体，灵魂是生命的原理)；

(5) 人类属于这个系统的等级，个人的幸福在于企及等级中遗失的位置；

---

[1] Brittain, 2011，第526页。

[2] 同上，第528页。

(6) 认识的次序包含在形而上学次序中。①

　　后文的研究会或多或少印证这些判定。我们可以说，由于柏拉图作品的多义性和开放性，古代这些整合柏拉图哲学的努力直到今天还有其意义，特别是有些从温和的或激进的整体论(unitarian)视野出发来重新解读柏拉图作品的努力，会更重视古代传统的借鉴意义。②我们至少可以一方面将其看作解读柏拉图的伙伴或理论竞争对手，进而经由柏拉图探索真理；另一方面可以看到哲学史上的柏拉图哲学如何影响他们的时代，这些影响又如何持续至今。也就是说，对于我们了解柏拉图和柏拉图哲学影响史都有重要意义。

　　就理论研究和教学方式上讲，柏拉图主义代表了古代评注传统的主流，据阿多考察，"最早对柏拉图《蒂迈欧》进行评注的大概是克冉托尔(约公元前300年)，此后，评注柏拉图的活动就一直持续到公元6世纪雅典学园关闭，并且，无论在阿拉伯世界还是在拉丁西方，这些活动都还将延续至文艺复兴时期(马西里奥·斐奇诺)。……除严格意义上的评注外，哲学学校的注释活动，或以论文的方式对某些注释要点进行教义阐述，或以教本和导论的方式对先师的作品进行导读。另外，我们发现，在古代末期，除了柏拉图和亚里士多德，那些启示性的著作同样具有权威性，如犹太人和基督徒的《圣经》和异教哲学家的《迦勒底神谕》。犹太主义和基督主义试图以哲学的面貌把自己呈现在希腊人面前，如同对柏拉图的传统注释一样，他们通过斐洛和俄里根开展了对《圣经》的注释。至于异教《迦勒底神谕》的评注者，如：波斐利、扬布里柯、普罗克洛，他们努力证明，'神'的教义是与柏拉图的教义相吻合的。一旦通过神学来理解对经典文本的理性注释，便可说，从这时起，

---

① 详参Gerson, 2005b。
② 对柏拉图作品解读，笔者个人更倾向于温和的整体论，这方面的代表性学者是C.H.Kahn、Luc Brisson及其弟子们。

哲学成了神学,并且,此种状况也将覆盖整个中世纪。"①因此,在笛卡尔之前,古代哲学包括中世纪哲学的主要传承方式,都是注疏,柏拉图主义者们对古代以柏拉图为主的文献评注,成为西方古代的主流表达方式,《圣经》等宗教文献只是加入了这个既有传统而已,人们首先认可这些古代文献的神圣性和真理性,因此注疏作品的正当性也就得到了保证。

古代柏拉图主义者与今天的柏拉图学者不同在于,古代的柏拉图主义者的目标是探寻真理,通道是柏拉图哲学,他们真心认同所发现的柏拉图哲学基本原则,也参与了清理和疏解柏拉图哲学的工作,目的是获得真知,过上爱智者(哲学家)的生活。而今日的"学者"可能只是对哲学史感兴趣而阅读柏拉图,不强调通过柏拉图获得真理的意图,而且往往带了一种现代人的偏见,认为古代人没有科学的文献和哲学研究方法,从而不可能"读懂"柏拉图,或者即便读懂了,也错会了"真理"等。

可是,两千年之下,脱离了当时语境,也不再以古希腊语为母语的现代人,真的可以理直气壮地说比安提库斯、普罗提诺更了解柏拉图吗?或者,我们真的比柏拉图及其追随者更接近真理吗?我想,保持一点谦虚,或许是青年人该有的好学态度,通过系统研究柏拉图主义者们的努力之后再下结论也为时未晚。

二、思想根源

除了大多数哲学史中介绍的巴门尼德、赫拉克利特和苏格拉底等直接思想来源外,柏拉图还有两个理论来源深远影响了后来柏拉图主义思想。

(一)俄耳甫斯教义

柏拉图有大量对俄耳甫斯教义的转述、借用和评论,②他自己

---

① 阿多,2017,第5页,译名有改动。
② 参见吴雅凌编译,2006,《俄耳甫斯教辑语》,华夏出版社。

的思想与俄耳甫斯教义有关,而且这种影响也传递给了柏拉图主义者们。新柏拉图主义者叙利亚努斯、赫米阿斯、普罗克洛、达玛士基乌斯、奥林匹奥多罗斯等,都在俄耳甫斯的神谱叙事中看到他们自己思想体系的缩影。他们甚至把俄耳甫斯视为"希腊的神主",他们认为俄耳甫斯的圣辞里有一套堪与荷马、赫西俄德等传统媲美的神谱,是古希腊宗教精神的代表。他们通过联系《巴门尼德》和俄耳甫斯思想,试图在柏拉图神学与俄耳甫斯思想之间建立有机联系,当然,由于他们接受的俄耳甫斯教义已经是毕达哥拉斯和柏拉图化了的传统,因此他们是以柏拉图化的俄耳甫斯主义反过来解读柏拉图。[1]以柏拉图神学对照俄耳甫斯神学的话,可以在下表中看到其对应关联:[2]

柏拉图神学 (普罗克洛等新柏拉图主义者)	俄耳甫斯神学
不可言说者	水+土
太一	克罗诺斯(Chronos)
诸一	
理智	卵、云神、爱若斯
理智—理知	纽克斯(Nuit)、乌兰诺斯、百臂神
理知	克洛诺斯(Cronos)
超宇宙诸神	12个主神,宙斯为首
超宇宙——宇宙中诸神	《斐德若》中提到的12个神
宇宙中诸神	狄奥尼索斯和主管天体的诸神
宇宙灵魂	世界灵魂、天体和时间局部的灵魂
理知灵魂	灵明、天使和英雄
身体	人和兽
质料	

---

① 参见吴雅凌编译,2006,《俄耳甫斯教辑语》,华夏出版社,第42页。
② 同上,第43页,根据后文研究,术语有改动。

　　近来，有些学者从埃及和希腊思想传统的线索上，发掘俄耳甫斯作为柏拉图思想的根由，[1]他们与一般的现代希腊化史学家不同，认为柏拉图的理念论是重温巴门尼德传统和俄耳甫斯教义，认为这样的解读并没有时代倒错的问题，"所有人逃离死亡，因此所有人都远离智慧……巴门尼德的旅程将他带到完全相反的方向……在你死前死去，不再活在自身的表面，这就是巴门尼德所教导的。"[2]巴门尼德作为柏拉图主义的理论基础，竟然与俄耳甫斯教义相关，比如在《斐德若》和《理想国》的神话中，就有揭示纯粹存在的部分，带有巴门尼德和俄耳甫斯教义的因素。[3]还有柏拉图对理念的回忆学说，也与俄耳甫斯教义相关，这种回忆说与埃及《托特之书》(*The Book of Thoth*)中的"热爱智慧者"和"赞美智慧者"(神性)之间对话中的想法类似。[4]柏拉图主义者继承了埃及传到巴门尼德和俄耳甫斯教义中对知识的热爱就是对真实存在的揭示，一个认识了不朽存在的人也就是一个纯净的灵魂。因此，练习死亡是指练习远离虚假，转而面向真实。

　　具体到俄耳甫斯教教导的人身体是监牢、禁食有生命者、净化、秘仪、祈祷、死后神的奖赏和惩罚、复活(还阳)、灵魂不朽、癫狂、虔敬等思想，我们可以经常在柏拉图和柏拉图主义者著作中遇到，这些想法是否未经反省就被柏拉图主义者们运用，或者如何在具体解释中运用则是细致研究的问题，但俄耳甫斯教义以及其可能的埃及思想来源，决定性地影响了柏拉图主义中的某些面

[1] Uzdavinys, 2011.
[2] Peter Kingsley, 1999，转自Uzdavinys, 2011，第73页。
[3] 参见John A. Palmer, 1999，第21-23页。
[4] 参见*The Ancient Egyptian Book of Thoth: A Demotic Discourse on Knowledge and Pendant to the Classical Hermetica* Bilingual Edition by Richard Jasnow (Author), Karl-Theodor Zauzich (Author) Harrassowitz Verlag; Bilingual edition, 2005，新版参见*Conversations in the House of Life: A New Translation of the Ancient Egyptian Book of Thoth* by Richard Jasnow (Author), Karl-Theodor Zauzich (Author) Harrassowitz, 2014。

向是确定无疑的。当然巴门尼德思想也在这个根源序列中，其更加"抽象"或更加非神学化的表达，直接影响了苏格拉底和柏拉图思想的形成，也一直伴随着柏拉图主义者们的思想发展。

（二）毕达哥拉斯主义

毕达哥拉斯主义和柏拉图主义的关系更为复杂，需要专门研究，[①]在此，我们只是简单梳理两者相互成就的关系。依据Luc Brisson先生的梳理，我们对毕达哥拉斯主义思想的了解，或者说毕达哥拉斯主义的发展，经历了这样的一个过程：

（1）关于毕达哥拉斯，我们一无所知，只能说他存在过，大约生活在公元前580–前490年间。

（2）希罗多德（公元前480–前420年）和其他一些中期喜剧作家（公元前4世纪）提到过，毕达哥拉斯主义者受到过一些宗教传统的影响，特别是俄耳甫斯教义。在毕达哥拉斯去世百余年后，柏拉图和亚里士多德还了解一些毕达哥拉斯主义者的思想，主要是其科学、哲学思想，还有政治活动。他们认为其在宗教与哲学中找到了平衡。

（3）毕达哥拉斯主义在中期柏拉图主义者那里得到复兴，宗教与科学得以完全地彼此融合，毕达哥拉斯变成了一种诸神与人之间的中间性存在。

（4）最后，扬布里柯（去世于公元325年）建立了"哲学神话"，首先将毕达哥拉斯与俄耳甫斯联系，然后又将柏拉图与毕达哥拉斯联系起来，影响了解释者们将毕达哥拉斯与对数字和灵魂的神学沉思，以及将其轮回和回忆学说的思考联系起来。[②]

[①] 20世纪50年代以来，已经积累了大量的毕达哥拉斯主义的原典翻译和重要的毕达哥拉斯主义研究，我们将在日后的翻译研究中做进一步的梳理和介绍。最近代表性的成果是：Huffman, 2014。

[②] 据Luc Brisson, "The Making of Pythagoreanism:Orpheus, Aglaophamus, Pythagoras, Plato", 感谢作者赐稿。

　　后来人们所指涉的往往是经过柏拉图主义化的毕达哥拉斯主义，当然，我们也可以很容易地想到，毕达哥拉斯学说是柏拉图和柏拉图主义的思想根源之一。[①]最重要的，或许是毕达哥拉斯对数学的哲学和神学思考。而柏拉图主义对毕达哥拉斯主义的影响，则从多部《毕达哥拉斯传》到对毕达哥拉斯教义的阐发等，都有体现，可以说，毕达哥拉斯主义是经由柏拉图主义者之手才最终成型的。[②]

　　阿多说，"从一般意义上说，新柏拉图主义神学的任务乃在于，证明俄耳甫斯启示——含毕达哥拉斯及柏拉图的教义——与迦勒底启示之间的一致性（sumphonia）。这种一致性是不言而喻的，因为在这两种启示中进行言说的都是神，而神不会自相矛盾。他们不过是以不同形式——象征的（俄耳甫斯式）、数学的（毕达哥拉斯式）、辩证的（柏拉图式）、断然的（《迦勒底神谕》式）——来言说同样的事情。因此，新柏拉图主义者将尽最大努力而对所有这些既定启示加以系统化：神话、俄耳甫斯主义、毕达哥拉斯主义、柏拉图主义（已和亚里士多德主义一起被系统化）、迦勒底主义。于是，新柏拉图主义的注释方法能在任何文献中——神话的、迦勒底的、哲学的（哪怕是前苏格拉底的）——找出柏拉图主义，而且反过来，通过一种几乎不可思议的、难以置信的努力，也能在例如柏拉图《巴门尼德》的辩证论证的每一环节，找出《迦勒底神谕》的诸神等级。"[③]因此，柏拉图主义将之前的俄耳甫斯、毕达哥拉斯等古代理论传统融汇于一炉，进行各种理论融合，甚至误读。而在这些浩如烟海的文献中，又有一些创见时有生发，并未因为注释传统而丧失创新的活力。

　　当然，柏拉图主义在发展中还吸纳了很多宗教和哲学传统，

---

① 详参Huffman, 2014, 第10、12章, 以及研究作为毕达哥拉斯主义者的柏拉图的专著: Ernest G. McClain, 1984。
② 参看本书后文相关章节。
③ 阿多, 2017, 第55页。

后文会涉及一些,在此不一一赘述了。我们强调的是这两个思想流派对柏拉图主义的决定性影响,在此意义上,它们是其思想主脉的根源。

三、哲学史分期

学界一般认同的柏拉图主义哲学史分期如下:[①]

(1) 老学园或早期学园期,公元前348–前268年;

(2) 新学园或怀疑派学园期,公元前268–前50年(或者再细分为中期学园和新学园);

(3) 变动中的后学园期,公元前50–公元70年;

(4) 中期或早期柏拉图主义时期,公元70–230年;

(5) 新柏拉图主义时期或普罗提诺及其之后的柏拉图主义时期,公元230–300年;

(6) 晚期新柏拉图主义或后期柏拉图主义时期,公元300–600年,其中包括:

① 未定名时期,公元300–400年;

② 雅典学派时期,公元400–529年学园关闭;

③ 亚历山大里亚学派时期,公元435–611年结束。

但要注意,首先,从学园期结束后,柏拉图主义再没有统一的学术机构和完整的传承脉络,都是多头分散进行理论和教育活动;其次,柏拉图主义者对柏拉图的解读,也经历了一些变化,比如新学园的怀疑论倾向,新柏拉图主义的宗教化倾向等,他们并非相互认同,其思想变化也未必遵循一个确定的脉络。因此,我们不能将柏拉图主义思想看作一个单一而完整的学派思想,只能说是有某些理论起点和预设的、共同的思想努力。

学园柏拉图主义除了柏拉图的第一代弟子对其学说的继承和

---

① Brittain, 2011,第531页。

改造外，最受关注的是怀疑派的新学园思想，根据西塞罗的看法，是新学园给了怀疑思想以具体形态，而无疑这种思想在其他哲学家那里已经出现，只是没有充分发展。对现代研究者而言，"怀疑论是一个自足的哲学方向，但新学园对怀疑的解释给西塞罗制造了一个难题，即它如何在组织上和哲学上都是对柏拉图的传承，而西塞罗从未将后者仅仅表述为一个不断怀疑的哲学家。并且，我们遵循某种哲学方向的概念都是希腊式的，可西塞罗并非职业哲学家，罗马时期哲学的社会定位也完全不同。"①新学园的怀疑主义更多地表现为一种哲学思考的推进和苏格拉底哲学精神指导下的探索，也是希腊哲学在罗马帝国之内进行世界化的初步尝试。

　　经历了漫长的怀疑主义倾向时期，柏拉图主义在安提库斯之后，开始所谓回到独断论，主张柏拉图和亚里士多德主义哲学在基本原理上是一致的。融通柏拉图学园内部各个传统和思想的努力，成为这一时期的标志，这一时期也被标上了"折衷主义"的标签。他们通过学习漫步学派严密的逻辑推论，又理顺柏拉图对话中展示出的思想，通过接触新毕达哥拉斯主义，呼应了时代的宗教和信仰需求，同时还积极与斯多亚派展开理论辩论，取长补短，这种折中还没有产生独具创造性的新思想，如普罗提诺那样，但已经是在进行积极的建构性的理论工作，因此所谓"中期"就不光是指时间上处于学园柏拉图主义和新柏拉图主义之间，处于世纪之交（公元初年），而更是指柏拉图主义的一种过渡阶段。虽然是过渡阶段，但也产生了诸如安提库斯、普鲁塔克、菲洛等影响后世甚巨的大思想家，同时还有阿普列乌斯等著名学者和作家，柏拉图对话四联剧的编辑家特拉绪洛斯，以及唯一流传下来的最早的柏拉图主义教义概要的作者阿尔基努斯。怀疑倾向让柏拉图主义就像一条容纳百川的河流，不断吸纳和回应不同的思想，逐渐壮大，思想之间不断相遇和融合，最终到新柏拉图主义时已然是汪洋大海。

---

① 参见Carlos Lévy, 2010。

因此,中期柏拉图主义,或希腊化的柏拉图主义,并非围绕一个既定的教义展开的体系化工作,而是一个理论竞争的场域,大家在不断提出新学说的同时,结合各种理论,展示各种思想可能,最终形成诸多富有创造性的思想尝试乃至体系和教义。

而所谓"新柏拉图主义"是指希腊化罗马时期,从罗马帝国产生危机到阿拉伯取得胜利,也即公元3世纪中叶到7世纪中叶,这么漫长的时间中的继承了柏拉图和前代柏拉图主义思想的哲学学派。这个标签是18世纪的学者们加上的,他们自身只是自我认同为柏拉图学说的复兴者,是"柏拉图主义者"。伴随着古代唯物论倾向的学派如伊壁鸠鲁学派和斯多亚学派的凋零,柏拉图主义逐渐成为主流的哲学意识形态,它给出了从宇宙到人的全面的哲学解释。新柏拉图主义者们依于柏拉图思想,融会众多或说除了伊壁鸠鲁主义外的几乎全部古代思想传统,习惯于体系性的整体考察,形成了宏大的理论景观。

新柏拉图主义者们共享着古代思想家们的一些基本思想倾向,首先也最重要的是,他们继承了从前苏格拉底到亚里士多德以来的观点,认为理智在本体论上比之物质更有优先性,理智的实在才是真实的实在,因此灵魂优先于身体也就顺理成章了。尽管柏拉图和亚里士多德在理智对象是否也有优先性上有争议,但是新柏拉图主义者都尊崇意识优先于物质的古老传统,是典型的理想主义哲学家。其次,新柏拉图主义还分享了斯多亚和赫尔墨斯主义的一些想法,在对真正实在进行认识和物理的证明中,都依循一个唯一的至高原理,因此新柏拉图主义是典型的一元论理论。这个原理被称为"原初"、"太一"或"至善",这个至高原理在本体论上和实在性上都优先于其派生的其他存在。[①]

目前欧美新柏拉图主义哲学研究可谓处于发展的最佳时期,一方面是由于19世纪末以来厚实的学术积淀已经允许学者们较为

① Christian Wildberg, 2016.

从容地研究新柏拉图主义的细枝末节；另一方面是现代学术评价机制中的创新要求，迫使学者进军细节，再现古代传统中的思想传统，而非用现代哲学工具强行切割。古代哲学重新回到了古代精神勾连中得以描述。

目前全世界取得的众多丰硕成果中，有详尽梳理新柏拉图主义者的共识的，[1]有通过翻译解读来还原新柏拉图主义者对诸多哲学文本的阐释的几套大型丛书，[2]有专门分章注解普罗提诺全集的大型丛书，[3]此外还有众多最新的原著翻译和研究，牛津大学出版社、剑桥大学出版社和Brill出版社也陆续翻译出版众多经典新柏拉图主义原著和研究。新柏拉图主义的研究指南在逐渐完善，从个人指南如《普罗提诺研究指南》，到学派指南《新柏拉图主义研究指南》都已经出版。各大学也纷纷设立相关的研究机构，比如都柏林三一学院柏拉图主义研究中心、法国科学院丕平研究中心、鲁汶大学柏拉图主义研究中心等。这些都说明，在柏拉图特别是新柏拉图主义研究方面，专业人士在剧增。[4]除了学科发展带来的泡沫外，我们还是要看到新柏拉图主义在当代思想界的独特魅力，新柏拉图主义获得广泛而深入的研究，有利于我们完整地理解西方的形而上学传统发展脉络，有利于我们在历史的思想关联中理解柏拉图。

本书将对古典柏拉图主义——即从学园到晚期新柏拉图主

---

① Heinrich Dörrie, *Der Platonismus in der Antike*, Stuttgart-Bad Canstatt ,1987.

② Richard Sorabji主编, *Commentaria in Aristotelem Graeca* (CAG), Duckworth出版社，迄今已出版近50部翻译加疏解性著作；以及Robert M. Berchman 和John F. Finamore主编的*Studies in Platonism, Neoplatonism, and the Platonic Tradition*, Brill出版社出版发行，也有数十卷出版。

③ John M. Dillon主编, *The Enneads of Plotinus With Philosophical Commentaries*, Parmenides出版社出版，已出版10余部译疏作品。

④ 有专门的国际新柏拉图主义协会 "The International Society for Neoplatonic Studies (ISNS)" (参网址: http://www.isns.us/), 在欧洲、美洲、澳洲和亚洲都有众多会员。

义——进行大体上的脉络梳理,由于涉及人物众多、思想复杂多样,因此只能先以挂一漏万的方式整体研究,日后再深入细节。严格讲,基督教产生之后的教内柏拉图主义,已经或多或少不同于传统柏拉图主义思想主线,而是宗教化的柏拉图主义。不论是早期教父、中世纪天主教正统、拜占庭的激进柏拉图主义或阿拉伯神学中的柏拉图主义,特别是苏菲派的神秘主义等,以及文艺复兴时期的新柏拉图主义,乃至近代剑桥柏拉图主义,都是基于古典柏拉图主义的再造,结合了更多的其他思想或宗教传统做出的新融合和拓展。由于有些国内已经有较充分的研究,加上篇幅所限,此书就不再一一涉及,期待国内更多的这些方面的研究问世。

上篇　学园柏拉图主义

引论　老学园的建立及其精神传统的形成

柏拉图像

　　关于柏拉图学园的最早记载,见第欧根尼·拉尔修的《名哲言行录》(诞生于公元3世纪上半叶)3.7,距离柏拉图去世的公元前347年已经过去了600多年。拉尔修说,苏格拉底死后,柏拉图四处游学,他回到雅典后,"住在阿卡德米,这是一个坐落在城墙外的体育场(γυμνάσιον),周围有一片小树林,得名于一个叫赫卡德谟斯的英雄"。[①]这里既是体育场也是墓园,很多人都可以去那里锻炼身体,并不是秘密的封闭的据点。很多智者和哲学家都喜欢边健身边讨论问题,或者在体育场与自己的学生相遇。柏拉图学园主要活动是在墓园中,园中有一个缪斯的神坛,据说是柏拉图所建,后来他的继任者,外甥斯彪西波增加了美惠女神的雕像,神坛附近就是学园日常讨论的地方,但是学园如何与公共的墓园区隔开来,成为带有私人性或秘密的场所,则并不清楚。

古代中期戏剧作家埃匹克拉底(Epicrates)的戏剧残篇(Fr.11 Kock)中提到,柏拉图和斯彪西波、迈奈德穆斯(Menedemus)一群人结伴正在分析一个南瓜,由此我们可以看到,学园有公开的讨论,甚至会被路人撞到。戏剧原文如下:

甲：柏拉图和斯彪西波、迈奈德穆斯要去哪儿?他们今天要探讨(diatribousin)什么东西?他们现在正在研究什么沉重的理念,什么逻辑线索?准确地告诉我,以大地的名义,如果你对此有任何知识的话。

乙：当然,我会准确地告诉你。我在泛雅典娜节的阿卡德米操场里看到一伙少年,听到无法描述的言谈,很震惊!因为他们在对自然给出定义(peri physeōs aphorizomenoi),并且将动物的生活方式、树木的本性和蔬菜分门别类。因此他们在研究南瓜该被划为哪个种。

甲：他们达成的定义是什么样的?那个植物被划为什么种?

乙：首先他们站在自己的位置,弯着头沉思了好一会儿。然后,当他们还在俯身研究时,突然一个少年说它是一个圆蔬菜,另一个说是一种草,还有说是一种树。当一个来自西西里的医生听到这些后,他轻蔑地否定了他们,就像他

---

① 参考《名哲言行录》,徐开来、溥林译,广西师范大学出版社,2010年版,本书凡引拉尔修皆参本译本,必要时略有改动。

们在说废话一样。

甲：无疑，他们会变得很愤怒，宣称要反击这种侮蔑吗？因为在公共聚会（en leskhais taisde）中这么做不体面。

乙：不，其实那些少年一点都不介意。而柏拉图出现时非常和善，毫不恼怒，他告诉他们再试着定义南瓜属于什么种。然后他们就再次尝试区分（diairesis）。①

　　这些残篇表明柏拉图和他的学生们在露天教学和学习，应该是公开的，从这位剧作家的用词，我们可以看到他对柏拉图学园所教授的东西有所耳闻或者有一定了解。也有记载可能为我们提供私人性的那一面，这个记载来自埃里安（Aelian），②讲述的故事发生在柏拉图死前不久，说的是有一次色诺克拉底外出拜访自己的家乡（Chalcedon），斯彪西波刚好生病，亚里士多德就趁机和自己的一伙人一起攻击柏拉图，用辩驳的方式提很多挑衅的问题，这时候柏拉图已经80岁了，记忆和思路不如从前，被这样挑衅后感到不适，就离开了外面的漫步讨论组（tou exō peripatou），走进了里面他的同伴组（endon ebadize sun tois hetairois）。三个月后，色诺克拉底回来了，他发现亚里士多德和他的人徘徊在柏拉图本该出没的地方，而且亚里士多德一整天都没有去柏拉图的房间（ou pros Platōna anachōrounta），于是问外面的讨论组柏拉图在哪里，他估计柏拉图不太舒服了。那人回答说："他没有病，但是亚里士多德曾经让他难堪，迫使他从讨论组退出，所以他退出了，在自己的花园（en tōi kēpōi tōi heautou）研究哲学。"后来色诺克拉底和斯彪西波联合忠于柏拉图的力量，促使柏拉图恢复在其长居的处所活动。著名柏拉图主义研究专家狄龙认为，这个故事显然是有偏见的饶舌，但它有其根据，至少告诉我们学园中有两部分，公开的讨论组

① 转引自Dillon, 2003, 第7–8页。
② *Varia Historia*. 3.19.

和柏拉图自己的花园，或许公开讨论组那个用词来自亚里士多德后来的"漫步"讨论，也可能是亚里士多德来自学园里面的这部分讨论活动。[①]柏拉图的花园也未必只是花园，也可能有不少建筑，就像伊壁鸠鲁的花园那样，足以组织社团活动。这个花园可能是柏拉图在叙拉古的狄翁帮助下买来的财产，也成为后来学园的固定居所。

　　关于柏拉图学园中师生关系如何，我们没有确凿证据，埃匹克拉底的记述是某种参考，第欧根尼·拉尔修记载柏拉图曾说"亚里士多德踢开了我，犹如小雄驹踢开生养它们的母亲"（5.2）。这也可以看作学园师生关系的一种说明，是某种开放性的而非大师和门徒的关系。我们也可以从《理想国》中论教育部分，设想柏拉图学园中的课程设置，应该有几何学、算数、辩证法训练等，这方面还有亚里士多德《论题篇》（183^{b}34以下）附录及卷6、7的相关内容（139^{b}12、140^{a}33、141^{a}5以下），可以反观柏拉图定义法。[②]

　　柏拉图的弟子名录主要可以参看《名哲言行录》3.46和斐罗德莫斯（Philodemus）的《学园史》卷6，共计23位左右，其中还包括两位女士。[③]关于学园领袖的传承也有些记述，是否民主产生或按照前任的意志指定等在此不再讨论，因为证据很少，而且传承没有定则，后文遇到影响哲学理解时再做说明。但是在每代领袖传承中发生的微妙变化则是可以注意的，Edward Watts曾撰文从历史角

[①] Dillon, 2003，第4页。

[②] 详见Dillon, 2003，第11—12页。

[③] 《名哲言行录》中提到Speusippus of Athens, Xenocrates of Chalcedon, Aristotle of Stagira, Philippus of Opus, Hestiaeus of Perinthus, Amyclus of Heraclea, Erastus and Coriscus of Scepsis, Timolaus of Cyzicus, Euaeon of Lampsacus, Python and Heraclides of Aenus, Demetrius of Amphipolis, Heraclides of Pontus和Menedemus of Eretria其中两位女士是Lastheneia of Mantinea和Axiothea of Phlius；《学园史》增加了Menedemus of Pyrrha, Chaeron of Pellene, Hermodorus of Syracuse, Calligenes和Chion。

度详细梳理了老学园的世代更替及其遭遇的历史重构，并且描述了其在雅典精神生活中的地位变迁，以及柏拉图精神传统的形成和演变。[①]

　　在我看来，苏格拉底的教诲使得柏拉图认识到探究式学习和研究远比谨守教条重要，我相信柏拉图本人不会执着地要求别人学习和记忆自己探索得到的阶段性结论。他教给学生的最重要的一点一定是如何研究，而非研究的结论。有了这个前提，我们在讨论柏拉图精神传统的形成时，就不至于陷入具体学说的争执，可以化解所谓"柏拉图未成文学说"的尴尬处境，同时也避免了将柏拉图主义解释为怀疑主义的倾向。

---

① Edward Watts, 2007.

第一章　老学园的柏拉图主义

一、斯彪西波

斯彪西波像[1]

（一）生平与著作

斯彪西波（Speusippus, Σπεύσιππος, 前408–前339/8年）是柏拉

---

[1] Thomas Stanley, *The History of Philosophy: Containing the Lives, Opinions, Actions and Discourses of the Philosophers of Every Sect*, illustrated with effigies of divers of them.,1655.

图姐妹柏多奈(Potone)和一个叫埃乌胡麦东(Eurymedon)的人的儿子,大约生于前408年左右,是柏拉图学园的重要成员。在柏拉图死后(前348/347),斯彪西波继承(diedexato)了学园的领导权,执掌8年,①具体怎么继承的,虽然有斐罗德莫斯(见其《学园史》)和第欧根尼·拉尔修的记载,②但都无法确信。他也是柏拉图遗嘱执行人之一,但没有获得任何遗产,只有柏拉图的另一个侄子或侄孙阿德曼图斯(Adeimantus)获得了遗产。据说他曾将美惠女神像置于柏拉图建立的缪斯神坛。有人恶意地谣传,说他个性易怒,曾把爱犬摔到墙上,同时又容易被享乐俘获,做事动机常系于快乐。普鲁塔克说他和叙拉古的狄翁(Dion)是密友,柏拉图希望狄翁能通过与斯彪西波交往而变化性情,成为更优雅的人。③此外,普鲁塔克还记载,斯彪西波曾是父母都无法管教的孩子,跟着柏拉图学习后变得自尊而热爱智慧,成了柏拉图教化青年的例证。④其他逸闻皆不可信,我们就不再引述。

在斯彪西波成为学园领袖期间,赫拉克利德斯(Heraclides of Pontus)曾首先跟从其学习,后转为亚里士多德的学生。据说斯彪西波撰写了很多论述(hypomnēmata)和对话(第欧根尼列出了27部),但大多佚失了,就其著作的名称看,有反对享乐主义的《阿里斯底波》(*Aristippus*),论述一般论题的《论财富》、《论快乐》、《论正义》、《论哲学》、《论友谊》、《论诸神》、《论数学家》等;也有影响了后来的泰奥弗拉斯托斯(Theophrastus)和赫拉克利德斯的《论灵魂》;他最引人瞩目的是十卷本的《论相同物》(*Homoia*),有对话《哲学家》、《克法洛斯》、《吕西阿斯》(即柏拉图《理想国》卷一中提到的人物)、《公民》等;此外,他还写了《柏拉图赞

---

① 《名哲言行录》4.1。
② 《名哲言行录》3. 41–43。
③ 普鲁塔克,《狄翁传》,17。
④ 普鲁塔克,《兄弟之爱》(*De fraterno amore.*) 491F–492A。

词》、《柏拉图的葬礼》等赞颂或"毕达哥拉斯式"地神秘化柏拉
图的作品；另外还有些保存在伪扬布里柯《算数神学》第4章中的
《论毕达哥拉斯的数》(*De Communi Mathematica Scientia*)。其所
有著作残片有两个较好的辑录本。[①]第欧根尼说斯彪西波是一个
因循柏拉图教义的人，但有人因为他反对理念论而驳斥这一论调，
下面我们将大体介绍其学说的三个方面，看它们所"具有"或"成
就"的柏拉图主义因素。

（二）形而上学：第一原理

　　斯彪西波从晚期柏拉图学说中发展出了第一原理（或本原）
(arche)的学说，即"一与多"的学说。其思想来源于毕达哥拉斯学
派的数的形而上学思想，也继承了柏拉图关于一和不定的二的学
说，他认为这个本原的运作派生出了理念体系和数的实体，并且对
这个过程和存在的诸层次描述得比柏拉图本人更详细，也因此受
到亚里士多德的批判。但斯彪西波并不完全赞成柏拉图的观点，
他甚至反对柏拉图的理念论，特别是其形式（理念）的数理论，因为
柏拉图承认每个数字的形式，也就是增加了形式的数和数学的数
之间的区别，而斯彪西波只接受数学的数。亚里士多德的《形而
上学》中有相关论述，较能说明柏拉图观点的是以下这段：

　　　　他（柏拉图）还说，数学对象处于感性事物和形式之外，是
　　事物的居间者，它们以其永恒和不动与感性事物相区别，另一
　　方面又区别于形式。数学对象相互类似数目众多，而每一形
　　式则自身是单一的。……柏拉图的独特之处在于他认为无限
　　不是单一的，而是提出一个双数，让无限由大和小来构成。此
　　外，柏拉图主张数目在感性事物之外，毕达哥拉斯派则主张数

---

① Isnardi Parente, 1980; Tarán, 1981.

目和事物是一回事,并且不把数学对象当作它们的居间者。和毕达哥拉斯派不同,他把一和数目放在事物之外,并且由于在原理中进行探索,他引进了形式(在他之前没有人接触过辩证法)。(I. 6. 987b13–17、XIII. 8–9. 26–30)[①]

亚里士多德有两次直接提到斯彪西波,即《形而上学》中的两端,我们先看亚里士多德的描述:

> 有些人认为,在那些可感者之外再没有什么存在;另一些人则认为在可感者之外有更多、更真的永恒存在,例如柏拉图就认为形式和数学对象是两种实体,可感觉的是第三种实体。斯彪西波则主张更多种的开始于一的实体,每一种实体都有自己的本原,有的以数目为本原,有的以大小为本原,有的则以灵魂为本原。他以这样的方式把实体的种类增多了。(VII 2. 1028b21)

> 有些人,像毕达哥拉斯派中人和斯彪西波,认为最美好和最善良不在本原之中,不在事物之始。其论据是,虽然本原是植物和动物的原因,然而美好和完满却在它们的产物中,他们这种看法是不对的。(XII 7. 1072b31)

亚里士多德在讨论什么是实体时提到了上面引述的文字,他说柏拉图认为在可以感知的实体外还有其他永恒实体,即形式和数学对象;而斯彪西波则认为有更多种类的实体,这些实体都由“一”开始,每一个都有其本原,因此他认为至少有四种实体:数、大小、灵魂和可感事物;“一”是斯彪西波的起点,但是每个存在层

---

① 中译文参苗力田,《亚里士多德选集·形而上学卷》,中国人民大学出版社,2000年版,必要时有改动,下同。

次都有其本原。在第二个文献中,亚里士多德指出,斯彪西波认为美善不在本原中,而在其产生的事物中。也就是说,本原是开端,但并不包含所有存在物。这些论述中没有引用原文,因此我们无从知道其具体观点和论述过程。

扬布里柯《论毕达哥拉斯的数》记录了斯彪西波形而上学思想的其他主要文献,其中提到:

> 因为数学数字一必须安置两个东西,首要的也是最高的本原,即太一(一的确不该被称为一个存在物,因为他是简单的,也因为是事物之所以存在的本原,而本原不是这类存在的事物),而另一个本原是"多",它可以依据自身进行分隔,正因如此,我们可以用一个合适的比喻来说明其能力,声称它就像是潮湿的和完全柔软的东西。……但是不能叫太一是美或是善,因为它在美善之上;当自然从开端发生时,首先是美出现,然后是善……但是数从中产生的元素并不属于那里(开端),美善亦然,但是太一和多的数存在的原因相结合后,首先那些存在和美出现了,随后几何实体从线的元素中出现了,同样地就有了存在的和美的事物,但是其中并没有丑也没有坏;最后在第四和第五层,它们与最后的元素结合,恶出现了,并非直接出现,而是来自漫不经心和对依据本性的事物的失控。①

这些说法大体上可以和之前斯彪西波的想法相容,学者们普遍相信斯彪西波有自己的融贯的形而上学思想,因此我们可以借助他们的视野看到重构的可能。Russell Dancy在索隐斯彪西波思想时运用的方法是先由这两段明确的论述出发,寻找观点上相关的其他论述,再由这些相关论述引出的观点,来完善斯彪西波的

---

① Dancy, 2003–2011, Speusippus.

整体思想,旨在以此描绘一个融贯的思想图景。但这种方法决定了不同学者会有不同的描摹,因此会有不同的结论。Dancy指出,《形而上学》XIV 4. 1091a34–36中亚里士多德是暗示斯彪西波关于善在本原之外的想法;《形而上学》XIV 5. 1092a11–17提到斯彪西波所说的动植物类比(XII 7);《形而上学》VII 2. 1028b21中重提斯彪西波关于数的理论;另外普罗克洛(Proclus)在其《巴门尼德评注》(拉丁译本)中提到,斯彪西波的思想是已经被新柏拉图主义化了的,很难说是他本人的观点。[1]关于斯彪西波具体如何得出其思想,Dancy和狄龙[2]广泛参证柏拉图的《巴门尼德》、亚里士多德的《形而上学》和新柏拉图主义的注疏,给出了各自的解释,并纠正了老一代学者如柯尼斯(Cherniss)的一些想法,[3]我们限于篇幅在此不具体介绍了。

最后要补充一点形而上学的内容是,正如格思理(Guthrie)所言,斯彪西波也有类似于柏拉图的"神学",他用"努斯"来界定神,将其视为宇宙的创造者。但是神既不是"一"也不是"至善",而是对自身而言的自然的特殊物(idiophuē),用亚里士多德的眼光看又是在增加原初本质了。[4]

(三)认识论与哲学方法:划分法

关于哲学方法,亚里士多德在《论动物的部分》第二章,批评了斯彪西波在动物学方面的"辩证法":"有些人试图借助把物种划分为两个不同的'属差'系列来把握动物的绝对形式,这种方法既非容易,亦非可能。有些物种只有一个'属差'系列,如'有足的'、'两足的'和'分趾的',其余所加均属多余,这个'属差'系列

---

① Dancy, 2003–2011, Speusippus.
② Dillon, 2003,第40–64页。
③ Cherniss, 1962.
④ Guthrie, 1978,第463页。

是唯一具有确定性的系列，如果不如此划分，必然会做出许多无谓的重复。另外，把每个物种进行拆散分离是不恰当的，正像某些作者在分类时所做的那样，把一些鸟分为一类，把另一些鸟分为另一类。在他们那里，一些被列为'水栖的'，其他的被归为另一类。（对这两类来说，一类被命名为'鸟'，另一类被叫作'鱼'，但还有其他的类并不具有名称，如'有血的'和'无血的'，两者中任何一种都没有名字。）如果一定不能分离拆散同种动物，那二分法就是无效的了，因为这种划分方法必然意谓着分离和拆散。"（642b5–17）

可见，亚里士多德对其划分法有几点批评：第一，严格使用二分式的方法，即便当其不适合时也勉强套用；第二，在二分时用了否定式的术语"无翼的"、"无血的"，不能提供正面的特性描述；第三，依据非本质的特征如栖息地作为划分自然物种的依据。[1]

有古代评注者[2]认为，亚里士多德批评斯彪西波，"在下定义和划分时，不一定需要知道事物的全部情况。然而有些人认为，如果不知道每个单一事物，那就不可能知道一个事物与另一个事物之间的属差；而不知道属差就不可能知道那个单一事物。如果事物之间不区分，那么它们就是等同的。如果它们是不同的，那就有区分"（《后分析篇》97a6–11），也即可能是斯彪西波认为，不可能没有存在物的知识而只通过划分（diairesis）来界定任何事物。这继承了柏拉图《斐勒布》18c和《泰阿泰德》208c–e中的讨论。这是一种整体论的观点，认识事物就是认识其中的每一样东西。上面引文中的观点认为，认识事物似乎是认识其定义，也即柏拉图式的划分法得来的定义。亚里士多德在《后分析篇》（96a24–b1）中举例子这样来定义"3"：

---

[1] Dillon, 2003, 页40–64; 亚里士多德其他相关批评参见《论动物的部分》卷1章2–3, 624b5–644a11。

[2] 特别是Anonymous《后分析篇评注》In An. post. 584.17–585.2。

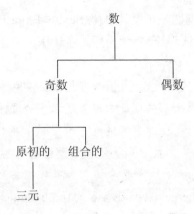

按照这个例子来说，斯彪西波的观点是，认识了3就认识了3在这个结构中的位置，也认识了其他数字在结构中的位置。但是Dancy认为这种认识论太难得到辩护了，于是他用亚里士多德的另一个关于动物的划分（《后分析篇》96b30-35）来说明斯彪西波可能的观点：[①]

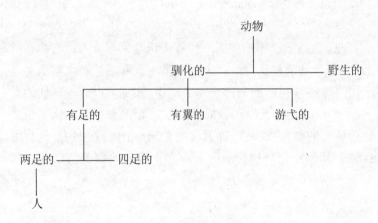

在这个例子中，认识人的难题在于，要认识了所有事物才能知道人在这个树状结构中的位置，这工作量太大了，近乎不可能。

---

① Dancy, 2003–2011, Speusippus.

另外,塞克斯图斯·恩披里柯(Sextus Empiricus)清晰地记载了斯彪西波关于认识论,特别是感知在认识中的作用的学说:

> 斯彪西波的观点是,因为有些事物是感性知觉的,而有些是理智的,属于那些理智的规范就是认知理性(epistēmonikos logos),而那些感性事物的规范则是认知的感性知觉。他认为认知的感性知觉分享了依据于理性的真实。举个例子:长笛演奏者或者竖琴演奏者的手指就拥有一种技艺性的活力(tekhnikē energeia),然而首要的(proēgoumenōs)并非通过手指本身带来最终的成就,而是通过理性(logismos)的协作指导下练习才充分发展出来的;音乐家的感性知觉,即便当其拥有一种掌握和谐与不和谐的活动能力时,仍然不是自生的(autophyēs),而是由理性习得的。即便如此,认知的感性知觉自然源于其分享自理性的认知经验,它会引向关于其相应对象的无误的判断(aplanēs diagnōsis)。[1]

可见,他虽然也像柏拉图一样将认识对象划分为理智的和感性的,但是理智的被认为是"认知的理性",而感性事物被认为是"认知的知觉",也即他们都传递了知识,知觉可以分享理性的真实。在这方面,他和亚里士多德很接近。[2]而且斯彪西波似乎很喜欢运用感性的知觉来探索,在其《定义》、《相像》等书中,他将很多植物和动物用划分树标示出来,[3]他的动植物研究方法或许与亚里士多德的形成某种张力。[4]

---

[1] *Adversus mathematicos* vii 145–146,据Dillon,2003,第78页译文,对照Dancy译文。

[2] Guthrie,1978,第466页。

[3] *Athenaeus* II 61c, 68e; III 86c,d ,105b, Charles Burton Gulick辑校本。

[4] Dancy, 2003-2011, Speusippus.

另外，据普罗克洛讲，[①]斯彪西波提到一种在细致探究之前，理智有一种在先的东西，作为即将到来的探究的准备，它是一种比视觉更清晰的理解。它不能一下子抓住它们，而是通过推论接近它们，并且通过它们的推理路径而竭力寻获它们，这是在描述一种直觉和推论的过程。[②]通过这种过程，斯彪西波是想说明数学真理的获得，普罗克洛还说在学园中有关于数学的争论，一种观点可以说是"建构主义"的，它们认为数学是人类建构的东西，源于几何学的真理，如"问题"(problems)；而另一派认为数学是关于一个永恒的、不变的对象域的描述，这种观点叫"数学实在论"，源于数学真理，如"公理"(theorems)或"沉思的对象"。而据Dancy分析，斯彪西波最终还是属于实在论阵营的思想家。

还有，据辛普里丘(Simplicius)《范畴篇评注》提到的波爱修(Boethius)的记载，斯彪西波还有一条关于划分法的残篇，他这样来划分词语：

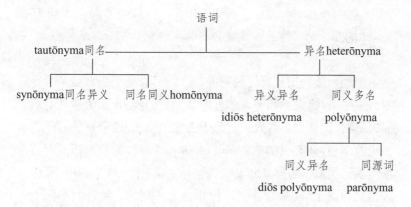

这个结构和亚里士多德的有类似之处，关于亚氏在什么意义上受到其影响，学者们还有争议。狄龙从亚里士多德逻辑学的角

① *Commentary on Book I of Euclid's Elements*, Friedlein 1873，第179.8–22页；Morrow, 1970，第141页。
② Guthrie, 1978，第467页。

度做出了分析,他认为,亚里士多德没有明确批评这个划分,但是他批评了这种划分的基础,斯彪西波是属意于了解模棱两可的用语的来源。他将所有论证区分为依于语言(pros to onoma)和依于概念或思想(pros tēn dianoian),而所有智者的诡辩都依于模棱两可(para to ditton),因此他研究模棱两可以便避免和反驳谬误。而亚里士多德否认了所有诡辩都基于模棱两可。①

(四)伦理学:论快乐

关于斯彪西波伦理学的原始资料很少,比较可靠的是亚历山大的克莱门(Clements of Alexander)在《杂文集》(*Stromateis*)(II 133, 4)中的记载:

> 斯彪西波,柏拉图的外甥,宣称幸福(eudaimonia)是自然条件下的完满状态,或(拥有)诸善的状态,所有人都有一种(自然)冲动想获得它,而善的目标是从纷扰中得解脱(aokhlēsia)。德性是幸福的产物。②

斯彪西波的快乐观比较明确,大体而言,他主张幸福是所有人的自然冲动,追求幸福是人本性中最完美的能力,而德性是追求幸福的产物,但是大多数人只会堕于愚蠢的快感,唯有智慧者能追求真正的幸福,即心灵的宁静(aokhlēsia)。因此,对斯彪西波而言,虽然承认类似于阿里斯底波式的享乐主义,承认快乐的价值,但同时也认为对于理性的人而言,快乐是有待超越之物。他不同于亚里士多德的是,他不在乎外在善(《尼各马可伦理学》1101a14),而是主张智慧者总是幸福的,并不认为诸如贫困、丧亲、肉体疼痛等

---

① Dillon, 2003,第87页。
② 据Dillon, 2003,第65页译文,参考Dancy译文。

不幸为恶。也反对亚里士多德、欧多库斯(Eudoxus)等人的论证，说什么痛苦与快乐是相对的，所以快乐就是善的。他运用数学类比，说大和小不只是彼此对立，也和相等对立(《尼各马可伦理学》1153b4)。因此，恶不止和善对立，恶与恶也会彼此对立，从而不能说因为彼此对立，有一方就一定是善的。[①]斯彪西波甚至认为不需要外在善，塞涅卡说"色诺克拉底和斯彪西波都认为，人们可以仅靠德性而获得幸福，但并不是说有了一个善就是道德或高尚的(honestum)"。[②]亚里士多德只是否定了这点，但没有正面回应，他仍然坚持"兽类和人类都在追求快乐，这表明它在某种意义上确实是最高的善"(《尼各马可伦理学》1153b25)。如此看来，盖里乌斯(Aulus Gellius)提到"斯彪西波和整个老学园都说快乐和痛苦是两种相对立的恶，而善处于两者之间"[③]，这可能的确是斯彪西波的观点，这种观点在柏拉图《斐勒布》中也有讨论。[④]

狄龙通过细致分析斯彪西波的论证与柏拉图《斐勒布》中观点之间的关系，甚至得出柏拉图曾经借鉴过他外甥观点的结论，并力证斯彪西波关于这一点的论证是非常优秀的；[⑤]Dancy也引用学者Graeser的观点总结说，要梳理柏拉图晚期观点，的确可以借助对斯彪西波观点的考察，可惜留下来的资料太少，我们没法复原。另外，斯彪西波关于快乐的观点同享乐主义、斯多亚学派等的思想相关，他强调"自然条件"就与斯多亚类似，而强调"解脱纷争"则与伊壁鸠鲁相关，因此，在其他学派与老学园思想渊源方面，我们在后文还有讨论余地。

---

① 参考西塞罗《图斯库兰论辩集》(*Tusculan Disputations*) V. x. 29。
② 塞涅卡，《道德书信集》*Epistulae morales*, 85.18。
③ 《阿提卡之夜》(*Atticae noctes*) IX v 4。
④ 参Guthrie, 1978, 第469页。
⑤ Dillon, 2003, 第76页。

二、色诺克拉底

色诺克拉底像[1]

（一）生平与著作

公元前339或338年，斯彪西波去世后，来自雅典长期盟邦"卡克顿"（Chalcedon）的色诺克拉底（Xenocrates, Ξενοκράτης, 约前396/395–前314/313年）继任柏拉图学园领袖。[2]据说他于公元前375年左右来到柏拉图学园，和亚里士多德一样，他从青年时代起就跟随柏拉图学习，在柏拉图死后斯彪西波继任时，色诺克拉底又和亚里士多德受赫米阿斯（Hermeias of Atarneus）之约，一起离开雅典，[3]后来有人说是斯彪西波邀请色诺克拉底继任，[4]也有人说

---

[1] Gottlieb Friedrich Riedel (1724–1784) — Originally from the book *Gallerie der alten Griechen und Römer sammt einer kurzen Geschichte ihres Lebens*. Band 1: Philosophen by Georg Wilhelm Zapf, published in Augsburg by Gottlieb Friedrich Riedel in 1781, illustration of Xenocrates between pages 26 and 27. A second edition of the book was published in 1801.

[2] 《名哲言行录》4.14记载时值110届奥林匹亚运动会第二年。

[3] Strabo XIII 57.

[4] 《名哲言行录》4.14。

是学园的青年们推举他来继任。[①]总之，他执掌学园长达25年，终年82岁。

　　有很多关于色诺克拉底的逸闻秘史，比如之前提到的，亚里士多德骚扰晚年的柏拉图时，他挺身而出维护老师，又如著名"妓女"弗卢涅(Phryne)或莱斯(Lais)想要勾引他未果。[②]第欧根尼记载说，"有一次，妓女弗卢涅想要诱惑他，装成好像是在被人追赶的样子，到他的小屋子里避难。他出于人道收留了她，由于房里只有一张床，他允许她一起睡。最后，经过多次胡搅蛮缠，她只得徒劳地离去，还告诉那些向她打听此事的人说，她离开的简直就不是一个男人，而是一尊雕像。不过，有些人却说，是他的一些学生让莱斯与他睡在一起。但他的克制力非常强，以致在他的私处周围留下了多处击伤和灼伤。"[③]还有两件重大的事件，一是他和斯彪西波陪伴柏拉图第二次前往叙拉古(前367年)，[④]"在狄俄尼西俄斯的宫廷里，他因为在宴会上喝酒勇敢而受尊敬，获得了一个金冠的奖赏，但他走出去把它放在了赫尔墨斯的雕像上，就好像他习惯在那儿放置鲜花一样"。[⑤]二是他于前322年雅典在拉米亚(Lamian)战争中失败后，作为大使团成员出访马其顿统治者菲利帕斯和安提帕特(Antipater)，当时"他的同事接受了贿赂礼品，并被邀请参加宴会，与菲利帕斯交谈，而这两件事他都没有做。正因如此，菲利帕斯不接受他。于是当使团返回雅典时，人们说色诺克拉底跟随他们白跑了一趟，还准备处罚他。但当他告诉他们，现在更应当考虑城邦的利益时(他说：因为菲利帕斯知道其他人接受了贿赂，但他绝不能拉拢我)，人们就给了他双倍的荣誉。后来菲利帕斯也说，在所有去过他宫廷的人中，色诺克拉底是唯一

---

① *Academicorum Index Herculanensis* cols. VI–VII.
② Valerius Maximus IV 3, ext. 3.
③《名哲言行录》4.6。
④ Philodemus, *Acad. Hist.* VIII–IX Dorandi.
⑤《名哲言行录》4.8。

没有接受他贿赂的人"。①个性方面,据说他天资鲁钝,所以,当柏拉图把他和亚里士多德进行比较时说:"一个需要马刺,另一个需要笼头。"还说:"我训练的一个如驴,一个如马。"然而,色诺克拉底在其他方面行为庄重,且总是愁眉苦脸,喜欢沉默,一点都不傲慢。②后世也有人批评他过分严厉而不够聪明。

诚如格思理所言,色诺克拉底是学园领袖中最后一位亲身从学于柏拉图的人,而且据说又是斯多亚派鼻祖芝诺和享乐主义者伊壁鸠鲁的老师,不论是否属实,从年代上可以看到老学园和希腊化哲学的衔接有多紧密。③

他著作丰富,第欧根尼在《名哲言行录》中列出了书单:

关于自然哲学的《论自然》六卷,关于理论智慧的《论智慧》六卷,讲实践智慧的《论财富》一卷,《阿卡狄亚人》一卷(或许是对话),《论不确定者》一卷(形而上学和逻辑学著作),以及众多伦理学、物理学和逻辑学的著作:《论孩童》一卷,《论自制》一卷,《论益处》一卷,《论自由》一卷,《论死亡》一卷,《论自愿》一卷,《论友谊》两卷,《论合情理》一卷,《论相反者》两卷,《论幸福》两卷,《论写作》一卷,《论记忆》一卷,《论谬误》一卷,《卡利克勒》一卷,《论审慎》两卷,《家庭管理》一卷,《论明智》一卷,《论法律的力量》一卷,**《论政制》一卷**,《论虔敬》一卷,《德性的传承》一卷,**《论存在》一卷**,**《论命定》一卷**,《论情感》一卷,《论生活方式》一卷,《论和谐》一卷,《论学生》两卷,《论正义》一卷,**《论德性》两卷**,《论型相》一卷,《论快乐》两卷,《论生命》一卷,《论勇敢》一卷,《论一》一卷,**《论理念》一卷**,《论技艺》一卷,**《论诸神》两卷**,**《论灵魂》两卷**(发展了柏拉图《蒂迈欧》的灵魂学说),

---

① 《名哲言行录》4.8–9。
② 《名哲言行录》4.6、11。
③ Guthrie, 1978,第469页。

《论知识》一卷，《政治家》一卷，《论认知》一卷，《论哲学》一卷，《论巴门尼德的作品》一卷，《阿尔克德谟斯或论正义》一卷，《论善》一卷，《有关思想的诸问题》八卷，**《逻辑问题释疑》十卷**，《自然学讲稿集》六卷，《要义》一卷，**《论种和属》一卷**，《毕达哥拉斯诸事》一卷，《释疑集》两卷，《划分集》八卷，《待证命题集》二十卷，30000行，《论辩证法》十四卷，12740行，此后还有十五卷和另外的十六卷《关于话语的研究》，《推理诸问题》九卷，《论数学诸问题》六卷，另有两卷《论思想诸问题》，《论几何学家》五卷，《评注集》一卷，《相反者》一卷，《论数目》一卷，《数目理论》一卷，《论距离》一卷，《关于天文学的诸问题》六卷，《君主制基本原理致亚历山大》四卷，《致阿鲁巴斯》、《致赫法斯提翁》、《论几何学》两卷，这些著作共224239行，字体加粗者为其中比较重要的，[①]但是所有这些著作只字无存。我们仅能通过名称了解当时老学园探究的论题，同时也可以看到，他没有太多修辞类作品，或许因此柏拉图才叫他去向美惠女神献祭，[②]嫌他文辞风格不够优美，或许正因为"言而无文，行之不远"，因此其著作才未能保留下来。

　　恩披里柯告诉我们色诺克拉底将哲学论题分为三大类：物理学、伦理学和逻辑学，[③]这种观点被希腊化时期的斯多亚学派继承为标准分类法，也就是他将我们今天称为形而上学和认识论的学说归到了物理学和逻辑学中了。[④]狄龙更是将其说成首位将柏拉图学说体系化的哲学家，为柏拉图主义者的哲学体系奠立了基础。[⑤]

---

① 据Dillon，2003，第97页。
② 《名哲言行录》4.6。
③ *Adversus mathematicos* vii 16.
④ Dancy，2003—2011，Xenocrates，亦参Guthrie，1978，第478页。
⑤ Dillon，2003，第98页。

（二）物理学与形而上学

1. 第一原理与神学

色诺克拉底追随柏拉图和斯彪西波认定有一组最高的原理，他称之为"单一"（Monad）和"二"（Dyad），前者也被标示为"宙斯、奇数和理智"，后者是多样与无限（apeiria）的原理，类似于斯彪西波的"多"（Plēthos）。下面是普鲁塔克的相关记载：

> 前者（指色诺克拉底及其追随者）认为，正是数的生成由下面的混合得到确证：可分和不可分的存在，[①]不可分的一和可分的多，这些的产物——数，当一绑住了多，并且将限定加在无限之上时，也被他们称为不定的二。[②]

在这段文字中，普鲁塔克运用了三个第二原理的词汇："多"（Plēthos）、"无限"（apeiria）和"不定的二"（aoristos dyas），狄龙认为色诺克拉底或许运用了所有这些术语。[③]因此，在第一原理方面，色诺克拉底全面继承了学园传统。

色诺克拉底的神学主要是由埃提乌斯（Aetius）记载的：

> 卡克顿的色诺克拉底，Agathenor之子，将单一与二都视为诸神，前者是男性，拥有父亲的角色，统治天空，他用的是"宙斯"、"奇数"（perittos）和"理智（努斯）"，那对他（色诺克拉底）而言是首要神（prōtos theos）；后一个则是女性，像诸神的母亲一样（mētros theōn dikēn），掌管天空下的领域，对他（色诺克拉底）而言，那是宇宙的灵魂（psychē tou pantos）[④]

---

① 参见《蒂迈欧》35a–b。
② 普鲁塔克，《论灵魂在〈蒂迈欧〉中的创生》，1012d–1013b，据Dillon，2003，译文。
③ Dillon，2003，第100页。
④ 据Dillon，2003，第102页译文。

关于其神学学说的宗教背景,格思理提到色诺克拉底对守护神(daemons)的信仰,[1]狄龙则详细讨论,特别是梳理了其神学思想中的毕达哥拉斯因素和俄耳甫斯教因素,[2]在此不再详述。

2. 形式理论

亚里士多德这样批评色诺克拉底:

> 有些人希望同时承认形式数和数学数两者,但没有看到如有人把这两者都设定为本原或始点,数学数和形式数怎样相并行,便把形式数(eidētikos arithmos)与数学数等同起来,但这不过是在原理上,在事实上他们消灭了数学数。因为他们所独有的(idiai)预设并不是数学的。那第一个设定形式存在、数目是形式、数学对象存在的人,理所当然地要把它们分开。其结果是,这全部就某一方面说是正确的,整个说来是不正确的。就是这些人自己,也不是对所说的一切意见一致,而是彼此相反。(《形而上学》,1086a6—16)
>
> 对于那些只承认数学对象存在的人来说,数目若是不存在,大小也不会存在,即使这些都不存在,灵魂和感性物体却存在着,从现象上看,自然并不是一些插曲,也不是一场拙劣的悲剧,那些形式的主张者逃避了这一困难,他们让大小出于质料和数目,线出于二,面出于三,体出于四,或者是出于其他数目,因为这并没有区别。然而形式怎么会是大小呢?它们以什么方式存在,对于实在又有什么益处呢?毫无益处。正如数学对象对此无益一样。而且也没有原理可适用于它们,除非有人想改变数学并且制造出某种独制的意见。但是随便提一个设定并不难,编织出一串长长的结论也不难。这些人的错误在于想把数学对象和形式拼凑在一起。

---

[1] Guthrie,1978,第474—475页。
[2] Dillon,2003,第104页及以下。

这些人最初造出了两种数:形式数和另一种数学数,然而他们从不曾说出也不可能说出数学数怎样存在和出于什么而存在。他们把数学数当作形式数和感性数的居间者。如若它是由大和小构成,那么它就和另一种形式数一样了。(怎样从另外的大和小制造成大小呢?)如果所说的是另外一种,那么他们所说的元素也就太多了,如果每类数目的本原都是一,那么一对它们就是什么共同的了。还必须探索一怎样会是多,以及在他们看来,除了从一和不定的二之外,数目不可能以其他方式生成。(《形而上学》,1090b21–1091a6)

狄龙认为色诺克拉底一定不赞同亚里士多德在这里展示的"形式数"和"数学数"的冲突,会认为所有数学数和几何形式都来自毕达哥拉斯说的"四是十"(tetraktys)[1],色诺克拉底并不认为那些数学数一直都来自于此,也不认为数目增加的过程发生在形式领域,比如24,可以在理论上追溯为2×2×2×3,但是它本身也是整数,一直都是,不与其他任何事物联合:即它正是"24"(twenty-four-ness)的本质。所有数学数都是柏拉图的理论假设,为的是解释如果人们比较两个等边三角形,它们不是物理对象,也不是形式,那么它们就是介于两者之间的东西,或许这就是色诺克拉底形式数的理论意义。[2]Dancy则认为色诺克拉底否认形式数与数学数之间的区别,参见《形而上学》1028b24–27说的色诺克拉底,"还有一些人说,形式和数目的本性是相同的,其他由之而来,直线和平面,直到天的实体和可感者。"因为阿斯克莱皮乌斯(Asclepius)在注解这段时把他归给色诺克拉底,这样一来,色诺克拉底的学说核心就成了:"形式和数本性一样",即形式数和数学数本性一样,《形而上学》中有很多类似观点似乎是色诺克拉底的

---

① 指1、2、3、4前四个数的和是10。
② Dillon,2003,第110页。

（XII 1. 1069a30–b2, XIII 1. 1076a20, 6. 1080b21–30, 8. 1083b1–8, 9. 1086a5–11, XIV 3. 1090b13–1091a5）。也就是说，色诺克拉底认为形式数和数学数的区分是不必要的，他通过将数学数吸收在形式数中，并说数学完全可以通过形式数形成而化解问题，因此他认为可以叫形式数为数学数。[①]由于我们不能确认亚里士多德未点名批评的是不是色诺克拉底，所以学者们的解释只能靠各种推测，但我们可以看到，不论数在什么意义上和形式一样，也不论这样做的理论意图是什么，色诺克拉底都是试图解决毕达哥拉斯和柏拉图以来的数与形式关系的问题。在其具体的形式理论方面，最突出也是记载最多的是其线的形式的学说。

3. "线的形式"："不可分的线"

　　色诺克拉底似乎相信有最小的不可分的线，这是一种亚里士多德曾经批评过的学说，为其辩护的人说这只是关于一种线的形式的学说，也是数学家讲的线。[②]关于这类学说，漫步学派后期成员留下来一些残篇记录，专门对其进行反驳，在批驳之前，他引述了色诺克拉底的观点：

1. 如果"多"和"大"，及其相对的"少"和"小"是同样构成的，并且如果拥有非常好的无限区分的并不是"少"，而是"大"，那么很明显，"少"和"小"就会有一个有限数目的区分；那么，区分是有限的，就必有一些大小是没有部分的，因此在所有大小中就有一些不可分的整体（ti ameres），因为在所有这些之中，有一个"少"和一个"小"。（968a4–9）

2. 而且如果有线的形式，而那形式在是与其同义的存在中是首要的，并且如果"部分"依其本性先于"整体"，那么线

---

① Dancy, 2003–2011, Xenocrates.
② Guthrie, 1978, 第476–478页。

本身(autē hē grammē)就是不可分的,同样"方形"也是如此,三角形及其他形状也一样,就此而言,平面本身和形体(sōma)亦然;依此推论,它们也就有某种在先的实体。(968a10–14)

3. 另外,如果在形体中有元素,并且没有任何先于元素者,而如果部分先于整体,那么火和一般而言的其他每个形体的元素就都是不可分的,因此一定有没有部分的整体,不光在理智领域(en tois noētois),而且在感知领域也是如此。(968a15–18)①

　　柏拉图主义者普罗克洛和波斐利,也谈到过色诺克拉底的相关学说,普罗克洛说,"相信有不可分的大小是荒谬的,不过色诺克拉底的确认为给'本质的(ousiōdēs)线'(即线的形式)这一称号(可分的)是正确的。"据波斐利记载,在反驳埃利亚学派时:

　　色诺克拉底承认了第一个推论,即如果"是者"(What is)是一,它必是不可分的,但是仍然认为,因为它并非不可分,因此它就不是一。虽然如此,其区分也不会到无限,而是停止在一定的不可分上。在"没有部分"并且"在量上最小"的意义上有不可分,比如在物质上;它们可分且有部分,但就其形式而言,它们则是不可分和原初的;因为他认定一些原初物,不可分的线,以及原初的面和体是由它们形成的。然后,当他引入一般的不可分的线和不可分的大小时,色诺克拉底认为二分问题,或一般的无限可分性问题,就解决了,就此避免了那个教条:如果"是者"是可分的他就分解和消失在"不是"(What is not)中。因为在不可分的线中,存在物就拥有它们仍然是原子式的和不可分的"是"。②

① 据Dillon, 2003,第113–115页译文。
② 据Guthrie, 1978,第476–477页译文。

这样的观点受到亚里士多德及其追随者的批判,但也说明了学园柏拉图主义对此的观点。亚里士多德引述过柏拉图类似的观点,并进行了批评,"柏拉图反对有这样一个种,认为这是一种几何学的独断,不过他承认线段有一个始点(他多次提到这种不可分割的线段)。而这些线段必然有着界限,不过按照线存在的道理,点当然也得存在。"(《形而上学》,992 a 21-24) "他(柏拉图)还说,数学对象处于感性事物和形式之外,是事物的居间者,它们以其永恒和不动与感性事物相区别,另一方面又区别于形式。数学对象相互类似、数目众多,而每一形式则自身是单一的。"(《形而上学》,987b 14-18)由此可以看到色诺克拉底继承了毕达哥拉斯和柏拉图的数学(几何)形而上学问题,并试图给出圆满回应,虽然被亚里士多德误解或反驳,但也展示了学园柏拉图主义者的理论努力。

(三)伦理学:依据本性的原理

亚里士多德在其《论题篇》中明确记载了关于色诺克拉底的伦理学说:

> 坚韧不拔并不是像现今所用的含义一样指有勇气,而是指具有高尚的灵魂,就像美好愿望是指对于善行的希冀一样。幸运一词也一样,它应该指某人的命运美好,正如色诺克拉底所说:"幸运就是某人有个美好的灵魂。"因为灵魂才是每个人的命运。(《论题篇》II 6. 112a37-38)

> 色诺克拉底提出幸福的生活和美好的生活相同,既然在一切生活中,美好的生活和幸福的生活最值得选择,而最值得选择的和最大的东西只能是一种。(《论题篇》VII 1. 152a7-9)

但是随后亚里士多德反驳了这一观点:

因此显然，如若还想表明二者相同，被称之为最好的和最大的东西就应当在数目上为一，色诺克拉底却没有表明这一点。因为不论是幸福的生活还是美好的生活在数目上都不是一，虽然二者都值得选择，但它们并不必然相同，而是一个被另一个所包含。(《论题篇》VII 1. 152a26–30)

安提库斯说斯多亚派吸收了这个观点。斯多亚哲人受惠于色诺克拉底的伦理观点，见西塞罗的转述：

另外，关于规则的第三个解释是"生活在对一切或至伟者的享受中，在与本性一致的事物中"。这不仅依赖于我们自己的行为，因为它包含两个因素，第一个是享受德性的生活状态，第二种是提供与本性一致的事物，它们不在我们控制范围内。但是主善(summum bonum)正如在第三和最后一个解释中理解的那样，追求主善之基础的生活方式，不可分离地与德性关联，是可以仅仅通过智慧的人而获得的；这种对诸善目的的说明，一如我们可以从斯多亚派自己著作中看到的那样，首先是由色诺克拉底和亚里士多德建立的。①

对于色诺克拉底这个似乎建立了一种依据于本性和德性的伦理学的第一原理，西塞罗进一步阐发说：

每个自然生物都旨在作自己的保护者，因此保护其安全也保护就其特殊的种类而言是真实的存在。有了这个目标，我们可以说，人借助于技艺，也促进本性；其中主要的是筹划生活的技艺，它会帮助人守卫本性已然安放于其中的天赋，也会帮助获取那些缺乏之物。他们进一步将人的本性区分为灵

---

① 据Dillon, 2003, 第138页译文。

魂与身体。他们每个部分都称为对其自身是可欲的；同时，他们称赞灵魂在价值上无限地优越于身体，并且相应地将德性也安置在身体诸善之上。但是他们认为智慧就是对整个人的守护和保全，作为本性的伴侣和帮助者，因此他们说智慧的功能，作为保护由思想和形体组成的存在者，就要在保全两者的过程中，帮助和保存他。[①]

普鲁塔克也说，色诺克拉底说"幸福"来自与"本性"一致的生活(《就普通概念驳斯多亚派》[*De communibus notitiis adversus Stoicos*] 1069e–f)，克莱门《杂文集》中则说，"幸福(eudaimonia)是一个人自身灵魂中的德性(aretē)所拥有的事物"。[②]这个观点与亚里士多德在《尼各马可伦理学》中的类似，"如若一个人的功能是优秀美好的，那么他就是个能手。每个人只有在他固有的德性上，才完成得最好，那么人的善就是合乎德性而生成的灵魂的现实活动。如若德性有多种，则须合乎那最美好、最完满的德性，而且在整个一生中都须合乎德性，一只燕子造不成春天或一个白昼，一天或短时间的德性，不能给人带来至福或幸福。"(I. 7. 1098a15–19)"人们说，幸福就是一种合乎德性的灵魂的现实活动，其他一切或者是它的必然附属品，或者是为它本性所有的手段和运用"(I. 9. 1099b26)。

总之，色诺克拉底的伦理学第一原理就是，生活的目的是"过与本性一致的生活"，这也意味着"过与德性一致的生活"。狄龙认为这一点与后来斯多亚学说唯一不同的是，当人们已经获得德性时，是否应该放弃"依据本性的原初"(ta prōta kata physin)，即是否放弃最初的自我保全的本性直觉，或者至少从目的本身的任何部分中排除它们。色诺克拉底明显认为没必要放弃，而只是将

① 据Dillon, 2003，第139页译文。
② *Stromateis* II 22.

其列在德性练习之后，因此大体上与亚里士多德一致。①此外，据或许是盖伦转述，色诺克拉底将哲学活动视为"对生活纷扰的中止"，②这也与希腊化哲学的类似主题相关，或许他对这一问题也有探索，但我们不知道详情了。

（四）逻辑学与认识论

上文所列著作可见，色诺克拉底有与逻辑学相关的著作，论辩证法的、话语的、划分法的、相反者的以及种属的。但是看起来他仍然尊奉柏拉图的逻辑学说，并未采纳亚里士多德的范畴学说和三段论，据辛普里丘记载，"色诺克拉底和安多罗尼库斯（Andronicus）都认为万物都可以包含在绝对的（kath' auto）和相对的（pros ti）存在之下（参见柏拉图《智者》255c–d），因此不需要这么多数目的范畴。"③

据恩披里柯说，④色诺克拉底将实体分为三类：可感的、可知的和可信的（或混合的）。可知的是知识的对象，色诺克拉底称之为"认知话语"（epistemonic logos）⑤或"认识描述"，它们位于天之外；可感的是感知对象，它们能够获得关于这些对象的真实，但算不得知识，它们在天之内。混合的则是天之对象本身，是信念的对象，它们有时真有时假。而且三种实体与命运三女神⑥相关，分

---

① Dillon, 2003，第142页。
② [Galen], *Historia philosophiae* 8, Diels 1879 605.7–8，据Dancy, 2003–2011, Xenocrates。
③ fr.12 H.转引自Guthrie, 1978，第479页；亦参Dillon, 2003，第151页。
④ *Adversus mathematicos* vii 147–149.
⑤ 参考亚里士多德《形而上学》卷7第15章的相关讨论，以及柏拉图《泰阿泰德》结尾处的讨论。认知话语是一种携带了知识的描述，参见，Dancy, 2003–2011, Xenocrates。
⑥ 命运三女神是主神宙斯和正义女神忒弥斯（Themis）的女儿，她们分别是克罗托（Clotho）、阿特洛波斯（Atropos）、拉克西丝（Lachesis）。克罗托负责纺织生命线，拉克西丝负责决定生命线的长度，阿特洛波斯负责斩断生命线。即使是天父宙斯也不能违抗她们的安排。相传她们三人共享一只眼睛，一只耳朵等，即共享一切感官。色诺克拉底的这一解释可以与柏拉图《理想国》卷十中关于命运女神的神话对观（620d–e）。

别对应于Clotho、Atropos、Lachesis。①他的这一区分不同于柏拉图《理想国》5–6卷中的做法，而更接近亚里士多德《形而上学》十二卷第一章的说法："实体有三类，一种是可感觉的，在这里又分为永恒的和可消灭的两类。后一种所有的人都同意，如植物和动物，对此所要把握的是它们的元素，不论是单一的或者是众多的。另一种是不运动的，某些人说它是分离的，有的人把它分为两类，有的人则把形式和数学对象看成同一本性，有的人在这里只承认数学对象。前两类实体是物理的，由于它们伴随着运动，后一种是另一类，如若它们并没共同的本原的话。可感实体是可变的，如若变化是来自对立和居间者，但并非来自所有的对立物，声音就不来自白，而是来自相反，这样必然有某种可度的东西潜藏在下面，变成相对立的东西，因为对立物并不变化。"（1069a32–b8）

　　此外，克莱门记载，色诺克拉底还首次区分了sophia（智慧）和phronēsis（明智），这两者在柏拉图那里是互通的。克莱门说："色诺克拉底在其《论Phronēsis》中将sophia界定为第一原因和智性存在的知识。Phronēsis则分两种：实践的和理论的，后者在人的层面上是sophia。因此sophia是phronēsis，但并非所有phronēsis都是sophia。"②亚里士多德的一个可能批评会是，色诺克拉底又在无故增加表示相同事物的词语了，"悖理并不在于同一语词说了两次，而在于多次使用某个语词来陈述同一个东西，就像色诺克拉底说'谨慎'是对存在物的规定和深思一样。因为规定了的东西就是某种深思熟虑过的东西，因此，当他再添加深思熟虑时，他就是将同一表述说了两次。"（《论题篇》141a6）但是实际上，亚里士多德区分智慧与明智时似乎也受到了色诺克拉底的影响，因为他也强调phronēsis的实践性：

---

① 据Dancy, 2003-2011, Xenocrates。
② fr.6 H.,Clem.Alex,转引自Guthrie, 1978, 第479页。

　　在技术中,那些技术最娴熟的人被称为有智慧,例如菲迪亚斯在石刻上有智慧,包吕克莱特在雕像术上有智慧。这样看来,智慧不过表示在技术上的特长或德性。不过,我们认为有些智慧全面的人,而不是在某一部分上,或对某种特殊的东西,……那么,显然在各种科学中,只有那最精确的科学才可以称为智慧。所以,一个智慧的人绝不可只知道由始点引出的结论,而要有关于开始之点的真理性的认识。所以,智慧既是理智也是科学,在高尚的科学中它居于首位。……从以上所说,就可以明白智慧是对在本性上最为高尚事物的科学和理智而言的。……明智是对人的事情,人们对它加以考虑。所以,考虑就是明智的最大功用。谁也不会去考虑不可改变的东西,这些东西不是什么目的,也不是可行的善。总而言之,一个善于考虑的人,须经过核计而获得对人最大的善。明智不只是对普遍者的知识,而应该通晓个别事物。从而,一个没有知识的人,可以比有知识的人干得更出色。……明智是实践的。理论与实践两者都为必要,但重要的还是经验,但这里还要有某种匠心为指导。(《尼各马可伦理学》1141a8–b21)

　　可见,色诺克拉底与亚里士多德不同的是,色诺克拉底是将"明智"区分为理论与实践的,而理论的"明智"对人而言就是"智慧"。也就意味着还有神的明智,即非人的智慧和知识,与我们人的理论与实践智慧都不同。

(五)色诺克拉底的毕达哥拉斯主义

　　或许从晚年的柏拉图开始,最迟也是从斯彪西波时代的学园开始,毕达哥拉斯学说就对柏拉图主义思想有重要影响了,有些柏拉图主义者甚至直接自称"毕达哥拉斯主义者"。①色诺克拉底

① 如Moderatus of Gades、Nicomachus of Gerasa、Numenius of Apamea, 或许还包括 Eudorus of Alexandria, 据Dillon, 2003, 153页。后面我们会专门介绍他们的思想。

有几个方面受毕达哥拉斯影响,比如守护神(灵明)的理论、[1]将灵魂定义为自身运动的数、[2]理智(努斯)的外部来源等,[3]狄龙认为他和斯彪西波或许是新毕达哥拉斯主义的源头。[4]

学界对学园柏拉图主义和毕达哥拉斯主义关系探索方面,最早取得的重要成果是Walter Burkert教授的著作。[5]Burkert教授通过梳理泰奥弗拉斯托斯的《形而上学》,发现了早期学园与毕达哥拉斯主义的思想关联,进而认定毕达哥拉斯主义与柏拉图主义的理论联系不同于亚里士多德所描述的。西方学界现在越来越重视毕达哥拉斯主义在希腊哲学中的位置,产生了很多相关论著,在很多细节上有深入发掘,深化了我们对当时各种思想交流的理解。[6]

总之,色诺克拉底在学园柏拉图主义发展上起到重要作用,其思想在后来的中期柏拉图主义中有重要影响,他和斯彪西波的学说展示了学园哲学讨论的议题和风貌,对我们结合亚里士多德的论述重塑学园哲学活动有重要意义。

此外,关于学园派和亚里士多德的关系,按照施莱尔马赫的浪漫主义说法,他们必定会分道扬镳,因为,"落后于现实事务,最终必然形成某种空洞风格。过分现实的人,则迷失于现实之丰富,受此多样性支配,思辨本身对于这些人而言不过是现实之一端,这

---

① theory of daemons,参见Plutarch, *Isis and Osiris* 360D, Fr. 24 H/225 IP。

② Stobaeus, Ecl. I 49, 1.

③ *nous thyrathen*, Aetius, IV 5, p. 392b Diels.

④ Dillon,2003,第154页。

⑤ Walter Burkert, *Lore and Science in Ancient Pythagoreanism*, Harvard University Press(1963德文版,1972英译本)。

⑥ 如Horky, P. S.*Plato and Pythagoreanism*, Oxford(2013); *On Pythagoreanism*, eds. G. Cornelli, R. McKirahan, and C. Macris. Berlin(2013); Zhmud, L. *Pythagoras and the Early Pythagoreans*, trans. K. Windle and R. Ireland, Oxford (2012). Kahn, C. H. *Pythagoras and the Pythagoreans*. A Brief History, Indianapolis (2001); 还有正在研究和编辑中的C. Balla and P. Kalligas, eds., Plato's Academy (working title). Under Consideration with Cambridge University Press。

便是老学园派与亚里士多德之间的对立之所在。"然而他也指出
了他们之间的统一观点："部分在于对共同的苏格拉底观念的固
守,部分在于他们共有的柏拉图式的生活。"①我们认为这一概括
虽然拘泥于两端,但也从侧面揭示了亚里士多德与柏拉图主义者
之间的张力,亚里士多德的原创性以及对古代自然哲学的继承和
发展远超出了柏拉图主义者期许的范围,但也因此造就了挣脱柏
拉图主义者标签的、独一无二的亚里士多德。

三、波勒蒙及老学园其他主要成员

波勒蒙像②

(一)波勒蒙生平、著作及其哲学

　　公元前314年,雅典的波勒蒙(Polemon of Athens,Πολέμων)
接任色诺克拉底掌管柏拉图学园,一直到公元前276年,长达38年,
是掌管时间最长的继任者。波勒蒙出生富裕,家中也有政治背景,

---

① 施莱尔马赫,《论柏拉图对话》,黄瑞成译,华夏出版社,2011年,第58页。
② Hartmann Schedel, *Liber Chronicarum*,Illustrator: Michael Wolgemut and Wilhelm
　　Pleydenwurff, Anton Koberger,1493.

据第欧根尼·拉尔修说:"年轻时,他放纵无度,挥金如土,手头常备银钱,以满足性欲的随时释放,而且还会把钱秘藏在狭窄的巷子里。即使在学园里,也有人在一个梁柱附近发现了三个奥卜尔(obol)[1],他把钱埋在那里也是为了达到同样目的。有一次,他和他的年轻伙伴们,头戴花环,酩酊大醉地冲进色诺克拉底的学校。然而,色诺克拉底丝毫没有分神,依旧讲他的课,他讲的就是关于节制(sōphrosynē)的问题。听到这些后,这个小伙子慢慢被吸引了进去。他变得非常勤奋,意欲超过其他所有学生,并自己来接管这所学校。他真的从第116届奥林匹亚赛会开始,做了学园的掌门(σχολάρχης, scholarch)。"[2]另外,据安提高努斯(Antigonus)记载,波勒蒙年轻时不光嗜酒而且疯狂地喜爱男童和少年,以至于他的妻子有一次以虐待罪(dikē kakōseōs)控诉他。[3]

他的学生兼爱人(eromenos)克拉特斯(Crates of Athens)[4]后来接替他掌管学园(但不几年也就去世了)。他的学生还包括克冉托尔(Crantor)、[5]阿凯西劳斯(Arcesilaus)[6]和斯多亚派的芝诺(Zeno of Citium)。[7]据说波勒蒙死于高龄(前276/5年),无疾而终。

波勒蒙是色诺克拉底最优秀的学生,主要倾向于实践,认为理论研究不是哲学的主要内容,他认为根据本性生活是至善。第欧根尼说波勒蒙紧跟色诺克拉底的一切学说,[8]但特别强调在事务

---

① 相当于1/6德拉马克(drachma),罗马时代则是1/48罗马盎司(Roman ounce)。

② 《名哲言行录》4.16。σχολάρχης, 由σχολή(学派)和ἀρχή(首领)组成,即学派领袖,中文"门"有流派的意思,掌就是执掌、领导的意思,因此取"掌门"来翻译。

③ Dillon, 2003,第157页。

④ 克拉特斯(死于前268/4年),在波勒蒙死后继任学园掌门。他与波勒蒙的爱侣关系得到了古代人的歌颂,据说他们死后合葬在一个墓穴中。他最著名的学生阿凯西劳斯继承了学园掌门。他的全部著作都佚失了,据第欧根尼·拉尔修记载是关于哲学、戏剧和演讲的(但也有考订说演讲部分或许是Crates of Tralles所为)。

⑤ 参《名哲言行录》4.24。

⑥ 参《名哲言行录》4.22, 24。

⑦ 参《名哲言行录》7.2, 24。

⑧ 参《名哲言行录》4.19。

上历练的重要性。他认为："我们应当在事实(ta pragmata)中，[①]而不是在对话的思辨(dialektika theōrēmata)中来训练自己，就好像一个人把音乐技巧吞进肚里，记得滚瓜烂熟，却从不操练一样，对话的思辨虽然在提问方面可令人惊奇，但在安排生活(kata tēn diathesin)方面却自相矛盾。"[②]

在古代文献集成《薮达》(Souda)[③]编辑时代，已经没有留存波勒蒙的任何著作。只有克莱门的《杂文集》[④]提到他有《论依于本性的生活》，波勒蒙在里面谴责食肉行为；西塞罗《论目的》中也提到他将依据自然本性生活当作至善(summum bonum)。[⑤]

关于其具体的哲学学说，我们没有发现他对逻辑学或物理学有任何推进，但他在伦理学方面却有很多关注与成就。其伦理学说的影响可以在他的学生、斯多亚学派创始人芝诺那里找到，斯多亚派著名的"生活的目的"(telos tou biou)学说，要求人们过与自然本性一致的生活，可能就来自波勒蒙。克莱门《杂文集》中提到：[⑥]

> 波勒蒙，色诺克拉底的助手，似乎想要将幸福(eudaimonia)包含在对一切善好事物，或至少最好和最大的善好的自足(autarkeia)中，因为他认为幸福离开了德性(aretē)永远不可能企及，而德性对于幸福而言就足够了，即便丧失了身体性和外在的善好。[⑦]

他除了和色诺克拉底一样强调外在善不重要外，还强调德性

---

① 关于pragma在希腊语中的多重含意的考察，参见阿多，2016，第59页以下。
② 《名哲言行录》4.17。
③ 《薮达》(Souda或Suda, Σοῦδα)是10世纪时拜占庭关于古代地中海世界的百科全书，以希腊文写成，汇集了一些佚失的古代文献，从中世纪基督教文献中也搜集了一些内容。拜占庭希腊语中souda本意是"堡垒"。
④ *Stromateis* VII.
⑤ *De Finibus*, IV. 6.
⑥ *Stromateis* II, 22, 133, 7.
⑦ 据Dillon, 2003，第161页译文。

对幸福而言不可或缺。西塞罗也提到：

> 每一种生命的存在，从它出生那一刻起，就钟爱自己，爱自己的每一部分；这种自爱主要指向两个主要部分：心灵和身体，随后也包括这两部分所属的各个小部分。心灵和身体都有某些优点；对此幼崽在成长中模模糊糊地意识到，后来开始能够分别，从而寻求大自然的最初恩赐，避免有害的方面。至于这些最初欲求的自然对象是否包括快乐，这是争论颇多的问题；但认为它仅仅包括快乐，既不包括肢体、感觉，也不包括心理活动、身体的协调、健康，在我看来就是愚蠢至极。而这就是某人关于善恶之理论必不可少的源头。波勒蒙，还有他之前的亚里士多德都认为最主要的对象就是我刚刚提到的那些。由此引出了老学园派和漫步学派的理论，认为善的目的就是根据自然生活（prima a natura data），也就是说，享受自然所给予的最初的恩赐及其带来的美德。（《论目的》II 33-4）①

西塞罗还说：

> 至于你的另一论点，绝不是"结论"，只是蠢话而已，当然责任在于斯多亚学派的领袖，而不在于你本人："幸福是值得自豪的事，而没有道德价值的东西不可能是值得自豪的事。"就小前提来说，波勒蒙会同意芝诺，他的导师以及他们整个学派，还有那些虽然认为美德远远高于其他一切东西，但仍拿另外某些东西与美德一起定义至善的哲学家都会同意。如果美德是可自豪的东西，事实确实如此，远远优于其他一切事物，

---

① 引自石敏敏，2005中译本，参校Dillon，2003，页162–163译文和Raphael Woolf, *On Moral Ends*, 2001英译本，有所改动。

其优胜程度无以言表,那么波勒蒙必会因为仅仅拥有美德而没有其他东西而幸福,但他不会承认唯有美德才能算为善。(《论目的》IV 50–1)[①]

可见,波勒蒙有一个确定的教义,即坚持德性之于幸福的核心意义。[②]我们可以说,波勒蒙的重要性在于继承与拓展了学园的伦理学教义,并将之传递给后来的斯多亚学派,使其思想在那里得到了部分继承,他经由芝诺和后来的安提库斯共同架起了柏拉图主义和斯多亚思想的桥梁。同时对公元1世纪柏拉图主义教义化也起到了关键作用。[③]

(二)菲利普斯

菲利普斯(Philippus of Opus, Φίλιππος Ὀπούντιος)是鲁克瑞斯人(Locrian),柏拉图健在时的学园成员,也是不多的来自大希腊范围(Magna Graecia)的学生,据第欧根尼·拉尔修说,他是柏拉图《法义》的编辑者,是他将其分为十二卷,并且自己增加了第十三卷《厄庇诺米斯》:"有些人说,奥普斯人菲利普斯把他的《法律篇》抄写在了蜡板上。据说《厄庇诺米斯》也是这位菲利普斯写的。"[④]在《薮达》中,他被匿名地列在哲学家名录中,直到Ludolf Küster编辑《薮达》[⑤]时才指出是在描述他:

这位哲学家将柏拉图的《法义》分为十二卷,自己又增加了第十三卷。他是苏格拉底[⑥]和柏拉图的学生,主要研

---

① 引自石敏敏,2005中译本,参校Dillon, 2003,页163–164译文和Raphael Woolf, *On Moral Ends*, 2001英译本,有所改动。
② Dillon, 2003,第163页。
③ Dillon, 2003,第177页。
④ 《名哲言行录》,3.37。
⑤ Ludolf Küster, *Suidae Lexicon*, Cambridge, 1705.
⑥ 说他是苏格拉底的学生不可信。

究天文。他生活在马其顿的菲利普斯时代,其著作有:《论太阳与月亮间的距离》《论诸神》(2卷)《论时间》《论神话》《论自由》《论愤怒》《论往复运动》《论鲁克瑞斯人》(*Opuntian Locrians*)《论快乐》《论爱》《论朋友与友谊》《论写作》《论柏拉图》《论月食》《论太阳、月亮和地球的大小》《论光照》《论星体》《算数》《论多边形数》①《光学》《视觉》《圆环运动》(*Kukliaka*)《中道》(*Mesotētes*)等②

也有人认为这个菲利普斯就是Philip of Medma (or Mende),后者也被认为是柏拉图学园中人,是有很多历史记载的天文学家。③

我们暂且相信《厄庇诺米斯》是菲利普斯所作,那么结合其著作就会发现,他有宗教情怀,他之所以研究天文其实是为了了解诸神的本性,这样可以使他更智慧,并获得道德上的善好。④同时,将《厄庇诺米斯》与其他柏拉图对话中观点进行对照,可以看出菲利普斯思想的诸种取向。⑤

(三)赫拉克利德斯

赫拉克利德斯(Heraclides of Pontus, Ἡρακλείδης ὁ Ποντικός, 前390–前310),生于小亚细亚黑海岸边的Heracleia Pontica,父亲叫

① 辛普里丘在其《论毕达哥拉斯派的数》(Fr.28 Tarán)中提到过,最早由毕达哥拉斯派发展出来,据Dillon, 2003,页181注10。
② *Souda*, Philosophos.
③ Philip of Medma曾经被很多古代文献记载过,如Vitruvius, *Architect.* ix. 7、老普林尼, Naturalis Historia, xviii. 31. s. 74,普鲁塔克(*Quod non possit suaviter vivi secund.* Epicur. Opera)说他阐明了月亮的形状,普罗克洛(*In I. Euclid. Element. Lib. Commentar.*)以及阿佛洛狄西亚的亚历山大。
④ Dillon, 2003,第182页。
⑤ 关于《厄庇诺米斯》参见程志敏中文译疏和编辑的研究文献(《厄庇诺米斯》,华夏出版社, 2013;《智慧与幸福:论柏拉图的〈厄庇诺米斯〉》,崔嵬等译,华夏出版社, 2013),以及Dillon, 2003,第183-195页的讨论。

游叙弗伦(Euthyphro)，家境在当地显赫而又富裕，因此被送到雅典的柏拉图学园学习，跟随柏拉图和斯彪西波。据《薮达》记载，在前361/360年，柏拉图带着斯彪西波和色诺克拉底离开雅典前往叙拉古时，留在学园执掌事务的是赫拉克利德斯。他差点继任斯彪西波成为学园掌门，后来输给了色诺克拉底。

　　赫拉克利德斯长于数学和物理学，可能是受斯彪西波和亚里士多德的影响。但其最著名的成就集中在天文领域，他认为星体的运动是由于地球绕着自己的轴转动时造成的幻象，这种宇宙论直接反对并推翻了亚里士多德的宇宙观，亚里士多德认为地球和诸星体都是固定在其界域中的，辛普里丘引述赫拉克利德斯的观点说，当太阳不动时，地球的运动就可以解释其他星体的不规则运动。[1]因此有人认为他是最早的太阳中心说的提出者，但也有天文史学家通过考察而否认了这点。[2]据说他是通才式的傲慢人物，在哲学、数学、音乐、语法、物理学、历史和修辞方面都有不少著作，[3]其著作文辞优美，且多为对话体。[4]第欧根尼讲过他和蛇的两则未经证实的故事。据说他后来成了亚里士多德的学生，因此《名哲言行录》中将他列在漫步学派之末。[5]普鲁塔克在攻击伊壁鸠鲁主义者考勒特(Colotes)时，也说赫拉克利德斯是漫步学派的人，他在自然研究方面有创新，并影响了后世物理学等方面的研

---

① 参见Simplicius, *On Aristotle's Physics* 2, tr. Barries Fleet, Ithaca: Cornell University Press, p48.

② Bruce S. Eastwood, "Heraclides and Heliocentrism: Texts, Diagrams, and Interpretations," *Journal for the History of Astronomy*, 23(1992): 233-260.

③ 具体书目参见《名哲言行录》, 5. 86。

④ 其著作的残篇辑录参见O. Voss, *De Heraclidis Pontici vita et scriptis*, 1896初版, Kessinger Publishing , 2010年重印。以及*Heraclides of Pontus. Texts and Translations*, edited by Eckart Schütrumpf; translators Peter Stork, Jan van Ophuijsen, and Susan Prince, Piscataway, N.J., Transaction Publishers, 2008。

⑤ 关于其学说可以进一步参考Hans B. Gottschalk, *Heraclides of Pontus*, New York, Oxford University Press , 1980。

究。①虽然据说他并不完全同意柏拉图的教义,甚至给人以异议者的形象,但是他也代表了另一种类型的学园学员,正是多样的学术讨论使学园具有旺盛的生命力。

(四)克冉托尔

克冉托尔(Crantor of Soli, Κράντωρ,生于前4世纪,卒于前276/5年)是Soliin Cilicia人,他来到雅典是为了专门学习哲学,从学于色诺克拉底,也是波勒蒙的朋友,是最重要的老学园哲学的支持者之一,死在波勒蒙和克拉特斯之前。他著作宏富,据说有三万行的"评注",②大多是伦理学主题的,据普罗克洛说,他是首位为柏拉图著作写评注的人(ho prōtos exegētēs)。③此前我们知道色诺克拉底写过对巴门尼德和毕达哥拉斯的注解(exegēseis),赫拉克利德斯写过赫拉克利特和德谟克利特的注解(Pros ton Dēmokriton Exegēseis),④他的著作在罗马也被广泛阅读。⑤克冉托尔认为善的事物的排序如下:德性—健康—快乐—财富。

克冉托尔在罗马最流行的著作是《论悲伤》(*De Luctu*, Περὶ Πένθους),是献给他丧子的朋友希波克勒斯(Hippocles)的,据说西塞罗《图斯库兰论辩集》第三卷几乎全文引用了这篇文字。⑥哲学家帕纳埃提乌斯(Panaetius)称其为"金作"(non magnus verum aureolus libellus),是真正的用心之作。⑦西塞罗(如为其女儿Tullia所写的《慰藉》[*Consolatio*])、普鲁塔克(《给阿波罗尼乌斯的安慰》[*Consolation to Apollonius*])等都一再直接和间接化用过这部

---

① Dillon, 2003,第208页。
② 《名哲言行录》,4.24,徐开来、溥林译本此处误作"回忆录"。
③ Proclus,《蒂迈欧评注》(*In Tim.*) I 76。
④ Dillon, 2003,第218页。
⑤ Horace, *Ep.* i. 2. 4.
⑥ 参见Marcus Tullius Cicero, Margaret R. Graver, *Cicero on the Emotions: Tusculan Disputations 3 and 4*, University Of Chicago Press, 2002。
⑦ Cicero, *Academica Priora* II 135.

作品。除此之外，据第欧根尼·拉尔修所言，他也写诗作，"在所有诗人中，克冉托尔更钦佩荷马和欧里庇得斯。他说，要以日常语言写出悲剧并立刻引起同感是很难的。"[1]

克冉托尔的哲学观点主要经普鲁塔克转述，[2]大多接近色诺克拉底的观点，但在本体论方面略有差异：

> 色诺克拉底宣称灵魂的本质是自身运动的数，而其他人则跟随克冉托尔，他认为灵魂是理智本性(noētē physis)和有争议的可感事物(hē peri ta aisthēta doxastē)混合而成，我认为澄清这两者至关重要(endosimon)。(1012D)

然后他就讲了色诺克拉底的教义，说灵魂得自"单一"与"二"的混合，由此产生原初的数，然后再加上同一和差异，由此产生活力，这正是灵魂的特质：

> 而克冉托尔和他的追随者们，认为灵魂的特有功能首先是对理智、感官对象、对象中的差异和相同物，以及他们之间的关系形成判断，以便灵魂能认识这一切(事物的种类)，它们都混在一起了。其实有四种：理智本性，总是不变和同一；感觉的和易变的本性，表现在形体中；还有同和异的本性(1012F)[3]

由此我们发现，克冉托尔比色诺克拉底更重视认识论方面的灵魂功能，而不是单纯强调本体论对灵魂特征的影响。

---

① 《名哲言行录》，4.26。
② *On the Generation of Soul in the Timaeus*，1012D–1013B。
③ 这两段均据Dillon，2003，第221-222页译本。

（五）欧多库斯及其他学员

欧多库斯（Eudoxus of Cnidus，Εὔδοξος ὁ Κνίδιος，前408–前355年），主要建树在数学和天文学方面，其著作都佚失了，但在希帕库斯（Hipparchus）对阿哈图斯（Aratus）有关天文学的诗作的注解中，以及泰奥多西乌斯（Theodosius of Bithynia）的 *Sphaerics* 中有所保留。[1]公元前387年，欧多库斯和物理学家泰奥麦多（Theomedon）[2]一起来到雅典追随苏格拉底的学生们学习，最后跟随了柏拉图几个月，因为贫困、租住地远，每天都要步行11公里去听柏拉图讲课。后来，朋友集资送他到埃及的Heliopolis 继续深造天文学和数学一年多。之后，他游走多处，访学收徒，成就学问。

大约在公元前368年，欧多库斯带着弟子们重回雅典，据说前367年当柏拉图在叙拉古时他代掌学园，教导过亚里士多德。最后回到家乡Cnidus供职于公民大会。他在家乡建立了天文观测台，撰写天文学、神学和气象学的论著。除了著名的天文和数学方面的成就之外，亚里士多德曾经记录过他的伦理学学说，在《尼各马可伦理学》卷十，他说欧多库斯喜欢享乐主义，认为快乐是事物努力向往的终极的善。他说：

> 由于看到快乐为一切有理性的和无理性的生物所追求，所以欧多库斯认为快乐就是善。因为，在一切事物中，凡是被选择的东西就是可贵的，被最多选择的东西是最可贵的。现在既然快乐为一切生物之所趋，那么它对这一切当然是最高的善。（每一个生物都为自己寻求善，正如寻求食物一样。）为全部生物所追求的，对一切都是善的东西就是至善。人们相信这些说法并不是由于它们本身，而是因为他的人品高尚，

---

[1] 其著作残篇参看Lasserre, Françoise, *Die Fragmente des Eudoxos von Knidos*, de Gruyter: Berlin, 1966。

[2] 第欧根尼·拉尔修《名哲言行录》8.87说他是欧多库斯的爱侣。

因为他在人们看来节制出众,而不会被认为是个爱享乐的人,既然他也这样说,事情也许真是这样吧。

　　他还认为,与对立面相比,快乐之为善是很明显的。痛苦就其自身就是为一切生物所避免的东西,那么,它的反面就是为一切生物所选择的东西。其次,凡是不以他物为目的、不以他物为原因而选择的东西才是可贵的,众听周知,这就是快乐。一个人在享乐的时候没有人问他为什么享乐。看来快乐就是种就其自身而被选择的。他还说,不论什么样的善,公正举动还是节制行为,只有增加快乐才更受到欢迎,而只有善才助长快乐。(1172b10–26)

　　亚里士多德引征柏拉图的观点,对欧多库斯提出了批评,"似乎这番论证,只不过指出善是各种快乐之一,并不能证明它比别的更强。因为任何善与其他善在一起,比单个的更为人所选择。而利用这同一论证,柏拉图却证明快乐不是善。快乐的生活和明智相结合,比它单独自身更为人所选择。如若它在混合后才更好,那就证明快乐并不是善,因为善是不需补充就更为人所选择的东西。所以,很显然,即使加上善自身而变得更为人所选择,那种东西也不会是善。"(1172b27–35)因此,欧多库斯只是受了学园哲学影响,参与了学园学术活动,在观点上并未继承柏拉图的学说。

　　此外,除了《名哲言行录》中记载的柏拉图学派成员外,还有两位学员和传播者可以一提,一个是赫莫多鲁斯(Hermodorus of Syracuse),生活在前4世纪,据说曾经传播柏拉图的著作,在西西里出售。①他本人也是哲学家,至少有两部著作:《论柏拉图》、《论数学》,因为他曾说"在苏格拉底死后,柏拉图和其余的哲学家由于惧怕偕主们的残暴,都去了他(欧几里得)那里。……约在28岁时,他(柏拉图)和苏格拉底的某些其他门徒一起去了麦加拉追随

① Cicero, *ad Atticum*, xiii. 20.

欧几里得"。①另一位是墨涅德莫斯(Menedemus of Pyrrha, 约前
350),是斯彪西波掌门时期柏拉图学园的成员,斯彪西波死后,他
和赫拉克利德斯一起输给了色诺克拉底,没能成为掌门。于是,他
出走自立门户,建立了自己的学园。②

　　以上就是学园中培养出的重要代表,他们的哲学学说淹没在
历史中,但从残留下来的信息,我们可以想象柏拉图学园在当时的
理智世界中扮演的角色。

---

① 《名哲言行录》2. 106; 3. 6。
② Philodemus, *Academicorum historia* vii; Philochorus, *Atthis*, Fr.224.

第二章　中期学园与新学园柏拉图主义

一、阿凯西劳斯

阿凯西劳斯与卡尔涅阿德斯像[1]

（一）生平与著作

阿凯西劳斯（Arcesilaus of Pitane，Ἀρκεσίλαος，前316/5–前241/0年）是继克拉特斯之后第五位执掌学园的人，他是导致第二

---

[1]　自Cicero's *Academica*, edited by Johann August Goerenz, 1810版首页。

和第三学园产生思想倾向性转变的关键人物。他本人是Aeolis的Pitanê(爱琴海西北岸)人,早年学习过几何和天文,后来到雅典跟随继承了亚里士多德执掌漫步学派的泰奥弗拉斯托斯学习修辞(前295–290年),然后转而从学于克冉托尔(前276/5年)、波勒蒙(前270/69年)及克拉特斯(前268/7年)。克拉特斯死后,阿凯西劳斯继任学园掌门,直到去世(前241/0年)。

　　据说,"中期学园就是从他开始的。他是由于相反理论的相互否定而悬置判断的第一人。他也是第一个就一个问题的两个方面进行论证,第一个修改了(prōtos ekinēse)由柏拉图传下来的理论,并通过提问与回答使其更像辩论术的人。他是以这样的方式接近克冉托尔的。"①后来甚至成为克冉托尔的情侣。②他的继任也是通过同事选举,因此是学园内的思想潮流和倾向导致他继任,而非他强力获取掌门的位置。对常识和确定教条的怀疑,作为哲学探究的方法一直是苏格拉底和柏拉图所秉承的方法,只是到阿凯西劳斯这里时,这种方法更多地与认识论和伦理学上的怀疑论结合起来了。

　　关于他的著作和学说,"有些人断言,由于他对所有问题都悬置判断,所以,他从未写过任何著作。另有些人则说,人们发现他对克冉托尔的一些著作进行了修订,有些人宣称他使这些著作面世,另一些则断言他烧毁了。他对柏拉图似乎非常敬佩,还拥有他著作的抄本。[4.33]但按另一些人的说法,他仿效的是皮浪。他致力于辩证法,还采纳了厄瑞特里亚学派的理论。因此,阿里斯通对他的评论是:柏拉图是他的开头,皮浪是他的结尾,狄俄多洛斯则是他的中间。"③后世的哲学家零星提及过他的作品和思想,主要包括怀疑派的西塞罗、恩披里柯和普鲁塔克以及他们的理论对

---

① 《名哲言行录》,4.28。
② 《名哲言行录》,4.29。
③ 《名哲言行录》,IV.32–33。

手：安提库斯和努麦尼乌斯(Numenius)。

在学园教学、研究和性情方面，"他最能发现论题，在与对方遭遇时善于击中要害，并且会将提出来的问题复原到理论的轨道，使其恰当地适应每一个场合。他的说服能力超过群雄，无人匹敌，因此，许多人奔他而来，齐聚他的学校。虽然被他尖声责骂，但是，他们都能愉快地忍受，因为他非常善良，会带着期望鼓励学生。在生活中，他则极为慷慨，随时乐意帮助他人，而且最不傲慢，以免使人觉得他是在施恩。……他把自己的时间全都花在学园之中，远离政治活动。"①"他非常谦虚，以至于推荐自己的学生去听其他人讲课。有个来自赫俄斯的年轻人对他的研究不很满意，而愿去听前面提及的那个希罗尼漠斯讲课，他竟然亲自带着他，将他介绍给那位哲学家，并规劝他要遵守纪律。"②然而，他由于生活奢侈、追求享乐而受到斯多亚派的指控，"他极为奢侈喜欢丰盛的餐宴，但只和那些跟他品位相同的人一起吃。他公开地与爱利亚女伴塞奥多特和菲拉住在一起，对于那些为此而嘲笑他的人，他引用阿里斯底波的格言作答。他也喜欢男童成癖。正因如此，他遭到斯多亚派哲学家开俄斯的阿里斯通及其追随者们的指控，他们骂他是个败坏青年、谈论淫邪的胆大妄为之徒。……他每次都恳求不要在喝酒时讨论问题，而阿利德克斯则向他提问，要求作出说明，他回答：'哲学最大的特性只是这样，即对每一东西的认识要适时。'"③

抛开这些传言，我们要面对的问题是：为什么到了阿凯西劳斯这里，学园的领袖居然不再写作，伦理作风也改了，甚至开始强调怀疑？他们面对什么样的理论困境才做出如此回应？狄龙的观点是，他们在回应斯多亚学派完善的宇宙论对柏拉图主义原有理论

---

① 《名哲言行录》4.37–39。

② 《名哲言行录》4.42。

③ 《名哲言行录》, 4.40–42。

的冲击，他认为，斯多亚派的创立者芝诺跟随色诺克拉底和波勒蒙学习，深入探究《蒂迈欧》中的宇宙论，去除了神话色彩，发展出其逻辑结果，将宇宙的原初原则剥离出来，就剩了活动的原理，要么是宇宙理智要么是理性的世界灵魂。这原则并非超验的，而是内在于宇宙之中。同时在伦理学方面，芝诺奉行朴素，甚至放弃道德律则，而这时候的学园领袖还在继承色诺克拉底和波勒蒙的"服从本性"原则，否认人类快乐，只遵循德性实践。这形而上学和伦理学两方面，斯多亚派都超越了柏拉图主义，他们甚至能比柏拉图主义者做得更好，这时候的柏拉图主义者就么么承认斯多亚派更好地继承和发展了柏拉图主义转而投诚，要么就得返回其理论传统的根本，猛烈冲击教条化了的柏拉图主义，阿凯西劳斯选择了后者，同时成为批评斯多亚派的重要理论家。[①]

（二）怀疑主义：方法还是教义？

具体到阿凯西劳斯的怀疑理论，Brittain总结了目前三种学术观点：1. 有人认为他的哲学活动完全是对一切哲学观点的否定或解构。2. 有些人认为他坚持认为：通过他所说的哲学论证没法知道任何东西；就有点像笛卡尔式的沉思的起点，因为他也先从怀疑一切开始。3. 还有人认为他对任何哲学论题都没有积极观点，包括知识的可能性问题。这种怀疑主义很像恩披里柯介绍的皮浪主义，拒绝接受任何哲学理论主张，坚持永远要进一步考察。[②]

要弄清楚他的怀疑倾向，就得理解阿凯西劳斯究竟是把怀疑当作一种教义，还是获得哲学理解的手段：即究竟是无物可知（akatalêpsia）还是普遍悬置（epochê）。第欧根尼认为"他是由于相反理论的相互否定而悬置判断的第一人"。因此，我们先尝试将怀疑作为一种哲学探究方法。阿凯西劳斯心中的先驱或许是苏格拉

---

① Dillon, 2003, 第235–236页。
② Charles Brittain, 2005, Arcesilaus.

底,柏拉图的苏格拉底对话中展示的苏格拉底也没有定见,一直在追问而已,西塞罗也从这方面理解,将怀疑作为哲学探究方法,[①]在这些让人陷入aporia(困惑)的对话里,苏格拉底做的只是让人陷入一种自相矛盾的境地,让人意识到自己的无知,并未得出确定的理论结论。然而苏格拉底并非否定一切,阿凯西劳斯正是效仿苏格拉底式对话,虽然没有得出结论,但是一直在探寻知识。这或许是应对某种想要将柏拉图教义教条化的倾向,为柏拉图学园的哲学探究注入活力,从而从研究方法上追溯古代先驱,表面上给人形成转型的印象。[②]这样一来,阿凯西劳斯就有了"辩证法家"的头衔,往坏里说,就是"智者",他的理论就和同时代有确切教义的伊壁鸠鲁派和芝诺的斯多亚派有了明显区别,或者这也是一种对同时代所有学说教义化的回应。于是,我们可以说,阿凯西劳斯并不"主张""无物可知"。另外,有不少文献[③]提到他主张"悬置",真的如此吗?学界有争议,基于西塞罗和努麦尼乌斯的观点,有学者认为阿凯西劳斯是在继承了一些教义之后才开始用运用悬置法的;[④]另一些学者根据恩披里柯的说法,认为他继承并运用了苏格拉底的方法,很少有教条化的学说了。[⑤]我们倾向于认为苏格拉底是阿凯西劳斯的榜样,阿凯西劳斯没有将怀疑看作"教义",而只是看作哲学探究的方法和路径,只不过,由于他没有著书立说,也没有得出最后的探究结论,因此,他给人以怀疑一切的印象。他也不是悬置任何判断,而是辩证地讨论各种观点,辩证法和悬置法还是有明显区别的,因此我们宁可将他视为辩证法家也

---

① 《学园派》(*Academica*) 1.44–5,《论演说家》(*De Oratore*) 3.67,《论目的》(*De Finibus*) 2.2,《论诸神本性》1.11。

② Philodemus, *Index Academicorum*, 18.7–16 & 21.36–42以及恩披里柯《皮浪主义概述》1.220–35, 232。

③ 包括普鲁塔克《论斯多亚派的自相矛盾》1036a和1037a,以及《驳克洛泰斯(Colotes)》1122a。

④ Schofield, 1999和Ioppolo, 1986。

⑤ Cooper, 2004和Frede, 1974 & 1984, 据Charles Brittain, 2005, Arcesilaus。

不视为怀疑论者。

（三）对斯多亚派认识论的批评①

阿凯西劳斯对斯多亚认识论的批评是其理论中仅存的，②有具体论证细节的学说。据西塞罗记载，③斯多亚的理论创立者芝诺提出了斯多亚派认识论的观点：1. 让人对某事物形成信念即让人赞同其某种印象（phantasia）；2. 我们有些知觉印象是认知性的或以自身为根据的，因此赞同它们就形成一种对事物的认识或领会（katalēpsis）；3. 我们应该仅仅赞同认知或领会性的印象，因为通过不恰当地赞同没有根据的、非认知的印象而形成的正确或者错误的"意见"，是与理性相悖的。而通过认知性的印象，我们就可以获得绝对可靠的知识或智慧。可见斯多亚的认识论有经验主义的倾向，这点与柏拉图主义秉持的苏格拉底以来的认识论倾向完全不同。阿凯西劳斯的批评主要有两点：1. 即使承认印象是认知性的，能够正确反映认识对象，但是由于存在难以辨识或清晰描述的对象，如双胞胎、相似的鸡蛋、制造出的雷同事物、沙粒等，因此，仅靠这种认知性印象要获得知识也是不可能的，总会造成对类似物的混淆；2. 思想处于非常规状态时，比如梦境、幻觉和疯癫时，这种认知性印象也无法获得知识。第一种情况是认识对象出了问题，第二种情况是我们的头脑出了状况，因此都无法产生正确的印象。如果像芝诺坚持认为的，只有通过印象才能获得知识，那么也就没法获得任何知识了。芝诺与阿凯西劳斯的这一争论延续了很久，后来斯多亚代表人物克利西波斯（Chrysippus）和后来的学

---

① 关于柏拉图与早期斯多亚派思想的交流，参见A.G.Long编，《柏拉图与斯多亚派》（*Plato and the Stoics*, Cambridge, 2013）。

② 参恩披里柯，《驳逻辑学家》，M. 7.150–9、西塞罗，《学园派》，第2章，特别是2.66–7, 2.77。

③ *Academica*, 1.40–42.

园掌门卡尔涅阿德斯(Carneades)继续了这场争论。①

恩披里柯曾经这样总结:

> 阿凯西劳斯,我们说过他是柏拉图中期学园的领袖和奠基者,在我看来与皮浪学说有许多共同之处,所以他的思想方式几乎与我们一样;因为他从未对任何事物的实在性或非实在性加以断定,他也不曾认为任何事物比起别的事物在可信性或非或然性上有什么不同,他对一切都悬决。他也说过终极目的就是悬决,伴随悬决而来的是宁静,正如我们所说的那样他还说过对具体事物的悬决是好,认可具体事物是坏。只不过我们这么说的时候没有正面肯定,只是依照向我们呈现的样子;他却是在对真实的事实下判断,故而他断言"悬决"自身真正地是好,"断定"则自身真正地是坏。我们不妨接受人们对他的评说:他第一眼看上去是个皮浪派,但是骨子里是一个独断论者。由于他用怀疑法检验他的同伴,看他们的本性是否适宜于接受柏拉图的教义,他被人看成是一个怀疑的哲学家;但是他对那些本性上有天赋的人传授柏拉图的教义,所以阿里斯通称他是"柏拉图为头,皮浪为尾,狄奥多罗为身子",因为他也运用了狄奥多罗的辩证法,虽然他本质上是一个柏拉图主义者。②

总之,阿凯西劳斯认为他没有发现知识,没有知识而认同任何事情都是不合理的,他通过运用苏格拉底式的探究方法意识到很多这类信念都是错误的。这样一来,他的工作就不是运用理性确定其实只是非理性的信念,而是发现事物是如何欺骗我们的理

---

① 关于这场争论的具体论证过程,以及在恩披里柯和西塞罗的记载中表现出的不同记述分析,详见Charles Brittain, 2005, Arcesilaus。
② 转引自汪子嵩等,《希腊哲学史》第四卷,2014,第737页。

性的。这种学园怀疑论并不会得出否定性的结论,比如说无物可知,而只会让人通过辩证法的探究意识到没有哪个理论的基础是牢固的。那么我们怎么评价这种做法呢?阿凯西劳斯究竟是怀疑主义者还是坚定地彻底依靠理性的人?我们认为他只一个很好的辩证法家,继承了苏格拉底和学园辩证法训练传统,保留了哲学探究的活力,避免了学园教义教条化,但付出的代价也不小,就是给人以怀疑论的表象,让很多人难以对任何理论升起信心,对后来学园进一步怀疑论化埋下伏笔。

二、拉居德斯及其后的掌门

公元前241年拉居德斯(Lacydes of Cyrene, Λακύδης)继承了阿凯西劳斯成为学园第七代掌门,由于身体原因,于前215年辞去掌门职务,死于前205年。按照第欧根尼·拉尔修的说法,他是"亚历山大的儿子,库瑞涅人。他是新学园的创始人,也是阿凯西劳斯的继任者。他是一位性格威严之人,拥有的追随者为数不少。从年轻时起就非常勤奋,虽然贫穷,但讨人喜欢,很有人缘。人们讲述了一则关于他管理家务的最为有趣的故事。无论何时,只要他从储存室取出任何东西,都会再次打上封印,并把钥匙环从孔口扔进去,目的是使他储存在那里的每种东西都不会被人启封拿走。然而不久后,他的仆人知道了这个秘密,他们拆开封印,拿走了他们想要的东西,然后也以同样的方式把钥匙环从孔口扔进库房。而且,他们这样做,还居然从未被发现。"[①]

拉居德斯经常在学园讲课,也在国王阿塔洛斯(Attalus I of Pergamon)建造的花园里讲课。为了安慰他,该花园以他的

①《名哲言行录》4.59。

名字命名为拉居德文（Lacydeum, Λακύδειον）。和他的前任相比，他做了一件独一无二的事情，即当他还健在时，就把学园移交给了两位佛开亚人特勒克勒斯（Telecles）和欧安德洛斯（Evander）。欧安德洛斯的继任者是伯尔伽漠斯的赫格希诺斯（Hegesinus of Pergamon），从他又传给了卡尔涅阿德斯（Carneades of Cyrene）。有这样一种赞扬拉居德斯的说法：有一次阿塔洛斯派人去请他，据说他曾扬言，雕像应该从远处眺望。到了晚年，他研究几何学，有个人对他说，"这时候学合适吗？"对此他回答："难道还没有到合适的时候吗？"他在第134届奥林匹亚赛会的第四年担任学园的主持，死时已任职26年。他死于瘫痪，原因在于饮酒无度。[1]

而据尤西比乌（Eusebius）说，他性情温和，并无嗜酒习惯。[2]据说，他在哲学方面紧跟阿凯西劳斯，并无创见，写过《论自然》的论文，但所有作品都佚失了。

第八代掌门是两个人，特勒克勒斯（Telecles of Phocis or Phocaea, Τηλεκλῆς）和欧安德洛斯（Evander, Ευανδρος），他们在拉居德斯体弱多病的晚年十年间（前215–前205）协助或继任了学园掌门一职，并且在拉居德斯死后继续执掌学园事务，并非通过正式选举成为掌门。特勒克勒斯死于前167/6年，欧安德洛斯继续当了几年掌门。欧安德洛斯和特勒克勒斯是同乡，**他们都是**拉居德斯的弟子，学说上他们都没有创见，紧守师教。

第九代掌门是赫格希诺斯（Hegesinus of Pergamon, Ἡγησίνους）是欧安德洛斯的弟子，我们对他一无所知。但是他的继任者却是鼎鼎有名的卡尔涅阿德斯，也即"新学园"的开创者。

---

[1]《名哲言行录》4.60–61。
[2] *Praeparatio Evangelica* xiv. 7.

三、卡尔涅阿德斯

卡尔涅阿德斯像[1]

（一）生平与著作

卡尔涅阿德斯(Carneades of Cyrene, Καρνεάδης, 前214–129/8年)在古代被认为是新柏拉图学园或第三学园的创立者。他出生于昔兰尼，早年赴雅典求学，同时跟随斯多亚学派第五代掌门、克利西波斯的弟子、巴比伦的第欧根尼(Diogenes of Babylon)学习辩证法，克利西波斯是斯多亚派体系性思想的创立者，他对卡尔涅阿德斯最具激励作用，卡尔涅阿德斯甚至说"没有克利西波斯就没有我"。公元前155年之前，他继承了柏拉图学园掌门，那时他曾经与斯多亚派的第欧根尼和漫步学派的领袖克里图劳斯(Critolaus)一起代表雅典到罗马元老院请愿。

他学习苏格拉底和阿凯西劳斯，没有任何著作，主要通过向学员面对面教学和辩难展示其思想的影响力。从他开始，直到学园最后解散，学园的主要思想活动都是在诠释他的思想。现在我们也只能通过他的后学和部分同时代人的记述来还原其部分思

---

[1] Roman copy after the sit statue exhibited on the agora of Athens, ca. 150 v.

想。据说，他在罗马履行公职时，曾经在第一天为正义辩护，第二天又完全驳倒了第一天的观点，这本来是在给罗马人展示学园中的辩证法训练的方式和大体内容，他展示给罗马人看，思想是如何推进，如何丰富起来，又如何去发现真理。在这点上，他继承了阿凯西劳斯的范例。

　　古代人认为柏拉图领导下的学园算第一代，阿凯西劳斯开始的算第二代，卡尔涅阿德斯引导的则是第三代，分别就是老学园、中期学园和新学园。这种划分不是基于学园组织机构的变迁，而是基于思想倾向的变迁。卡尔涅阿德斯的新学园"新"在哪里呢？首先，他更喜欢温和的怀疑论，他承认即便没有确定的知识，也有相对牢靠的意见；其次，他对某些逻辑、伦理学、自然哲学、神学、认识论的某些观点和立场进行辩护。[①]显然，这种温和的怀疑论不会一来就拒人于千里之外，或者让人陷入绝望、失去耐心，他也就能够获得更多的追随者。

（二）认识论思想

　　上一节我们已经描述了学园中针对斯多亚认识论的批判，认为他们所说的，在人的有生之年可以完全摆脱意见企及真实的信念是错误的。卡尔涅阿德斯思想中最突出的是，他在认识论方面也同意阿凯西劳斯开始的为"或然论"的辩护，就是斯多亚认识论无法保证相似事物之间的认识准确性。同时他比阿凯西劳斯更进一步，批评斯多亚的理论基础：没有认知印象，就丧失了行动和探寻的任何基础。卡尔涅阿德斯反驳说，这种基础可以在可能的（希腊语pithanos，西塞罗用拉丁语probabilis）印象中找到，这种可能印象会自己引导或请求赞同。[②]这种可能印象理论就成了区别于较为激进的阿凯西劳斯学园怀疑论的标志性理论，也是温和的新学

---

① James Allen, 2011, Carneades.
② 详参James Allen, 2011, Carneades。

园怀疑论的代表性思想。

（三）伦理学思想

卡尔涅阿德斯在伦理学方面也反对斯多亚派的单调观点,他们认为一切的目的是德性,卡尔涅阿德斯反驳说,人类在三个方面有自然冲动:快乐、免于苦痛、自然利益(如健康或强壮)。德性的原理与最初的选择相关,这样关于生活的目的就有六种观点:其中三种把德性当目的,就是依据能够获得其中之一的观点而行动(这就是有德性);另外三种则把实际获得三者之一当目的。将两者结合起来则又能产生三种目的,即既有观点又能实际获得三者。这样一来,就有九种生活目的,远不止斯多亚说的一种。卡尔涅阿德斯为了反驳斯多亚的单一思想,而展示了德性论题的多样性和复杂性,也展示了或然论思想在伦理学方面的运用,他对伦理的分析对后世影响深远,通过西塞罗的转述,人们知道了何谓希腊伦理学说。[1]

四、从克里托马库斯到拉瑞萨的菲洛

迦太基人克里托马库斯(Clitomachus of Carthage, Κλειτόμαχος,前187/6–110/09年),原名为Hasdrubal(迦太基用语,希腊语为Ἀσδρούβας),于公元前163/2年来到雅典并跟随卡尔涅阿德斯学习哲学,同时也向斯多亚和漫步学派学习,约前127/6年继任为柏拉图学园掌门。他也继承了老师的怀疑主义,对老师的学说全无异议,生前专注于教学,据说留下400卷的书籍,但全部佚失了。前146年,当迦太基被占领后,他满怀爱国之情写了对同胞们的安慰书。西塞罗对其学说的转述和运用颇多,据西塞罗记述,他还曾写

---

[1] Striker, 1991, 第5节。

过哲学史著作《论思想流派》($\pi\epsilon\rho\acute{\iota}\ \alpha\iota\rho\acute{\epsilon}\sigma\epsilon\omega\nu$)。[①]

　　新学园也是整个柏拉图学园,我们知道名姓的最后一位掌门,就是克里托马库斯的学生,叫拉瑞萨的菲洛(Philo of Larissa,$\Phi\acute{\iota}\lambda\omega\nu$,前159/8-前84/3年)。他比老师们更进一步,更多地放弃了怀疑主义倾向,观点变得更为温和,他允许有不确定的暂时的信念。据说,他弱化了的理论虽然允许普通的知识,但是不支持其他学派的那些理论教条化内容。然而,通过挑战当时希腊化时期认识论方面被广为接受的教条,他不经意间帮助后来的柏拉图主义基于对柏拉图的教义的解释,形成某种教条性的传统。[②]此外,他最为人所知的是,他是西塞罗的老师,经由这位著名弟子,他和整个新学园的怀疑主义整体的思想面貌都得以保留和传承下来。

　　在学园末期,菲洛执掌时遇到了些困难,首先是学生分化:他的学生著名的安提库斯脱离学园另立门户,建立了反对怀疑的"老学园",而另一个学生阿奈斯德慕斯(Aenesidemus)离开学园却是为了投奔激进的怀疑论者——"皮浪主义者"的怀抱;其次,社会动荡,战争威胁使得雅典人大批迁徙、躲避时局,学园中的哲学家们也为保全而前往其他城市。菲洛本人也于前89年左右前往罗马,在那里继续讲课,并发表《罗马书》。菲洛之后,学园传承情况已经湮没无闻,菲洛本人的著作、行迹也难索隐。

　　现在学者通过一些古代零星记述,追问的问题是,究竟他持温和的怀疑论(mitigated skepticism)、易缪主义(fallibilism)还是柏拉图主义呢?有三种对菲洛主张的猜测:1. 他本是后两者,但在《罗马书》中倾向于成为温和的怀疑论;[③]2. 他是从温和的怀疑论转向柏拉图主义;[④]或者3. 转向易缪主义。[⑤]

---

① 西塞罗,《学园派》II.31。
② Charles Brittain,2006,Philo of Larissa.
③ Glucker, 1978; Sedley, 1981; Lévy, 1992.
④ Tarrant, 1985.
⑤ Frede, 1987; Barnes, 1989; Striker, 1997; Brittain, 2001.

那么什么是温和的怀疑论,什么又是易缪主义呢?菲洛发展了卡尔涅阿德斯的思想,认为在正确的知觉和相关条件下产生的有说服力的知觉印象,虽然可以废止,但也是理性的,是它们的真理的证据,而不只是赞同它们的基础。这种温和的怀疑论在非知觉印象的思考中也有表现,标准的学园讨论实践是为不同哲学问题的不同观点进行辩护,以便更为理性地评估哪一方观点可能更正确。因此这种温和的怀疑论就不是激进的和批评性、摧毁性的,而是开始变成进行理性确证的积极方法,也是间接地教授哲学结论的方法。①

易缪主义的主张主要是为了回应菲洛之前的学生安提库斯,后者批评他那种温和的怀疑论内在的不稳定性。看起来他总是在"有些事物可知"和"根本上认知进步不可能"之间摇摆。他最后为了回应安提库斯,有了新的认识论立场:首先,他反对自我证成的认知印象,也就展示了一种易缪主义理论,认为基于印象的不恰当的对知识的认取可能导致错误。其次,他的理论意味着有各种各样的知识,也就反对激进怀疑论者的无物可知的观点;第三,他的理论意味着一种修订过的理性原则。温和的怀疑论就此回应了斯多亚的反驳,认为在可用的证据基础上,理性会形成可以废止的信念,而通过理性主体的"衡量"或"暂时保有",他们将理性本身与实践错误分离开了:不论信念是否是错的,一个主体在合适的基础上形成这个信念,就永远不可能通过"暂时地"保有它而出错。②这样一来,理性就立刻与错误兼容了。理性导致了不断对信念的获取和检验,但是不保证信念的正确性,所以,理性是一种不断推进和不断验证的思维过程,既不悬置信念又不认肯某信念,因此呈现出柏拉图主义的理论色彩,即哲学就是永远在探究真理

---

① Charles Brittain, 2006, Philo of Larissa, 原始文献参见Cicero, *Academicia.* 2.7, 2.60 及*On the Nature of the Gods* 1.11, Galen, *On the Best Method of Teaching* ch. 1, and Plutarch, *Stoic Contradictions* ch. 10。

② Charles Brittain, 2006, Philo of Larissa.

途中,任何想要否定知识或者肯定某知识的努力都有待超越,菲洛给出的温和怀疑论就此有了积极的认知意义。

　　还有一些文献[1]提到了菲洛的伦理学,但似乎是很普通的、教条化的东西,将哲学与医学对比,把伦理教学分为三个部分:劝勉期(展示哲学指导的必要)、治疗期(调整学生的价值观念)、预防期(通过加强那些调整过的观念,描绘生活方式和可以促进或保持幸福的政治安排)。这些做法是希腊化时期实践伦理学教育的通行做法,但是也有学者极力指出,菲洛伦理学教学方法实际上是辩证法式的,因此并非教条化的。[2]

　　当今学者依然在寻找各种办法重构菲洛的思想,至于他的具体学说究竟如何相互关联,究竟采用什么立场和观点还在争论中。[3]但是他的著名学生保留了大量相关文献,我们从中可以寻见学园怀疑主义的很多理论动态,这位学生就是大名鼎鼎的西塞罗。

五、西塞罗的学园怀疑主义

西塞罗像[4]

---

[1] Stobaeus, *Anthology* 2.7.

[2] Charles Brittain, 2006, Philo of Larissa, 关于菲洛伦理学的进一步讨论参见Reinhardt, 2000 和Brittain, 2001。

[3] 最新的最重要的相关专著是Brittain, C. 2001. *Philo of Larissa: the Last of the Academic Sceptics*, Oxford: Oxford University Press。

[4] Bust of Cicero, Musei Capitolini, Rome, Half of 1st century AD.

西塞罗是学园怀疑论学说文献最主要的保留者和支持者之一，在他之后，怀疑论继续在皮浪主义中得到成熟的发展，学园中的怀疑主义则一扫而空。西塞罗是伟大的修辞学家、政论家、政治家和思想家，要细致区分他的哲学观点还真有些困难，他经常罗列很多前人的观点，不及时反驳或肯定，但就他提供的转述而言，他是最重要的展示学园怀疑论思想的人。①

西塞罗（Cicero，前106–前43年）18岁左右曾追随当时流亡罗马的雅典学园掌门菲洛学习，他听了菲洛的公开演讲，开始跟着菲洛进行哲学学习。当然，西塞罗是出了名的好学，他还跟随当时众多流派的老师学习，比如斯多亚派的波希多尼（Posidonius）、伊壁鸠鲁派的斐德若（Phaedrus）和漫步学派的克拉提普斯（Cratippus）。西塞罗在其著作中喜欢征引不同的观点和论据，让读者自己选择和辨别，似乎是从柏拉图学园学到的辩证法，也成了他赞同的哲学探究方法。同时，他热衷于介绍柏拉图主义的著作和思想方法，撰写了大量类哲学作品，比如模仿柏拉图《斐德若》的《论演说家》，模仿柏拉图《理想国》和《法义》的《论共和国》、《论法律》等；也有介绍性的《劝勉》、《卡图鲁斯》(Catulus)、《鲁库鲁斯》(Lucullus)，后两部是《学园派》的最早版本，还有后来的《论目的》、《图斯库兰论辩集》、《论神的本性》、《论占卜》及《论命运》。后面的著作处理伦理学和物理学问题，而认识论或逻辑问题给了研究怀疑论的最重要的著作：《学园派》(Academica)，这部著作研究的是支持和反对学园怀疑论的众多观点，我们接下来就通过简要介绍这部作品来了解西塞罗的相关思想。

西塞罗最早写作《学园派》时有几重目的，他既要介绍学园派中对教条主义的回应，又要讲学园柏拉图主义中的怀疑论思想，更重要的是，他的读者是罗马人。他的介绍中，最重要的层面是斯多亚与学园派于公元前3–前2世纪的争执，随后是安提库斯与学

---

① Katja Vogt，2014，Ancient Skepticism.

园派的争论(前90–前80年代),还有与当时罗马对话者的讨论(前62/1–45年)。①这些不同层面的介绍中又分细致的不同方面的讨论,因此文本显得错综复杂。

首先,关于第一个层面:斯多亚与学园派,论证纲要如下:

1. 公元前300到前270年,斯多亚学派的创立者芝诺创立了其新奇的认识论主张,并为其辩护;②阿凯西劳斯批评了这些主张,导致了学园的怀疑论转向。③

2. 公元前240到前210年,克利西波斯针对阿凯西劳斯的批评,为芝诺进行了辩护;

3. 公元前170到前150年,克利西波斯的辩护又被巴比伦的第欧根尼详细化,以应对学院派卡尔涅阿德斯的最新批评。④

4. 公元前140到前110年,卡尔涅阿德斯的论证被第欧根尼的弟子安提帕特(Antipater)反驳,⑤怀疑论的本性在学园学生内部也引起争议(克里托马库斯和斯特拉陶尼克[Metrodorus of Stratonicea])。⑥

其次,学院内部的争论:

5. 公元前100到前90年,学园掌门菲洛放弃激进的怀疑论,选择了一种温和的怀疑论。⑦

6. 公元前90年代,菲洛的观点被其学生阿奈斯德慕斯和安提库斯所批评,前者坚持激进怀疑论,后者放弃了怀疑论,坚持老学园和逍遥派观点。⑧

7. 公元前88/7年,针对这些批评,菲洛放弃了温和的怀疑论,

① Charles Brittain, 2006,页viii。
② *Academica*, 1.40–42.
③ *Academica*, 2.16, 2.76–77, 1.43–46.
④ *Academica*, 2.16,1.46; 参见 2.87, 2.93, 2.98.
⑤ *Academica*, 2.17及残篇1.
⑥ *Academica*, 2.16, 2.78, 2.148.
⑦ *Academica*, 2.78.
⑧ *Academica*, 2.68–71.

转而在其《罗马书》中提出一种易缪主义观点。[①]

最后的论证层面主要针对公元前62/1到前45年发生的讨论。

后来，西塞罗还重新规整早期的对话《卡图鲁斯》、《鲁库鲁斯》，形成四卷本的《学园派》(*Academici Libri*)，其中第一卷和一些残篇流传下来了。据考证，这四卷本的内容也大体可知：第一卷，瓦罗(Varro)展示了安提库斯的哲学(1.15–42)，西塞罗描述学园怀疑论思想(1.44–46)；第二卷包含西塞罗反驳真实性理论的怀疑论论证，感觉或许来自已经佚失的《卡图鲁斯》；[②]第三卷按照第一版《鲁库鲁斯》的内容安排；[③]第四卷和第一版相关内容吻合。[④]

在具体的哲学论证和观点方面，西塞罗曾经简要地提出了学园怀疑论对芝诺斯多亚学说的质疑(2.40–42、2.83)：1. 有些印象是真实的(斯多亚的观点)；2. 假的印象不能获得(芝诺的前提a)；3. 如果一个真的印象的知觉内容不可能与假的印象相区分，那么它就不能被获得(芝诺的前提c)；4. 任何真印象的知觉内容都不可能与假的印象相区分(学园派的观点)；5. 因此没有可获得的印象。如果4是正确的，基于斯多亚派的观点来看的话，结论就是无物可知；6. 但是赞成印象不可获得不符合理性(斯多亚派的观点)，因此7. 赞同任何印象都是不理性的。根据以上论证，学园派后来发生进一步分歧时，会出现以下三种观点：A. 反对在异议者预设的赞同和行动之间的关联，坚持5–7的观点；B. 接受异议，同时拒绝承认6(拥有意见的不合理性)，因此反对结论7；C. 接受异议，但拒绝承认5，因此反对7。克里托马库斯的激进怀疑论就持观点A，菲洛和麦特罗杜罗斯(Metrodorus)的温和的怀疑论选择了观点B，

---

① *Academica*, 2.11–12, 2.18, 1.13.

② 参见残篇3、6–11。

③ 2.19–60及残篇13和16–19。

④ 2.66–146及残篇20–31。《学园派》中译文参见《怀疑的理性：西塞罗与学园柏拉图主义》，魏奕昕译，梁中和校，华东师范大学出版社，2017年。

他们认为: 5. 如果没有可获得的印象,并且8. 有时赞同不可获得的印象是理性的,那么9. 有时拥有意见是理性的。[①]

同时,西塞罗这部著作可以看作某种哲学思想发展史,按照Brittain的考察,可以分三个层面:首先,认为阿凯西劳斯对怀疑论的内在转向源于学园将前苏格拉底哲学家、苏格拉底和柏拉图当作理论先驱(2.72–76、1.44–46、2.13–15、1.15–17)。这是对怀疑论思想的历史回溯,表明怀疑论是对理性失败或说教条化的反动:前苏格拉底哲学家想要获得知识的努力是绝望的,苏格拉底和柏拉图的方法对这种失败给予更清晰的认识,但是成熟的怀疑论即对一切悬置的思想还没有出现,直到阿凯西劳斯。因此,阿凯西劳斯并不依赖前辈作为理论权威,比如它曾反对苏格拉底"自知无知"的教条思想(1.45)。这表明学园中运用哲学史知识更微妙,并非将其当成理论教条或权威。其次,西塞罗记述了安提库斯是如何想要重新继承柏拉图传统的。他要做的是通过重新解释,从而将苏格拉底和柏拉图的思想从学园怀疑论思想中解救出来。西塞罗在转述安提库斯观点时有两个版本:鲁库鲁斯给出的是怀疑论认为的反讽式的,而柏拉图则是完整哲学体系的作者(2.15);然而瓦罗认为,苏格拉底是真诚地怀疑知识,并且认为柏拉图作品繁杂,因此并不直接导向其追随者发明的所谓"柏拉图体系"(1.15–17)。这种苏格拉底和柏拉图及学园中相互排斥的理论,形成了一种对柏拉图对话的解释性争论的传统,这种传统还相当活跃。[②]

最后,西塞罗展示了菲洛是如何在《罗马书》中整合学园思想的(1.13、2.11–12、2.18)。菲洛认为,从柏拉图到他所处的时代,人

---

① 细致分析参见Charles Brittain, 2006,页xix–xxxviii。

② 关于柏拉图传统的论述参见J.Opsomer, *In Search of the Truth: Academic Tendencies in Middle Platonism* (Brussels 1998); M. Bonazzi, *Academici e Platonici. Il dibattito antico sullo scetticismo di Platone* (Milan 2003); D. Sedley, 'Three Platonist Interpretations of the Theaetetus', in C. Gill and M. McCabe (eds.), *Form and argument in Late Plato* (Oxford 1996), pp. 79–103。

们秉持同一种认识论思想,学园思想在三个意义上是统一的:第一,认识确定性不论是知觉的还是理性的都是不可企及的;第二,斯多亚派企图从知觉获得确定性是失败的;第三,有一种可以废止的经验性知识,但是其易缪本性意味着谨慎的学园研究方法,对于哲学追问是必要的。这种菲洛总结的柏拉图传统与安提库斯的最大不同在于,安提库斯将柏拉图当作理论权威进行依赖,导致后来人们通过解读柏拉图对话来发现真理。①

西塞罗影响了早期基督教中的拉丁哲学,包括奥古斯丁开始的众多哲学家都受惠于西塞罗的著作,《学园派》及其他著作中展示出的学园怀疑论思想则一直受皮浪主义光芒的遮掩,直到20世纪最后二三十年才开始得到认真研究。但幸运的是,通过西塞罗,我们可以获得古代怀疑论更清晰的思想脉络,而不至于一提怀疑论就只想到皮浪主义,误认为皮浪是古代怀疑论的唯一鼻祖。同时,经由西塞罗,学园内部思想的演变过程和柏拉图主义内部理论的张力得以展示,柏拉图主义哲学探索方法的怀疑论倾向也得以明确,希腊哲学理性精神的整全含义也再次得以体现。

---

① Charles Brittain, 2006, 第xxxvi–xxxviii页。

中篇　中期柏拉图主义

第三章　中期柏拉图主义的发端与毕达哥拉斯主义的复兴

一、安提库斯

（一）生平与著作

我们之前提到，在学园末期，拉瑞萨的菲洛执掌学园时遇到了一些困难，首先是学生分化：他的学生著名的安提库斯（Antio-chus of Ascalon, Ἀντίοχος ὁ Ἀσκαλώνιος, 前125–前68年）脱离学园另立门户，建立了反对怀疑的"老学园"。这位背离师门的思想家大约在公元前125年生于巴勒斯坦（古代叙利亚的一部分）的阿斯克隆（Ascalon），这片土地的周围曾经为希腊化思想世界做出过卓越贡献，比如诞育过伟大的斯多亚哲学家波希多尼，还有警句作家梅乐阁（Meleager），讽刺作家麦尼普斯（Menippus），伊壁鸠鲁派哲学家、讽刺作家菲罗戴姆斯（Philodemus），来自北叙利亚的阿帕梅亚（Apamea）。阿斯克隆还有位叫作扫苏斯（Sosus）的斯多亚派哲学家，可能影响过安提库斯选择哲学。安提库斯被后世当作本地名人代表，据说由于他优雅的风格而获得"天鹅"这一绰号，天鹅因其歌声著称，陪伴阿波罗和缪斯；也可能是因为他的作品（《论诸神》）的风格或者他面对死亡时像苏格拉底一样的态度。

　　据载,安提库斯离开家乡去雅典求学后再没有回去过,在雅典,他起初或许听过斯多亚派帕奈提乌斯(Panaetius)的学生姆涅撒尔库斯(Mnesarchus)的演讲。西塞罗的说法则是,安提库斯一来就跟随了学园领袖拉瑞萨的菲洛,只是后来背离学园才被描述为脚踏两只船的形象。他跟随菲洛很长时间,直到跟随他到罗马应对各种论敌时,才开始转变思想。在那里,安提库斯结交了他的罗马贵族密友鲁库鲁斯,据西塞罗转述鲁库鲁斯的话,安提库斯和学园其他学员比如赫拉克利特(Heraclitus)在看到菲洛的一部著作后受到了严重打击,他们不相信那是菲洛的作品,这时菲洛已经对怀疑倾向有所反省,认为有些事物像斯多亚派说的那样,是清楚的(enargê),但是他否认客观确定性(katalêpsis)。[1]安提库斯则反对这点,他认为在"古人"[2]和阿凯西劳斯直到菲洛的怀疑倾向者之间有明显的区别和裂痕,他在其对话体著作《扫苏斯》(*Sōsus*,或许是为了纪念他的启蒙老师)中首次提出,这就是罗马人称道的著名的"扫苏斯事件"。[3]安提库斯似乎认为,[4]苏格拉底是以提问方式追问好坏善恶,但柏拉图开始就建构体系回应问题了,而且亚里士多德的漫步学派和学园只是名字不同,实质教义一样,都来自柏拉图的议题。他跟随波勒蒙,容纳漫步学派甚至斯多亚的芝诺的教义(因为芝诺曾从学于波勒蒙)。

　　普鲁塔克在《西塞罗生平》和《鲁库鲁斯生平》中都提到了安提库斯:

　　　　到达雅典以后,西塞罗在阿斯克隆的安提库斯门下学习,着迷于他美妙的言辞和个人魅力,尽管他并不认同其教义方

---

① *Acad. Pr.* 32, Sextus Emp. *PH* I 235, 参Dillon, 1996, 第55页。
② 安提库斯的用语,主要包括柏拉图、斯彪西波、色诺克拉底、波勒蒙及漫步学派的亚里士多德和泰奥弗拉斯托斯。
③ Cicero, *Lucullus*, 11–12, 参Charles Brittain, 2006, 第8页。
④ *Acad. Post.* 15以下。

面的革新。此时安提库斯已经脱离了"新学园",放弃了卡尔涅阿德斯的位置,或许是因为他的思想自证和感觉认知,或许由于和克里托马库斯和菲洛的助手们竞争造成的裂痕,在多数事物上,他转而喜好斯多亚的学说。而西塞罗喜欢的是之前(新学园)的立场,他想,如果自己不从政,就远离广场和公共事务,平静地与哲学为伴。[1]

鲁库鲁斯喜欢哲学,对各门各派的观点都乐于了解也很友好,从一开始他就把个人精力用于学园:并非所谓新学园,尽管当时菲洛为首的学园发展了卡尔涅阿德斯的学说,但老学园在当时还有其代表和领袖,那就是颇具说服力和天赋的演讲家、阿斯克隆的安提库斯,鲁库鲁斯下了番工夫,使得安提库斯成为他的朋友和同伴,他本人也站在了菲洛门人的对立面,西塞罗就是菲洛的门人之一。西塞罗对学园学说进行了卓越的记述,其中他把赞成的理解归给鲁库鲁斯,而对立的立场给自己。那本书被命名为《鲁库鲁斯》。[2]

这些记述可以看到"扫苏斯事件"给新学园与安提库斯之间的分歧造成的影响,[3]也反映了安提库斯思想的主线以及他在当时的主要影响。

安提库斯的著作除了刚才提到的对话《扫苏斯》,还有关于知识理论的《卡诺尼卡》(Kanonika),这是伊壁鸠鲁派用以表示"方法论原理"的词,用以替代他们所反对的"逻各斯"(logos)一词。后来怀疑派的恩披里柯在其《反逻辑学家》中也讨论了

---

[1] Plutarch, *Life of Cicero* 4.1–2, 希腊原文与英译本参考Sedley, 2012, T5a, 第337页。

[2] Plutarch, *Life of Lucullus* 42.3–4, 希腊原文与英译本参考Sedley, 2012, T6a, 第338页; 关于安提库斯与鲁库鲁斯思想的交往,以及西塞罗之相关记述的详细分析,参见Sedley, 2012, 第15–28页。

[3] 安提库斯与学园的关系,详参Roberto Polito, "Antiochus and the Acacdemy", Sedley, 2012, pp31–54。

kritêrion（标准），即确定性的标准问题。似乎安提库斯在认识理论和确定性方面先做了有益探索。《卡诺尼卡》因此也成为安提库斯本人哲学认识论的基础著作。此外，他还有《论诸神》，或许写于公元前69年，还有一篇对话，内容涉及斯多亚派和漫步学派的争论，其中对话发生时间大约是公元前78或77年，写作时间大约在公元前76年。①

　　西塞罗在《学园派》中说，安提库斯认为哲学中有两样东西最伟大，一个是"真理的确定性"（kritêrion tês alêtheias），一个是"善的目的"（telos agathon），没有人能舍此而成为智慧者，因为他除此之外不知道何为起点何为终点。②这让我们联想到康德的头顶星空和心中道德律的名言。下面我们分别从这两方面了解安提库斯眼中的哲学。

（二）伦理学及其形而上学基础

　　安提库斯对伦理学方面的哲学问题最为重视，其伦理学奠立在坚实的形而上学基础上，在他看来，"确定性"是伦理知识的基础。因此我们先了解其以"确定性"为核心的形而上学思想，再转到以此为基础的伦理学思想。

1. 确定性的寻求

　　坚持客观确定性是安提库斯背离师门的原因，他不满于柏拉图学园当时弥漫的怀疑论倾向，因此如何坚持确定性就成了他立论的核心。他借助的思想资源恰好是曾经向柏拉图学园学习过的斯多亚学派。他引入了斯多亚学派关于确定性的思想（katalêptikê phantasia，前者字面意思是"易被或可被捕获的"），或是"认知印象"的思想，来稳定学园柏拉图主义中的教义化理解。斯多亚派

---

① Dillon，1996，第59–60页。
② Cicero，*Academica Priora* or *Lucullus*，29.

认为，认知印象是一种取自真实存在的客观对象的印象，这种印象无法从非存在的事物中获取。这种实在论不同于伊壁鸠鲁主义的简单实在论——认为所有感官印象都是可靠的，而是认为有一种对确定性的主观知觉，只要有正常的主观和客观条件，即正常的视觉和头脑、正常的能见度、合理的距离等，一种真正的认知就会发生。西塞罗转述说：

> 让我们从感觉开始，它们的判断是如此清晰而确定，似乎人类本性被给予了选择——就像某位神要求询问它，其感觉是否可靠而完整，是否需要更好——我只能见其所及。(19)……在我看来，感觉包含了最好的真理，假如它们是可靠而完好的，而且所有障碍物和阻隔都清除的话。那就是为什么我们经常想要改变我们观察时的光线和对象的位置，缩小或者拉大它们与我们的距离，用不同的测量手段，直到视觉自身的能力让我们信赖它给予的判断。听觉、嗅觉和味觉也是如此，因此我们都不需要更敏锐的感觉判断能力。(20)
>
> ……我们并不是说这些都只靠感觉自身，而是靠一定关系中的感觉，如"那是白的""这是甜的""那个好听""这个好闻""这个粗糙"。但是对象被感觉捕获的属性不是靠实际的感觉，而一定是靠某些知觉（理智），比如："那边的对象是匹马，那边是狗。"接着与更大的知觉相关，比如，对对象的完全把握："如果他是一个人，他就是一个理性的有死的动物。"这类知觉给予我们"事物的概念"，没有它，所有理解、研究和讨论都是不可能的。(21)①

可见安提库斯不光重视普通感觉，更是发现了感觉中的认知成分（理智），正是这种对认知印象的理解和把握对象的能力，让我

---

① 西塞罗，《学园派》，参考Charles Brittain, 2006译本。

们拥有了知识的可能。怀疑派的恩披里柯曾经针对性地批评过这一观点,他说,"在一个真实对象中要认识何为真的,一定不止是被'白''甜'等感觉触动,而一定要被给予一个依于该对象的印象(phantasia),即'这个东西是白的''这个甜'等,……但是认识这类对象已经不是感觉(aisthêsis)的事了。"[1]也就是说,恩披里柯否认感觉会做判断,感觉也不能结合或规整感觉材料形成概念。作为柏拉图主义者的安提库斯认为理智(知觉)也是一种感觉,尽管高于其他五种感觉:

> 理智本身(nous)是感觉的源泉,甚至它本身也是一种感觉,有其自然力量,它指导事物通过它而被触动。因此,有些它捕获的感觉印象(phantasiai)是为了马上利用它们,其他的则是为了储存,也就成了记忆的来源。它便通过它们相互作用的类似性(similitudinibus construit)而将其余所有都组织起来,由此就得到关于对象的概念(即希腊语所谓的ennoiai,有时称作prolêpseis)。另外,加上推理(logos)、演绎论证以及无限数量的事实时,就会得到所有这些事物的认知知觉(katalêpsis),此时推理(logos)在这个平台上臻于完善(teleios),最终赢获智慧。(30)[2]

2. 人的本性

因此可以说,安提库斯坚持认为,人的理智能够通过感觉和认知印象获得客观对象牢靠的知识,他接受了斯多亚认识论学说,进而构建其伦理学。在伦理学的形而上学基础方面,安提库斯不光认为有确定性作为其知识客观性的保证,而且不认同个体在本体论上的优先性,他说:

---

[1] *AM*, vii 343以下,参Dillon, 1977,第67页。
[2] 西塞罗,《学园派》,参考Charles Brittain, 2006译本和Dillon, 1977,第67页译文。

> 我同意那些说一切皆由本性决定(haec omnia regi natura)
> 的人,尽管我会允许任何人不赞同这点而抱持他们自己的观
> 点:在他们那里,当我说"人的本性"时,他们会认为我在说
> "一个人"不加区分。①

这里可以看到安提库斯将"人"这个词不看作具体的人类个
体,而是看作一种本性,一个类(人类)的本性。然而什么是他所谓
的"本性"(类本性和一般本性)呢?是指人的形式(理念)吗?是柏
拉图式的形而上学吗?Boys-Stones通过细致考察得出了否定的结
论,他认为安提库斯的形而上学依然是斯多亚式的,他像斯多亚派
的其他思想家那样,认为万物均不同,各自有其自性,只不过他结
合了早期柏拉图主义认为的事物的确定性由创造者理智产生的想
法,②因此在这种形而上学基础上的伦理学也就有了斯多亚和柏
拉图主义两种色彩。

西塞罗在其《论目的》中有大量关于安提库斯伦理学思想的
记录,我们将以此开始介绍其伦理思想。首先,狄龙总结说,安提
库斯有一个伦理学原则,即"自我保全"(oikeiosis):③

> 每种生命物都爱自己,从出生之初就力求保证自己的安
> 全;因为自然本能赋予它最初的冲动,作它终身的保护,这就
> 是自我保全的本能,根据它的本性为自己提供最好条件的本

---

① 西塞罗,《论目的》,5.33,参Raphael Woolf, 2001译本及Boys-Stones, in Sedley,
 2012,第220页。
② Boys-Stones, 2012,同上,第235–236页。
③ Dillon, 1977,第70页;同样依据《论目的》中的相关内容,Georgia Tsouni对安提库
 斯伦理学给出了更加联系柏拉图主义传统的解读,他认为与其追求的善好生活相
 关的是其对沉思的依赖,对theōria的理解。它是"先天的认知的欲求"(innatus in
 nobis cognitionis amor et scientiae),正是这种认知的本性推动人们去实现认识本性
 的真正幸福的生活,而且这一想法继承了毕达哥拉斯、柏拉图和亚里士多德的想
 法。详细论说参见Georgia Tsouni, in Sedley, 2012,第131–150页。

能。刚开始时,这种倾向还是模糊而不确定的,所以它只是致力于自我保护,不论它的特点是什么;它不明白自己也不知道自己的能力和本性是什么。然而,当它长大一点之后,开始明白不同的事物如何影响自己、与己相关,于是就开始渐渐进步。自我意识初露端倪,生命物开始理解为什么自己拥有前述这些本能喜好,开始努力获得它认为与自己本性相符的事物,拒斥相反之物。因而每一生命物都在与自己本性相符的事物中找到自己欲求的对象。于是就出现了诸善之目的,即按自然生活,追求可能的最符合自然的最好状态。

同时,每种动物都有自己的本性,所以,一方面,对所有的生命物来说,终极目的在于实现自己的本性。(难道不是所有低级动物都有某些共同的东西,而且也是低级动物与人所共有的?否认这一点是毫无道理的,须知,一切众生皆有共同的本性。)但就我们所探讨的终极、最高目的来说,不同动物必然各不相同,每一种类都有自己特定的、与自己的个性要求吻合的目的。因此当我们说一切生命物的目的都是按其自然生活时,并不是说万物都有一个完全相同的目的。①

安提库斯认为生命本身有自我保全的本性,而且这种本性让人逐渐成为自身,找到与自身本性相符合的欲求对象,按照这样的自然本性生活就是善好的生活。甚至推而广之,动物也有各自的本性,大家都是各全其性即可,这种斯多亚派的思想颇似中国道家的思想。但是问题也一样,自然本性中有没有恶的成分?道家可以解释自然性的成就事物之善的方面,而恶的方面是否要承认?道教追求的长生本身是否就是反自然的?安提库斯也面临这样的问题:如何解释恶的问题。在这方面,安提库斯认同了柏拉图主义的核心观点:至善理论,也正是在这点上,他和斯多亚派分道扬镳。

———————————

① 西塞罗,《论目的》5.24–25,石敏敏译文,第9节。

奥古斯丁转述了瓦罗眼中的安提库斯的教义：

> 他认为，首先应该问，人是什么。他认为，人的自然中有两方面，身体与灵魂，在二者之中，无疑灵魂是更好的，在所有方面都宝贵得多。而灵魂自身是否构成了人，……人既不只是灵魂，也不只是身体，而是二者兼有，灵魂或身体都是人的一部分，而人作为整体包括这两部分。……他说，人的至善，即幸福，就包括两者的好，即灵魂的好和身体的好。他于是认为，那自然的最初目标就是以自身为追求目的的，同时，他也认为，德性，即生活的技艺，灵魂的善好中最优秀的部分，要靠教育追求。当德性，即度日的技艺，接受了自然的最初目标（自然的最初目标可以不依赖德性而存在，在没有教育时也可以存在），会因为这些目标本身而追求它们，同时也为了德性而追求德性。于是，德性利用所有这些目标，也利用自身，喜欢所有这些目标，也安享它们。这安享可大可小，视目标的大小而定，但毕竟都会带来快乐，只是在必要的时候，德性会为了达到或保有某种更大的目标，而放弃更小的。在灵魂或身体的所有善好中，德性不会把任何一种放在自己之前。德性善于利用自身的好，以及别的能使人幸福的好。
>
> 但如果没有德性，无论有多少善好，都不是这个人的好。因此，这些根本就不能称为好，因为他把这些用于坏事，这些对他就没什么用处。人的这种生活可以说是幸福的，安享德性，也安享灵魂与身体中别的善好（没有这些好，也就不会有德性）。如果人还能安享一种或多种别的好（没有它们，德性依然能存在），那就更幸福了。如果人能安享所有的好，灵魂和身体中的任何善好都不缺乏，那就是最幸福的。
>
> 生活并不等于德性，因为并不是所有的生活都是德性的，只有智慧的生活才是德性的生活。没有德性，还可以有某种生活；没有生活，却不能有德性。我也会这样说记忆和理性，

以及人所有的任何此类事情。这些都在学问之前就存在，没有它们，学问就不能存在。没有它们也就没有德性，因为德性是学来的。而跑得快、身体的美丽、巨大的力量，以及诸如此类的事情则不同，没有它们，德性也能存在，没有德性，它们也能存在。不过它们仍然是好。哲学家认为，德性还是为了这些自身而喜欢它们，在德性的前提下运用它们、安享它们。[①]

这里值得注意的是，安提库斯坚持灵魂与肉体的区分和整合，分别将善好归在灵魂与肉体上，区分优劣以及与德性和幸福的远近关系，认为德性有绝对优先的地位，决定性地影响了个人幸福的类型和真实程度，唯有达到两方面的至善，才是真正的幸福。[②]

3. 自然法

此外，西塞罗《论法律》第一卷表达了安提库斯的"自然法"的政治哲学思想：

我们称之为人的那种动物，被赋予了远见和敏锐的智力，他复杂、敏锐、具有记忆力、充满理性和谨慎，创造他的至高无上的神给了他某种**突出的地位**；因为在如此众多的不同种类的生物中，他是**唯一分享理性和思想**的。而又有什么——我并不是说只是人心中的，而是天空和大地中的——比理性更神圣呢？而理性，当其得以完全成长并完善时，就被正确地称为智慧。因此，既然没有比理性更好的东西，而且它在人心和神心之中都存在，人和神的第一个共有就是理性。但那些共同拥有理性的还必须共同拥有正确的理性。而且既然**正确**

① 奥古斯丁，《上帝之城》，19.3；吴飞译，上海三联书店，2007年。
② 关于安提库斯在社会德性方面对亚里士多德传统的继承，以及与斯多亚派思想的关系，特别是至善学说的总结和对具体伦理生活中的亲情、友情等的分析可以参看：Malcolm Schofield, in Sedley, 2012, 第173–187页。

的理性就是法,我们就必须相信**人也与神共同拥有法**。进一步说,那些分享法的也一定**分享正义**;而所有分享这些的都应视为同一共同体的成员。如果他们真的服从同样的一些权威和权力,那么这一点就更加真实;事实是,他们的确服从着这一神圣制度、神圣心灵和具有超越一切力量的神。因此,我们此刻就必须将这**整个宇宙理解为一个共同体,神和人都是这个共同体的成员**。(1.22–23)

　　既然这已经向我们证明了:首先,我们一直得到我们也许可以称其为众神之礼赠这样的供给和配备;其次,只有一个人们可能据以共同生活的原则,该原则对所有的人都是相同的,并平等地为所有的人所拥有;以及最后,所有人都为某种仁慈和亲善的自然情感而联结在一起,也为正义的合作联结在一起,我怎么可能不信服呢?现在我们承认这些结论都是真的,而且我认为很正确,我们怎能将法律和正义与大自然分离呢?……正义出于自然本性。(1.35)[1]

　　可见安提库斯的神和人都服从自然法,即理性(逻各斯)的引导,而人是世上唯一被神分享以理性的造物,因此约束人的自然法也是约束神的法,这种思想与斯多亚派非常接近,克利西波斯(Chrysippus)就曾说:"法是最高的理性,植根于自然中,它指挥什么该做什么不该。这理性,当其牢固地确立于人的思想中,并全面发展时,它就是法。"[2]

(三)灵魂学与认识论

　　有人通过拉克坦提乌斯(Lactantius)对瓦罗学说的转述,认定作为瓦罗老师的安提库斯应该也有类似于老斯多亚学派的灵魂

---

① 西塞罗,《法律篇》,苏力译,商务印书馆,1999年。
② 转引自Dillon, 1977,第80页。

教义：认为没有个体不朽，灵魂纯粹的火只是重新与以太连接，身体中的其他元素则回归各自的元素类。狄龙反对这种解读，他认为，安提库斯对灵魂的本性与灵魂不朽的探索，虽然原文已经不可考，但是通过西塞罗的记载，以及对安提库斯的弟子波希多尼(Posdonius)学说的转述，或许可以略见一斑，这些记载主要集中在《图斯库兰论辩集》卷一中。我们可以简要地通过梳理其中相关内容，推测安提库斯的一些灵魂学说。

安提库斯似乎同时不加批判地接受了亚里士多德(第五实体)和柏拉图的灵魂学说，他认为灵魂在人死后还"存活"着，自然本性为我们种下了一个死后还被记忆的欲望，而且还激发人去做英勇之事，甚至赴死，这些观点都表明他支持个体灵魂存活的观点。接下来的问题是，它存在于什么地方？地下世界是神话，如果灵魂由热气(ranima inflammata)或者火组成，那么它们一定会上升而非下沉到地里，大地在宇宙中心，灵魂必会向外围运动，而非中心。毕竟，思想是最迅捷的事物，因此，灵魂一定会快速逃离身体(形体)，它们会穿透围绕在大地上的更厚更冷的气，只有当它遇到与自身类似的事物时才会停下来，那里就是它的自然位置，也就是星体的位置。思想最主要的欲望是求知，在身体里太局限了，到了星体中，它会获得更宏大开阔的视野，更全面地了解真理。

安提库斯或许继承了人就是人的灵魂的柏拉图式教义，[①]并不多虑非形体的灵魂的存在样式问题，他的学生波希多尼甚至认为灵魂在进入身体之前作为思想已经在摄取知识了。[②]此外，纯粹的灵魂和不纯粹的灵魂是有区别的，不纯粹的会走向歧路，远离诸神；纯粹的则会很容易抵达星体。这也是安提库斯对《斐多》中练习死亡教义的认肯。在这点上，斯多亚派的克里安忒斯

---

① 参见《斐德若》245c、《美诺》、《斐多》相关部分，及更加明显提到这一学说的《阿尔喀比亚德前篇》。
② 《图斯库兰论辩集》，卷一，57。

(Cleanthes)认为所有人的灵魂都会继续存在,而克利西波斯认为只有智慧的灵魂可以,愚蠢者的灵魂只会存在一段时间。而非理性动物死后,其灵魂会立刻消失。芝诺则认为灵魂在人死后会存在一段时间,但最终还是会消失。与此相反,一般的柏拉图教义认为,在一个净化的过程中,哪怕是最糟糕的灵魂最终也会被带往星体。灵魂不朽和死后生活本来就是后来柏拉图主义者们的兴趣点,这些特别关注或许可以追溯到色诺克拉底和赫拉克利德斯。[1]

灵魂问题也与柏拉图的理念论相关,由理念论开始,我们可以呈现安提库斯是否有认识论思想的论争。首先,安提库斯做了一个完美的柏拉图式区分,即感知与理智,前者是意见的领域,其中没有确定的事物,或清晰的事物,后者是知识的领域,其中知觉的对象应该是永恒不变的理念。他说:"另一方面,知识被认为不存在于别处,只在思想的概念(notiones、ennoiai)和推理(rationes、logismoi)中。"这两个概念是典型的斯多亚派思想。[2]这里安提库斯虽然用了柏拉图式的理念学说,但是看不出他承认理念的超验性或客观性。因此,他的认识论究竟是柏拉图式的还是斯多亚式的,学界还有争议。

问题大概是这样的,安提库斯的认识论很简单,几乎所有的证据都告诉我们他选择了斯多亚的认识论,而有些学者不愿意相信他在柏拉图主义发展史的认识论方面毫无贡献。Brittain的观点比较中肯,他认为应该解决的不是这个问题,而是安提库斯是否改变了斯多亚派的认识论学说。经过研究文献来源和思想对照,他得出的结论是:几乎没有迹象表明,安提库斯声称进行辩护的认识论学说和斯多亚派的有任何区别。[3]而且古代作家如普鲁塔

---

① 参见Dillon,1977,第97–101页。
② Dillon,1977,第92页。
③ Brittain, in Sedley, 2012,第123页。

克(Plutarch)、努麦尼乌斯(Numenius)、恩披里柯、奥古斯丁和西塞罗都认为他采用了斯多亚派的认识论。特别是记载了其思想的西塞罗的《学园派》中,安提库斯接受了芝诺对katalēpsis(领会、认知)的定义、克利西波斯的形式逻辑、标准的斯多亚派反对怀疑论的论证、标准的斯多亚派"知觉""记忆""概念""技艺""科学""德性""研究""发现"和"证据"的定义,以及斯多亚的相对理论,甚至直接逐字引用青年斯多亚派安提帕特(Antipater)的文章。[①]因此,我们基本上可以断定安提库斯在认识论方面全面继承了斯多亚派的观点,这并不意味着他是一个斯多亚主义者,只是表明他在融合各派思想方面比较多元,斯多亚派思想是他的重要理论参照或者来源。

（四）从物理学到神学

安提库斯从一个"统一世界"的构成,到"神"和人类的"命运"的思考有着连贯的径路,西塞罗转述瓦罗的记载说:

> [26]有些**"属性"**(poiotêtes)是原初的,其他的源自它们。这些原初的属性统一而简单;其衍生之物则各不相同而且"多种多样"。因此气、火、水和土是原初的,而生物种类以及大地物产则来源于它们。因此前者被称为"原理"或用希腊语说是"元素";其中气和火有给予运动或主动性的功能,而其他部分——我是指水和土——则为接受或承受。(亚里士多德认为有第五种独一无二的元素,所有星辰和思想均来自它,比如某些不同于上面四种的元素。)[27]而在一切之下的某**"物"**(hylē),他们认为它没有任何形式,而且缺乏任何这些属性(我们暂且用这个词,以便耳朵觉得更熟悉和柔和)。万物受造自或来自于它,因为"物"作为整全可以接受

---

① Brittain, in Sedley, 2012,第105页。

任何事物并且以任何方式于任何部分进行改变。因此"物"灭入其部分,而非变成无;而且这些部分可以被无限分割,因为事物本性中并无至小的单元,比如,没有什么东西不可以被分。而且一切活动物都是通过**间隔**(diakena)在运动,而这些间隔可以同样被无限分割。

[28]那么因为那种我称之为"属性"的力量是这样运动的,即,因为它像就这样(通过物)而来去,因此他们认为"物"作为整全是完全变化的,产生了他们称之为"赋予了属性的事物(poia)"。从其中,在那个(物质)自然的全体中,当它所有部分聚合并连续时,便引出了单一的世界。没有物的部分,没有形体,会外在于在这个世界:其中一切都是这个世界的一个部分,其所有部分都由一种拥有完满**理性**的感知本性维系在一起(它是永恒的,因为没有更强大的能让它毁灭)。

[29]他们说,这种力量就是世界的思想(灵魂);也是理智(nous),完美的智慧,他们称其为"神",是一种在所有受制于它的事物之上的"**天意**"(pronoia),它首先考虑天体事务,但是也考虑地上关系到人类的事务。有时他们称其为"必然",因为没有什么能超出其命运所注定的和永恒法则给予的不变次第。但是有时候他们称其为"运气"(tychê),因为它带给很多事物由于其原因晦暗(或因我们的无知)而令我们无法预料的、突发的情况。①

可见,安提库斯运用了斯多亚派的术语来描述柏拉图主义的理念,继承并拓展了柏拉图《蒂迈欧》中的宇宙论,取消了造物神"德穆革",取而代之的是理性(逻各斯),引入了斯多亚派作为宇宙能动性之源的"属性"(poiotês)。这里安提库斯构建的世界整体学说并非物质宇宙学说,其中精神性的存在和力量也很重要,

---

① 西塞罗,《学园派》,26–27, 据Brittain, 2006译文。

因此，虽然是世界整体学说，但与现在的宇宙观还有差别。而对于从宇宙论引发的命运学说，上文与斯多亚派的克利西波斯的思想很相似，[1]他认为人们因为无法拥有整全的知识，所以觉得自己有行动的自主和自由，其实这只是人的主观思想，因为我们缺乏神的视野。西塞罗在著名的《论神的本性》中提到了安提库斯关于神的思考的思想来源，"安提库斯持有斯多亚派的观点，只是说法不同罢了，大体上也赞同漫步学派的人。"[2]因此，他的思想仍然是一种斯多亚和柏拉图主义的融合，如果我们把斯多亚派看成某种苏格拉底主义，而柏拉图主义是一种苏格拉底主义的话，安提库斯就是在协调两种苏格拉底主义思想。虽然这种区分很外在，但至少可以指向其思想来源中互通的地方。

（五）思想环境及后世影响

1. 安提库斯同时代的重要思想家：波希多尼

安提库斯的同乡，斯多亚派著名哲人波希多尼（Posidonius）曾经对中期柏拉图主义者有广泛影响。学界也汇集过其残篇，[3]给予不少重视。[4]他出生于公元前135年（几乎与安提库斯同年），前51/50年去世。其著作仅留存了残篇和转述，其中最重要的是西塞罗《论神圣》（*De Divinatione*）卷一保留的波希多尼《论神圣》中的思想，还有盖伦《论希波克拉底和柏拉图的教义》中转述过其激情理论。此外他还著有论述逻各斯、宇宙、诸神、命运、伦理、责任等方面的著作，同时还注释过柏拉图的《蒂迈欧》，他的这项工作对中期柏拉图主义者影响很大。他是斯多亚派内部吸取柏拉图和柏

---

① Dillon, 1977, 第84页。

② 西塞罗《论神的本性》，1.16，参见石敏敏，2007。

③ *Posidonius, Volume I–III: The Fragments, Commentary, Translation,* by L. Edelstein and I. G. Kidd. Cambridge, 1972–1991.

④ Ludwig Edelstein. 1936, "The Philosophical System of Posidonius", *American Journal of Philology* vol. 57.

拉图主义学说的代表,他和安提库斯在很多问题上都有相类似的意见,对后世的柏拉图主义者也施以斯多亚派的影响。所以他和安提库斯恰好相对应,是柏拉图主义和斯多亚派进行相互的理论学习的代表。

　　波希多尼最特别的地方在于,他一改斯多亚派对激情(血气)的看法。盖伦转述说,波希多尼的伦理学是柏拉图式的,他接受了灵魂有三种能力的学说,[①]直接与早期斯多亚派的芝诺和克利西波斯相对立,他们认为灵魂是统一的,激情只不过是错误的判断,可以通过理性论证而消除。[②]而波希多尼接受了柏拉图灵魂三分说,认为激情来自于灵魂的非理性部分,[③]因此无法彻底消除,只有悉心训练和纯粹的理性劝勉,以便控制好非理性部分才可以避免其破坏作用。提到劝勉的话,就表明波希多尼甚至通过柏拉图回溯到了毕达哥拉斯主义的教义,这也影响了同时代的柏拉图主义者。

2. 安提库斯的重要弟子:西塞罗和瓦罗

　　作为安提库斯的思想传人和思想转述者,西塞罗最终站在了学园一边,而非斯多亚一边,他采用新学园的怀疑方法进行哲学探究,安提库斯是他论题的重要思想来源,西塞罗的很多问题都是对着安提库斯在辩论。安提库斯的代言人有鲁库鲁斯(Lucullus)和瓦罗。上一章已经简要介绍过西塞罗的柏拉图主义,这里不再赘述,我们只是补充一点瓦罗的情况。

　　瓦罗(Varo,公元前116–前27年)是罗马重要政治家,著名学者,出生于萨宾(Sabine)地区的雷亚特(Reate),是安提库斯在罗马最重要的弟子。瓦罗在罗马和雅典接受过教育,后来从政,追随庞培,后代替庞培管理远西班牙行省,在恺撒征服远征西班牙行省

---

① 残篇150a, Edelstein & Kidd, 1972,下同。
② 残篇151。
③ 残篇157。

后跟随恺撒，公元前49年作为庞培党人参加了西班牙战争。公元前47年奉命建造第一个国家图书馆。公元前30年内战结束后，他致力于学术研究和写作。可以说，他是罗马最博学的人之一，集诗人、讽刺作家、博古学者、法学家、地理学家、文法家及科学家于一身，精通语言学、历史学、诗歌、农学、数学、教育学和哲学。据说他是古代最多产的著作家之一，著有约620部作品，78岁时已写出了490多篇论文和专著，涉及众多主题。他一生努力的是，掌握希腊文化所有精华并用罗马精神加以改造。

从西塞罗《学园派》(1.9)可以知道，瓦罗和西塞罗是密友，西塞罗非常推崇其罗马历史和拉丁语言文学研究。西塞罗在《学园派》第二部中让瓦罗为安提库斯代言，并把该书献给了瓦罗。由此可见，瓦罗曾经在雅典从学于安提库斯，并自视为其门徒，当然，其哲学学说也并非都来自安提库斯。就他们的关系而言，西塞罗曾经提到瓦罗非常赞同安提库斯，而自己则选择站在拉瑞萨的菲洛一边。据学者研究，[1]瓦罗在神学和语言学等方面与安提库斯的一些不同可以细细梳理出来。安提库斯还有其他追随者，比如Aristo、Dio、Cratippus、Piso、Lucullus、Brutus等，请参见相关论文，[2]篇幅所限，不再评述。

有学者说，柏拉图主义本来就是一个战场，各种想要重构柏拉图学说的理论家各显身手，争相掌控思想主导权。而在这种思想竞争中，大家又都面临如何处理与其他学派思想关系的问题，因此出现了诸如安提库斯和波希多尼这类思想家。关于安提库斯的历史地位，我们知道，他还是首位坚持亚里士多德学派学说、对"矫正"柏拉图哲学有重要作用的柏拉图主义者。[3]加上他本人的众多著作和有影响力的学生，其学说对后来的柏拉图主义者影

---

① David Blank, in Sedley, 2012, 第250–289页。
② Carlos Lévy, in Sedley, 2012, 第290–306。
③ Mauro Bonazzi, in Sedley, 2012, 第307–309页。

响深远,因此我们可以说他是柏拉图主义历史上一位重要的思想家。

二、中期柏拉图主义者和毕达哥拉斯主义的复兴

安提库斯对后来的柏拉图主义影响很大,但还没有形成典型的中期柏拉图主义思想,这一时期的思想倾向于信仰超越的诸神和相信不朽实体的存在,伴随着对数学特别是神秘的数字命理学(numerology)的兴趣。这一时期的思想理想并非安提库斯承自斯多亚派的"按照本性生活",转而变为《泰阿泰德》(176b)中提到过的 "像神一样"的神学理想。[①]本节集中讨论亚历山大里亚的柏拉图主义对毕达哥拉斯主义的复兴,以及各种新毕达哥拉斯主义的思想改造。所谓"新毕达哥拉斯主义"是现代学者起的名字,用来标识"中期柏拉图主义"和"新柏拉图主义",不同的学者从不同的侧重点出发来解释一些古代学者的学术归属,很多中期以后的柏拉图主义者本身也是毕达哥拉斯主义者,甚至自称毕达哥拉斯主义者。因此,柏拉图主义自从公元1世纪开始就带有显著的毕达哥拉斯主义标志,这一标志随着新柏拉图主义的传播,直到文艺复兴仍是如此。

(一)欧多鲁斯

亚历山大里亚的欧多鲁斯(Eudorus of Alexandria, Εὔδωρος),是继安提库斯之后典型的中期柏拉图主义思想的实际开创者,没有证据表明他曾直接从学于安提库斯,学者们推断他可能于公元前1世纪,跟随亚历山大里亚本地的安提库斯传人受了教育,具体说就是阿里斯通(Ariston)的弟子狄翁(Dion),此人当时在亚历山大里亚富有影响。欧多鲁斯的著作包括:1.《哲学简论》(*Diairesis*

---

① Dillon, 1977, 第114页。

tou kata philosophian logou）；2. 柏拉图《蒂迈欧》评注；3. 亚里士多德《范畴篇》系列评注；4. 亚里士多德《形而上学》评注。同时，欧多鲁斯还是阿基里斯（Achilles）著作和思想的主要来源，我们可以通过阿基里斯的《论宇宙》来了解其相关思想。而欧多鲁斯本人还援引斯多亚派波希多尼的弟子狄奥多鲁斯（Diodorus）的思想。

　　欧多鲁斯继承了安提库斯的哲学三分说，"伦理学—物理学—逻辑学"，而不同于斯多亚派的"物理学—伦理学—逻辑学（或逻辑学—物理学—伦理学）"。当问及何谓哲学的起点，是追随亚里士多德、斯多亚派和新学园将逻辑论证的训练作为起点，还是按照安提库斯的教义，以伦理探索或说追寻生活目的为起点呢？欧多鲁斯选择了安提库斯的道路。他将伦理学对象分为理论的（theoria）、冲动的（hormé）和实践（praxis）的三种（塞涅卡书信89中也有类似三分），冲动（hormé）概念是欧多鲁斯同时代基本的伦理学理论术语，这个概念主要处理冲动和激情问题。

　　欧多鲁斯不同于安提库斯，他一反安提库斯的"按照人的本性生活"的主张，认为：

　　　　苏格拉底和柏拉图同意毕达哥拉斯的主张，即目的（telos）是与神一样（homoiosis theoi）。柏拉图还更清楚地加上了"尽可能"（kata to dynaton），而且只有通过智慧（phronêsis）才可能，也就是说那是德性的结果。[①]

　　这是欧多鲁斯最著名的一段话，从其形式和内容中可以看到他与苏格拉底、柏拉图，特别是毕达哥拉斯主义的关系，将柏拉图《泰阿泰德》中的话当作教条来理解，柏拉图要表达的或许是无尽探索的可能、企及真理的愿望，但这里变成了实际的行动目标，而

————————

① 转引自Dillon，1977，第122页译文。

且和智慧、德性等联系起来，获得一种生活的样板。同时，他还继承了毕达哥拉斯学派"追随神"的劝勉，这一思想在后世的柏拉图主义中颇为流行。这里可以观察到哲学思想与宗教思考的一线之隔。而且欧多鲁斯的确与毕达哥拉斯主义渊源很深。

西塞罗已经注意到毕达哥拉斯主义在公元前1世纪的复兴，他在其翻译的《蒂迈欧》前言中这样评价费古鲁斯（Publius Nigidius Figulus，公元前98–前45）：

> 他不光熟悉有教养之人所能的一切技艺，而且也热心而勤奋地研究自然本性。最重要的还有，在我看来，他追随了尊贵的毕达哥拉斯主义者，追随了他们的哲学体系，那个哲学体系曾经在意大利和西西里繁盛过数百年，不知何故消失了，现在又重新复苏了。①

费古鲁斯或许从学于希腊学者泡鲁黑斯陶（Alexander Polyhistor）。泡鲁黑斯陶于公元前82年被当作奴隶带往罗马，后被苏拉（Sulla）给予公民权，撰写过保留了毕达哥拉斯主义思想的《哲学史》②，受其影响，毕达哥拉斯主义渐渐复兴，直到新柏拉图主义的扬布里柯都深受影响。因此，欧多鲁斯处于新毕达哥拉斯主义兴起之时，必然受到泡鲁黑斯陶的相关影响。而且他还努力回归菲洛劳斯（Philolaus）和阿库塔斯（Archytas）的著作（《论十范畴》、《论第一原理》等），以及学园中亲近毕达哥拉斯的教义，如色诺克拉底等，这些援引和转述甚至影响了后来的叙利亚努斯（Syrianus）。欧多鲁斯运用毕达哥拉斯主义对柏拉图主义有所改造，他认为毕达哥拉斯主义者有一个单一的最高的原理，即一和至高神，那是一切的原因，最高原理之下是第二个"一"，被称作单

---

① 转引自Carl Huffman，2014。
② 《名哲言行录》，8.25–35。

一以及不定的二。后两个是柏拉图的未成文学说,但是欧多鲁斯认为它们更像元素而非原理。[①]

(二) 墨德拉图斯

关于墨德拉图斯(Moderatus of Gades)的生平,我们所知甚少。只是经由普鲁塔克转述而知道他有个过着毕达哥拉斯派生活的弟子叫鲁齐乌斯(Lucius),[②]因此有学者猜测,墨德拉图斯也过一种毕达哥拉斯派的生活。[③]墨德拉图斯陶转述其他哲人的思想比较多,因此很难理出他自己的观点。总体而言,他和欧多鲁斯在运用毕达哥拉斯派的观点上比较接近,[④]而且在批评柏拉图主义方面更为激进,他甚至认为柏拉图及其老学园、亚里士多德都只是将毕达哥拉斯的学说稍作变动就据为己有,很不名誉。

他的代表著作是《毕达哥拉斯主义讲义》(11卷),其中48–53段曾被波斐利在其《毕达哥拉斯生平》中征引,他提到毕达哥拉斯主义者运用数来教授关于无形的形式和第一原理,因为它们很难用语言表达。而且他还提到有三个"一",前两个一与欧多鲁斯的思想类似,而其整个体系则与后来的新柏拉图主义者普罗提诺类似。他解释第一原理时说:

> 因此统一和同一的原理,以及宇宙之统一(sympnoia)和同一(sympatheia),及其保存的原因就总是同一个,即"太一",而其他事物和不一致者的原理,以及在变化过程中分离的,或因时间不同而变异的所有事物的原理,则称为"不定的二"的双重原理。因为那是"二"的本性,即使在个别事物

---

① pseudo-Archytas, *On Principles*, Thesleff, 1965, 第19页, 亦参Carl Huffman, 2014。

② Plutarch, *Table Talk*, 727b.

③ Dillon, 1977, 第345页。

④ Carl Huffman, 2014.

范围里。……如墨德拉图斯所说,似乎毕达哥拉斯派首先提出了"物"的想法,接着是柏拉图。因为柏拉图追随毕达哥拉斯主义者,认为第一个"一"高于存在和所有本质,而第二个一则是"真正的存在"(ontos on),而理智(noêton)的对象是理念(形式);第三个一则是灵魂域(psychikon),它分有了(metechei)太一和诸理念,其后是最低的自然,即感知域,甚至都不进行分有,而只是通过反映(kat' emphasin)来从其他事物中获得秩序,"物"在感知域是"不存在"投下的阴影,它首先显现自身为量,甚至还及不上。①

这第一个高于存在的"一"相当于柏拉图《理想国》中的至善。第二个一是理念领域,就像《蒂迈欧》中的范型(paradigm),第三个一是灵魂,分有前两者。这种表述很像后来的新柏拉图主义者,特别是普罗提诺的说法。②

扬布里柯还记录了墨德拉图斯的灵魂学说,他说:"有些毕达哥拉斯主义者的确那样简单地定义灵魂;色诺克拉底界定为自动的数;毕达哥拉斯主义者墨德拉图斯[也定义为数],故而能构成比率。"后面又说墨德拉图斯将灵魂描述为一种和谐,"能够给不同的事物带来匀称和适当",他认为灵魂是数字"4",一个毕达哥拉斯主义描述灵魂的数字,它自身之中可以容纳所有和谐的比率,八度音阶(2:1)、五分音(3:2)、四分音(4:3)。他认为这些并不影响灵魂的不朽性,③因为这只是涉及到灵魂在身体中的活动。④那么,墨德拉图斯又如何定义数的本性呢?Stobaeus有所转述:

　　　　数简单讲就是单一的体系,或一种从单一而来的多

---

① 波斐利,《毕达哥拉斯生平》,48段以下,据Dillon, 1977,第346–347页译文。
② Dillon, 1977,第348页;亦参Kahn, 2001,第105–110页。
③ 波斐利,《毕达哥拉斯生平》,46。
④ Dillon, 1977,第350页。

(plêthos)的累进(propodismos)，也是一种终止于单一的递退
(anapodismos)……单一是量的限定因(perainousa posotês)，
是当"多"被依次减去时留下的东西，因此它带有了固定性
(monê)和稳定性(stasis)。因为量不能递退到(anapodizein)超
过单一。①

因此，墨德拉图斯得出结论说，"单一"是数的第一原理，不同
于是数化物(arlthmêta)的第一原理。两者当然不同，但是后者并
非太一本身，而是有形体的实在，或至少是无法与形体分离的存
在，因此是无限可分的。②故而太一高于单一。

（三）尼科马库斯

公元2世纪上半叶最活跃的新毕达哥拉斯主义者是尼科马
库斯(Nicomachus of Gerasa，Νικόμαχος，公元60–120年)，他开
启了重视毕达哥拉斯在数学中的重要地位的思路。这方面他
和稍后的努麦尼乌斯相近，而有别于欧多鲁斯和墨德拉图斯。
他有两部完整保留下来的著作：1.《算数导论》；2.《和乐手册》
(Manual of Harmonics，即"音乐手册")；还有佚失的：3.《算数
神学》(Arithmetika Theologumena)；4.《毕达哥拉斯生平》；③
5.《几何学导论》；6.《音乐导论》。这些著作表明，尼科马库斯对
毕达哥拉斯的教义有全面的了解，他继承了菲洛劳斯(Philolaus)、
阿库塔斯(Archytas)、安德罗库德斯(Androcydes)、埃乌布里德
斯(Eubulides)、阿里斯塔乌斯(Aristaeus)、普罗里乌斯(Prorus)的
学说，还熟悉琐罗亚斯德(Zoroaster)和奥斯塔奈斯(Ostanes)的著
作，他的著作影响了后来的努麦尼乌斯、阿普列乌斯(Asclepius of

---

① 据Dillon，1977，第350页译文。
② Dillon，1977，第351页译文。
③ 参见波斐利《毕达哥拉斯生平》，第59段。

Tralles)、菲洛泡努斯(Philoponus)、扬布里柯等重要的新毕达哥拉斯主义者和柏拉图主义者。[1]

在《算术导论》中，尼科马库斯将柏拉图在感性与理智世界之间的划分思想，归给了毕达哥拉斯，就像是在征引毕达哥拉斯主义著作似的引用《蒂迈欧》。他还将亚里士多德主义的观点归给毕达哥拉斯。尼科马库斯将实在分为两种形式，大小(magnitude)和多少(multitude)，智慧就是对这两种形式的知识，有四种科学研究它们，即"四科"(quadrivium)：算数、音乐、几何和天文。他认为其中算数最重要，因为它存在于创世工匠神"德穆格"的思想中，他是遵循算数来安排宇宙秩序的。[2]因此，数字已经提到了柏拉图的理念，成为创世的模型。[3]他对于新毕达哥拉斯主义的柏拉图化，使得菲洛劳斯"有限与无限"的形而上学思想与柏拉图"单一与不定的二"的思想有了比照的可能，[4]其原文如下：

这样一来，所有数和宇宙中被创造的与其(数)相关的物体，都分离和划分开来，似乎相互对立。古人在一开始对自然进行描述时，就依据该原理对宇宙生成做了第一次区分。因此柏拉图(《蒂迈欧》35a)提到同与异本性之间的差别，以及不可分者、总是同一者和可分者在本质上的差别；菲洛劳斯说存在的事物必须要么是无限的，要么是有限的，或者同时既无限又有限，他的意思是宇宙同时来自于有限和无限的事物，显然在数的印象之后，所有的数都由"单一"和"二"、一致和殊异，以及那些真正显现为相等与不等、同一与差异、有界与无界、可界定与不可界定组成。[5]

---

[1] Dillon, 1977, 第352–353页。

[2] 尼科马库斯，《算术导论》，I.4。

[3] 关于数与理念参看Helmig, 2007。

[4] Carl Huffman, 2014.

[5] 尼科马库斯，《算术导论》，II.18.4，据Dillon, 1977, 第354页译文。

　　在其《算数神学》中，尼科马库斯没有追随欧多鲁斯和墨德拉图斯将至高神置于德穆格之上，他似乎认为单一就是第一原理和德穆格，因此生出了"二"。这种算数神学后来还被扬布里柯和普罗克洛继承。[1]在该书中，尼科马库斯还区分了世界中的两个实在，逻各斯和世界灵魂，或者世界灵魂的两个层次，一个是另一个的投射，这种数学化了的柏拉图式宇宙观展示了他对两种思想的融合。[2]他的这本主要著作也涉及伦理议题，他认为德性介于"过"与"不及"之间，普鲁塔克的《论道德德性》(196)中有转述，基本上是对亚里士多德伦理学与毕达哥拉斯理想数字学说的糅合。另外他还有段论恶的文字，可以看到其伦理思想的特点：

　　　　当人们经受不义时，他们愿意诸神存在，但是当他们行不义时，则不愿如此；那就是他们领受不义的原因，他们或许愿意信仰诸神。因为如果他们不信诸神，他们自己就会手足无措。如果人类善好行为的原因是他们对诸神的信仰，而且如果他们只在经受不义时信仰他们，同时，如果经由恶而来的不义，与自然的利益相合，且那与自然利益相合者是善好存在的产物，而自然是善的，因此也就是天意，那么恶就会依照天意降临到人身上。[3]

　　此外，其《音乐手册》影响深远，给出了毕达哥拉斯学派音乐理论的整体图景。[4]据说波爱修(Boethius)的《音乐律例》(*De Institutione Musica*)前四卷、《算数律例》(*De Institutione*

---

① Kahn, 2001, 第116页。
② Dillon, 1977, 第359页。
③ 尼科马库斯，《算术神学》，II., 据Dillon, 1977, 第360页译文。
④ Barker, 2014, 第200–202页。

Arithmetica)就是翻译、改写自尼科马库斯的著作。[1]

（四）努麦尼乌斯

努麦尼乌斯(Numenius of Apamea, Νουμήνιος ὁ ἐξ Ἀπαμείας)可以说是公元2世纪最具代表性的柏拉图主义者之一,但我们对他的生平所知甚少,只知道他出生和从事教学研究的地方是叙利亚北部的阿帕麦阿(Apamea),时间是公元150年左右,他和普罗提诺在思想上有着直接而又清晰的联系,因为普罗提诺曾经被指控剽窃努麦尼乌斯,为此,努麦尼乌斯和普罗提诺的追随者阿麦利乌斯(Amelius)曾撰写专论名为《论普罗提诺与努麦尼乌斯之教义的差异》(波斐利,《普罗提诺生平》,3、17)。以至于3世纪的柏拉图主义者朗吉努斯把普罗提诺也说成是新毕达哥拉斯主义者,说他在解释毕达哥拉斯主义和柏拉图主义的第一原理方面比之前的努麦尼乌斯更清楚,他的思想资源包罗了努麦尼乌斯、克罗尼乌斯(Cronius)、墨德拉图斯和特拉绪洛斯(Thrasyllus)等新毕达哥拉斯主义者。[2]同时,努麦尼乌斯对波斐利、扬布里柯和喀克蒂乌斯(Calcidius)等新柏拉图主义者也都有相应的影响。[3]

从现有的残篇(优西比乌斯[Eusebius]引用过)看,努麦尼乌斯似乎追随柏拉图和学园的教义,而这些教义又都来自毕达哥拉斯。他说柏拉图"并不比伟大的毕达哥拉斯更好,但也不逊于他"。[4]他甚至将苏格拉底也视为毕达哥拉斯主义者,因为苏格拉底敬拜毕达哥拉斯派的三位神,所以柏拉图从苏格拉底和毕达哥

---

[1] Bower, 1989, 第xxviii页, Barker, 2007, 第445页及Hicks, 2014, 第422–424页, 参见Carl Huffman, 2014。

[2] 波斐利,《普罗提诺生平》, 20。

[3] Macris, 2014, 第396页; O'Meara, 2014, 第404–405页; Hicks, 2014, 第429页; Dillon, 1977, 第362页, 亦参Carl Huffman, 2014。

[4] Fr. 24 Des Places.

拉斯那里汲取了毕达哥拉斯教义。[①]他认为毕达哥拉斯主义的思想来源是更古老的东方哲学,比如波斯的麻葛(Magi)、印度婆罗门、埃及祭祀和犹太人的哲学。[②]他甚至说:"柏拉图不就是说希腊语的摩西吗?"[③]根据目前保留的残篇和历代征引的佐证,努麦尼乌斯著有《论背离柏拉图的学园教义》(讲阿凯西劳斯到拉瑞萨的菲洛的新学园思想转向)、《论至善》、《论灵魂不灭》、《论柏拉图的秘密教义》、《论数》、《论空间》,以及评注《蒂迈欧》、《理想国》的一些作品。[④]

据普罗克洛说,努麦尼乌斯是这样论述"第一原理"的:

> 努麦尼乌斯赞颂三位神,第一位他称之为"父",[304]第二位是"创作者"(poiêtês),第三位是"作品"(poiêma),因为在他看来,宇宙是第三位神。这样一来,按照他的想法,德穆格(Demiurge)就是双重的,既是第一的也是第二位的神,而被他创作的则是第三位神。因为这样说比下面戏剧性的说法好:爷爷、儿子和孙子。他这么说就犯了把至善与其原因混淆在一起的错误。……在柏拉图那里,"父"是次于"创作者"的。[⑤]

努麦尼乌斯继承了其他毕达哥拉斯主义者的做法,区分了至高的神和德穆格,而有些柏拉图主义者并不这么做。狄龙通过分析其他残篇断定普罗克洛这里的转述有误,因为努麦尼乌斯并未说第一和第二位神之间有创作性的功能,德穆格的确是双重性的,

---

① Karamanolis, 2006,第129–132页。
② Fr. 1 Des Places.
③ Fr. 8 Des Places,以上参见Carl Huffman, 2014。
④ Dillon, 1977,第362–365页。
⑤ 普罗克鲁斯,《〈蒂迈欧〉评注》,卷二,303.27–304.9,即残篇21;据Runia & Share, 2008,第158页译本译出,参考Dillon, 1977,第366页译文。

但他做的区分,不是在第一和第二,而是在第二和第三之间。第一位神高据一切活动之上,自身生成。它就是至善和一,它是创作神德穆格之父。"父"和"创作者"的关系就像农场的拥有者和在上面工作的农民一样。[1]

而"物"在他看来就是不定的"二"。他说对于毕达哥拉斯而言,"二"是一个独立于"单一"之外的原理,后世试图从单一中得出二的努力偏离了努麦尼乌斯的教义,从这方面讲,他坚持"二"有别于"单一",也就更接近亚里士多德和柏拉图未成文学说中讲的毕达哥拉斯学派学说。因为运动着的、无组织的物必须有一个灵魂,所以宇宙及其中的事物有两个灵魂,一个是来自物的恶的灵魂,一个来自于理性的善的灵魂。其中理性有优越于物的绝对主导权,因此世界在有反对者"物"的存在前提下,被尽可能地做得美好,这样一来也避免了绝对的二元论。[2]努麦尼乌斯的原话是:

> 最后努麦尼乌斯正确地宣称在所有生成物的领域没有任何存在能免于恶,不论是人的还是自然的生成物中,在动物或树木的身体中,抑或植物和果实中,还是流动的空气或汩动的水流中,甚至在天空中亦复如是,因为任何地方它的组合都是靠神意,比如低级的自然的影响。[3]

> 人,就像那些秘传文本所说的,有两个灵魂;其中一个来自原初的理智,也分享了德穆格的力量,而另一个则来自于天界形体的环绕,嵌入其中的是会瞩目神的灵魂(hê theoptikê psychê)。[4]

---

[1] Dillon, 1977, 第367–372页。

[2] 参Carl Huffman, 2014。

[3] 据Dillon, 1977, 第374页译文。

[4] 扬布里柯,《论秘仪》VIII.6,据Dillon, 1977, 第374页。

努麦尼乌斯的思想与同时代的《迦勒底神谕》有关联,[1]与赫尔墨斯主义、诺斯替、琐罗亚斯德教义以及犹太教的关系也扑朔迷离,他的这种毕达哥拉斯主义的柏拉图主义经由阿摩尼乌斯(Ammonius Saccas)极大地影响了普罗提诺及之后的新柏拉图主义。他本人也表明,这个时代的新毕达哥拉斯主义并非统一的学派,而是个体化的理论形态,因为他的二元论倾向与其他毕达哥拉斯主义者(欧多鲁斯和尼科马库斯)明显不同。[2]

(五)阿摩尼乌斯和特拉绪洛斯

普罗提诺的老师萨卡斯的阿摩尼乌斯(Ammonius Saccas, Ἀμμώνιος Σακκᾶς, 约公元175–243年)也是重要的新毕达哥拉斯主义者,据波斐利讲,"(普罗提诺)27岁的时候,突然产生了学习哲学的冲动,于是让人推荐到当时亚历山大里亚最负盛名的一位教师门下。但不久他就非常沮丧,满心悲哀地逃课了,他把自己的困惑告诉了一个朋友。这位朋友理解他内心的渴望,便把他送到一位他从未接触过的哲学家阿摩尼乌斯那里。他去听了阿摩尼乌斯的课,告诉朋友说:'这正是我要找的人。'从那天起,他就一直追随阿摩尼乌斯,在哲学上获得了非常完全的训练,他甚至产生一种渴望,想了解波斯人和印度人的哲学教导。"[3]波斐利说,"阿摩尼乌斯本是一名基督徒,出生于基督徒家庭,从小就接受父母的基督教教育。后来,他运用自己的理性,开始研习哲学,于是立即改变观念,过上以律法为准的生活。"[4]可尤西比乌斯否定了这点,我们不清楚事实究竟如何,阿摩尼乌斯这个名字在埃及非常普遍,也可能与其他人有某种混淆。

阿摩尼乌斯有众多知名的弟子,除了普罗提诺之外,还有柏

---

① Majercik, 1989.
② Dillon, 1977, 第378页。
③ 据石敏敏译本,有改动。
④ 尤西比乌斯(Eusebius),《教会史》, 6. 19., 瞿旭彤译本。

拉图主义者俄里根（Origen）、基督徒俄里根、朗吉努斯、赫伦尼乌斯（Herennius）等。据说阿摩尼乌斯是自学成才的哲学家，没有写过任何作品，我们对他的学说知之甚少，他如何教育学生我们也一无所知。但是他作为努麦尼乌斯和普罗提诺的思想桥梁的地位则是毋庸置疑的。而基督徒俄里根带有柏拉图主义倾向的作品则主要受到亚历山大里亚的斐洛的影响，与阿摩尼乌斯的关联不太明显。

　　此外，我们还要简略提一下以四联剧的形式编订柏拉图全集而闻名的特拉绪洛斯（Thrasyllus of Mendes或 Alexandria，拉丁名为Tiberius Claudius Thrasyllus，公元前50年左右–公元36年），这位跨世纪的埃及希腊语语法家、文献评注家、占星家、罗马皇帝提比略（Tiberius Claudius Nero）的随从和密友，也是一位新毕达哥拉斯主义者。他作为文献家，编辑校订了《柏拉图全集》和《德谟克利特文集》，作为占星家写作了《板》（*Pinax*），借用了赫尔墨斯主义的内容。同时，作为毕达哥拉斯主义者，他着迷于数字征象主义（number symbolism）。很多学者否认特拉绪洛斯在传递柏拉图主义方面有过积极贡献，但是塔伦特（Tarrant）从波斐利的著作中还原其思想，从赫尔墨斯文献《牧者》中分析其影响，认为可以细致梳理出特拉绪洛斯在柏拉图主义思想史中的地位，[①]由于篇幅所限，这里无法复述这些细致的梳理，我们将在后文梳理柏拉图主义教条化和文集编订时再回到特拉绪洛斯的贡献上，而他的毕达哥拉斯主义倾向只能略及如上。

　　综上所述，我们可以看到，毕达哥拉斯主义对柏拉图主义的一贯影响，从苏格拉底到普罗提诺，从未停止。因此我们也会在不同时期介绍其对当时的柏拉图主义的诸多影响，同时也补充其宗教思想的影响。

---

① Tarrant, 1993，第11页及第5、6章。

第四章　中期柏拉图主义的主要代表

一、亚历山大里亚的斐洛

斐洛像[1]

（一）生平与著述

亚历山大里亚的斐洛或"犹太人斐洛"(Philo of Alexandria或
Philo of Judaeus, Φίλων, רהכה הידידי)是整个希腊化世界最重要的思

---

[1] André Thevet (1502–1509): Les vrais pourtraits et vies des hommes illustres grecz, latins et payens (1584).

想家之一，我们无意在此介绍其整体思想，[①]而只限于他与柏拉图和柏拉图主义学说的思想关联。由于其思想的原创性和复杂性，即便是这个有限的目标，我们要完成起来也显得捉襟见肘，况且，自17世纪Lipsius提出斐洛究竟是柏拉图主义者还是斯多亚派的问题以来，学界争讼不断。[②]因此，我们仅展示斐洛柏拉图主义的一些面向。

　　斐洛的生平很难考证，大约生于公元前20–前15年，死于公元50年，是一位典型的一世纪初的哲学家，他是众多伟大的犹太法学家（如希勒尔、沙迈和伽马勒尔）、拿撒勒的耶稣（虽然对他只字未提）以及使徒保罗的同时代人。据说斐洛出身于富有并颇具

[①] 英语世界的总体介绍，参见Kenneth Schenck，2005；国内已经翻译出版了斐洛的原著《论〈创世记〉》（王晓朝，1998、2012）、《论凝思的生活》（石敏敏，2004）、《论律法》（石敏敏，2007.8a）、《论摩西的生平》（石敏敏，2007.8b）等，还有专门的导论性整体研究《斐洛思想导论》I、II（章雪富，2006、2008）和翻译著作《希腊化世界中的犹太人：斐洛思想引论》（威廉逊著，徐开来、林庆华译，2003）。汪子嵩等编的《希腊哲学史》卷四（2013）、《寓意解经：从斐洛到俄里根》（李勇，2014）中也有相关介绍。另外，王晓朝教授组织的团队正在翻译《斐洛全集》，因此，相对于其他希腊化时期的柏拉图主义者而言，国内的斐洛研究已经达到相当水准，这与他思想的原创性和跨越"两希"，沟通哲学、宗教两界的思想影响有很大关系。

[②] B. Desbordes, "Un exemple d'utilisation de la philosophie. La stratégie du recours à la thèse des lieux naturels", in C. Lévy (ed.), *Philon d'Alexandrie et le langage de la philosophie* (Turnhout 1998), 393–448. V. Nikiprowetzky, *Le Commentaire de l'Écriture chez Philon d'Alexandrie: son caractère et sa portée. Observations philologiques* (Leiden 1977), 12. E. Turowski, *Die Widerspiegelung des stoischen Systems bei Philon von Alexandrien* (Leipzig 1927); W. Völker, *Fortschritt und Vollendung bei Philon von Alexandrien. Eine Studie zur Geschichte der Frömmigkeit* (Leipzig 1938), 126; *contra* E. Bréhier, *Les idées philosophiques et religieuses de Philon 'Alexandrie* (Paris 1908, 1925²), 253. D.T. Runia, *Philo of Alexandria and the* Timaeus *of Plato* (Leiden 1986), R. Radice, "Observations on the Theory of the Ideas as the Thoughts of God in Philo of Alexandria", in D.M. Hay-D.T. Runia-D. Winston (eds.), *Heirs of the Septuagint. Philo, Hellenistic Judaism and Early Christianity*, in *The Studia Philonica Annual* 3 (1991), 126; J. Mansfeld, "Philosophy in the Service of Scripture: Philo's Exegetical trategies", in J. Dillon–A.A. Long (eds.), *The Question of 'Eclecticism'. Studies in Later Greek Philosophy* (Berkeley 1988), 77, J. Dillon, *The Middle Platonists,80B.C. to A.D. 220* (London 1977, 1996²), 142–143.（参见Gretchen Reydams-Schils，2008，第169页注1，另参Dillon，2008, "Philo and Hellenistic Platonism"）。

声望的犹太人家庭,且是亚历山大里亚城犹太人社区受人尊敬的领袖。他很有知名度,以致被推选领导五人代表团去拜见罗马皇帝卡尼古拉。他的兄长利赛玛库(Lysimachus)与克劳狄王族关系密切,曾任罗马帝国的税收官员;他的侄子提庇留·亚历山大(Tiberius Alexander)担任过埃及的行政长官,公元46年,被任命为巴勒斯坦地方的行省财政长官(Procurators),后来还担任过帝国皇帝提多(Titus)的军事顾问。这些都足以说明斐洛的显赫身世。

然而,斐洛本人更像是一个知识分子,他可能参与了亚历山里亚犹太社团的领导阶层,然而除此次出使罗马之外,没有关于他政治活动的其他记载。因此,就此而言,斐洛是一个面目清晰的思想家,一个在犹太教信仰中寻求希腊哲学沉思的心灵宁静的知识分子。斐洛坚信,犹太教是一种普遍的宗教,能够吸引并获得"所有人的关注、野蛮人、希腊人、陆地和岛屿的居民、东方和西方各民族、欧洲和亚洲,从这头到那头的整个有人居住的世界"(《摩西的生平》)。然而,按斐洛的见解,它不会以放弃自己根本的信仰和实践为代价来实现这种普及。①

学者们针对斐洛的众多著作②有两种分类法:有的主张分为三类,即:问答类(例如《创世记问答》等)、寓意解经类(例如《论特殊的律法》等)以及解释类(例如《论约瑟》等)。有的分为四类:第一类是历史的、辩论的和辩护的著作;第二类是律法的解释;第三类是寓意解经;第四类是哲学短论。按照后一种分类,斐洛的第一类著作是历史类,包括《驳弗勒库》、《向盖乌斯请愿的使团》、《摩西传》和《论沉思的生活》;第二类著作是解释律法的,学者们注意到这些著作的内在关联。首先《论创世》是一篇宇宙论的导论,接着,《论亚伯拉罕》和《论约瑟》描述了一群体现

---

① 生平信息参考章雪富,2006、威廉逊,2003等,关于时代背景参见沙亚·科亨,2012。
② 斐洛著作全集Loeb本目录的介绍,详参《论凝思的生活》(石敏敏,2004),章雪富所撰的"导言"。

律法精神的人的形象，然后是《论专门的律法》(四卷)解释律法的普遍原理以及专门律法在生活中的运用，《论美德》进而讨论了律法和诸道德美德的关系，最后《论赏罚》讨论了奖赏和惩罚。第三类是寓意解经著作，包括《寓意解经》、《论基路伯》、《论该隐的后裔与放逐》、《论巨人》、《论神的不变性》、《论诺亚的耕作生活》、《论醉酒》、《论清醒》、《论变乱口音》、《论亚伯拉罕的迁居》、《谁是神立的后嗣》、《论预备性的学习》、《论逃避与发现》、《论更名》、《创世记问答》和《出埃及记问答》。在这些著作中，斐洛连续考察了灵魂与神的关系的不同样式，发展出了一种内在生活的教义。第四类是哲学类著作，包括《善者皆自由》、《论天道》、《论世界的永恒性》，以及《论动物》残篇，这些著作多反映斐洛青年时期所受的教育，体现了折衷主义的典型倾向。[1]

　　斐洛没有中期柏拉图主义方面的师承，但是影响了后来的亚历山大里亚的柏拉图主义基督教神学家，比如克莱门特(Clement)、基督徒俄里根等，也许他对努麦尼乌斯有些许了解，但也不能确定。他在其著作中随处表达观点，因此我们没法在一部完整的著作中找到所有柏拉图主义因素。所以，我们分专题来梳理他的一些最受影响或最接近柏拉图主义的基本观点。斐洛喜欢将哲学三分："逻辑—伦理—物理"(《寓意解经》1.57、《论特殊的律法》1.336)、"物理—伦理—逻辑"(《论耕作》14–15)或"伦理—逻辑—物理"(《论美德》,3)，他说，"理智还是哲学之父，哲学是人类最大的幸事，它的各部分都用来为人类造福，**逻辑**部分提供绝对正确的语言，**伦理**部分提供德性上的改善，**物理**部分提供关于天和宇宙的知识。"[2]他这样区分是因为受了柏拉图、亚里士多德、克利西波斯、欧多鲁斯等人的影响，同时在提到哲学的区

---

[1] 此处对著作的梳理和分类引自石敏敏，2004，章雪富所撰的"导言"(第4–10页)中的相关梳理。

[2] 《论特殊的律法》，石敏敏，2007. 8a，卷一，节61。

分时,常常伴随伊甸园的比喻。^①我们这里按照"物理—伦理—逻辑"的顺序来介绍其柏拉图主义思想。

(二)物理学

1. 神与宇宙论

斐洛批评了拟人论意义上的神,(《论上帝的不变》,51–59),认为上帝使人能够知道善与恶,要求他们承担择善避恶的义务,并以理智的形式赋予他们辨别善恶的不朽能力。人灵魂的任何非理性的激情以及人肉体的任何器官和肢体,"一点也不属于上帝"。上帝是全然不同的,超验的。上帝的本性其实只是"像"人的本性。在二者之间,并无真正的类似(homoiousia),更不用说同一(homoousia)了。没有一个词适合用于神的本性和人的本性之间的这种关系。上帝就只是上帝,他是纯存在。"灵魂之友"(即具有哲学性格的那些人)不会把上帝的存在描绘为具有类似于受造物的某种形式的特殊形态(morphē),而是只想象他的存在。在他们那里,上帝是"自有永有的他"。在斐洛看来,上帝是在纯碎"存在"意义上的"单纯"存在。犹如巴门尼德的"一",他是超然于一切术语的纯存在("是")。他与亚里士多德的神和普罗提诺的神相似,处于世界和他的派生物之外,也是难以界定的。关于这个存在,人更为诚实的态度是默不做声。^②他说:

> 犹太民族中最古老的一位就是一个迦勒底人,占星学家的儿子。所谓占星学家就是那些研究那门学科之学问的人,认为日月星辰、整个**天空**和**宇宙**都是**神**,是临到每个人头上的一切好事或坏事的动因;又认为,在我们的感觉器官所感受到的一切事物之外,再没有任何别的起因。还有比这样的人更

---

① Dillon, 1977,第145页。
② 参见威廉逊,2003,第70–74页的原文选译及评析。

可悲的吗？还有比这样的观点更能表明其灵魂全然缺失高贵品质的吗？诚然，他们有许多知识，但都是关于次等的、受造事物的，这种知识越多，他们的灵魂就越无知，因为它不认识**太一**，那原生的、非受造的、创造万物的主，这些形容词以及其他数不胜数的、人的理性所无法想象的宏伟字眼，都只能描述他的至高美德于万一。这位迦勒底人意识到这些真理，也得到了神的启示，于是离开本国、本族和父家，知道如果待在那里，多神论的迷幻必会侵入他的心里，使他无法找到太一，那惟一永恒的万物（包括理性可认识的和感性可认识的）之父；一旦他离开了，迷幻也会从他心里远去，它虚假的信条也必被真理所取代。同时，神赐给他的种种告诫也激起了他心中的渴望，使他执著地想要认识那"**是**"(to on)。有了这些神谕指导他的脚步，他就满怀热情地寻求**太一**(tou henos)，勇往直前，毫不退缩，也不停留，直到看见清晰的异象，不是看见神的**本质**(tes ousias)——这是不可能的——而是看见他的**存在**(huparkseos)和旨意。[①]

　　我们这些摩西的学生和门徒，不会放弃对存有的追寻，主张认识他乃是最高的幸福。这也是永久的生命。律法告诉我们，"凡专靠耶和华神的人，全都存活"就此制定了一条充满智慧的重要理论。一点没错，不敬神的人，灵魂是死的，惟有那些在属神之族里担当侍奉的人是活的，因为神是惟一的"是"，而这样的生命能永远不死。[②]

　　可见，斐洛的上帝已经很不同于犹太教传统的上帝，而是被存在论化了的上帝，是与巴门尼德和柏拉图的神学兼容的思想。当然，结合其整体教义，我们会发现，他有犹太教教义的底线意

----

① 《论美德》，39，石敏敏，2004译文，有改动。
② 《论特殊的律法》，石敏敏，2007.8a，卷一，节63，有改动。

识，[①]我们不必罗列巴门尼德、柏拉图和亚里士多德的著作就会发现，这些论述过程、使用的术语、说理的思路等等，同样可以看到希腊哲学特别是新毕达哥拉斯主义和柏拉图主义的深刻影响。[②]

2. 理念、逻各斯与智慧

斐洛的宇宙生成论中需要注意两点：一点是宇宙的起源被归于一位造物主，而造物主本身是"无起源"的；另一点是造物主"照管"着他创造的东西。在物质世界出现之前就有一个无形体的世界，它存在于神的**"逻各斯"**或"理性"中，就像一个城市的设计早存在于设计者的大脑里。这个无形体的世界可以被描写为"从事创世活动的神的话语"。这个话语就是神的形象。在创世活动中，人（部分）和整个宇宙（整体）被创造出来。[③]斐洛认为创世有双重性，首先是理智世界（宇宙）（noētos kosmos）的创造，然后是感性世界（宇宙）（aisthêtos kosmos）的创造，斐洛说："在创造我们的感性世界之前，他首先制作了理智世界，以便于在做物理世界时有个非形体的最像神的模子，从这个更早的模子中产生出后来的模仿品。"[④]

狄龙认为，这里的理智世界的模子就是柏拉图的理念，后来更明确地表达为数的理念。而"逻各斯"则是理智的原理，是上帝创造性中的主动因素，是理念所居的"处所"。斐洛说，"城市首先在匠人的头脑中被建构起来，而不是在外面的世界里，包含了理念的世界（宇宙）则处在神圣的逻各斯（theios logos）里，逻各斯是物理世界的创作者"。[⑤]

---

① 参见章雪富，2006，第132页。在章雪富先生看来，柏拉图与斐洛关于ousia方面的不同在于，柏拉图把ousia理解为绝对的"同"，而斐洛将神理解为绝对的"异"（第137页）。这是希腊和希伯来思想重要的关键的区别。
② 专门解析斐洛和毕达哥拉斯主义化的柏拉图主义的文献，参见Mauro Bonazzi，2008。
③《论〈创世记〉》，王晓朝译，2012，第17页。
④《论创世》，16，据Dillon，1977，第159页译文。
⑤《论创世》，20，据Dillon，1977，第160页译文。

因此,斐洛的逻各斯用法虽然有不同的思想来源,但是就其将理智世界和逻各斯关联起来而言,是受了柏拉图的影响,就其把逻各斯当作创造的工具而言,是受了亚里士多德的影响。从斐洛开始积极转化希腊哲学中的逻各斯日趋成为重要的基督教神学的思想资源。[①]

斐洛还重视希腊人的Sophia(智慧)概念,他将其转化为阴性的创造性的原理,与逻各斯的角色很像,但有时又说逻各斯是神和智慧的儿子。斐洛甚至认为她是大地母亲的角色,也是创造者,这种阴性的创造原理与后世的普鲁塔克和新柏拉图主义者相似。[②]此外,他对智慧的探索,对无知的理解,很像苏格拉底—柏拉图的教义,他说,

> 如果他们能真诚地追求真理,就不应当让自己的聪明才智被身体上有病的人胜过。人生了病,想恢复健康,就会去找医生,把自己交托给医生,但这些人根本不愿意求助于智慧者,把他们缺乏教养的粗俗和迟钝的灵魂之疾除去,不愿从智慧者那里学习知识,去掉他们的无知,要知道,知识乃是人类特有的财富。我们从神圣的泰斗柏拉图那里得知,嫉妒在神的乐团里无立足之地,智慧是最神圣、最慷慨大方的,她从来不会关闭思想的大门,凡渴望讲道之甜美之水的人,她向他们敞开大门,使他们畅饮永不枯竭的纯粹教义之泉流,还劝勉他们陶醉于那永不醉人、清醒持重的醇酒里。当他们获得了充足的启示,初步了解了奥秘之后,必会重重指责自己先前的无知,感到以前的日子完全是在浪费时间,意识到缺乏智慧的生活就是毫无价值的生活。[③]

---

① 参见章雪富,2006,第162页。
② 参见Dillon,1977,第163页。
③《善人皆自由》,2,石敏敏,2004译文。

3. 心理学

斐洛在心理学上也和柏拉图和柏拉图主义一脉相承,完全继承了灵肉分离学说,同时也继承了相应的"理性"与"非理性"的对立。他说:

> 我们知道,灵魂是由两部分组成的整体,一部分是**理性**,一部分是**非理性**。这两类人一个取了理性部分,也即**心灵**,作为自己的部分,另一个取了非理性,它又细分为各种感官。心灵的拥护者认为它是人事的领导和主宰,断言它有能力通过记忆保存过去,对现在有稳定的把握,通过对可预料之事的预测来设计并评估未来。他们说,正是心灵在高地和低地的肥沃土壤里播种、耕耘,发明了农业,才使人类生活大大丰富。是心灵构造出船只,通过无以言表的令人敬佩的设计,把天然的干地变成水道,在海上打开航道,许多分道就像公路一样,通向各个国家的港口和港外锚地,使大陆上的居民和岛国里的居民相互了解,若没有建造起通道,他们可能永远不会见面。正是心灵发现了机械化的、更精巧的技艺,人们这样称呼它们,它们设计、培养、产生其最高成就——文字、数字、音乐以及学校里学习的全部科目。[1]

此外,斐洛重新解释了赫拉克利特的名言,他说:"这是赫拉克利特的卓越话语,在这点上,他追随了摩西的教义。他说,'我们生于他们的死中,而死于他们的活里',他的意思是,当我们活着时,灵魂是死的,是被赋形于身体(sōma)中,就像在坟墓(sêma)中;在那里我们该死,灵魂毫不犹豫地要过适合自己的生活,也即脱离身体的生活,身体只是绑缚灵魂的有害的尸首。"[2]这也是典

---

[1] 《论特殊的律法》,石敏敏,2007. 8a,卷一,节61。
[2] 《寓意解经》,卷一,据Dillon,1977,第149页译文。

型的柏拉图式的、俄耳甫斯式的想法,特别是身体和坟墓的类比。同时,他继承了亚里士多德和斯多亚派的看法,认为灵魂可以指动物和人的生命原理,他否认植物和质料有灵魂,并且论述了灵魂作为生命原理的主动性,即斯多亚说的印象(phantasia),此外,他还认为理性是灵魂中的统治部分,[①]即上文展示的意思。

(三)伦理学

1. 善与德性

斐洛在论述"诸善"和"幸福"时表现出漫步学派的三分思想,"属外界、属肉体、属灵魂",以及整体论的幸福观;讲到具体德性时,他结合了柏拉图主义的四主德思想(虔敬与公正相关)和亚里士多德的中道思想。他说:

> [3]他(约瑟)在形成自己理论的时候,更多的是考虑到治国才能,而不是真理。这体现在他对待这类善事的态度上,即属外界的、属肉体的,以及属灵魂的善事。这些事从其本性看,都是全然不同、相互独立的,但他把它们联合起来,组成一个整体,宣称它们是彼此需要、不可分离的;又说,由三者共同构成的**统一体**才是完全的、真正的大善;而构成整体的各个部分,虽然也是善,但只是部分或作为构成元素的善,不是完全的善。他指出,构成宇宙的四大元素,无论是火、土,还是另外两种元素,都不能单独构成宇宙(kosmos),惟有当各个元素联合起来,合成一个整体,才能变成宇宙;又指出,幸福(to eudaimon)其实也是完全一样的,它既不在于单独拥有属外界的事物,也不在于拥有属肉体的事物,也不在于拥有

[①] 参见章雪富,2006,第197页以下。关于斐洛的灵魂学说与斯多亚派和柏拉图派的关系,有学者认为是一半一半,他同时继承了两种传统,详见Gretchen Reydams-Schils, 2008。

属灵魂的事物。这三类事物每一类都只是一个部分，或者一个元素，只有把它们都结合起来，成为一个整体，幸福才会产生。……

[7]我们要**理智**，但不可狡诈；要**自制**，但不可吝啬；要**勇敢**，但不可鲁莽；要**虔诚**，但不可迷信，不可以无知的灵去追求任何一种美德所主宰的**知识**，因为我们都知道，这些领域都是人迹全无的。所以，有一条律法要求我们"按公正的方法追求公正"（《申命记》16: 20），也就是说，我们追求公正和其他美德，就必须按它们的方式行事，不可按相反的方式行事。①

但是他也并不是完全坚持这点，有时也具有安提库斯式的，认为合德性的生活就是快乐的生活，比如在《谁是神立的后嗣》（285–286）中他说："因此，如果一个人'被平和滋养'②，他将会离去，拥有了平静的、清明的生活，一种真正福佑而幸福的生活。怎么寻得这些呢？——当我们拥有外在的福利，身体中的福利，以及灵魂中的福利，环境最初产生的安乐和好名声。身体由好名声、无限充裕的财富守护，灵魂由身体的完全健康和安泰守护，而心灵则由对各种形式的知识的爱来保卫。"③当然，斐洛解释柏拉图的四主德时还是有转化的，他说：

但是对于**智慧**、**节制**、**勇气**、**公义**，既不曾在陆地上搜寻过，就算大路条条、行走轻松，也不去寻求；也没有在海里探索过，尽管许多船长每年夏季都在海上航行。其实，寻求美德何须在地上远足，在海上远航，它们的造主已经把它的根基立

---

① 《论恶人攻击善人》，石敏敏，2004译文，有改动。
② 《创世记》15:15。
③ 据Dillon, 1977, 第147页译文。

在我们附近,就如犹太人的立法者所说的:**"在你口中,在你心里,在你手上"**,从而用比喻的话指明,它就在我们的话语、思想和行为上。当然,所有这些都需要栽培者的技能。[①]

这节中结合了柏拉图和《圣经·申命记》30章11-14节的内容,将四主德变成了非理论性的,而是直接的行动。在谈到诸多德性时,斐洛在《论美德》中主要谈了**"勇敢、虔敬、仁爱、悔改"**,和柏拉图主义的迥异。而在具体论述时,又有柏拉图主义的痕迹,比如他说:

> [3]我们还必须注意那种更加高级、更加高贵的财富,它不是属于所有人的,只属于真正高贵、富有神性的人。这种财富是智慧借着**伦理学**、**逻辑学**和**物理学**的原理和原则赋予的,而这些原理和原则又生出各种美德,有了美德,灵魂就不会再去追逐浮夸虚华,只会热爱自满自足、勤俭简朴,从而渐渐成为神的样式。因为神就是毫无缺乏,毫无所需的,他完全自满自足。而愚拙人有许多匮乏,甚至渴望根本不存在的东西,贪婪成性,欲壑难填,他把贪婪的欲望点燃,像火一样熊熊燃烧,无论大的、小的,都收进它的囊中。高贵的人欲望极少,正走在从朽坏通向不朽的道路上。他还不是全然没有欲望,因为他的身体是可朽坏的,但鉴于他的灵魂,他的欲望不多,因为他的灵魂渴望不朽。[②]

这是典型的对美德产生和恶的产生的柏拉图主义阐释。稍后他还说:"只要灵魂是健康的,身体上的疾病所能造成的伤害就微乎其微。健康的灵魂必然使自己的各种功能:理性(ton logon)、高

---

① 《善人皆自由》,10,石敏敏,2004译文。
② 石敏敏,2004译文。

级的灵（Epikratouses tes logikes）、欲望愉快地接受制约，由理性来支配、辖制其他两者，就像控制不听话的烈马一样。这种特殊的健康就叫作节制，即sophrosune或'思想保护'，因为它为我们的一种能力即明智思考提供保护。每当这种能力濒临危险，要被情欲之波涛淹没的时候，这灵性健康就把它拉出来，使它不在阴沟里迷失，并且把它提升到高处，赋予它生命，使它恢复生机，拥有某种不朽。"①其中化用了柏拉图《斐德若》253d灵魂马车的比喻，以及《克拉底鲁》411e中对"节制"的词源解释，可见他不光熟悉这些文本而且非常娴熟地运用在作品中。

　　同时，斐洛也借用了亚里士多德的"中道"学说，亚里士多德认为，德性就是在"过度"与"不足"这两个极端之间取中。斐洛以《出埃及记》20:17为依据来支持他对中道概念的使用。他劝告人要"以灵活的、始终如一的步伐"追随上帝，而且要保持"笔直的路线"。他在评论这一节时说，"希望它（心灵）不要偏右或偏左"，这样就可避免"过度和无度、缺欠和不足"。对人来说，最好的道路是"中间道路"，那是上帝为有德之人准备的道路。②他在另一段话中极力主张："任何一个方向上的偏离，不论是偏过度还是偏不足，也不论是倾向紧张还是倾向松弛，都是错误的，因为在这一问题上，右和左都该受谴责。"③道德上的进步只有沿着"最中间的路线"才会取得。在许多可被外用的其他例子中，有一个是对《出埃及记》(16:4"吗哪"这一段)的评论：以色列人挑选的是"充足又适度，既不太多以致过度，另一方面也不过少以致不足"。④而斐洛不接受斯多亚派关于激情（Patheia）的观点，斯多亚派哲学家认为，一切情感——愤怒、痛苦、同情，都是非理性的，所以聪明人应该努力把它们从生活中排除出去。然而对他而言，有

① 《论美德》，石敏敏，2004译文。
② 《论亚伯拉罕的迁居》，146。
③ 《论神的不变性》，162。
④ 《寓意解经》，165。

些感情和情感是好的、道德的。《旧约》的许多地方(如《撒迦利亚书》7:9)鼓励人们要有某些情感,即仁爱和怜悯。斐洛接受另一位犹太作家在别处提出的观点:"摩西以其理性抑制自己的愤怒。"对于好人来说,真正需要的是控制和约束他的情感,而不是消除它们。[①]

2. 善与自由

斐洛的伦理体系包含自由意志的思想,他通过论述善与自由的关系,说明了人的自由意志。他接受了传统的犹太教观点:在人身上有两种冲动,即恶的冲动和善的冲动(有时候称恶的冲动为情感或享乐,尽管他也说欲望只来源于我们自己内部,是自愿的)。根据斐洛的观点,第十条诫命就是约束和控制人的欲望的诫命(《论十诫》142),其相应的德性是"自制"。在斐洛看来,人能够控制欲望,抑制享乐和情感,也能够不这样做。然而,人类中还有些例外的个体,为了有德,他们不必运用自由意志,因为他们天生就是有德的,而大多数人并不是无罪的。"罪是每一个受造的人与生俱有的,甚至最好的人也是这样,只是因为他们都是受造的。"[②]他的核心论证如下:

> 因而,以下的论证是很能说明问题的。凡**理智**行事的人,
> 总能行得**好**;凡行得好的人,能行得**正当**;凡行事正当的,所
> 行的事也必是无瑕疵的、无错误的、无可指责的,没有害处
> 的,因而,这样的人必有能力做任何事,必能按自己的愿望生
> 活;凡有这样的**能力**的人,必是**自由**的。而**善人总是理智地**
> **行事**,所以,**惟有善人是自由的**。同样,凡不能被强迫做任何
> 事,也不能被阻止做任何事的,不可能是奴隶;而善人既不可
> 能被强迫,也不可能被阻止,因而,善人不可能是奴隶。善人

[①] 参考威廉逊,2003,第183–184页。
[②] 《摩西的生平》,3.147,参见威廉逊,2003,第四章。

既不能被强迫也不能被阻止这一点是显而易见的。当人得不
到想要得到的东西时,他才是被阻止的,而善人想要的东西就
是源于美德的东西,他本人就是由这些东西构成的,所以他
不可能得不到。人若是被强迫,说明他的行为是与意愿相背
的。任何行为要么是出于美德的义行,要么是出于邪恶的恶
行,也可能是不义不恶的行为。善人行义当然不是出于强迫,
而是**自愿**的,因为他所行的一切都是他认为有利的值得行的
事。恶行就是必须避免的事,他绝不会去做它们。在无善无
恶的事上,他自然也不是在强迫下做的。对这些事,他的心灵
训练有素,就像立在天平上,保持不偏不倚,既不承认它们力
量大顺服它们,也不认为它们可恶反感它们。由此可以清楚
地看出,他从来不做自己不愿做的事,从来不做被迫做的事;
倘若他是奴隶,就必然是被迫做的,由此可以推出,**善人必是
自由人**。①

　　善人是理智的,自愿自主地行正当的事,因此善人是自由的。
什么是与自由相对的“奴役”呢?斐洛说,“就奴役来说,一方面可
以指身体的奴役,另一方面也可以指灵魂的奴役;身体以人作为
它们的主人,灵魂受其邪恶和情欲的奴役。与此相对应,**自由也有
两种**。一种自由使身体脱离强大的人,另一种自由则使心灵脱离
情欲的支配。没有人把第一种自由作为考察的主题。因为人生中
有太多的起起落落,许多场合,许多时候,拥有最大美德的人因为
命运的打击失去了他们生而有之的自由。我们所要考察的是这样
一些人,他们从来没有受缚于欲望、恐惧、享乐、忧愁的扼下,可以
说,他们已经挣脱了牢狱和紧紧捆绑他们的锁链。因此,我们要
抛弃似是而非的遁词,和那些没有实质含义、只有习惯用法的术
语,比如‘家养的’、‘买来的’、‘战争中俘虏的’等,我们要考察真

---

① 《善人皆自由》,9,石敏敏,2004译文,有改动。

正的自由人,尽管有一大群人自称是他的主人,但事实上,惟有他才真正拥有独立自主。我们来听听索福克勒斯的声音吧,他所说的话与任何一种德尔斐神谕一样是真实可靠的:'我的主是神,不是人。'一点儿也没错,惟有把神作为自己的头的,才是真正自由的人;并且在我看来,这样的人也是其他众人的头,因为他已经从那伟大的、不朽的王得了授权,管辖地上的一切受造物;他尽管只是人,却是代表这王行使权力的总督。……借勤勉的思考使自己相信,凡属神的都拥有永恒的秩序和幸福,凡属人的只能在环境的浪涛中颠来倒去,不稳定地摇来摆去,从而高贵地忍受临到他头上的一切事——这样的人,实实在在就是十足的**哲学家**和**自由人**。"[①]因此,斐洛所谓的自由既继承了犹太教人人皆生为罪人的前提,又结合柏拉图主义对身体的贬抑,既有犹太教崇奉上帝的思想,又有柏拉图主义对理智与善之间确然关系的肯认,因此苏格拉底以来的柏拉图主义者认为的,人没有"作恶的"自由的思想,也融合进了"人人皆有罪而向善"的犹太思想中。[②]

(四)逻辑学与柏拉图主义认识论

斐洛在逻辑学方面主要重视两点:第一是范畴理论,这方面他结合了亚里士多德和斯多亚派的观点,与欧多鲁斯的相近,提出"实体—质—量"的学说。他说:

> 没有什么事物不分有这些范畴。我是实体(ousia),因为我借用了这个世界所由组成的元素:土、水、气和火,我来自它们。……迄今作为人,我有人的"质",作为一定的大小尺寸,我又有"量"。当任何人在我的右手边或者左手边时,我就

---

① 《善人皆自由》,3-4,石敏敏,2004译文。
② 其他全面而详细的考察,参看章雪富,2006,第四章。而关于同样重视自由概念的斯多亚派与斐洛思想的"有限"关联,请参看Roberto Radice, 2008中的细致考察。

·成了"相对的"。当我摩擦或者修剪任何事物时就是主动的，而我被摩擦或者修剪时则是被动的。当我穿上衣服或带上武器，我处于一种"特殊的状态"(echein)，而当我静静地坐着或躺着时，则处于一个"特殊的位置"(idisthai)，此时我就像同时在处所(topos)和时间(chronos)中，因为上面提到的情形没了这两者都没法存在。[1]

可见，斐洛将亚里士多德的实体和斯多亚派的物(hulê)相混淆，后面的说理和举例多说明他的逻辑学受到了斯多亚派的影响，而有别于亚里士多德的学说。[2]第二，他还重视语言的起源问题，借此梳理不同思想传统之间的关联，他说："希腊哲学家说，那些首先给事物命名的人是智慧的。摩西比他们做得更好，首先将其归于那最初被造的人而非老人。他的意图是，当亚当最初受造，所有其他人也因此获得了生命，因此只有他当被视为运用语言的鼻祖：因为如果语言不存在，就不会有名字。如果是很多人给事物命名，很明显就会前后不一致而且有很多匹配错误，不同的人用不同的原则命名就会这样，然而，如果是一个人命名就会给名实之间带来和谐一致，被给予的名字当然就成了象征，对所有人都一样，名称归属于对象，或者意义归属于名称。"[3]他的这种命名理论和语言学说与希腊的，不论是柏拉图还是斯多亚的都很不一样，是受了犹太宗教传统影响的独特学说，同时，这种学说结合了柏拉图的认识论，就产生了非常特别的、由斐洛开启的寓意解经之路。

威廉逊认为斐洛的运用隐喻方法的主要来源之一，就是他的柏拉图式的认识论。在《论创世》16中，他解释说，如果完全沿着柏拉图的路线，"这个可见的宇宙(kosmos)"只是神在"完全构造

---

① 据Dillon，1977，第178页译文。
② 参见Dillon，1977，第179页。
③ 据Dillon，1977，第181页译文。

了理智(noētos)的宇宙"之后才造成的,因此,一个能够作为另一个的无形范型,即只被心灵所知的理念世界,是摩西在西奈山的山顶上看见的东西。斐洛指出,摩西看出"范型的本质"完全是无形的。斐洛将这种范型理论运用到了《圣经》解释上。在他看来,就其字面意思而言,《圣经》的文本终究是在可见的感觉世界,如果读者要想达到真实存在的无形世界,必须将其超越,继续前行。摩西使用隐喻性语言,写下了他曾见到的实在本质之无形世界的东西。威廉逊认为或许斐洛是被迫确立这种《圣经》观的,其原因在于,他品尝和享受着对希腊哲学的偏爱,把摩西当作了柏拉图和柏拉图主义的哲学前辈及启示。面对《摩西五书》的文本又要坚持那种观点,斐洛必定会以解脱和满意的心情转到隐喻阐释方法。但一定不要认为,在斐洛那里,隐喻解释方法仅仅是一种研究和阐释《圣经》的方法。它进一步涉及到在认识上帝(或诸如不可见的形式之类的天国之物)时所运用的同样的心智能力对《圣经》文本的应用。在《论亚伯拉罕》119中,斐洛阐明:"说出的话语含有仅被智力领悟之物的象征。"记录在《圣经》中的关于实在的真理,只能被那些用智力而不是用眼睛阅读这神圣经典的人领悟。斐洛的《圣经》阐释观的一个重要方面,是他的这种信念:使人能够认识理想实在的无形与不可见之形式的那种智力,是也能使人在阅读《圣经》时遇见关于那些形式之真理的能力。浅薄读者所达的《圣经》的字面意思,相当于感官知觉的世界;隐喻阐释达到的真理,则是相关于超时间的理念世界的真理。[①]

　　综上所述,斐洛在柏拉图主义方面的理论吸收是广泛而深入的,从选文中也可以看出,其文辞优美,论述宏博,理论构架多元而巧妙,因此他成为了后世乃至当今,着迷于试图促成不同文明和原创思想之间沟通和交流者的典范,对后世的特别是基督教的解经传统有深远影响,也对两希文明深度交融做出了开创性的贡献。

---

① 参见威廉逊,2003,第148–149页。

二、雅典的柏拉图主义：普鲁塔克和雅典学派

Ta sage inftruction sert de riche couronne
A Trajan, esleué par deffus tous humains.
Si les grands te portoient au cœur & dans leurs mains,
Vertu viuroit au lieu de Venus & Bellone

普鲁塔克像[1]

（一）生平、师承与著作

公元45年，普鲁塔克(Plutarch of Chaeroneia, Πλούταρχος)出生于希腊中部波奥提亚(Boeotia)地区的小城喀罗尼亚(Chaeronea)，其家庭有文化素养，父亲亚里斯托布鲁斯(Aristobulus)是一位传记作家和哲学家。普鲁塔克幼年得到良好的家庭教育，养成了追求知识与智慧的爱好。青年时期游学雅典，公元66–67年曾受业于来自埃及的阿摩尼乌斯，[2]他当时已经成为雅典柏拉图学园的掌门，[3]在阿摩尼乌斯门下，普鲁塔克接受了哲学、数学、修辞学、历史以及医学等方面的训练。他的老师阿摩尼乌斯是当时重要的柏拉图主义者，可惜除了普鲁塔克自己的证词外，我们对他

---

① 自*Les Vies parallèles*, traduit par Jacques Amyot, 1565。
② Ammonius，参Eunapius, *Lives of the Philosophers*，第454页，Boissonade校译本。
③ 并非新毕达哥拉斯主义者Ammonius Saccas，那是普罗提诺的老师，两位只是同名而已，参见前文。

一无所知。[①]普鲁塔克曾遍游希腊各地，到过爱琴海诸岛，访问过埃及、小亚细亚、意大利。所到之处，他都极为留心搜集当地的历史资料和口碑传说，从而成为一名饱学之士。后来，他来到罗马讲学，研究罗马的历史，同时结识了许多名人。普鲁塔克一生经历了罗马帝国前期的三个王朝（尤利乌斯·克劳狄王朝、弗拉维王朝和安敦尼王朝），曾经为两个罗马皇帝（图拉真和哈德良）讲过课，并博得了他们的赏识。图拉真曾授予他执政官的高位，后来哈德良又提拔他担任希腊财政督察。

　　他一生中的大部分时间是在喀罗尼亚度过的。在故乡，他一面著书立说、开门授徒，一面担任当地的行政长官、参与政治活动。据说他在家乡还开办过一所学校，所授课程以哲学和伦理学为主。晚年他又出任德尔斐的阿波罗神庙的祭司，成为宗教祭祀方面的权威。[②]他在哲学方面受到了柏拉图主义、毕达哥拉斯主义、漫步学派和斯多亚学派的诸多影响，但总体上按照他描述的柏拉图主义者来看，他就是一名柏拉图主义者。据推断，大概死于公元125。[③]

　　在他儿子拉姆普里阿斯（Lamprias）为他编订的著作目录里，列举了他227篇著作的书名。目录中列举出来的大部分著作已经佚失，仅存83篇。在流传下来的作品中，除了这83篇之外，还有后来发现的、且未被目录收进去的作品18篇，以及仅存残篇的作品15篇。后人把他现存的这些作品分编成2本集子：《道德论集》（*Ethica*或*Moralia*）和《平行列传》（又译作《希腊罗马名人传》或

---

① 关于阿摩尼乌斯的生平学说详参：C. P. Jones, 1967, "The Teacher of Plutarch", *Harvard Studies in Classical Philology*, Vol. 71 (1967), pp. 205–213。

② 详参Angelo Casanova, 2012, "Plutarch as Apollo's Priest at Delphi"。

③ 至于普鲁塔克所处时代和当时社会对"哲学"的理解，以及因此而给普鲁塔克带来的影响，请看看Michael Trapp, 2014, "The Role of Philosophy and Philosophers in the Imperial Period"。

《希腊罗马英豪列传》)。[①]《道德论集》包括70多篇论文和语录，广泛地探讨了伦理、宗教、哲学、科学、政治、文学等方面的问题，是了解普鲁塔克的生平和思想的重要文献。普鲁塔克的特别之处就在于，他虽然经常被看作一位历史学家，但其实他的著作中充满了哲学学说和道德教义，因此更可以被看作一位道德哲学家。其作品上承苏格拉底弟子色诺芬的思想传统，下启蒙田等近代早期的思想家和作家，很长时间内都是古代通识教育的典范文本，其内容宏富，思想繁杂，以下只是就其著作中柏拉图主义的一面做简要梳理。

（二）伦理学

1. 目的论与德性学说

普鲁塔克从道德理想上讲，认同欧多鲁斯所说的"像神一样"（homoiosis theôi）而不是安提库斯及斯多亚派的"合乎自然（本性）"，这也是对柏拉图式的目的论的继承。在其《论神圣惩罚的延迟》（550d）中，他引用了《泰阿泰德》176e说的："考虑到神——正如柏拉图所说——让自己成为所有美好事物的表率和模范，就将德性提供给人类当作准绳，让大家得知如何效法，从而像他一样，就像我们说的'追随神'。其实这是改变的根源也是万物的特性，由混乱和失序，变成一个'有序宇宙'（cosmos）：这是神明的外在形式和卓越内涵，让人类可以分享它的类似之处。同一位哲学家作进一步的说明，自然界点燃我们的视力使它闪闪发光，灵魂看到天体的运转对于所见极其惊异，非常乐意接受稳定和有序的行为，只会痛恨破坏谐和及逸出常轨的激情。避免没有目标和偶然出现的动作，因为这些都源自所有的恶行和冲突的过失；人类从神

---

① 两部作品集均有中译本，参考席代岳，2015（《道德论丛》），和席代岳，2012（《希腊罗马英豪列传》），中译本均从Loeb本的英译文译出，但由于过多顾及修辞，以及对哲学文献的陌生，有不少错误，我们征引时做了必要的修订和校正。

明那里获得最大的福分，就是效法和激励神明的美与善，安居在德性之中。"①这段话简明地说出了人可能企及的目的，即像神一样，安居德性。那么什么是德性呢？有哪些德性值得追求以及如何企及呢？

普鲁塔克有意区别了"理论德性"（或"沉思的德性"）和"伦理德性"（或道德德性，êthikê aretê）。他认为伦理德性中包含了情感（pathos）作为其主体，理性是其形式，而理论德性中只关涉灵魂中的理性部分。②他举例说：

> 我们从这里可以得到最明确的证据，就是与生俱来的欲望和行动，会受到抑制变得平静下来，因为理性或法律都在禁止我们接近美好的事物，举凡会在一瞥之下让我们产生激情的东西。有一种状况会经常发生，有人看到美丽的妇女立即陷入爱河，虽然这时还不知道或没有查出她的身份；等到发现错误因为着迷的对象是自己的姊妹或女儿，出于理性的干涉所有的烈焰立即熄灭，就是肉体和血液都恢复正常，一切的机能都要听从判断的安排。还有就是我们在吃过一些烹调精美的食物和肉类以后，由于经过人工的料理和装饰，事先难以发觉其中的差错，等到一旦得知它们的不洁、不法或是违背禁食的规定，不仅在判断方面引起痛恨和懊恼，就是身体也会分担心灵的厌恶，出现恶心和呕吐的症状。③

这是为了说明非理性如何屈从于理性，身体如何配合灵魂中的理性部分。他认为人们应该看到"心灵的功能可以诉诸我们的愤怒、欲望、愉快和悲痛，成为一种习性让我们能够顺从理性，受

---

① 参见John Dillon, 1977和2014, "Plutarch and Platonism"。
② 《论伦理德性》，442d。
③ 《论伦理德性》，442e–f。

到它的影响感到满意,变得全然的归属绝无别的企图;特别考量到这些功能不会与理智分离,没有身体的支持就无法重新塑造,任何强大的暴力或打击都不可能让它成形,根据它的性质只会隶属理智,通常会结合在一起,共同接受抚养和教育,经由亲密的交往才能发挥影响的力量,因此,无论是伦理或道德德性仅是大约描述这个题目的名称而已,特别是伦理德性具备非理性的性质,因而才能给予命名,非理性的形成来自理性,非理性通过习惯(êthos)来获得这种性质和区分;因为理性不愿将激情全部抹除(既没有可能也没有可用的手段),仅在灌输伦理德性之际加以限制和规范,这时激情并不缺少而是给予应有的比例和尺度;审慎运用注入的理性发展出向善的后天性向。据说灵魂拥有三种东西:能力、激情和习惯。现在能力处于激情的起点,或者是未曾加工的原料,要是举例来说,像是暴躁、羞怯、鲁莽;激情是能力的引发或运作,如同愤怒、惭愧、大胆;最后就习惯对非理性的能力而言,是一种确定的力量和条件。确定的条件受到习惯的培育而变得:一方面,如果激情被教得很坏,就会变成邪恶;教得好,就会产生德性。"①因此,普鲁塔克重视非理性与理性之间的关系,习惯在两者间相互作用时的地位,以及伦理德性实际上产生的过程。

普鲁塔克总结说,"哲学家不能把'德性'当成一个整体、一个手段,也不能应用到'伦理'这个词上,我们必须讨论两者之间的差异,要从第一原理着手;世界的事物有两类,其中有些是绝对存在,其他则与我们发生关系。绝对存在的事物是大地、天空、星辰、海洋;与我们有关的存在则是善与恶,可欲的和应予避免的事物,带来欢乐和痛苦的事物。理性沉思两者,但是,要是它仅仅专注绝对存在的事物,就会被称为知识的和沉思的;要是它涉及存在于与我们发生关系的事物,则称为慎重的(bouleutikon)或实践的(praktikon);后面这种德性的活动可以称为明智(phronēsis)而前

---

① 《论伦理德性》,443c–d。

者是智慧(sophia)。"①如果按照普鲁塔克的分类,从他浩瀚的著作看,他的确更重视所谓的"实践德性",后世称之为"实践伦理学"。

2. 实践伦理学

普鲁塔克关心社会中人们的伦常生活,他是一位驻世的哲学家,而非出世的沉思者。他对哲学的定位非常"亲民":"经由哲学以及与哲学有关的科目,所能获得的知识:在于明辨荣辱和是非,简言之就是取舍的拿捏;举凡如何与神明、父母、长者、法律、外人、部属、朋友、妇女、子女和奴仆建立伦常关系;一个人应该崇拜神明、荣耀父母、尊敬长者、服从法律、礼让部属、爱护朋友、对待妇女以坚贞之心、对待子女以挚爱之情、对待奴仆不得作威作福。此外,至关重要之处,在于获得成功不必欣喜若狂,身处逆境不要怀忧丧志;在于享受欢乐不得放纵堕落,节制情绪不得冲动野蛮。从哲学所能获得的各种好处当中,我认为以上面所说的几点最为突出,迈向成功之路能够表现慷慨之心才是男子汉,不会引起嫉妒之心才是有教养的人;并不是每个人都可以控制自己的激情,能用理性克服享乐才是明达的智慧者。我认为完美之处在于有人运用哲学综合整治能力,同时也不要忘记两件事情:运用公众地位尽一生之力在世间做有用的人,追求哲学之道愿意过宁静和不受干扰的生活。"②

Hoof在提到普鲁塔克的实践伦理的影响时说,在西方文明中,可能只有普鲁塔克的学说,最像现在流行的心灵自救、瑜伽、冥想、灵性健康等类书籍,"普鲁塔克的实践伦理学仍然有待复兴:不光是大多数普通民众不知道,而且直到最近都被很多学者忽视。之所以如此,是因为其著作中那些'大众化'的'劝告'会受到学术上的轻蔑:就像当代的自救书籍一样,普鲁塔克的实践伦

---

① 《论伦理德性》,443e。
② 《论子女的教育》,7e–f。

理学并非写给专家学者看的，而是首先也最主要的是写给普罗大众的。"①但是Hoof认为普鲁塔克的实践伦理学有这样几个特征：1. 普鲁塔克真正的写作对象是精英阶层；2. 他不同于当时普通的道德哲学家，那些人认为在哲学与社会的张力中，应该保持绝对中立，置身事外，只关心个体灵魂的道德进步而弃绝社会热望，转向哲学，普鲁塔克的实践伦理学则很不一样，他明确否定了读者应该选择艰难的生活道路，以其社会价值和政治生活，换取一种智慧的哲学生活。他的实践伦理学就是用来帮助读者更好地过上他自己选择的生活；3. 普鲁塔克的实践伦理学建立了一个独特的哲学课题，其著作对理论哲学的探讨不感兴趣，比如灵魂诞生或者伦理德性的本性等；4. 普鲁塔克给读者提供了两种练习，一种是思想训练（epilogismoi），将他给出的建议、论证思路内化的训练，第二种是实践训练（ethismos），其中混合了自我夸赞和它所要求付出的努力，以便达成好结果②等一系列做法。③这让我们多少想起了福柯研究的"自我的技艺"。这种具体实践中的德性学说，对当时乃至后世很长一段时间，都产生了广泛而深远的影响。

最近对普鲁塔克伦理学的关注也越来越多，越来越专业化④。现代学人重视从不同的实践哲学论题讨论普鲁塔克，发现其现代价值，比如从女性伦理学议题出发的讨论、⑤从动物伦理视角进行的现代回响。⑥这些都表明，普鲁塔克的道德"说教"远非"陈芝烂谷"，在现代，他对于人们全面而理智地省察实践伦理还有着重要的借鉴意义。

---

① Lieve Van Hoof, 2014, "Practical Ethics"，第135页。
② 参《不伤害他人地夸赞自己》，14。
③ Lieve Van Hoof, 2014, "Practical Ethics"，第141–145页。
④ 参见Lieve Van Hoof, 2010在牛津大学出版的专著。
⑤ Pomeroy, 1999.
⑥ Newmyer, 2006.

3. 政治哲学

狄龙对普鲁塔克政治哲学的评价是，一言以蔽之，"他是政治生活和君主政治原理的强大支持者。"他批评伊壁鸠鲁主义者和斯多亚派，不该蔑视政治生活，宣称政治家的职位是最高贵和一般说来最有益的职位。他并不赞赏民主政治，而是赞赏斯多亚派提出的王政，即统治者是神的肖像，而神则统御宇宙。王是神统治人类的中介，而且将这种信念追溯到柏拉图对王政的推崇。[①]

Pelling认为传统的柏拉图式的政治理论，给普鲁塔克提供了丰富的理论用语和模型，与此相对，普鲁塔克可以通过分析众多政治人物的生活轨迹，深入理解政治行为与哲学理论的距离，通过看凯撒的成败，理解精神性的力量在不同场合要有不同的对待和运用，比如广场等公共场合。普鲁塔克让其读者在哲学术语中，在伟大的哲学楷模的光辉中，看到现实政治的现实性和复杂性，其政治思考最重要的特点是主张只有思考是不够的。有教养的人有责任更复杂，去领导而不只是发现。因此政治实践家要教育其公民，像普鲁塔克在《希腊罗马英豪列传》中展示的那样生活，比如像伯里克利那样教育人民如何看待雅典帝国。[②]

哲学家的教导要获得法律的力量，才能将这些原则真正铭刻在统治者和政治家的灵魂上面，从而对他们进行严密的控制。这也是柏拉图要远航西西里的理由，希望他的教导能够制定法律和促成行动，用来规范狄奥尼修斯的政府架构。[③]

而且柏拉图、亚里士多德深知好的修辞要懂得听众的心理，普

① Dillon, 1977, 第198页。
② Christopher Pelling, 2014, "Political Philosophy", 第153–155页。
③《哲学家应与统治者多谈谈》，4。

鲁塔克赞同政治家用吸引人的修辞达到教化的目的。普鲁塔克说：

> 一个政治家抱着某种企图，想要改变人民的嗜好和习性，非但不易成功而且没有安全可言，至关重要之处在于需要很长的时间和拥有很大的权势。……政治家靠着声望和公众的信心建立起个人的领导风格，要想发挥功能在于能够适应人民的特质和愿望，要以大众的好恶与倾向作为主要的考虑因素。……等到政治家已经获得权力和赢得民众的信任，这时要试着针对市民的特性给予训练，运用温和的手段引导他们走向最有利的道路，对待他们的方式尽可能讲求人道，须知改变大众的习气是极其艰巨的任务。……我们不应将一切的成就归于德性，事实上对于辩才所能发挥的效果和力量不容忽视，考虑到演说术并非说服力的幕后主使人，充其量只能算是合作者。……所以政治的德性可以加以运用，不在于讲话人的言辞而是他具备的特质，如同舵轮或缰绳所发挥的功能，治理一个城邦在于对它的掌握和指导，如同柏拉图所说，要站在一个驮兽的尾部，就会非常容易让它向后转。……总而言之，对民众的讲话一定要考量周详，而且言之有物，事先做好准备工作；甚至就是伟大的伯里克利在发表公开演说之前，会向神明祈祷不要讲一句与主题无关的废话。即使演说家在讲话的时候能够眼观四面耳听八方，尽量要适应当前的状况，公众的事务经常很快出现新的发展，德摩斯梯尼在这方面的反应要较很多人为差，他的性格过于慎重以至于犹豫不决，掌握不住稍纵即逝的机会。……为政之道最伟大和最高贵的功能，在于促成社会的整体进步和发展，不让党派的倾轧和斗争有兴起的机会。从而使得城邦享受最大的福祉，主要的项目是和平、自由、繁荣与和谐。[1]

---

[1]《为政的原理和训诫》，3以下。

　　可见，普鲁塔克在政治哲学方面也强调实践性，而非政治理想型的描述。他关注的是现实政治生活中、可实现的最佳状况、长久的繁荣，但这本身是排除了城邦堕落的必然性之后的考量，其相关著作在很大程度上是对统治者的"劝勉"或"引导"（类似于《居鲁士的教育》式的政治家养成手册），其更多的是教育作用，而非政治理论建构，但即便是教育，也能看到其基本的政治见解和拥护的政体等，加上当时罗马多民族、多宗教帝国的实际情况，他给出的是切中当时环境的政治教育。因此，其政治哲学内含于其政治哲学的教育中了。[1]

（三）神学、灵明与灵魂

1. 柏拉图主义神学[2]

　　普鲁塔克眼中的神是一种主动的或阳性的第一原理，是真正的存在，他单一、静止、永恒（超越时空）、不变、非合成、不可被物质污染，"神的存在没有时间的限制，保持永恒不朽在于静止不动、超越时空和无所偏离，没有早先或以后，没有未来或过去，没有老迈或年轻，他成为唯一的存在者，只有一个'现在'里面充满着'永久'，只有这种模式的神明是真实的存在，没有完成的时态，更不会命中注定产生一个结局。"[3]神还知道一切，指导一切，[4]他对万物施以天意（pronoia）。受到亚里士多德学说影响，他说神

---

① 对《为政的原理和训诫》中内容的详细分析解读，参见G.Roskam,2009, *Plutarch's Maxime cum Principus Philosopho Esse Disserendum, An Interpretation with Commentary*, Leuven University Press.其中描述了从前苏格拉底以来，哲学家眼中的政治的地位变迁，以及普鲁塔克对哲学与政治关系的重新定位。
② 相关思想和社会背景，参见Lautaro Roig Lanzillotta, 2012, Plutarch's Idea of God in the Religious and Philosophical Context of Late Antiquity; Rainer Hirsch-Luipold, 2012, Religion and Myth (translated by Mark Beck) in Lautaro Roig Lanzillotta & Israel Muñoz Gallarte, 2012.
③ 《论德尔菲的字母E》，20。
④ 《论伊希斯与俄塞里斯》351d、382b。

还是一切自然的施动者。[1]受柏拉图影响,普鲁塔克的神也叫"至善"和"太一"。[2]同时,其神学还兼容毕达哥拉斯主义化的柏拉图主义学说,容摄了一组第一原理:"单一"与"不定的二",[3]这点上他受色诺克拉底影响很深,同时他自己也发挥了这种二元论,来解释万物生成的原理。[4]这种创世和二元论学说也可以在其神学历史的梳理中看到:

    48. 至于希腊人,他们的学说差不多已经广为人知。他们让奥林波斯山上的宙斯享有为我们带来福祉的特权,他们让哈得斯成为我们要避开其影响的神。他们的神话学家说,阿芙洛狄特和阿瑞斯生下了哈耳摩尼亚(Harmonie):他们认为阿瑞斯是勇猛和毁灭性的,而阿芙洛狄特则是迷人和创造性的。另一方面,哦,克莱娅,请看他们的哲人与这一学说是多么相符。赫拉克利特公开呼唤:"战争,一切的女王和君主。"[5]他还说,当荷马希望"神灵与人类之间的不睦熄灭"[6]时,他"看不见他对人的世代繁衍发出了诅咒,因为人类来自争斗和对立,他看不见太阳不会超过为它划定的界限,一旦越过界限,它就会碰上复仇女神厄里倪厄斯(Erynnies)来捍卫正义";[7]恩培多克勒斯将生成善的本原称为爱[8]和友谊,[9]还时常称之为"温和的目光中的和谐"。[10]至于恶的本

---

① 《论月面》944e。
② 《论神谕之式微》423d、《论德尔菲的字母E》393b–c。
③ 《论神谕之式微》428f。
④ 另参《柏拉图学派的论题》1002a。
⑤ 赫拉克利特,残篇53。
⑥ 《伊利亚特》,第18卷,第128行。
⑦ 赫拉克利特,残篇29、43。
⑧ 恩培多克勒斯,残篇17、19。
⑨ 恩培多克勒斯,残篇17、20。
⑩ 恩培多克勒斯,残篇122。

原，他称之为"有害的仇恨"①或者"血腥的不和"②。

　　毕达哥拉斯派给这两种本原起了好几个名字来表达自己的意思。他们称善的本原为单一、确定、稳定、直接、单数、正方形、相等、右边和光明；恶的本原则是二元、不定、变动、双数、长方形、不等、左边和黑暗。在他们看来，这些就是充当繁殖的基础的本原。阿那克萨戈拉称善的本原为努斯(理智)，恶的本原为无限。亚里士多德将前者命名为形式，后者称为缺失。

　　柏拉图通常喜欢用隐讳的方式来表达自己的看法，他称这两个相对立的本原，前者为"永远同样"，而后者为"时而这样时而那样"。但是，在他晚年写成的《法义》中，他不再用谜一般的象征性语言来表述，而是使用贴切的词汇，他肯定推动世界的并不只是唯一一个灵魂，也许有很多，可以肯定至少有两个。一个是善的创造者，与之对立的另一个则制造相反的效果。他还承认有第三种中介的本质，它并不像某些人认为的那样缺少自己特有的灵魂、理性和运动，但它在依赖于另外两个的同时，却总是倾向于跟随、向往和追踪比较好的那一个。这就是我们下文将要论述的问题，我们尤其要着力论述埃及人的神学与柏拉图哲学的一致之处。③

　　因此，经由普鲁塔克柏拉图主义化了的埃及神学就是这个样子：

　　49. 事实上，世界的起源和组成是两种相反的力量混合而成的结果，当然，这两种力量并非势均力敌，而是较好的一种

---

①　恩培多克勒斯，残篇17、19。
②　恩培多克勒斯，残篇122。
③　《论埃及神学与哲学：伊希斯与俄塞里斯》，段映红译，2009，第97—99页。

占优势。恶的本原不可能完全消失，因为它深深植根于世界的形体和灵魂中，而且始终与善的本原进行着顽强的斗争。在世界的这个灵魂中，智慧和理性(逻各斯)是一切优秀事物的向导和主宰，它就是俄赛里斯。在大地、风、水、天空和星辰中，符合季节、气候和周期性的，一切有规律的、稳定的和健康的东西，全都来自俄赛里斯，并以明显的形式将他表现出来。相反，堤丰是世界的灵魂中感情用事的、颠覆性的、无理的和冲动的一切，是宇宙的形体中会死亡的和有害的一切。时令反常、恶劣的天气、日食和月亏所导致的一切混乱，都是堤丰出没的表现。人们称堤丰为塞特就证明了这一点，因为这个名字的意思是压迫和强制的力量，常常也含有颠倒、向后跳之意。至于人们用来称呼他的另一个名字，某些人说这是堤丰的一个同伴的名字。但曼内托肯定说就是堤丰本人的名字。这个词的意思是障碍、阻碍，言下之意就是堤丰的力量与事物的自然进程、与推动事物正常发展方向的力量相悖。[①]

2. 守护灵明

普鲁塔克还有一套守护神即"灵明"(Daemon)的学说。他结合色诺克拉底、柏拉图《会饮》(202e)中的学说，发展出了一套守护神灵明学说，用几何形状比喻就是：诸神是等边三角形，人是不等边三角形，灵明则是两等边三角形。因为灵明作为居间者，既有神圣力量又有人的情感，特别与月球相关，对宇宙的凝聚至关重要，就像第俄提玛说的爱神一样，他连接神与人。月球似乎是灵魂和宇宙灵魂的居所的象征，也是灵明居所的象征。因此在普鲁塔克的宇宙论中月球至关重要。由于灵明是激情的主体，因此由此也会犯错受罚，化身为人。灵明也有邪恶，但不具有首要地位，有别于琐罗亚斯德和诺斯替教义，这种恶的灵明由好的状态堕落而

---

① 《论埃及神学与哲学：伊希斯与俄塞里斯》，段映红译，2009，第100页。

来,也可能回返好的状态。①

此外,还有一种灵明是神用以惩罚人类之不义和自负的使者,这种思想来自赫西俄德的《劳作与时日》。在普鲁塔克专门论述苏格拉底的灵明的文章中,他指出,这种灵明不同于灵魂或努斯(理智),每个人都有一个守护神意义上的灵明。哲人的守护神会告诉他们万物构成,宇宙四要素,生命原理等,灵明还给人解释自己说:

> 你看到保护神的本尊,当然无法辨识,我要向你解释:每一个灵魂都要分享理性和智慧,所谓非理性或无智慧不可能存在。部分灵魂混合肉欲和激情,等到它进行非理性的考量,就会产生欢乐和痛苦的交替作用;每一个灵魂不会混合到同一种程度,有些全部沉陷到身体之中,整个生命都被欲念和激情所败坏,乱成一团毫无秩序可言;有的只有局部融入,留在外面的部分变得最为纯净,它现在不会被拖进去,就像顶端附着一个浮标,漂流在表面可以与人的头部保持接触,这时他的身体已经沉到深处;灵魂会尽量给予支撑,同时还使身体保持在直立的状态,它会听从激情的要求,仍旧未能完全征服。已经沉沦进人身体的部分就是灵魂;留下来保持自主尚未败坏的部分大家将它当成理性,世俗之人认为它在身体之内,如同镜子的反射作用将实体变成反映的目标;任何人知晓的事物都能正确无误就可称之为灵明,全部存在于外部的世界。蒂迈欧提到的灵魂、理性或灵明,不能存在于星球上面,它们的下场就是绝灭;你必须理解一件事,那就是你看到的灵魂,已经全部沉陷到身体之中;它在星球上面再度发出光亮,像是从下面重新出现的模样,你必须了解你所看到的灵魂是死后脱离身体开始飘浮,除去一种朦胧和黑暗的氛围如同抖掉尘土

---

① 参见Dillon, 2014。

一样；那些随着星球升到更高处的是智慧者和哲人，即"拥有
知识者"的灵明。①

这种理论将灵明说成是一种不堕于身体的，回归理性和神的
独立精神性力量，它可以给陷落在身体中的灵魂以提示或警告，
引导他们像自己一样，回归本源。这种居间者就是引导者，很像
是向善的"爱欲"和向着智慧而非怕更大灾难而生的"勇敢"，像
是一种经过"净化"的灵魂"导引"，在柏拉图那里，苏格拉底的
灵明就是普鲁塔克所谓的灵明原型，只不过柏拉图没有阐发灵明
究竟是什么、怎么工作，只知道它是消极性的阻止力量，而在普鲁
塔克这里，灵明具有积极引导和消极惩罚的双重角色。那么在普
鲁塔克眼中，灵魂又是什么状况呢？为什么需要灵明的引导和惩
罚呢？

3. 灵魂

普鲁塔克结合柏拉图教义和埃及的宗教，解释了灵魂何以需
要引导，他说，"58.当我们谈论物质的时候，我们不能听任自己被
某些哲人的看法所牵引，将物质想象成一个没有灵魂、没有品质、
没有活力和自身能量的形体。的确，我们将一种制造香料的物质
称为油；将一种制造塑像的物质称为金子；但无论是油还是金子，
都并非不具有任何品质。同样我们认为，人的灵魂本身和人的理
智都是用来接受知识和美德的物质，我们将二者都托付给理性，以
便让理性来和谐地统辖和引导它们。在这一点上，我们与某些哲
人的看法相一致，他们宣称我们的头脑是思想的场所，如同一块新
土，适于接受可理解的事物留下的印记。"②可见灵魂是有物质性
的，而非纯然的精神力量。他进一步讲到：

---

① 《论苏格拉底的灵明》，22。
② 《论埃及神学与哲学：伊希斯与俄塞里斯》，段映红译，2009，第112–113页。

78.至于人的灵魂，当它们在人间寓于肉体的羁绊之中并受制于情感时，不能分享到任何属于神的东西；人们只有通过哲学的中介，如同穿越一个迷糊的梦境一般，根据他们的智力（努斯）受到启迪的程度，才能得到一份神的眷顾。但是，当人的灵魂摆脱羁绊之时，它们就用土地换取了一个非物质的、不可见的、纯洁的居所，那里超越一切情感的困扰，俄塞里斯于是就成为它们的首领和国王；它们眷恋这位神，永不知足地凝视他，向往着凡人无法表达和描述的这种美。一篇古老的文章告诉我们，令伊希斯一往情深的正是这种美；她追逐它，秘密与之结合，并慷慨地给予在凡间出生的一切生命以一切美和善的东西……

79.倘若要像我许诺过的那样，谈论人们每天焚烧的香料，我们首先要注意到，埃及人一向严格遵循关乎健康的规定，在他们的宗教活动中，尤其在洁身礼和摄生法中，他们对圣洁和健康一样重视。实际上，他们认为，唯有极其健康、免于任何疾病的灵魂和身体，才能给一个无比纯洁、没有任何污点和衰变的生命以应有的尊敬。根据这种信仰，由于我们平常呼吸和置身其间的空气并不总是同样的质量和温度，而是到了夜间它会凝结，压迫在身体上，将某种沮丧和忧虑传递给灵魂，让灵魂变得阴郁和沉重，因此祭司们一旦起身，就会焚烧树脂。他们认为树脂散发的芳香可以净化空气，使它变得健康，还可以将身体内的灵魂从麻木的状态唤醒，因为树脂的芬芳具有提神醒脑的功效。[①]

这虽然也是典型的柏拉图主义的解释，但其灵魂的物质性，灵魂与肉体的紧密联系更显得具体，甚至于有具体的办法制造灵魂更易于脱离身体的外部条件，让身体与灵魂"解锁"，通过作用于

---

① 《论埃及神学与哲学：伊希斯与俄塞里斯》，段映红译，2009，第145–146页。

身体而有利于灵魂。哲学或说对智慧的爱欲,是最好的灵魂内在的引导,而灵明则是最好的外在的引导。

(四)宇宙、命运与自由意志

普鲁塔克基于色诺克拉底的理论,[①]将宇宙三分,他认为物有三种密度(pykna),土分别与火、气和水结合,而形成太阳、星辰、月亮,最后形成地球,即月下的世界,这样一来就形成了四种存在等级。他说,"色诺克拉底的概念开始就受到柏拉图的启发,基于一种神意的理由可以到达这样的境界。柏拉图是首先创造这种说法的人士,所有的星辰都由土和火构成,借着两者的中间性质,根据比例组合起来;他特别提到要是任何东西没有包含土和光的混合物,就无法让人的感官产生作用。色诺克拉底的理论亦即星辰和太阳是由火构成,它的密度和比重是最低的等级;气最适合于月球,使它的密度成为第二等级,地球是水所构成,它的比重是第三等级;灵魂的接纳和感受一般而言不会过于迟钝或灵敏;因而月球的物质是相当的充足,不会出现匮乏的状况。"[②]

此外,宇宙还是一个活物,与身体的安排一样,是鲜活的,服从理性原则的。他说,"在很多地方宇宙有土以及居于大量的火、水和气之中,形成的结果并非外力的强迫而是合理的安排。总而言之,眼睛目前位于身体的边缘,不是因为它的质地太轻受到排挤,心脏也不是它的重量才留在胸腔里面,所有的器官据有的位置,完全在于让功能作有效的发挥。……从另外的角度来看,理性的原则要能控制目前的态势;星球的旋转非常稳定,对于宇宙的面貌而言如同'明亮的眼睛';太阳像心脏一样拥有无上的能力,传送和散布它所发出的热和光,如同人体的血液循环和呼吸作用;大地和海洋'自然而然'服侍和谐的宇宙直到终结,就像肠胃和膀胱

---

① Heinze辑本,残篇56。
②《论月面》,29、943f。

对动物所能发挥的功能。月球的位置在太阳和地球之间，好似肝或其他位于心脏和肠胃之间柔软的内脏，从天空传送到地球的温暖，以及我们的区域向上的蒸发作用，经由一种调和与净化使它自己变得更为精纯；它所拥有属土和固态的性质和是否适用于其他的结局，我们对这方面的了解不是很清楚。即使如此，所有的事物最好还是受到需要的控制。"[①]

普鲁塔克认为，支配宇宙的是四种原理(arkhai)：第一是生命原理，第二是运动原理，第三是诞育原理(genesis)，最后是分解原理。在不可见的世界里，第一种由"单一"将其与第二个相连，第二第三之间则由太阳中的理智相连，第三第四经由月亮的本性(非理性的灵魂)相连。而命运——必然性的女儿，掌握着连接的钥匙，管辖着每个连接：掌管第一连接的是阿特洛波斯(Atropos)，掌管第二连接的是克罗托(Clotho)，掌管第三个月亮上连接的是拉克西斯(Lachesis)。[②]

在普鲁塔克看来，"命运"和"德性"表面抵牾并不是坏事：

> 德性女神和命运女神经常会发生冲突，只是目前出现的状况更为激烈，看来非要拼个你死我活不可。……德性女神受到非难说她只做无益之事仅仅表面好看而已；命运女神的行为轻浮善变却真正有利于世道人心。他们提到德性女神只是辛劳工作得不到任何收获，命运女神给予丰硕的礼物，却无法信赖不知什么时候就会收回。……命运女神和智慧女神在风格方面完全是南辕北辙，就以成为事物的创造者而言，双方倒是有异曲同工之妙。两位女神都给大家带来逐渐增多的荣誉，同时还让特定的人物获得响亮的名声、惊人的权势和统治的实力。……我对这些事物产生怀疑，个人以为这并没有

---

① 《论月面》，15。
② 刚好是希腊神话中的命运三女神，参见Dillon，2014。

什么不对，尽管命运女神和德性女神始终从事直接又不中断的斗争，双方的对立从未停息，然而，她们在统治和权力方面却能齐心合力，会暂时中止彼此的敌意，将她们的力量联合起来，带来的后果是完成人类最美好的建设。①

特别是对于国家，需要结合而不是分裂德性与命运的作用。于个人而言，人的命运可能是命运女神故意为之的杰作，比如亚历山大的德性和命运。②而这类人物的命运和德性所造就的功业，比之苏格拉底、柏拉图的更卓著，他的抱负和言行表明了他是真正的哲学家。这些对亚历山大的溢美之词都表明普鲁塔克重视道德实践，重视活出来的哲学和人格，特别是做成了功业的人物，将哲学和人结合起来的倾向后世越来越淡薄，但是在希腊化时期，不论哪个哲学流派，这种倾向都获得了特别的重视。③

普鲁塔克发挥了柏拉图在《理想国》卷十中的命运与自由思想，认为"柏拉图时常涉及三种原因，人们自然而然地最初也最常发现，在一个自然过程中，**命定**(to kath' heimarmenên)如何与**机运**(tychê)混合交织在一起，而我们的**自由意志**(to eph' hêmin)转而与其中某个或同时与两个相结合。因此在这一段④中，他非常热情地建议每个原因都在我们的事务中发挥影响，把生活的选择分派给了我们的自由意志（因为'德性不服从任何主人'，⑤邪恶也不)，而联系到命定的逼迫，那些做出了正确选择的就有了好的生活，相反的选择就有了坏的生活；当运气被偶然地散布，就会带来机运，由于各种各样的，比如他们偶然所处的教育和社会群体等原

---

① 《论命运女神庇护罗马人》，1。
② 《论亚历山大的命运与德性》，1。
③ 阿多称之为精神修炼，普遍存在于希腊化哲人的著作和生命实践中，参见《作为生活方式的哲学》，姜丹丹译，上海译文出版社，2014年。
④ 柏拉图，《理想国》614b以下。
⑤ 柏拉图，《理想国》617。

因，这些都预先决定了我们生命中的很多事。"①联系到亚里士多德《尼各马科伦理学》(1112a32)中提到三种原因：本性、必然与机运，可知普鲁塔克的思想来源，他遵从德性是自由的观点，尊重人因德性而拥有的自主性，也即自由，同时也考虑到运气的影响，认为神与机运一同掌控人间的事务。但是他并未正面回应斯多亚派的命运学说对其产生的理论威胁，并未详细回应斯多亚派提出的"命运"与"神"之间的关联，与柏拉图主义者眼中的神与命运的关系有何区别。

此外，普鲁塔克还吸纳了亚里士多德及漫步学派的思想，②驳斥了斯多亚派(有三篇专论)、③伊壁鸠鲁派(有两篇专论)④和皮浪主义怀疑论的思想，⑤捍卫了柏拉图主义的基本立场和观点，梳理了柏拉图学派的主要思想主题，⑥以问答的形式给出了柏拉图著作和思想细节的一些重构，有一些疑难也给以解释。无论如何，普鲁塔克的博学多识让我们既看到柏拉图主义在公元2世纪初的继承发展，也看到了柏拉图主义的广泛应用和通俗化造成的思想泛滥，特别是当其作为指导实践的生活哲学时造成的各种影响。话说回来，从其继承的思想传统以及他自己的总体思想立场来看，他仍然是正统的柏拉图主义者，只是其思考对象的丰富性掩盖了他的基本立场和观点，让人觉得纷杂而世俗。

（五）雅典学派

所谓"雅典学派"就是指公元2世纪，在雅典活跃的哲学学校

---

① Lamprias,*Quaest. Conv.*ix 5,74ac，转引自Dillon，1977，第209页。
② 详见Francesco Becchi，"Plutarch, Aristotle, and the Peripatetics"(translated by Pia Bertucci)，in Mark Beck，2014。
③ 详见Jan Opsomer，"Plutarch and the Stoics"，in Mark Beck，2014。
④ 详见Eleni Kechagia-Ovseiko，"Plutarch and Epicureanism"，in Mark Beck，2014。
⑤ 详见Mauro Bonazzi，"Plutarch and the Skeptics"(translated by Pia Bertucci)，in Mark Beck，2014。
⑥ 见《论柏拉图派的论题》。

中的柏拉图主义者形成的思想交流圈,但这个时期的学者和思想家并未在一个真实的柏拉图学园中一起学习交流,他们之间的关系比较松散,并未形成严密的学术组织,因此我们说他们是学派也指其思想关联而非所属的思想组织。这个学派人数众多,但很多在历史中湮没无闻,[①]可以稽考的不多,最具代表性的,现在能还原其大致思想的,主要是塔胡斯和阿提库斯。

1. 塔胡斯

塔胡斯(Calvenus Taurus, Λούκιος Καλβῆνος)是贝鲁特人(Berytus,即今天黎巴嫩首都Beirut),大约生于105年,他40岁时获得了德尔菲授予的智慧者荣誉,他是当时学派领袖,也是阿提库斯的老师,死于大约165年。176–180年,阿提库斯是学派的继任领袖。在塔胡斯执掌的学派活动中,学生们可以阅读到柏拉图的全部著作、亚里士多德的科学研究著作,他号召人们深入研究柏拉图,不要被其表面魅力和表达的优雅吸引,而要深入感受思想论题的分量。他自己还评注过《蒂迈欧》、《高尔吉亚》等,评注柏拉图的经典文本已经成为其重要的研究方法和写作方式。他的弟子盖里乌斯(Aulus Gellius)记录了他们上课时的情形:

> 我曾经问塔胡斯,在受到诽谤时,智慧者是否会生气。因为在他结束日常讲课后,他常常给每个人随意提问的机会。这时他首先严肃讨论了愤怒的弊病或激情,最后推进到古人书籍及其注释者那里能找到的相关内容。[②]

可以看到,这样的授课问答很像今天对一个论题的学习过程,非常依赖经典著作及其解读。在普鲁塔克的《会饮》中,也

---

① 比如只知道姓名的Bacchius of Paphos, Zosimus, M. Sextius Cornelianus,只有辛普里丘《范畴篇》评注中略及的Claudius Nicostratus,普罗克鲁斯提及的Severus等。
② 见《论柏拉图派的论题》。

有很多这样问答的场景，所涉及的问题也是各种各样的。塔胡斯延续了这种研讨问题的方式，并且可能更加专门化了。从塔胡斯回应学生上面关于愤怒的提问也可以看到其基本的**伦理学**立场："下面是塔胡斯整个讲授的总括和主旨：他不认为'非怒'(aorgêsia)和'无感'(analgêsia)是一回事，思想不会倾向于愤怒是一回事，而精神上的麻木(analgêtos)和无感(anaisthêtos)是另一回事；所有拉丁语哲人所说的'affectus'或'affectiones'，即希腊语的'pathê'，当它们变成残酷的复仇欲望时，就叫作'愤怒'，他并没有推荐完全缺乏它，就像希腊语说的sterêsis，而是一种适度，他们称之为metriotês。"在这点上他和普鲁塔克相同。①

在**物理学**上，塔胡斯认为有四个被造物：1. 被称为"造物"的，其实并非被创造，而是那同一种类的事物被创造。可见的被造者都是真实存在的影像，在这个意义上，被造物都是这些理念的具体影子，而非理念本身；2. 在理论中的混合也被称为"造物"，即便实际上并没有合成；3. 当宇宙总处于生成过程中时，也被称作造物；4. 人们有时也会称为了其存在而依赖于外在资源的为"造物"。他的这些理论影响了后来阿尔比努斯、阿普列乌斯等人，他本人在宇宙论方面不赞同普鲁塔克的二元论。②

而他关于**灵魂学说**也保留下来了部分残片。③其中提到，"柏拉图主义者如塔胡斯说，诸灵魂被神派到地上——既遵从《蒂迈欧》——以便于宇宙的完成，为的是宇宙中就像理智域里一样有些活物；或是宣称这种降落的原因是表明一种神圣生命的启示。因为这是诸神所愿，诸神想要通过灵魂揭示自身(ekphainesthai)；因为诸神通过纯然不染的灵魂生活而走出来展示自己。"④其中第

① 参见普鲁塔克《论控制愤怒》。
② Dillon, 1977, 第243–244页。
③ 扬布里柯《论灵魂》, Stob. 1 378, 25以下, Wachs辑本。
④ 据Dillon, 1977, 第245页译文。

一种解读来自《蒂迈欧》(41b)中德穆格的造物理论,据狄龙讲,第二种解读则很特别,斐洛和普鲁塔克都提到过,所谓"贤者"的灵魂是神的影像,这是个广泛传播的想法,但是"所有灵魂降生都是为了神的荣耀,揭示神自身",这种想法极具原创性,对后世的新柏拉图主义也有影响。

2. 阿提库斯

　　塔胡斯的继承者是阿提库斯(Atticus, Ἀττικός,公元101–177年),公元176年罗马皇帝马可·奥勒留在雅典建立四个哲学教席之后,阿提库斯成为了首位柏拉图哲学教席的执掌者。[1]其他三个教席是亚里士多德主义、斯多亚派和伊壁鸠鲁派的,每个教席获赠年俸10000德拉马克。作为教席执掌者他当然有权力乃至义务反对其他流派思想,为正统柏拉图主义辩护,因此现在流传下来的残篇内容很多涉及攻击和辩难。

　　尤西比乌斯在其《福音的预备》(*Praeparatio Evangelica*)11、15卷中有大量阿提库斯思想的记录,其中提到阿提库斯认为**伦理学**的目的是为了让每个人高贵、善好,让家庭有序规整,国家体制优越并且有最精确的法律。同时,在这方面,阿提库斯站在欧多鲁斯一边,批评安提库斯和普鲁塔克,认为德性本身就足够幸福了,他谴责亚里士多德放弃了柏拉图的高贵理想,认为德性之于幸福并不足够。另外,他认为**物理学**的对象则是让我们知道神圣事物的知识、诸神本身以及第一原理和其他相关事情。**逻辑学**则是服务于之前的那些虔诚的目的。他针对第一推动者理论,攻击亚里士多德取消了神对世界的积极介入,[2]而认为天意、自然本性、世界灵魂以及逻各斯是一个统一的概念,这与亚里士多德的想法也

---

① Philostratus, VS, 566.
② 残篇3, 799A。

很不一样。这样一来，阿提库斯就表现得更像一个教义神学家而不是哲学家，[1]他说：

> 正是在这方面，柏拉图胜过了所有人。他领悟到，诸神与诸理念的关系是，神是万物的父亲、造者、主人和护卫者，他还认识到在物质受造物的类比中，工匠首先形成了一个关于他要创造之物的概念(noêsai)，然后一旦他形成了概念，就按照它的样子应用于材料，他以一个类比总结，神的思想(noêmata)是先于物质对象的，有待成形的事物的模型是非物质的、理智的(noeta)，他们总是保持同一。[2]

我们会发现，从阿提库斯在理念论上的看法可以知道，他是反亚里士多德的，也是在维护柏拉图主义的一些基本教义。但是他对亚里士多德的批评不够深入，完全不顾及其逻辑学说，很多攻击只是言辞上的、立场上的，这与他所处的学派教席有关，但也很可惜，我们看到的是意见之争和立场之别，而非细致的分辨和平易的讨论了。

据普罗克洛讲，阿提库斯有个弟子叫哈珀克拉提翁(Harpo-cration of Argos)，写过24卷的《柏拉图评注》以及两卷本的《柏拉图辞典》，新柏拉图主义者在梳理前人观点时略有提及。

雅典学派在当时也造成了不小影响，比如接下来要讲的盖里乌斯就是受教于他们，但又不能严格算作哲学家的散文作家，他是著名的《阿提卡之夜》的作者。

---

[1] Dillon, 1977, 第251–256页。
[2] 据Dillon, 1977, 第255页译文。

3. 盖里乌斯

盖里乌斯像[1]

　　盖里乌斯(Aulus Gellius, 125–180以后)的主要成就在拉丁语写作方面,是著名作家和语法学家。[2]他在罗马成长,但游学于雅典,跟随卡斯特利库斯(Titus Castricius)和阿坡里纳瑞斯(Sulpicius Apollinaris)学习修辞,跟随塔胡斯和普罗透斯(Peregrinus Proteus)学习哲学,朋辈中与智者法沃锐努斯(Favorinus)、阿提库斯(Herodes Atticus,并非哲学家阿提库斯)和弗朗特(Fronto)交友,他的名作也是唯一的著作《阿提卡之夜》(*Noctes Atticae*),主要辑录了古代(现已佚失)的诸多著作片段,通过汇集、编订和评注而成,涵盖了语法、文学、历史、哲学、法律等诸多领域。

　　盖里乌斯对哲学史的贡献在于,他记载了他之前和他同时代哲学的进展,广泛地涉及毕达哥拉斯学派、漫步学派、斯多亚派和新学园派。据他说,按照毕达哥拉斯主义传统,学生被划分为三级:1. "听者"(akoustikoi),只是简单地听教学而没有权利提问;

---

① Frontispiece to a 1706 Latin edition of the *Attic Nights* by Jakob Gronovius.
② 相关专著参看: B.Baldwin: *Studies in Aulus Gellius*, Lawrence, KS, 1975。

2. "数学家"（mathēmatikoi），可以在很多开始学习的主题上提问，比如几何学、音乐和其他科学，但是他们并不会将其作为整体来应用这些知识去做研究；3. "物理学家"（phusikoi），他们在研究自然世界中的现象时运用科学知识。[①]盖里乌斯对新学园柏拉图主义也有集中讨论，[②]和皮浪的怀疑主义一起论述。[③]

在《阿提卡之夜》[④]中，盖里乌斯曾经引用过10篇柏拉图对话，包括论述：1.《斐多》（VII, 1, 6, 涉及《斐多》60b）；2.《巴门尼德》（VII, 13, 8–11, 涉及《巴门尼德》156d）；3.《会饮》（I, 9, 9–11、XVII, 20, 1–9）；4.《斐德若》（I, 9, 9–11）；5.《泰阿格斯》（XIII, 19, 1–2, 涉及《泰阿格斯》125b, 盖里乌斯错引成《泰阿泰德》）；6.《普罗泰戈拉》（V, 3, 1）；7.《高尔吉亚》（VII, 14, 5–9, 涉及《高尔吉亚》484c–485e）；8.《理想国》（XIV, 3, 3–4）；9.《蒂迈欧》（V, 15, 7, 涉及《蒂迈欧》67b; V, 16, 4, 涉及45b; XVII, 11, 1, 涉及70c和91a; XVII, 12, 3, 涉及86a）；10.《法义》（XV, 2, 3–8, 涉及《法义》637a、647c、666a和671b; XX, 1, 4）。[⑤]法沃锐努斯是怀疑论者也是智者，他将柏拉图对话看作很好的修辞作品，这对盖里乌斯影响很大，而在对柏拉图主义的评定上，盖里乌斯主要依据塔胡斯的观点，有诸多征引塔胡斯之处。但是总体上，他只是把柏拉图的作品当作哲理修辞引用和讨论，并非自觉的柏拉图主义哲学家。

概而言之，雅典学派更倾向于教条化的理解和捍卫柏拉图主义的立场，逐渐强化了一种"学派"自觉意识，很少有创见和完整的思想继承，但是在与其他学派的思想竞争中也曾扮演过积极作用，对同时代产生广泛影响。

---

① 参见《阿提卡之夜》, I, 9, 1–7; IV, 11, 1–4; VII, 2, 12。
② 《阿提卡之夜》XI, 5, 1–8; XVII, 15, 1–2。
③ Gersh, 1986, 第201–202页。
④ 参考《阿提卡之夜》1–5卷, 2014年中译本。
⑤ Gersh, 1986, 第207–210页。

三、盖乌斯学派的柏拉图主义

盖乌斯学派和雅典学派类似，也是有师承关系的柏拉图主义学者群，主要代表是师徒三人：盖乌斯(Gaius)、阿尔比努斯、阿普列乌斯，另外有一位容易和阿尔比努斯混淆的阿尔基努斯，也暂时列入其中。其中始创者盖乌斯的信息很难确定，只知道他是盖伦(Galen)的师爷、阿尔比努斯的老师，他究竟如何教学生，教什么内容，都已经不可考，其作品也都轶失，只残留了阿尔比努斯做的课堂笔记，[①]后世的新柏拉图主义者普利斯奇安(Priscian)在其《答国王卡斯洛》(*Answers to King Chosroes*)中引用过笔记，波斐利也提到在普罗提诺的研讨班上读过类似作品。似乎盖乌斯的思想主要依赖阿尔比努斯而流传下来，可是学界在阿尔比努斯和阿尔基努斯的关系上又有长期争论，我们只能就着已有文献，大体介绍这个学派的思想倾向，同时总结学界他们的评价。

（一）阿尔比努斯与阿尔基努斯

1. 作者之争

阿尔比努斯(Albinus, Ἀλβῖνος)，生卒年不详，是柏拉图主义数学家狄翁(Theon of Smyrna)的同时代人，著有《柏拉图著作导论》(*Eisagogê*)。学界一直争论他和阿尔基努斯(Alcinus)的关系，大体上是这样的：

过去一百多年的学术研究中，大多数学者想当然地将两个人看作一个人，即盖乌斯的哲学传人阿尔比努斯。1879年，德国学者弗罗伊登塔尔(F.Freudenthal)曾在其《柏拉图主义者阿尔比努斯与伪阿尔基努斯》[②]中提出过这样一种理论，认为这篇手稿归属的

① *Cod. Par.gr.*1962, fol. 146v.
② *Der Platoniker Albinos und der falsche Alkinoos*，《古希腊研究》(*Hellenistische Studien*)，第三卷，柏林。

"阿尔基努斯"只不过是由于beta和kappa在特定时期(小书写体时代)书写的相似性造成的一个抄写错误。这种设想遇到了两个难题,第一个难题在于,弗罗伊登塔尔觉得有必要假定两位犯错的抄写者,因为涉及两个抄写误读,通过将两个抄写错误归给一个人,可以解决这个困难;但第二个困难就比较严重了,狄龙认为难以解释,因此放弃了其1977年《中期柏拉图主义者》中的观点,改而认为他们是两个人。

古典文献家约翰·惠特克(John Whitakker)提出,在小书写体时代或任何其他时代,标题中的作者名或署名实际上都会以安色尔体或仿安色尔体来书写,其中不会轻易出现beta和kappa的这种混淆。1961年,意大利学者基乌斯塔(M.Giusta)也挑战了弗罗伊登塔尔的观点,他根据德尔图良的《论灵魂》、①扬布里柯的《论灵魂》②以及普罗克洛的《柏拉图〈蒂迈欧〉评注》③,指出了阿尔比努斯的诸多见解与阿尔基努斯的《柏拉图教义旨归》(*Didaskalikos*)中的内容并不兼容。而且狄龙认为,《柏拉图教义旨归》与阿普列乌斯的《论柏拉图及其教义》的所谓"一贯"的风格,可能只是任何两部初级柏拉图主义手册所共有的,因为它们产

---

① Tertullian, *de Anima*, 28.1;29.4.

② Iamblichus, *de Anima*, ap.Stobaeus, *Anth.*1.375.10以下,Wachsmuth-Hense。

③ Proclus' *in Platonis Timaeum Commentarii*, 1.219.2以下Diehl;德尔图良指责阿尔比努斯试图捍卫他的导师柏拉图在《斐多》(71b-d)中的论点,即:生者由死者而形成,正如死者由生者形成。虽然在《柏拉图教义旨归》中没有给出任何这样的捍卫(尽管在第25章,177.36以下有一处从对立面对这个论点的简短提及),但是德尔图良无论如何都不会参考《教义旨归》这样一部著作。至于扬布里柯的证据,他的证言则涉及到灵魂坠落的原因。据说,阿尔比努斯把肉身化归于"对一个自由意志的错误判断",而阿氏在第23章(178.36-9)中也给出了不同的选项,其中没有任何一个正好就是这个,尽管"放纵"(akolasia)与它相距不远。最后,普罗克鲁斯提到了两种模式,根据盖乌斯和阿尔比努斯的说法,柏拉图就是以这两种模式提出他的学说的,要么是"知识性"(epistēmonikōs)的,要么是"基于似然性"(eikotologikōs)的,这类似于阿氏在第4章(154.25以下)中就epistēmonikos和doxastikos logos所作出的区分,尽管是以不同的语境。这是一个有趣的地方,在阿尔比努斯的证言与当前的文本之间进行比较,但是就作者的身份而论,这个比较仍不具有结论性。(Dillon,1993,第x页注2。)

生于公元1–2世纪间。

那么，阿尔基努斯如果不是阿尔比努斯，又是谁呢？首先，古代文献中的确有这个人名，基乌斯塔认为他是"斯多亚派的阿尔基努斯"，因为菲洛斯特拉图斯(Philostratus)曾在其《智者派生平》[1]中，提到过这位"斯多亚派的阿尔基努斯"，基乌斯塔认为，《柏拉图教义旨归》在很大程度上是根据阿里乌斯·迪代穆斯(Arius Didymus，一位正统斯多亚派学者)的作品《论柏拉图的学说》抄袭或改编而来的。有些人认为，一篇通常被归于拜占庭的智术师马库斯(Marcus of Byzantium)的演说其实是阿尔基努斯的。也许阿尔基努斯就像阿普列乌斯一样，是一位热衷于传播通俗化的哲学教义的智者，但我们没法确定。由于阿尔基努斯的《柏拉图教义旨归》没有任何特别"新柏拉图主义"的痕迹，其完成时间不会晚到3世纪中期或晚期，更有可能是阿普列乌斯、阿尔比努斯、阿提库斯的同时代的人。

2. 文本和写作方式的来源

由于阿尔比努斯《柏拉图著作导论》很短，而历来文献家、思想史家分析时都将《柏拉图教义旨归》当作其代表作，[2]因此，我们也将重点分析阿尔基努斯的观点。

从文献的思想来源上讲，狄龙认为，首先，阿尔比努斯把柏拉图的作品当成了大量的教义(dogmata)来处理。在这一点上，他继承了自色诺克拉底以来的漫长传统，色诺克拉底的众多作品似都表明了一种旨在系统化柏拉图学说的倾向。色诺克拉底也是第一位把哲学的主题明确划分为物理学、伦理学和逻辑学这三大领域的人。因而，所有迹象都表明了柏拉图哲学的系统化始于色诺克拉底。更进一步的系统化是在从阿凯西劳斯到卡尔涅阿德斯的新学园的引导下进行的，但是在公元前1世纪早期由安提库斯所

---

① *Lives of the Sophists*, 1.24.
② 参看R.E. Witt, 1937年的著名研究论文集《阿尔比努斯与中期柏拉图主义》。

引导的柏拉图主义传统重新确立了教条主义（dogmatism）之后，这种系统化工作便卷土重来了，而亚里士多德、泰奥弗拉斯托斯以及斯多亚派学者的很多学说和构想，或许只是在这时才被并入了"新柏拉图主义"的调和。然而，安提库斯本人却更多地被归于斯多亚派的唯物主义，而不是中期柏拉图主义传统的主流。

其次，对阿尔比努斯产生重要影响的，还有阿里乌斯·迪代穆斯的手册。阿里乌斯是奥古斯都大帝的宫廷哲学家，虽然他似乎宣称自己信奉的是斯多亚派而非柏拉图主义，但是他却写了一篇全面的哲学概论（或者至少是哲学的伦理学和物理学分支），并在其中对柏拉图主义、亚里士多德主义及斯多亚派给出了较为合理而公正的说明。阿尔基努斯和阿里乌斯的关系，在《柏拉图教义旨归》第12章的开篇，有一段话可以说明问题，这段话几乎一字不差地复制了阿里乌斯碰巧幸存下来的记述柏拉图灵魂学说的一个段落。狄龙认为，《柏拉图教义旨归》只不过是阿里乌斯这部作品的一个"新的版本"，而且有一个附带说明，即它或许应当被看作是一个新的修订版。[①]惠特克也承认阿氏"完全以其前人的作品"为依据，而不是渴望任何程度的独创性。因此，这类作品与同时代的类似作品就形成了同一主题的文献群，可以相互勾连起来看，包括下文会提到的阿普列乌斯的此类作品。

因此《柏拉图教义旨归》不是直接源于柏拉图作品，而是源于其来有自的教义化的柏拉图思想和概论著作。狄龙总结了其特征：1. 把柏拉图处理相同主题的各个段落拼接在一起，以便给出一个连贯的整体，或者是把出自一篇对话的某个措辞，并入原先借自另一篇对话的段落（例如，把出自《斐多》或《法义》的一个措辞并入主要以《理想国》或《蒂迈欧》为依据的一个段落）[②]；2. 倾向于

---

① Dillon, 1977, 第269页。
② 例如：179.9–11（《斐德若》248c与《理想国》10.617d以下）；180.16–28（《法义》613b与《斐德若》247a–248b，以及《理想国》7.527d–e）；188.22–5（《理想国》5.473d与《厄庇诺米斯》7.326a–b）。

改动一个柏拉图式段落中的语言,这种倾向要么是出于纯粹文体上的原因,要么是出于引入"现代化"(漫步学派或斯多亚派的)术语的利益。在前一种改动类型中有一个有趣的子类,即:阿氏在使用一个柏拉图式的段落时,习惯于对柏拉图所使用过的一对特定词汇(动词、名词、形容词和副词全都出现在这个方面)进行转换,这种"镜像式"引用的策略,一定是为了避免直接的引用而故意为之。①这也是同时代作家征引时的普遍做法。阿尔基努斯只是身处在柏拉图思想教条化这个伟大传统中的普通一员,只不过,幸运的是,其作品完整地保留下来了。

3.《柏拉图教义旨归》的主要思想②

我们可以把自己的注意力首先导向这个标题,因为这个标题一旦得到了正确地解释,就会在某种程度上阐明这部作品的本质。关于这个标题本身,实际上存在着某种轻微的混乱,*Didaskalikos tōn Platōnos dogmatōn*,这个标题取自这部作品的第一句话本身:"以下讲述的是柏拉图的教义要旨"(tōn kyriōtatōn Platōnos dogmatōn toiautē tis an didaskalia genoito)。didaskalia,更加字面的译法是"教学"或"指导",因此我们翻译为"教义旨归"。一种didaskalikos(logos)便是一种"指导性说明"或"教学者指南"。另一个备选标题,即《柏拉图学说概要》(*Epitomē ton Platōnos dogmatōn*),也同样对这些内容给出了准确的描述,但是对于这部著作的目的则含糊不清。didaskalikos一词确立于公元2世纪,是一个用于表示教学手册的技术性术语,即它有别于一种protreptikos(劝勉)或elengtikos(辩驳)的logos,因此这个标题很普

---

① 例如:154.29–30(《蒂迈欧》29b5–6);167.12(《蒂迈欧》30a4–5);167.35(《蒂迈欧》33a2);172.28–9(《蒂迈欧》73b6);172.33(《蒂迈欧》74c7)。参见Dillon,1993,第xxix页。
② 由于狄龙在其详尽译注本中有扼要而精彩的概述,因此这一部分的解读,主要节译自Dillon,1993,导言第一部分,由李新雨译出,梁中和校订;亦参何祥迪译《柏拉图学说指南》(华东师范大学出版社,2016年)。

通。Didaskalikos就是一部柏拉图主义的教学手册。然而,它又是为谁准备的呢? 最为显而易见的回答似乎可能是为了那些 "初学者们",不过对此也有疑虑。稍微通读一下这部著作,我们便会从中清晰地看到,阿氏不仅假定其读者精通逻辑学、伦理学和物理学的技术性术语,而且还假定其读者相当全面地熟悉柏拉图的诸篇对话。因此,它也可能并不是一部写给哲学初学者的作品,而是写给柏拉图主义的**教学者**们的一本手册。

我们知道,古代教授哲学时,就像大多数其他学科一样,主要是以口述方式进行的。例如,我们首先是在一位大师的座下学习某人的柏拉图主义,其次才会在他的指导下转而去研究柏拉图的著作。这个传递过程,相当类似于古老的室内 "传话" 游戏,等所传的故事重新回到其原作者那里的时候,它便完全不同了。然而,在传统中的各个阶段上,这则 "故事" 都会以其当前的状态而引起某位作者的注意,并被他记载下来,通常他本人在传统上并不是一位重要人物,而是这些哲学观点的一位折衷的汇编者(例如,奥古斯都的宫廷哲学家阿里乌斯·迪代穆斯便被我看作这样的人),或是想要保住对其所学知识的记载并卖弄其学问的一位昔日的学者(如阿普列乌斯),阿尔基努斯或许只是此类传话人之一。

《柏拉图教义旨归》前3章的内容分别涉及到哲学的定义和对成功哲学家的必要条件的规定,沉思生活或 "理论"(theōria)同 "实践"(praxis)生活的区分,以及对哲学诸 "部分" 的枚举,阿氏在此将这些部分命名为 "理论性"、"实践性" 和 "辩证法" 的,但是它们也更一般地被称作是物理学、伦理学和逻辑学,他按照下面的顺序来着手讨论这三个主题:首先以逻辑学开始(第4章–第6章),然后转向物理学(第7章–第26章),既包括对第一原理的说明(第7章–第11章),也包括对物质世界的说明(第12章–第26章),而最终再转向伦理学(第27章–第34章)。最后,他对哲学家与智者之间的差异进行了一则简短的探讨(第35章),并进行了一个扼要的总结(第36章),以此结束了他的这部作品。下面我们简要阐述其思想的这几个侧面：

(1) 逻辑学

在选择首先讨论逻辑学的时候，阿氏主要遵循的是斯多亚派的常规主题顺序，不过他也遵循了安德罗尼柯 (Andronicus) 在其编辑的亚里士多德"秘传"(esoteric) 著作集中所遵循的顺序。然而，他将逻辑学称作"辩证法"(dialectic) 却似乎还算是一个柏拉图主义者"胜人一筹的作法"(one-upmanship)。他把讨论"标准"(kritērion) 或进行判断的基础作为阐述逻辑学本身的开场白（第4章），这个论题在希腊化时代曾被公认为应放在逻辑学下面讨论的第一个主题，而且实际上也被公认是哲学的基本问题之一。有趣的是，阿氏在此的学说符合由恩披里柯和托勒密 (Ptolemy) 等人所代表的一系列观点。判断能力、判断对象以及判断过程本身，这三个要素的区分也在这些其他作者那里找到了共鸣，例如他们都曾用介词短语来表达这些关系。阿氏的独特性就在于，他对理智和知觉的首要及次要对象进行了区分，尽管这种旨在平行安置理智和感知的不同阶段的企图似乎是失败的。

就逻辑学本身的范围而言（第5章与第6章），阿氏的方式在于毫无保留地把由亚里士多德制定出来，并由泰奥弗拉斯托斯和欧德摩斯 (Eudemus) 进一步发展出来的整个漫步学派的逻辑学体系归于柏拉图，由于他在柏拉图的诸篇对话中不仅发现了范畴型演绎的例证，而且还找到了"纯粹的"(即泰奥弗拉斯托斯式的) 和"混合的"(即斯多亚式的) 假设。因而，我们在此得到的，便是对后期漫步学派逻辑学的一个最有益的阐述，它以这样一种方式被呈现出来，以至于让它看似是基本柏拉图主义的。

在第5章，他开始于一些定义和普遍原则，实际上，这一切都是相当柏拉图式的做法。辩证法的基本原则便是去考察每件事物的本质，并继而去考察它的那些偶然属性。总之，我们得到了五种类型的辩证推理：划分、定义、分析、归纳与演绎，前三种涉及本质，后两种则涉及偶然属性。接着，他便继续依据柏拉图的对话说明了这些不同的方法。

他使这一章结束于一段对归纳的评述，并设法使三个措辞极好地结合在一个短句里，我们可以把其中的第一个看作典型亚里士多德式的，把第二个看作柏拉图式的，并把第三个看作斯多亚式的。这句话可能作为阿氏进行写作的复合传统的极好例子而被引用："归纳对于激活那些自然观念而言是特别有用的。"这里的全部灵感当然是柏拉图式的，特别是《美诺》85c以下；"激活"（anakinein, 85c9）这个措辞便出自于此，但是被赋予这个过程的名称，即"归纳"（epagōgē），却是亚里士多德式的，而被用来表示形式的术语，即"自然观念"（physikai ennoiai），则最终是斯多亚式的。当然，在这一切之中，阿氏自己也许并未意识到任何术语学的混合。

如上所述，在第6章，我们获得了有关演绎的理论，这整套理论都被宣称是柏拉图的。至于漫步学派如何在泰奥弗拉斯托斯和欧德摩斯的指导下预期了斯多亚派的理论，或至少是构想，以及后来的一些学者，诸如阿里斯通（Ariston）或波爱修（Boethus），或者其实是盖伦和阿芙罗蒂西亚的亚历山大，是如何看待这两个体系之间的差异，这些问题仍然相当不明确。阿氏自己似乎全然没有意识到一个术语逻辑（logic of terms）和一个命题逻辑（logic of propositions）之间的区分。他在第10—11节中又增添了一些有关词源学和语言学理论的评论，这些评论大部分出自《克拉底鲁》，特别是385—390，尽管它们被涂上了一层斯多亚派理论的色彩。

(2) 物理学

在第7章至第11章中，阿氏继而转向了对第一原理的考察，他以关于数学的章节来开始，这一章紧紧依据的是《理想国》卷七524d—533d，而在很大程度上并未对这个主题表现出任何兴趣或诡辩。他强调了数学的基本学科价值，仔细考察了多个数学分支，这些分支是在《理想国》卷七中被提出来的：算数、几何、体积测量、天文以及音乐。音乐适于听力，一如天文适于视力，也就是说，通过运用那种能力，它把灵魂带向了一种对于理智的了解。在此，没有任何东西超越了柏拉图的学说。

第8章开始了对于柏拉图主义的第一原理的讨论，该讨论以"最低的"第一原理开始，即物质(Matter)。阿氏提出了柏拉图在《蒂迈欧》49a–52d中的学说，这个学说不带有任何非柏拉图式的特征，除了实际上用到hylē一词来表示"物质"，以及一个是亚里士多德式而非柏拉图式的构想之外，根据这一构想，物质被描述为"既非实体也非无形，而是潜在的实体"(163.7–8)。这句表达可追溯至亚里士多德的《论生成与腐化》，[1]但也可见于阿普列乌斯和喀克蒂乌斯(Calcidius)的《蒂迈欧注疏》。

第9章转到了"范式的"第一原理，即形式(Form)。在此，无论对于形式的定义，以及存在着怎样的形式，还是对于把形式看作神的思想的学说，阿氏的证明都是非常重要的。本章(第2节–第3节)的一个特征，便在于以斯多亚派的假设来表述的一系列对于形式存在之必然性的演绎证明。

第10章也许是整部作品最著名的一章，在这章中，我们抵达了第三个本原(archē)，即神(God)。在此，我们看到了按照重要性的升序而提出的三种实体，即：一个世界的灵魂、一个世界灵魂的理智，以及一个原初的神，后者很可能仍然是某种理智，但却被说成是比世界灵魂的理智"更高贵"和"更高级"。一言以蔽之，我们并没有看到任何与中期柏拉图主义相抵触的思想。除了在第2节中提出了存在的三个层面这一体系之外，本章的显著特征在于第3节中神的一连串别称，以及第5节–第6节中对描述神的三种方法的说明，即以"经由否定"(via negationis)、"经由类比"(via analogiae)和"经由崇高"(via eminentiae)而著称。

有关第一原理的章节结束于简短的第11章，通过一系列的演绎，这一章证明了性质(poiotētes)是非物质的。因为继安提库斯之

---

① *de Generatione et Corruptione* 2.1.329a32–3.

后，没有任何柏拉图主义者会对此提出质疑，这可能看似是不必要确立的，然而事实上，对于在随后的章节中有关物质世界的讨论，本章充当着一段承上启下的过渡。一个强烈的对比产生在物质与非物质的特性之间，在此过程中显而易见的是，poiotēs（性质）关联于poiein，即"造就、创造"（166.27–29）。

至此，在第12章至第22章，我们转向了物理学本身的主题，对此，阿氏的思想来源是《蒂迈欧》，或者更确切地说，也许是基于《蒂迈欧》的一篇早前的摘要。第12章的开篇是从阿里乌斯·迪代穆斯那里抄袭过来的，仅有细微修改，由此便造成了一个合理的推测，即：阿里乌斯的手册是这整个章节的基础，即便它不是这整部作品的基础。

首先，在第13章，联系《蒂迈欧》54b以下有关基本几何图形的描述，我们得到了对第五种图形（即十二面体）的一则详尽论述，只有柏拉图曾间接提到过这种图形。阿氏把十二面体联系到黄道十二宫，把黄道圈的360度对应于十二面体中的360个三角形。是谁首先提出了这一有关柏拉图的学术阐释，尚且存疑，但是与老学园处在同一时代的泰奥多罗斯（Theodorus of Soli）却是一个可能的人选。

至于阿氏是否把以太（ether）接受为第五元素，这个问题联系着十二面体被提了出来。在第13章，他严密依据《蒂迈欧》，仅仅明确提到了柏拉图的四大元素，但是因为把柏拉图在《蒂迈欧》55c的"宇宙"（the universe）这个含糊措辞解释成了"诸天"（the heavens）的意思，所以似乎很可能的是，事实上他的确假设了一个第五元素。这个印象在第15章得到证实，其中，在他对灵明（daemons）的讨论中，他提到它们是存在于一切元素当中的，除了以太（aithēr），以及火、气、水。无可否认，在本章的最后，他多少混淆了一些事情，由于他把以太称作是最外层的元素。"被分为恒星的球面和行星的球面"，对此他又补充了一句："在此（即这两个球面）之后是气的领域，而在中间的是带有其水分的土。"在一个彻底五元素的宇宙当中,在月球上和月球周围,介于以太和气之间应当还有一个火的球面。或许,阿氏最终只是以斯多亚派的方式,用"以太"来表示纯粹的火。

另一个问题在于世界是否受制于时间的创造。在他依据《蒂迈欧》的时候,例如第12章和第13章,他给人这样一种印象:这个世界是德穆格从混沌中创造出来的,然而在第14章,他却仔细地进行了拨乱反正,并在此过程中对柏拉图主义关于genētos的各种可能意义的立场,作出了有趣的贡献(第3节),塔胡斯在其《蒂迈欧评注》(*Commentary on the Timaeus*)中对此进行了更为详尽的探讨。

紧随其后的是一则有趣的描述,即神安排了一个先前显然在蛰伏的世界灵魂(第3节–第4节),这跟普鲁塔克提出的某些学说具有某种联系。继而,在第14章的其余部分(第5节–第6节),阿氏又转而去说明诸天和时间的创造,在此过程中,他引入了一个相当奇怪的关于永恒(eternity)的定义,即"对永恒世界之稳定性的度量"(170.26)——这则公式化的表述是基于他所提出的斯多亚化的时间定义而编造出来的,但其实没有多少意义。

紧随着他对行星诸神的说明,阿氏在第15章中又转而论述了灵明,这一章节包含了一定的趣味性,特别是灵明存在于一切元素这样一种观点,这个观点大概是出自一则根据《厄庇诺米斯》984d以下而对《蒂迈欧》40a进行的解释(《蒂迈欧》40a其实并未提到灵明,而是指涉到鸟类与鱼类),因为《厄庇诺米斯》984d确实假定了灵明存在于一切元素之中。

接下来,我们便转向了人类和其他生物的创造(第16章),这导致了一系列章节(第17章–第22章)严密地以《蒂迈欧》的后半部分为基础。在这里,没有多少东西是具有学说原创性的,尽管对于学术性的编辑和拼接存在着一个有趣的证明,这一点在评注中有所论及。他还依次论及了人类身体的构造(第17章)、视觉(第18章)和剩下的听觉、嗅觉、味觉及触觉(第19章),然后是一则有关轻和重的评论(第20章)，接着是呼吸(第21章)，而最后是人类的疾病及其原因(第22章)。

第23章至第25章涉及到灵魂：灵魂与身体的关系(第23章)、灵魂的各个部分(第24章)以及灵魂不朽的问题(第25章)。正如我们可能有所期待的那样，阿氏结合了对柏拉图式灵魂三分法的形式接受(第23章)以及对它的实际划分(第24章)，即把灵魂划分成理性和非理性部分或是阿氏所谓的"感性"(pathētikon)部分(176.39)。阿氏似乎是把《蒂迈欧》中所描述的灵魂各部分的空间区分当真了，从而与诸如波希多尼(Posidonius)和普鲁塔克这类作者形成了对照。

在第23章中，阿氏严密遵循《蒂迈欧》44d–e，尤其是69c–72d，描述了"年轻诸神"对灵魂之必死部分的塑造。而在第24章中，阿氏则转而去捍卫理性与非理性部分之间的区分。这样一种论点，最终针对的是老斯多亚派，而且特别针对的是克利西波(Chrysippus)。阿氏只不过是概述了他那个时代标准的柏拉图主义立场，即：对立面无法同时存在于同一个地方，而灵魂的各个部分则可能常常被说成是彼此冲突的。

关于灵魂不朽的证据占据了第25章的大部分篇幅。连同出自《斐德若》245e的"自行运动"的论据一起，这些证据主要都取自于《斐多》。鉴于新柏拉图主义者之间后来的那些争论，看到这一点是非常有趣的，即：阿氏无疑表明了《斐多》中的所有这些证据，包括来自对立面的论据和来自回忆的论据，都是灵魂不朽的充分证据。他对回忆(anamnēsis)过程的描述，比我们在柏拉图那里找到的更加充分，而且反映了有关该主题的几个世纪的理论化是在此期间持续进行的，特别是对于斯多亚派有关一般概念的理论。

理性的灵魂是不朽的，阿氏将此确立为柏拉图的学说。但是，非理性的灵魂又怎样呢？这被他看作是一个有争议的问题，不过他自己却坚持认为这些非理性的灵魂是必死的，因为它们并未参与到思想当中。在此之后，阿氏讨论了灵魂坠入身体的时机和原因(第6节)。灵魂在胚胎形成的时候进入身体。这种观点与斯多亚派认为灵魂在出生时进入身体的立场相矛盾,并且曾经明显是一个引起学派争论的问题。阿氏继而宣称,灵魂会经由许多肉身化而进入人类和非人类的身体,于是他便致力于从字面上来解释柏拉图对于肉身化为动物身体的评论,自波斐利(Porphyry)开始,这个解释便受到了新柏拉图主义者们的拒绝。

接着,关于灵魂坠落的原因,阿氏扼要给出了四种看法,它们对应于我们所发现的被提供在柏拉图传统中的其他地方的大多数原因。阿氏给出了四种原因:1. 维持灵魂的恒量;2. 诸神的意志;3. 放纵;4. 对身体的热爱。虽然这些原因并不一定是相互排斥的,但是阿氏却可能被怀疑偏爱最后一个原因,因为他以一则例证对之进行了详述。

这一章结束于对神性之构成和无形之灵魂的一则最有趣的说明,这也许是由于对《斐德若》中那则神话的诠释,其中,诸神的灵魂也同样被描述为驾马者和两匹马(尽管两匹马中的每一匹都具有同样高贵的出身)。然而,由此我们可以得出这样一种理论,即:在神的灵魂中,一定存在着一些原型对应于人类灵魂中的精神部分和性欲部分。阿氏在此给出了关于这些的细节。神的灵魂具有三个方面:批判或认知(gnōstikon)成分,对应于我们的理性部分;欲望或"意向"(parastatikon)成分,对应于我们的血气部分;以及"适恰"(oikeiōtikon)成分,对应于我们的欲望部分。在灵魂坠入身体之前,它们的情况也是如此。关于肉身化,它们经历了某种转变,即变成我们所具有的那些部分。这种理论具有一些有趣的心理学内涵,其中的一些内涵在《蒂迈欧评注》中有所讨论。

接下来(第26章),阿氏转向了有关命运、天意和自由意志的主题,在我们看来,这个论题可能与伦理学联系更紧密,但是它在古代哲学的那些体系中却被看作是"物理学"的部分。然而,在阿氏的体系中,它确实构成了一种桥梁,通向这部专著的伦理学部分,或许,正如有关《性质》的那一章也构成了一座桥梁,通向对物质世界的讨论。

我们得到的是一篇概述，它似乎扼要论述了中期柏拉图主义关于命运和自由意志的"基本"学说，不像展现在诸如伪普鲁塔克的《论命运》(*De Fato*)、喀克蒂乌斯的《论蒂迈欧》(*In Timaeum* 142–90)以及尼梅修斯(Nemesius of Emesa)的《论人的本性》(*On the Nature of Man*)第38章这一系列文本中的那些特别详尽的阐述。事实上，阿氏所做的，就是试图通过提出一种理论而为自由意志(to eph' hēmin)保存一个空间，即：命运"具有一种(普通)法的地位"，并且它是假想运作的。它涉及的是如果采取了某种做法将会发生什么，但是它却不一定会致使我们采取一种特殊的做法。无可否认，这很少令人满意：相对于当你处在一连串结果的中间时，你会做出一些已经习惯的选择，当你处在一连串结果的开始时，你又会怎样做出决定呢？例如，在什么阶段上，俄狄浦斯(Oedipus)能够做出一个自由决定——置身事外，并采取不去实施某种做法？

然而，阿氏的作品是纯正的，几乎跟任何处在"柏拉图—亚里士多德"哲学传统中的其他人不相上下。他还对可能性和潜能的概念提供了一则有益的讨论(179.20–32)，其区别的要点即在于，潜能已经"被编排"在了某种方向上，它是注定要被实现的，而可能性则仍旧是纯粹不确定的，并因而是"自由意志"(to eph' hēmin)的适当领域。

(3) 伦理学

现在我们来到了这部作品的最后一部分(第27章–第34章)，即对柏拉图主义的伦理学理论的阐述。第27章，涉及至善与幸福；第28章，涉及"诸善的目的"(telos agathōn)，或是人类生命的至高目的；第29章，涉及美德和个别的美德；第30章，涉及"善的天资"(euphyiai)，以及(特别斯多亚派的)关于"道德进步"(prokopē)的理论；第31章包含了对无人故意作恶的这则学说的讨论；第32章考察了情绪；而第33章则讨论了亲爱(旧译友谊)。

下面，我们依次简略考察这些主题。

阿氏说（179.39以下），人类的善在于"认识并沉思原初的善，后者我们可以称之为**神**和原初的理智"。所有其他的善都是参与在这之中的善。就像任何柏拉图主义者所做的那样，阿氏把《理想国》卷六中的**善**等同于至高的**神**，当然，在他看来，这个至高的神即是一种理智。

至于应当给两种较低等级的善（即身体的善和外在的善）赋予何种地位，这个问题便随即提了出来。在此我们发现，阿氏相当出乎意料地更斯多亚化和毕达哥拉斯化，即以亚历山大的欧多鲁斯及其几乎同代的阿提库斯为代表的柏拉图主义派别，因为他表明了幸福只存在于灵魂的诸善中；也就是说，阿氏支持了德性的自足原则。脱离开德性，人类或"凡人"的善都只是可以被用于善或恶的"物质"。因而，在伦理学上，阿氏并不赞同漫步学派，这与普鲁塔克和塔胡斯等人形成了对照。其实，他在第27章里说出了许多特别斯多亚派的口号，诸如"只有崇高的才是善"以及"德性对于幸福来说足矣"等等。

同样，在对"目的"（telos）的构想上，阿氏也与欧多鲁斯相一致，但是，在这一主题上，他却遵循了"毕达哥拉斯学派"而非斯多亚派的传统。生命的目的在于"与神相似"，《泰阿泰德》176b作为对此的首要典据而得到援引。斯多亚派—安提库斯派"合乎本性"的目的（telos）遭受了暗中的拒绝。然而，阿氏的确把一个重要的限定引入了"与神相似"这个措辞。在给出了许多其他支持它的柏拉图引文之后，阿氏又补充道（181.43以下）："显然，我们以'神'来表示的是居住在诸天（epouranios）之中的神，而当然不是凌驾于诸天（hyperouranios）之上的神，后者不是拥有德性，而是高于德性。"这显然是阿氏自己加上的一种保留意见。这个"诸天之中的神"肯定就是德穆格或是"整个天域的理智"，也即阿氏在第10章所提体系中的第二大神。使第10章中的那个至高的神进入一种与人"相似"的关系，想必便会危及他的超然存在，且不说在

"德性"这个词的任何寻常意义上把种种美德输入到他身上的荒谬性。似乎，早期柏拉图主义者们并未想到这种困难；反正，我们没有在阿普列乌斯的《论柏拉图及其教义》(*De Platone* 2.23)中找到有关这样一种提炼的任何痕迹。在某种程度上，它预示了普罗提诺(Plotinus)在《九章集》(*Enneads* 1.2)中的立场。

第28章首先(182.3以下)结束于对一些方法的系统阐述，与神的相似可以通过这些方法而实现，也即运用"本性"(physis)、"实践"(askēsis)和"教义"(didaskalia)，这个三元组跟亚历山大的斐洛早前在公元1世纪提出的差不多，并因而很可能就是中期柏拉图主义的基本教义。阿氏继而(181.8以下)论及了斐洛非常喜爱的另一个形象，不过这个形象也受到了一些作者的青睐，诸如《荷马寓言集》(*The Allegories of Homer*，第3章)的作者赫拉克利特(Heraclitus)，以及《哲学的奥义》(*Mysteries of Philosophy*)的作者塞翁[①]等人。在此，阿氏对音乐、算术、天文、几何(对于灵魂而言)、体育(对于身体而言)进行了"广泛的研究"，这些"入门仪式"(proteleia)和"初步洗礼"(prokatharsia)使我们有准备被传授以那些伟大的秘义。

在他对美德和德性的讨论中(第29章-第30章)，阿氏以非争议性的措辞，提出了中期柏拉图主义的基本学说，这套学说本身从亚里士多德和斯多亚派那里汲取了大量术语。在第29章中，美德以借自亚里士多德的术语，被定义为一种"灵魂的完美与最佳状态，它会使一个人同时在言行上变得优雅、和谐，并在与自己和他人的关系中变得坚定"。于是，我们便得到了一则关于四主德的描述，它以《理想国》的教义为基础，却反映出了诸世纪的学术定义。然而，得自这个教义的结论，却是以斯多亚派的措辞来表达的，即：美德是彼此间相互依赖的(antakolouthein)。在其成熟的、理性的形式中，这些美德全都涉及"正确的理性"(orthos logos)；

---

① Theon of Smyrna, *Expos*.14.17–16.2 Hiller.

例如，我们不能只拥有理性的勇敢，而不具有理性的节制，等等。虽然"相互依赖"(antakolouthia)这个技术性术语原本是斯多亚派的，但该学说本身却可能已经存在于柏拉图的《普罗泰戈拉》之中，而这就是阿氏在此使用它的理由。

然而，人们所谓的"自然美德"(natural virtues)，诸如出现在没有思想的人们、孩子和动物身上的那些美德，根本不是真正的德性，而且它们也并不彼此蕴含。例如，普通士兵的勇敢，通常并不伴随着节制。对于这些美德，阿氏既使用了亚里士多德式的术语"善的天资"，[①]也使用了斯多亚派的术语"(向德性)前进"(prokopai，即"进德")。在第30章中，他首先讨论了这些美德，其次是那些恶习，再次是关于中间美德的学说，这里的依据仍然是《尼各马可伦理学》。在此，我们发现他似乎讲出了中期柏拉图主义的共同学说，这个学说产生自亚里士多德的一则评论(《尼各马可伦理学》1107a23)，即：这些美德虽然是"中项"，但在某种程度上，它们也是"极点"和"极端"(184.14以下)。他继而采纳了情绪适度(metriopatheia)的学说，而反对情绪的根除(apatheia)，并因而使自己与斯多亚学派产生了意见的分歧。缺乏情绪被阿氏看作和过度情绪一样坏。在此，他和普鲁塔克、塔胡斯的意见完全一致。虽然我们并不清楚阿提库斯在这个问题上有什么见解，但是我们却可以合理地猜测到他加入了斯多亚派的行列。

阿氏也同样反对这样一种极其斯多亚派的看法，即：人们要么肯定是绝对的善，要么肯定是绝对的恶(当然，绝大多数的存在都是恶的)。他说(183.33以下)，人们无法直接从恶习转换到美德，因此大多数人都处在一种"前进"(prokopē)的状态(或过程)中，那是一种真正的居中状态，而不是像正统斯多亚派学者所主张的那样，是一种处在绝对的恶之中的情况。

第31章包含了对恶习的非自愿性这则苏格拉底式悖论的讨

---

① euphyiai，参见：《尼各马可伦理学》1114b12。

论。《高尔吉亚》在此有着首要的影响。阿氏还仔细地表明了这样一种观点，即：尽管在唯理智论者的严格意义上，恶习是非自愿的，不过惩罚却是适宜的，因为无知和情绪都能通过矫正训练而得到"消除"（185.12以下）。否则的话，它便会倾向于针对斯多亚派学者的上述指责，出于他们关于命运的理论，他们没有任何理由去惩罚不道德行为。

提到罪恶是因为这些情绪导致了一篇关于情绪的章节（第32章）。在此，老斯多亚派的见解，即：情绪是判断或意见，这种见解很久以前就已经被波希多尼所抛弃，但或许还没有被更忠实的斯多亚派学者抛弃，因为它未能顾及灵魂的非理性部分。普鲁塔克同样在其《论伦理德性》（*On Moral Virtue*）一文中加入了这个行列。

由于反对斯多亚派关于四种主要情绪的理论，阿氏宣称，其实只要两种情绪，即快乐和痛苦，此处依据的是柏拉图的不同段落，但特别是《斐勒布》44b以下。对于这些情绪，恐惧和欲望只是次要的。紧跟着，他又把情绪划分为"狂野的"（wild）和"驯良的"（tame），这个划分出自《理想国》卷九589b，它一定曾流行于中期柏拉图主义的时期，因为它出现在例如斐洛的《论创世》①中，联系着他对于情绪本身跟eupatheiai（或斯多亚式的"泰然自若"）的斯多亚化的区分。虽然阿氏并未在此用到这个区分，他却区分了情绪的自然的程度，以及过度的、无度的程度，这两种区分其实并无二致。尽管，阿氏依据《斐勒布》33a，把人类的自然状况描述为"介于痛苦和快乐之间的中项，和它们中的任何一个都不一样"（186.33–5）。因而，他便拒绝了亚里士多德（在《尼各马可伦理学》10.4–5中提出的）把快乐看作幸福的自然伴随物的观点，反而是以"随后发生"（epigennēmatikē）这个措辞来描述它，对于亚里士多德而言，这可能并不是一种否定的描述，然而对于斯多亚派来说——该术语在此就借自斯多亚派学者——它却是如此。

---

① *Quaestiones in Genesim* 2.57.

在讨论了快乐之后,我们便碰到了关于"亲爱"(philia)的一章(第33章)。这实际上遵循的是亚里士多德在《尼各马可伦理学》(从第七卷的后半部分到第十卷)中的主题顺序,实际上也是彻底受到了亚里士多德的影响,尽管在当时没有包括任何非柏拉图式的东西。对三种爱的讨论,即,"高尚的"(asteria)爱、"低劣的"(phaulē)爱与"居中的"(mesē)爱,是以《法义》为基础的,却用到了斯多亚派的术语。关于爱的高尚形式,它可能具有一项技艺(technē);它具有theōrēmata,即,怎样去识别值得爱的对象,怎样去获得它,以及怎样去依它而行。在我看来,这篇论及柏拉图哲学之"爱的技艺"(ars amatoria)的论文,其基础在于对《阿尔喀比亚德前篇》的学术性注解,即苏格拉底与阿尔喀比亚德的关系被当成了哲人应当如何在爱中行事的范例。

"亲爱"这个主题导致阿氏,就像它对亚里士多德所做的那样,从伦理学的研究转向了政治学的研究,因为亲爱涉及到了城邦社会中的各种关系。在阿氏对政治学理论的处理中,我们感兴趣的主要方面就在于他以相当神秘的出处,对柏拉图在其著作中描述的国家类型所作出的一个区分,即"无前提型"(non-hypothetical)国家和"前提型"(hypothetical)国家。前一范畴包括了在《理想国》中所描述的国家的不同层面,从"猪的城邦"开始,一直到由护卫者所统治的国家,而后一范畴则包括了《法义》和柏拉图《书简八》中的那些理想国家。这个区分大概存在于这样一个事实,即:《理想国》中被概括出来的那些架构并没有为它们的实现指定任何的物质前提,而《法义》和《书简八》中的那些架构则在某些明确的条件下,在某个位置上假定了一个新的基础。很久以后,这个区分再次出现于6世纪匿名的《柏拉图哲学导论》(*Prolegomena to Platonic Philosophy*),然而它似乎也被反映在了阿普列乌斯于《论柏拉图及其教义》(*De Platone* 2.26)中所提出的区分,因此它当然先于阿氏。

他的这一章结束于对政治学的一则定义(189.5以下)："因而，政治学便是一种既是理论性又是实践性的美德，其目标在于使一个国家成为好的、幸福的、和谐的和一致的。它行使着一个指导性的角色，并让有关战争和将领指挥以及公正管理的知识隶属于它。"——这段话从《政治家》303d–305e中获得大量灵感。

这部专著结束于对真正的哲学家和智者的一则比较(第35章)(以柏拉图的《智者》为基础的)，以及一篇短小的结语。

(二) 阿普列乌斯

阿普列乌斯像①

1. 生平著作

阿普列乌斯(Lucius Apuleius Madaurensis，公元124–170)，生于Madaurus(现在阿尔及利亚的M'Daourouch)——北非海岸的罗马殖民地。他父亲是行省执政官(duumvir)，给他们留下了200万罗马小银币财产。阿普列乌斯受教于迦太基和雅典，在雅典学习了柏拉图主义哲学和其他知识，随后到了罗马学习拉丁语修辞，后返回北非。他曾利用遗产广泛地在小亚细亚和埃及旅行，研究哲学和宗教。他曾学习很多异教和神秘秘仪，比如狄奥尼修斯秘

---

① Lucius Apuleius Platonicus，自*Crabbes Historical Dictionary*，1825。

仪，做过医药神阿斯克莱皮乌斯(Aesculapius)的祭司，还做过北非某省的祭司(sacerdos provinciae Africae)。他撰写过一些文学和哲学著作，包括：1.《申辩》(*Apologia*，为魔法辩护)，是一份法庭抗辩，言辞优美，但没怎么提到魔法；2.《论柏拉图及其教义》(*De Platone et eius dogmate*)，是柏拉图物理学和伦理学两部著作的梗概，冠以柏拉图生平作导言；3.《论苏格拉底的神》(*De Deo Socratis*)，论述苏格拉底的灵明的存在和本质，即人与神的中介，遭到过奥古斯丁的攻击，其中有名言"熟识起轻蔑，稀罕招慕羡parit enim conversatio contemptum, raritas conciliat admirationem"；4.《论宇宙》(*De Mundo*)；5.《繁盛》(*Florida*，23篇各种讲辞的摘录)。当然，最著名的是小说《金驴记》(*Asinus Aureus*)或《变形记》(*Metamorphoses*)，这是目前世界上唯一一部留存下来的拉丁语小说，他还写作过大量诗歌、小说、政论、树木学、农学、医学、自然史、天文学、音乐和算数方面的文章、著作，同时还将《斐多》译成拉丁文，可惜都佚失了。不过我们可以从其留存的著作梳理其柏拉图主义的观点，看他是如何继承盖乌斯学派思想的。

2. 柏拉图教义引论

　　阿普列乌斯继承了中期柏拉图主义方法论，卢妮亚(Runia)曾经总结了这种方法：首先，确认柏拉图本人作品的特殊地位，而非秘传的教义；其次，作为这一特殊地位的延伸，中期柏拉图主义者倾向于利用解释和体系化的方法，来合并一个或多个柏拉图文本，以便于产生一个总体印象进而给出对大师教义的真正说明；再次，中期柏拉图主义者似乎热衷于展示柏拉图在什么意义上是毕达哥拉斯主义者，毕达哥拉斯是最初智慧的源泉，而其他学派只不过是真正柏拉图教义的变种或扭曲。[①]按照这个标准来看阿普列乌斯，就会发现其著作的特质符合中期柏拉图主义的共同倾向。阿普列乌斯曾经翻译《斐多》，在其著作中广泛征引柏拉图著作语

---

① Runia，1986，第486–488页，转自Fletcher，2014，第39页。

句,特别是在《论柏拉图及其教义》中,他试图给出一个简明而一贯的系统性解释,甚至将柏拉图的生平和他的哲学融贯起来,在《论苏格拉底的神》和《申辩》中也在延续这样的工作。此外他的确也在《论柏拉图及其教义》和《繁盛》(15)中突出了毕达哥拉斯的权威性和智慧源泉的地位。他总结柏拉图的教义时说:

> 柏拉图遵循事物有三个原理的学说:神、物质(不完整、未赋形、特质和品质都不出众)和事物的形式。他们称之为"理念"(ἰδέας)。但谈到神,他相信以下几点:他是无形体的。柏拉图宣称他是一,"没有范围"(ἀπερίμετρος),是万物的父母和建造者;是福佑者和福佑的施予者,是最好的,一无欠缺;他本身聚集了一切。柏拉图说他是属天的、无以言表、无法命名,正如他自己说的"不可见、不可遏"(ἀόρατον、ἀδάμαστον);其本性不只是难以发现,而且即便被发现了,也难以传达给大众。这是柏拉图所说的:"去发现神是困难的,而对于已然发现者,不可能将其传达给大多数人。"(θεὸν εὑρεῖν τε ἔργον εὑρόντα τε εἰς πολλοὺς ἐκφέρειν ἀδύνατον.)而关于物质,他认为它既不会创生也不会毁灭,既不是火也不是水,不是任何其他元素或单纯的实体;它是万物最初接受形式,也是最初隶属于创造过程的东西,它是无形的,没有获得形式,直到神,即工匠神德穆格赋予它一般的形式。事实上,它是无限的,因为其领域没有限制,因此由于物质是界限的缺乏,它就可以被看作是无限的。但是柏拉图不同意它既是有形体的又是无形的。他之所以不认为它不是形体,原因在于,没有什么形体会缺乏某种形式,但他也不能说它没有形体,因为没有任何无形的可以展现为一个形体。①

---

① 《论柏拉图及其教义》1.5.190–1.6.193,据Fletcher, 2014,第77页,拉丁文及英译。

他的这一观点来自《蒂迈欧》,而且这种来自于泰奥弗拉斯托斯的"神—物质—形式"的三分,几乎得到了教条化的继承和应用。[1]这一教义虽然流传广泛,但是问题和困难重重,阿普列乌斯并未解决,特别是关于神和形式的关系很难解释,他在解释时不光依据柏拉图,还参考了其他柏拉图综论性的文献,同时在论述苏格拉底的灵明时有进一步展开。

3. 宇宙论和苏格拉底的灵明

上文提到的三原理说应用到《论苏格拉底的神》中时,呈现出了一个针对人的存在及其地位的理论应用。阿普列乌斯说:"柏拉图将万物的整个本性,至少是构成了更好的和有生命的存在,划分为三个部分。最高的部分他给了诸神。当说到最高、中间和最低时,讲的不仅仅是位置的分别,而是本性地位的差异,后面的存在并非可以以一种或两种而是以三种方式获得理解。然而空间性的区分为这种划分提供了最清晰的起点,因此他将天域归给了按其权威配享此位的诸神。"[2]那么第二和第三位是什么呢?阿普列乌斯认为:"活的存在本身分为四种,一种是属于火的本性的,如太阳、月亮和其他天体。另一种是气属性的,柏拉图称之为'灵明'。第三种是水和土的结合:即有死的、有形体的族类,分为居住在地球里的(ἔγγειον)和地球上的(ἐπίγειον)两种,前者形成树和其他扎根在土里的植物,后者是大地滋养和供给的造物。"[3]可见,第二种存在是"灵明",第三种是地上的存在物。这种划分结合了柏拉图在《会饮》中关于爱神是居间者的论述和《蒂迈欧》中的说法(39e–40a),活物有四种,一种是属天的诸神,一种是在其中穿梭的有翼的存在,一种是居于水中的,一种是有足的或居于陆地的。这种结合类似于伪柏拉图的《厄庇诺米斯》(984d–e)中的描述,虽

---

① 参见Gersh, 1986,第244–246页。
② 《论苏格拉底的神》,1.115,据Gersh, 1986,第228页,拉丁文及英译。
③ 《论柏拉图及其教义》,1.11.204,据Gersh, 1986,第229页,拉丁文及英译。

然阿普列乌斯的理论并非取自那篇对话。

结合他在其他文本中讲到的三分，我们可以看到六种三分方式，分别是：①

1. 人——灵明——诸神；

2. 诸神中有：可见的、不可见的和首要的三种；

3. 灵明中有赋形的、半赋形的和脱离形体的三种；

4. 物质、形式和神，后两者都是理念；

5. 物理事物、灵魂和神；

6. 思想又分为：灵魂的思想和神的思想。

这种三分对应是阿普列乌斯理论分析和体系建构的方式，②也体现了中期柏拉图主义的共同特点。

在《论宇宙》中，阿普列乌斯还吸纳了亚里士多德和泰奥弗拉斯托斯的观点（包括伪亚里士多德的《论宇宙》6.397b9以下），认为："因此，追随亚里士多德，这位最智慧和博学的哲学家，以及泰奥弗拉斯托斯的权威，尽可能追随其想法，我就会说出整个天界秩序，一旦了解其本性和工作，我们就会解释它们为什么以及如何运作。"③可见，在宇宙论思想方面，他认为亚里士多德及其学派也是属于柏拉图主义范围的，可以加以利用改造以将其纳入到更大的形而上学和神学体系中，为其糅合的理论体系服务。

4. 天意及其他

阿普列乌斯对天意和命运有所理解，他提出了三重天意的理论，"最高的或说首要的天意是理智或意志（noêsis eite kai boulêsis）。对一切事物的仁慈，来自于原初的神，依据于它，所有神圣的事物最初都得到彻底的安排，每一个事物都是最好的和最卓越的；次等的天意属于第二等的诸神，它们在天空中运行，一切

① 据Gersh, 1986, 第264页, 亦参Fletcher, 2014, 第106–110页。

② 具体思想参看Gersh, 1986, 相关章节。

③ 《论宇宙》, 289, 据Fletcher, 2014, 第117页, 拉丁文及英译。

有死的事物依据次等的天意而以有序的样式存在，此外很多种类生存和保存的必需品也开始存在。"第一重天意来自《蒂迈欧》29d–30a，第二重天意来自《蒂迈欧》42d–e，而第三重天意则是受命运的控制，这是属于灵明的深谋远虑，灵明是驻守在陆上的人类行为的观察者和监督者，这点也来自《蒂迈欧》42d–e。[①]总之，就是首要的天意包含了命运，次等的天意与命运同在，第三重天意则受命运摆布。可以发现，这和阿普列乌斯其他的三分理论相关联，就是人、灵明、诸神的区别。这种框架下的自由是遵从的自由，也是被神决定的自由。

此外，阿普列乌斯在《申辩》中结合自己的哲学生活为苏格拉底和柏拉图式的哲学进行了辩护，而在《繁盛》中则表现哲学家面对普通听众时的说辞。后者更具修辞性，也具有哲学普及和教育意义，前者则包含了阿普列乌斯的哲学观，两部作品都涉及到他与其他学派的关系，以及他眼中的哲学与诗歌、修辞的关系。[②]阿普列乌斯最有趣的小说《金驴记》被认为是柏拉图哲学的文学运用，其中有个主角就叫苏格拉底，有学者认为它是哲学小说。[③]

---

① Dillon, 1977, 第324–325页。
② 详参Fletcher, 2014, 第4章。
③ Winkler, 1985年，第5页。

第五章　柏拉图主义的教条化以及与其他学派的思想交流

一、柏拉图全集的编订与柏拉图思想的教条化

（一）《柏拉图全集》的编订

特拉绪洛斯为什么用四联剧形式编排《柏拉图全集》是另外一个问题，有从文学角度的解读和论争，[1]我们在这里主要看他编排具体篇目的理由和用意。毕竟，这是首次将柏拉图全集进行完整的排序，而这一排序发生在中期柏拉图主义时期。

从已知的情况看，拜占庭的阿里斯托芬（公元前257–前180）最早将"三联剧"（Trilogies）运用到柏拉图著作编排上，将其著作分为五组，每组三篇；其排序如下：[2]

1.《理想国》—《蒂迈欧》—《克里提阿》

2.《智者》—《政治家》—《克拉底鲁》

3.《法义》—《米诺斯》—《厄庇诺米斯》

4.《泰阿泰德》—《游叙弗伦》—《申辩》

5.《克力同》—《斐多》—《书简》

---

① 参见Alexander Haggerty Krappe，1927和Tarrant，1993，第3、4章。

② 第欧根·尼拉尔修，《名哲言行录》3.61–62。

同时，第欧根尼·拉尔修也提到很多其他分类者把很多不同的篇目当作第一篇，比如《阿尔喀比亚德前篇》、《泰阿格斯》、《克利托丰》、《蒂迈欧》、《斐德若》、《泰阿泰德》等，说明不只有阿里斯托芬一种分类，不同的分类反映出当时流行的一种语文学、文体学处理方式。Chroust结合特拉绪洛斯的对话分类，认为阿里斯托芬的三联剧背后有一套分类思想，这些分组的对话可以还原为这样的分类原则，第欧根尼·拉尔修也按照这个原则以哲学分类的名义进行划分：①

I: 教导型对话： 1. 理论对话： a 物理对话

b 逻辑对话

2. 实践对话： a 伦理对话

b 政治对话

II: 探究式对话： 1. 操练对话： a 助产术对话

b 试验性对话

2. 竞技对话： a 证明对话

b 驳斥对话

其中，大的分类也可以分为"叙述式"和"戏剧式"或者两者混合，具体次级分类也有不少出入，甚至混合，表现出分类的多重性甚至混乱。但第欧根·尼拉尔修保留下来的特拉绪洛斯的四联剧编排，不光运用在《柏拉图全集》也应用在《德谟克利特文集》上，特拉绪洛斯甚至想把德谟克利特解读为毕达哥拉斯主义者，②他对柏拉图的兴趣也主要来自毕达哥拉斯主义的思想倾向。我们之前简单介绍了他作为毕达哥拉斯主义者的情况。而这种四联剧编排哲学著作有没有历史传统，是否为特拉绪洛斯自己的发明，还有争议。③特拉绪洛斯较阿里斯托芬增加了一个环节，

---

① Chroust, 1965, 第35页注1。

② 第欧根·尼拉尔修，《名哲言行录》9.38。

③ Tarrant 认为是特拉绪洛斯的独创，Chroust认为是有来源的。参见Tarrant, 1993, 第85页和Chroust, 1965, 第42页；相关梳理亦参J. A. Philip, 1970。

变成四联剧，分成九组，是根据哲学的四个分支而来，即伦理学、政治学、逻辑学和物理学，另外四类属于文学分类：试验性的、助产术类、驳斥类、证明类（或批评类），[1]文学手法上的分类可能受了斯多亚派和色诺克拉底以来柏拉图主义的影响，对特拉绪洛斯产生直接影响的，则可能是Dercylides、Tyrannion of Amisos或Tyrannion of Pontus（公元前70年）。

按照特拉绪洛斯的哲学和文学分类，物理学对话只有1篇：《蒂迈欧》，逻辑对话4篇：《政治家》、《克拉底鲁》、《巴门尼德》、《智者》，伦理学对话11篇：《苏格拉底的申辩》、《克力同》、《斐多》、《斐德若》、《会饮》、《墨涅克塞努斯》、《克利托丰》、《书信》、《斐勒布》、《希帕库斯》、《情敌》，政治学对话5篇：《理想国》、《法义》、《米诺斯》、《厄庇诺米斯》、《克里提阿》，助产术类5篇：《阿尔喀比亚德前篇》、《阿尔喀比亚德后篇》、《泰阿格斯》、《吕西斯》、《拉克斯》，试验性对话5篇：《游叙弗伦》、《美诺》、《伊翁》、《卡尔米德》、《泰阿泰德》，证明性对话1篇：《普罗泰戈拉》，驳斥类对话4篇：《尤绪德谟》、《高尔吉亚》、《希琵阿斯前篇》、《希琵阿斯后篇》。[2]从这个结果上看，柏拉图全部对话都得到了较为妥当的安置，而很多伪作都未入选，可以说这是对后世影响最大的一种柏拉图著作排序。而且试图以某种方式排列柏拉图著作的努力从未间断，直到现代研究中的早中晚期分期排序和戏剧排序等，[3]当时对柏拉图全集的编订也代表了对柏拉图思想的理解和阐释方法的逐渐自觉，这种编订可算作中期柏拉图主义者做出的又一个具有划时代意义的尝试。

---

[1] Chroust, 1965, 第41页。

[2] 《名哲言行录》, 3.50。

[3] 较近的总结争论的文章，参见William H. F. Altman, 2010; 从诠释学角度的深入分析柏拉图著作编排的理论后果则参看Carol Poster, 1998。

（二）第欧根尼·拉尔修的柏拉图教条

第欧根尼·拉尔修(Diogenes Laertius)本人虽然是在公元3世纪初才写作《名哲言行录》，但其写作素材来源很早，集中反映了历代柏拉图主义教条化的成果，其中提到众多历史和哲学著作，第欧根尼依据这些资料描述了柏拉图一生的大致经历，甚至包含一些神奇的传说，似乎柏拉图注定要成为苏格拉底最优异的学生，"还有人宣称，苏格拉底曾在梦中看见有一只天鹅站在自己的膝盖上，尔后突然展开双翅，发出一声悦耳尖鸣后立即飞走了，到了第二天，就有人带着柏拉图来拜他为师。于是，他就把这个人说成是梦中的天鹅。"[①]但第欧根尼也描述了柏拉图的其他老师：赫拉克利特学派和埃利亚学派的传人、数学家欧几里得等，并明确解释了柏拉图思想与前人思想的关系："他把赫拉克利特的学说与毕达哥拉斯的和苏格拉底的结合在一起：关于可感事物的学说，他依据赫拉克利特；关于可思事物的学说，他按照毕达哥拉斯；而在政治哲学方面，则承袭了苏格拉底。"[②]第欧根尼还举例引征原文，说明柏拉图与前人关于"可感物与可思物"思想的关联，进而详细说明了理念存在的证据；同时也记述了柏拉图三次叙拉古之行，汇集了古代诗人们提到和嘲讽柏拉图段落，还有他给情人们写的情诗，比如著名的《星》："凝视星星的阿斯特尔，我愿是天空，用一千双眼睛把你紧盯。"[③]第欧根尼提到柏拉图和同时代人的关系，比如与苏格拉底另外一个学生色诺芬并不友好，甚至针锋相对地撰写了很多著作，他对小苏格拉底学派中享乐主义的鼻祖阿里斯底波也充满敌意，对苏格拉底的重要弟子埃斯基涅充满嫉妒。这类猜测有很多都是没有根据的，但也代表了当时人们如何理解柏拉图的思想继承和在其时代中的自我定位。

---

① 《名哲言行录》，3.5。
② 《名哲言行录》，3.8。
③ 《名哲言行录》，3.29。

最重要的是,第欧根尼解释了柏拉图对话的写作过程,对柏拉图全部对话进行分类,收录其全部弟子名录,甚至包括两位女性弟子。他说:

> 如果你是一位正派的开始热爱柏拉图的人,如果你热切地想要探求这位哲学家的学说而不是其他任何东西,那么,我认为就很有必要概述他言论的本性、他对话的安排,以及他归纳的方法,并尽可能对其基本要素和主要轮廓作出描述,以使我收集的有关他生平的事实不会因为遗漏了他的学说而受到损害。[①]

并且他明确讨论了柏拉图是否确立教条,"既然在那些断言和否认他确立教条的人之间存在着很大的分歧,那么,让我进一步来讨论这个更深层次的问题。谁要确立教条,就要提出一些信条。正如要立法,就要制定法律一样。而且,被称为教条的,必定包含两种因素,即被认为的东西和意见本身。"[②]"在这两者中,被认为的东西是一个命题,意见则是一种见解。关于那些明显的问题,柏拉图总是提出自己的看法,并驳斥错误观点,但关于那些不明显的问题,他则搁置下来。"[③]柏拉图运用了大量归纳逻辑知识,但并非为了确立教条,而是为了反驳。相较于早先的自然学、苏格拉底的伦理学,柏拉图的贡献,则是最早提出了"辩证法",这是一种普遍性的归纳,"在那里,一般命题首先通过特殊事实得以确立"。[④]

在引述柏拉图著作中的思想时,第欧根尼明确喜欢引用《斐多》和《蒂迈欧》,主要是灵魂不朽的教义,以及灵魂三分教义、四

---

① 《名哲言行录》,3.47。
② 《名哲言行录》,3.50。
③ 《名哲言行录》,3.52。
④ 《名哲言行录》,3.55。

德性教义和宇宙学说；此外，他还列举了柏拉图众多教义，包括：智慧学说、善恶学说、神学、五种政体学说、三种知识类型学说、五种医学、两种法律、五种修辞、三种音乐、四种高贵、三种美好、五种统治类型、六种演说、四种成果的交谈、四种行善、四种结束事情的类型、四种能力、三种仁爱、五部分幸福、三类技艺、四种好、三种秩序、三种无序、三种对立、三种善、三种忠告、两种声音、存在的分类等等。这些大量的"划分"和"分类"思想，是据亚里士多德的判断，而成为具体的柏拉图教义内容的。

因此，我们看到第欧根尼虽然意识到柏拉图是否有教义是个有争论的问题，但他站在了柏拉图有基本教义的一方，并对具体教义给出整体说明，这也是保留最完整的古代说明，可能未必是最精当、最具代表性的，但至少从侧面反映了中期柏拉图主义者在柏拉图学说教条化方面取得的理论效果。

（三）希波吕托斯的柏拉图教条

希波吕托斯像①

———————————

① 古罗马雕像，或许是圣希波吕托斯像，1551发现于罗马Via Tiburtina，现存梵蒂冈博物馆。

希波吕托斯(Hippolytus of Rome，公元170–235)是公元3世纪最重要的罗马基督教教会神学家，他最闻名的著作是十卷本的《驳一切异端》(*Refutation of all Heresies*)，其中第一卷最重要，长期被混在俄里根的著作集中发行(被名为*Philosophumena*)。他对柏拉图教义的总结与阿尔基努斯和阿普列乌斯的做法有很多相似之处，并且，希波吕托斯增加了他自己的框架，形成了某种手册、指南类的总结。①他认为柏拉图那里有三大原理：神、物质和范型(Archetype paradeigma)，神是宇宙的创作者(poiêtês)和组织者，在宇宙之上运作；物质则是在万物之下，是一种"受体"和"护理"(《蒂迈欧》51d)，在这一实体的秩序中生发出四元素，所有其他合成物(synkrimata，是一个斯多亚用语)都由此形成；范型，神的思想(dianoia)，"柏拉图也称之为idea，是一种神创造宇宙时集中在灵魂中的形象。"②同时，他还总结了柏拉图对上帝、灵魂、德性、幸福和命运的一些一般看法，都从侧面反映了中期柏拉图主义的一般意见，所以有一定的思想史价值，也反映出基督教内部的理论家也加入了柏拉图教条化的队伍，虽然目的不同，但教义简化之后，的确有利于相互批驳和建立理论根据地。

二、形形色色的"中期"柏拉图主义者

（一）泰翁

泰翁(Theon of Smyrna，Θέων ὁ Σμυρναῖος)是公元100年左右的哲学家、数学家，受毕达哥拉斯学派影响，其留存下来的《有益于柏拉图研究的数学原理》对了解当时的柏拉图主义哲学有帮助。全书分两部分，前半部分处理数的问题(奇数、偶数、素数、完全数、过剩数等)，后半部分处理音乐和谐声学问题，分别处理

---

① 《驳一切异端》，1.19。
② Dillon, 1977，第411页。

数的音乐(hē en arithmois mousikē)、乐器的音乐(hē en organois mousikē)和宇宙的音乐(hē en kosmō harmonia)。该著作并无原创性,但汇集了漫步学派的阿德哈图斯(Adrastus of Aphrodisias)在数学和谐声学方面的成果、特拉绪洛斯在谐声学和天文方面的知识,还直接引用了柏拉图主义者德拉克里德斯(Dercyllides)的思想。泰翁追随特拉绪洛斯确定了柏拉图对话次第,按照《理想国》卷七中提到的教育课程设置书中内容,他也参与了撰写柏拉图教义导论的书写潮流,其作品一直流传到文艺复兴都在发挥作用,他还注解过《理想国》。

狄龙提到泰翁说过的一句话,可以提醒所有柏拉图研究者:

> 所有人都该承认:不精通数学训练就不会理解柏拉图讲的数学事物;而他本人似乎在很多地方证明这种训练并非无用,一般而言也非无益。受到完整的几何、音乐和天文理论训练,对于开始研究和掌握柏拉图的著作大有裨益,而且也并非易事,需要从小的艰苦训练。[①]

(二)马克西姆斯

马克西姆斯(Maximus of Tyre,Μάξιμος Τύριος,也叫Cassius Maximus Tyrius),生活在公元2世纪晚期——罗马皇帝安东尼(Antonines)和康茂德(Commodus)时代。马克西姆斯是一位修辞学家,他自认为是哲学家,但后人更把他当作智者,他是第二次智者运动中的重要代表,也是思想折衷派和新柏拉图主义的思想先驱。[②]他很像同时代的阿普列乌斯,喜欢阐释苏格拉底、柏拉图和毕达哥拉斯的人格魅力。其演讲集有八九篇《论苏格拉底的灵

---

① 《有益于柏拉图研究的数学原理》,据Dillon,1977,第398页译文。
② 关于罗马帝国兴起的"第二次智者运动"文化现象,参看安德森,《第二代智术师:罗马帝国早期的文化现象》,罗卫平译,华夏出版社,2011年。

明》，11篇论《据柏拉图看谁是神?》集中了中期柏拉图主义者对神圣事物的普遍看法，其他篇目涉及天意和自由意志、恶的问题等。马克西姆斯涉及哲学的文学作品(近30万字)最近得到了古典学、文学和思想史学界的重视，有不少相关的译注和研究。[①]

（三）凯尔苏斯

凯尔苏斯(Celsus, Κέλσος)，公元2世纪希腊哲学家和反基督教者，他的代表作——著名的《真言》(Account, Doctrine 或 Discourse，希腊文是 Λόγος Ἀληθής)——是最早全面攻击基督教的作品，但佚失了。优西比乌在反驳他时保留了一些残篇，经过90多年以后，基督教哲学家俄里根在反驳凯尔苏斯的观点时，也保留了一些他的想法。[②]因此他成为历史上第一位有意识地反对基督教神学观点的人，是希腊化时期各种神学思想相互竞争的鲜活代表，而且恰好生活在基督教受大迫害的时代，那时候，基督教思想还是可以被讨论的，我们在下一篇将会看到这种争论一直持续到新柏拉图主义晚期。

（四）朗吉努斯

朗吉努斯(Cassius Longinus, Κάσσιος Λογγῖνος，公元213–273)，要注意这位并非写了《论崇高》的文学家伪朗吉努斯(虽然他也喜欢柏拉图)，而是希腊化时期的修辞学家和哲学评论家。朗吉努斯在亚历山大里亚从学于阿摩尼乌斯和异教徒俄里根，在雅典从事教学30年，曾是新柏拉图主义者波斐利的老师。他并未接受新柏拉图主义思想，仍然坚持传统的柏拉图主义思想，不依赖

---

① 比如重要的译注：Trapp Michael. 1997, *Maximus of Tyre: The Philosophical Orations*. Clarendon Press；和最新的研究：Jeroen Lauwers, 2015, *Philosophy, Rhetoric, and Sophistry in the High Roman Empire: Maximus of Tyre and Twelve Other Intellectuals*。
② 参看《驳塞尔修斯》，石敏敏译，生活·读书·新知三联书店，2013年。

当时流行的寓意解读,他和普罗提诺的不同之处在于,他认为理念外在于神圣的努斯,从其著作看,他的哲学思考不多,更像是一位转述型的学者。朗吉努斯学问渊博,爱乌纳皮乌斯(Eunapius)说他是"活图书馆"和"行走的博物馆"。他的文学批评技艺也广受好评,甚至说"朗吉努斯的评判"就是"正确的评判"的代名词。他的主要作品有《荷马问题》、《荷马问题及其解决》、《荷马是否是哲学家》,最重要的语文学著作是《语文丛谈》(*Philological Discourses*),波斐利保留了他的《论目的》残篇(《普罗提诺生平》,20)。

(五)喀克蒂乌斯

此外,我们补充一位后世的哲学家——喀克蒂乌斯(Calcidius,或Chalcidius)。他是公元4世纪的哲学家,或许也是基督徒。公元321年左右,他将《蒂迈欧》第一部分(53c之前)从希腊文翻译为拉丁文,这个译本是现今留存下来的柏拉图著作的唯一拉丁文评注本,[1]也吸收了或受到了斯多亚派物理学理论的影响。[2]这部作品是否影响了后世诸如波斐利等人,尚有争议,但它综合了自西塞罗以来的相关评注,有一定的思想史和文献价值。

三、中期柏拉图主义者与亚里士多德

在古代柏拉图主义者看来,亚里士多德并非是完全忠于柏拉图教义的柏拉图主义者,他是柏拉图思想传统上的人、柏拉图学园造就的思想家,但只能算某种意义上的柏拉图主义者。特别是安提库斯将柏拉图思想看作一套教义后,更是如此。因为亚里士多德对其教义有诸多批评。柏拉图主义者们还是尽量在融合柏亚思

---

① 最新的翻译和研究参看: Calcidius, *On Plato's Timaeus*, edited & trans.by John Magee, Harvard University Press, 2016。

② 参见Gretchen Reydams-Schils, 2007, Calcidius on God。

想,在融合中取舍,但方向一致,即认为两人思想并无根本冲突,而且还在一些意义上互补。一般而言,柏拉图主义者在三种意义上喜欢将亚里士多德视为进入柏拉图的工具:(1)亚里士多德关于柏拉图观点的说法,被当作是在保护柏拉图教义;(2)亚里士多德的一些观点也可以在柏拉图对话中找到,这些观点就被当作是以一种更加系统的方式在重塑柏拉图的教义;(3)亚里士多德主要在逻辑方面的发展,也常常被认为事先已经在柏拉图那里有了思想基础。因此,柏拉图主义者们也就倾向于在柏拉图教义的视野下,来解读亚里士多德的逻辑著作。[①]当然,具体到人物又各有差别,下面我们简要介绍他们对亚里士多德思想的处理方式。

(一)安提库斯

安提库斯认为,柏拉图是一个极富有原创性的哲学家,将哲学提高到了高于包括苏格拉底在内的所有前人的新水平。他认为柏拉图有一个自洽的思想体系,只是在表达时用的文学形式,因此其观点显得不是很明朗。要想重构柏拉图哲学,就得发现柏拉图的观点,并且将其安置在一个体系中。这种重构工作是由其弟子们开始做的,比如最早的学园派、亚里士多德和早期漫步学派。[②]因此,安提库斯认为,漫步学派与学园派之间既非冲突又非竞争关系,他们在遵从柏拉图和将柏拉图观点系统化方面是一致的,名字不同,但实质一样。[③]

另外,从安提库斯对斯多亚派的观点来看,他并不认为柏拉图的哲学体系是封闭和固定的,而是有待进一步发展的、经得起检验的计划。他认为斯多亚派的认识论就是这种计划的合理发展。安提库斯似乎将柏拉图传统看作一个整体,而柏拉图不只是学园中的人物,这是很新的观点。安提库斯不再以学园作为柏拉

---

① Karamanolis, 2006, 第28页。
② Karamanolis, 2006, 第51页;亦参西塞罗,《学园》, 1.15–18。
③ Karamanolis, 2006, 第54页。

图的思想限制,摆脱了学园作为正统的思想,将柏拉图思想本身的独立性和权威性确立了起来。重要之处在于是否与柏拉图的思想吻合,而非是否出自学园派。这样一来,亚里士多德和斯多亚派的芝诺就都成了柏拉图主义者,而阿凯西劳斯和菲洛则不是了。①

(二)普鲁塔克

普鲁塔克也认为,亚里士多德在一些重要的教义方面认同柏拉图,而且以更为系统的方式重塑这些思想。因此他常常引证亚里士多德的著作来表达和证明柏拉图的教义。在这点上,他与安提库斯类似,但是普鲁塔克引证亚里士多德主要为了回应斯多亚派和伊壁鸠鲁主义的攻击,在这点上,他与安提库斯又有区别:首先,安提库斯主要注意认识论和伦理学方面的教义,而普鲁塔克对形而上学更感兴趣,他发现亚里士多德对于澄清柏拉图的相关教义有益,特别是在灵魂与身体的关系方面。其次,普鲁塔克在亚里士多德那里不光发现柏拉图教义,还发现了毕达哥拉斯的教义,他认为后者启发了柏拉图思想。最后,普鲁塔克认为柏拉图哲学本质上是疑难性的,他发现安提库斯支持的斯多亚派认识论没法与柏拉图思想相容。因而他对斯多亚的批评也就更多。②

总体而言,普鲁塔克对亚里士多德的批评很克制,很温和或隐晦,都不提名字。这表明普鲁塔克认为亚里士多德还是属于柏拉图主义者传统。但是他将柏拉图与亚里士多德的相异之处看作为柏拉图辩护的依据,这就表明他又是站在柏拉图一边,而不准备接受亚里士多德的观点。③因此,普鲁塔克以维护柏拉图自身教义为目的,其他引证只是手段而已。在遇到亚里士多德学派的人对柏拉图激烈的批评时,普鲁塔克也只是认为那是因为漫步学派有些人偏离了亚里士多德的教义,错不在亚里士多德。④

---

① Karamanolis, 2006,第58页。
② Karamanolis, 2006,第87页。
③ Karamanolis, 2006,第89页。
④ Karamanolis, 2006,第97页。

（三）努麦尼乌斯

努麦尼乌斯和普鲁塔克迥然不同，他认为亚里士多德的哲学必须与柏拉图的教义相区别，[①]在其《论背离柏拉图的学园教义》中申明了学园中的怀疑主义是对柏拉图哲学的重大背离。[②]他一开始也明确指出柏拉图哲学与亚里士多德和斯多亚派的芝诺的根本区别，但目前残存的残篇中没有他对亚里士多德的具体批评，唯一明确的是，他认为柏拉图是毕达哥拉斯主义者，而亚里士多德不是。在这点上，他继承了欧多鲁斯对亚里士多德的批评。[③]其他提及亚里士多德的地方在于：努麦尼乌斯强调拒绝超越的理念论是亚里士多德背离柏拉图的标志性特征，[④]声称把亚里士多德当作柏拉图主义者是极度的无知。[⑤]

在努麦尼乌斯的其他著作中，并没有对亚里士多德的批评或反对柏拉图主义者对亚里士多德的运用。他对学园派和斯多亚派的批评更多一些。[⑥]这表明，努麦尼乌斯要么对亚里士多德并无真正的敌意，要么完全不重视他，后者可能性更大。[⑦]努麦尼乌斯本人是毕达哥拉斯主义者，反对亚里士多德也在预料之中。

（四）阿提库斯

阿提库斯继承了努麦尼乌斯的立场，也认为亚里士多德的哲学与柏拉图的相互冲突，需要区别对待，但是与努麦尼乌斯不同的是他的态度异常决绝，他认为亚里士多德思想在所有重要的方面都与柏拉图相反，比如灵魂不朽和理念论等，因此亚里士多德的著

---

① Des Places，1973，24. 67–70. (*Numenius Fragments* Paris，1973.)

② Des Places，1973，24–28.

③ Karamanolis，2006，第127页。

④ Des Places，1973，25. 105–117.

⑤ Karamanolis，2006，第128页。

⑥ 参看Des Places，1973，24，28和3，4b，24. 37–47，52. 2–3。

⑦ Karamanolis，2006，第128–129页。

作无法为任何人理解柏拉图思想提供任何帮助。他甚至进而认为
亚里士多德的所有著作,比如逻辑的或自然哲学的,毫无价值,哲
学家从中得不到哲学上的任何益处,因为其中充满错误。人们也
没必要首先求助于他,因为柏拉图已经有效地说明了所有哲学领
域的问题。[1]优西比乌记载说:

> 我将依据柏拉图的后学们来介绍其教义,其中之一就是
> 阿提库斯。他是杰出的柏拉图主义者,在其反对依据亚里士
> 多德的著作来扩展柏拉图教义的著作中,他勾勒了柏拉图与
> 教义的轮廓。[2]

阿提库斯反对的其实是试图将亚里士多德当作进入柏拉图学
说的门径的倾向。

(五)阿摩尼乌斯

阿摩尼乌斯·萨卡斯认为,亚里士多德在大多数最根本的哲
学议题上都与柏拉图相合。而且他将这种倾向传递给了弟子们,
包括普罗提诺、朗吉努斯和柏拉图主义者俄里根。在后来的思想
史记述中曾提到:

> 在第六卷中,赫罗克勒斯讲了所有柏拉图之后的哲学家,
> 直到亚历山大里亚的阿摩尼乌斯,其杰出弟子是普罗提诺和
> 俄里根,他们都将亚里士多德视为其中最重要者。……他认
> 为那些试图打破柏拉图和亚里士多德之间联系的做法有害无
> 益。尽管他们认为柏拉图是自己的老师,但是他们实质上败
> 坏了柏拉图的著作,亚里士多德学派也是如此,亚里士多德的

---

[1] Karamanolis, 2006, 第151页。
[2] Eusebius,《福音的准备》(*Praeparatio Evangelica*), 11. 1. 2, 转自Karamanolis, 2006, 第151页。

著作毁在自称是漫步学派的手中。①

　　柏拉图和亚里士多德的很多弟子都致力于研究表明他们的导师在其基本的教义方面是相互冲突的,甚至在争论中不惜败坏其导师的作品,以便展示他们相互矛盾。这种激情时常存在于哲学学校中,直到阿摩尼乌斯,那位受教于神者。他是首位对哲学真理拥有神一般的热情的人,他蔑视大多数人的意见,他认为那是哲学的耻辱。他很好地理解了两位哲人的观点,并且将它们带到一个同样的努斯之下,传达给他所有的弟子们不包含冲突的哲学,特别是其中最优秀者,如普罗提诺、俄里根及其后继者。②

　　因此,我们大概可以将阿摩尼乌斯看作新柏拉图主义中融合柏拉图和亚里士多德的真正前驱,同时也是中期柏拉图主义者中承上启下的枢纽人物。

　　不论中期柏拉图主义者对亚里士多德抱持什么态度,至少他们没有办法全然忽略亚里士多德著作对柏拉图教义体系化的作用,当然,另一方面来说,他们在客观理解亚里士多德思想方面始终都有障碍。但他们的努力总体上是为构建自洽的柏拉图思想体系而做的积极尝试,而且这种尝试在新柏拉图主义者那里也得到延续,亚里士多德的著作在其中也持续发挥着重要作用。

四、中期柏拉图主义与晚期斯多亚派

(一)塞涅卡笔下的柏拉图主义

　　塞涅卡(Seneca,公元前1-65年)在其全集中贯穿了对柏拉图

---

① Patriarch Photius,《书目》(*Bibliotheca*),cod. 214, 173a18–40, 转自Karamanolis, 2006,第192页。

② Patriarch Photius,《书目》(*Bibliotheca*),cod. 251, 461a24.39, 转自Karamanolis, 2006,第193页。

的引用，但是这些引用在多大程度上能说明塞涅卡是柏拉图主义者呢？完全不能。因为大多数只是作为文学来源来引用，而非评论或附议其哲学观点，但"塞涅卡口中的'柏拉图'、'柏拉图主义者'或者'学园派'（Academici），这些名义上（onomastic）提及的功能直接与塞涅卡和柏拉图主义复杂的关系相关，而柏拉图主义就是那些名字展示出的哲学体系。"[1]因此，塞涅卡给出的柏拉图和柏拉图主义也形成了某种教条化的理解。其中，塞涅卡的书信58和65一向被学界认为是研究其柏拉图哲学观的主要文献，[2]下面我们先列出两封书信的大纲，以便进一步了解：[3]

第58封：

1–4节，从柏拉图开始，讨论拉丁语是否是一种适用于哲学的语言，总是盯着那些古旧的可能有用的术语是否是一种浪费。

5–7节，即便运用人造术语合理，也要考虑表达其意义是否需要它。主题是柏拉图的"是/存在"（to on），塞涅卡翻译成"是者"（What is）。

8–12节，要理解柏拉图六种意义上的"是者"需要依据"种、属"的等级划分的解释，"是者"是最高的最一般的等级。

13–15节，相较而言，斯多亚派理论中最高的种是"某物to ti"。[4]

16–22节，柏拉图六种意义上的"是者"。（可思物、事物

---

① 参见Teun Tieleman, 2007, 第135页。
② 关于塞涅卡的哲学书信，本文主要参考Brad Inwood译疏本，《塞涅卡哲学书信》（*Seneca, Sellected Philosophical Letters*, Oxford, 2007.）。
③ 参考《塞涅卡哲学书信》，Brad Inwood译疏本，第111、137–138页。相关研究亦参George Boys-Stones, in Long, A.G., 2013。
④ 关于"某物"的形而上学体系参见汪子嵩等，《希腊哲学史》卷四，第380页。

的德性[par excellence]、理念[idea]、形式[form]、感官物、如其所是[时空])

22–24节，一切物质存在的暂时性。

25–31节，这些技术性讨论的益处。

32–37节，死亡和身体与灵魂的关系。

第65封：

1–2节，设定场景，一群朋友争论 "原因" 理论，遗留下来未解决的诸多论题。

2–4节，斯多亚派的立场是只有一个原因，即主动的原理：理性。

4–6节，亚里士多德的四因说。

7–10节，柏拉图给亚里士多德增加了第五因和第六因(理念[idea]、形式[form])。

10–15节，鲁库鲁斯受邀裁决争论，塞涅卡再次为斯多亚派的原因理论辩护。

15–22节，塞涅卡在物理学方面讨论这些论题。

23–24节，人们当终身坚持这些讨论。

Brad Inwood认为我们不光要把这些书信当作重构柏拉图主义史的材料，而且还要重视作为斯多亚派思想家的塞涅卡，他这样转述柏拉图主义的理论意图，特别是他作为斯多亚派思想家的自我理解如何造就了他这样来转述柏拉图主义，当然，他也承认，虽然他们的思想归属某学派，但他们都是独立的思想家，并不拘泥于守护某学派思想，这些讨论本身就是罗马哲学生活的明证。[①]至于塞涅卡转述柏拉图思想的来源问题，还存有争议，不过，其哲学书信的哲学史和哲学研究意义都已经得到普遍重视，产生了很多有

[①] Brad Inwood, 2007, 第149–150页。

益成果。[①]

（二）爱比克泰德所认为的哲学家代表：柏拉图

另外两位晚期斯多亚派的代表也大量引用过柏拉图和柏拉图主义的思想和事例，以爱比克泰德（Epictetus，生于公元50年左右）而言，柏拉图只是一个哲学家权威，他曾两次引用柏拉图的话"没有任何一个灵魂自愿被剥夺（丢弃）真理"[②]来说明自己的观点，同时他反对仅仅将像柏拉图这类哲学家的话当作文辞，他认为重要的是要落实到对自己的实际改变上。"'我大声念给你听，你大声念给我听？''伙计，你的文笔非常优美，你模仿色诺芬的文笔写得非常漂亮'，'你模仿柏拉图的文笔写得非常漂亮'，'你模仿安提斯泰尼斯的文笔写得非常漂亮'。结果，你们向对方讲的都是自己的梦话，而且，讲完以后，你们的行为还是以前的老样子。"[③]另外，我们要考虑我们是因为什么才成为哲学家的，是否只是靠外在的模仿，"'什么？难道柏拉图不算个哲学家吗？'（我的回答是，）'那么，希波克拉底难道不是个医学家吗？可是你也知道他说话是多么雄辩有力。'难道你能说希波克拉底因为是位医学家才这么雄辩有力吗？你怎么可以把碰巧出现在同一个人身上的品质混在一起呢？如果柏拉图俊美健壮，难道我就应该努力让自己也变得俊美健壮？难道你就不想仔细观察和分辨一下，人们是因为什么品质才成为哲学家的？他还有什么样的其他品质是他碰巧具有的呢？假如我是个哲学家，难道你们也应该像我一样做个瘸子吗？"[④]爱比克泰德要人们思量柏拉图成为哲学家的真正原因，以

[①] 如Bickel, 1960、Dillon, 1996、Donini, 1979、Dörrie和Baltes, 1997–2002、Mansfeld, 1992、Rist, 1989、Schönegg, 1999、Sedly, 2005、Caston, 1999、Brunschwig, 1994、2003、Barnes, 2003等，参见Brad Inwood, 2007。

[②] 《爱比克泰德论说集》，i.28.4–5、ii.22.36，中译文自王文华译本（商务印书馆，2009年），参校Loeb本Oldfather编校译，希英对照本，下同。

[③] 《爱比克泰德论说集》，ii.17.35–36。

[④] 《爱比克泰德论说集》，i.8.11–14。

此激励人们"成为"而非"像是"哲学家,这里的柏拉图只是一个哲学家的代表。

他认为要发挥人们自己的"自由"来不断学习,企及理想,"可是,我们怎么才能做到这一点呢?我们一定要有这样的愿望:让自己的行为最终让自己满意,让自己在神的面前显得高贵完美,让自己在神或我们纯净的自我面前变得纯净起来。柏拉图说,当我们再次突然面对这类表象的时候,我们就'到神庙里去,向神献祭赎罪,或者乞求神灵的庇护,'或者我们也可以去找那些品德高尚、充满正义的人去,把自己跟他们比一比,不管他们活着,还是已经死了。我们可以去找找苏格拉底,看看他是如何跟阿尔喀比亚德躺在一起,轻视他的美貌。"① "为了这个真正的、可以抵制任何阴谋、安全可靠的自由,你难道不愿意把原来神赐予你的东西再交还给他吗?难道你就不愿,就像柏拉图说过的,一直坚持学习,不只是要学习如何去死,而且要学习如何忍受酷刑拷打,如何遭受流放,如何遭受鞭挞,一句话,如何放弃一切本不属于你的东西吗?"② 这些教义既可以说是苏格拉底—柏拉图的,也可以说只是一种方便的挪用。因为它们并未涉及柏拉图的核心论证,爱比克泰德只是每每借用柏拉图为自己的观点服务。

爱比克泰德针对柏拉图本人观点的最主要的论述,主要集中在对理念之存在的讨论上,因为智者曾经质疑理念的存在,而在这点上,斯多亚派和柏拉图似乎站在了一起:

> 可是,我们许多人都跟修辞家泰奥彭波斯一样,都存在同一种错误的认识。这位修辞家曾经指责柏拉图希望给每一件事物都下一个定义的做法。(这位泰奥彭波斯先生)是怎么说的呢?他说:"在你之前我们有谁没有使用过'善'、'正义'这

---

① 《爱比克泰德论说集》,ii.18.20。
② 《爱比克泰德论说集》,iv.1.172。

样的词呢？我们有谁在运用这些词语的时候根本就不理解它们各自具有什么样的含义，就好像这些词语都是一些空洞而毫无意义的声音呢？泰奥彭波斯，谁跟你说过我们天生对这些事物没有任何天然认知来着？可是，(问题的关键是，)如果我们不把我们的各种天然认知进行区分，不认真探讨和分析哪一种天然认知可以适用哪一种具体情况，那么，我们就永远不可能将天然认知运用到(生活中所面临的)各种具体问题中去。"①

10. 对于我们的生活来说道理也是一样。我们中间有谁没有说过"善"和"恶"，谁没有说过"有利"和"没利"，我们中间有谁对这每一个名称没有什么天然认知？可是，我们的这种天然认知是一种清晰完美的认知吗?请证明给我们看看。我该怎么证明呢？把你的天然认知正确地应用到具体问题中。比方说，柏拉图在一开始就用"有用"这个天然认知来界定自己的各个定义，所以，同样的道理，你应该用"没用"这个天然认知来界定自己的定义。②

这里讲的德性的理念"善"、"正义"等，在柏拉图那里是当然存在的高级实在，但同时因为其并非感性的、日常的，因此被修辞家或者智者批评也可以理解，但爱比克泰德为柏拉图的德性理念辩护时用的却是经验论的方法，也就是将"善"还原为"有用性"，建立一个"善的阶梯"，从经验开端处的有用性可以通往理念意义上的善好，这算是对柏拉图的独特解读，是通过斯多亚的伦理学来解决这个问题，但的确并非柏拉图论述理念的思路。

此外，第二卷20章专门有一节讲"反对伊壁鸠鲁派和学园派"，驳斥的是阿凯西劳斯和卡尔涅阿德斯的怀疑论倾向，也驳斥

---

① 《爱比克泰德论说集》，ii.17.5–7。
② 《爱比克泰德论说集》，ii.17.11。

了罗马流行的对柏拉图《理想国》的曲解，"在罗马，妇女们手里都有柏拉图的《理想国》，因为他坚持主张妇女共同体。因为她们关注的仅仅是作者字面上说的话，而不是作者说这样的话的真正意图。因为在他的著作里他没有让一个男人和一个女人结婚住在一起，他这么做就是为了倡导一个妇女的共同体；但是，他在废除这种婚姻的同时又引进了另外一种婚姻（来取代它）。而且，一般来说，人们都喜欢为自己的失误找借口。而哲学告诉我们，（假如没有任何理由，）我们即使是随意地伸出一个手指头也是不对的。"①整部《爱比克泰德论说集》涉及柏拉图对话内容的则不胜枚举，但大多以论据方式为己所用，爱比克泰德没有形成完整的柏拉图诠释或柏拉图主义体系。

（三）马可·奥勒留与柏拉图主义

　　帝王哲学家马可·奥勒留（Marcus Antonius Aurelius，公元121–180年）也曾引用和化用柏拉图和柏拉图主义的观点。直接引用或明显来自柏拉图对话的有这样一些：

1. 只是修辞性借用：

　　　要永远明白，这处地方跟其他地方一样，这里所有的事物跟山上、跟海边，跟其他你所向往的地方也一样。要知道，你会发现柏拉图所言非常贴切；他说："生活在城墙里有如在山上挤羊奶时被羊群所围绕。"②

---

① 《爱比克泰德论说集》，残篇15，Flor. 6. 58。
② 《沉思录》，10.23。中译本自王焕生译本（上海三联书店，2010年），参校Hutcheson和James Moor译本（*The Meditations of the Emperor Marcus Aurelius Antoninus*, Translated by Francis Hutcheson and James Moor, Edited and with an Introduction by James Moore and Michael Silverthorne, Liberty Fund, 2008），必要时有改动；柏拉图的话引自《泰阿泰德》174d，参见詹文杰译本（商务印书馆，2015）。

　　柏拉图原文中本来是说统治者由于缺乏闲暇而变得粗鄙和欠缺教养，但奥勒留这里只是为了说明："人们往往寻求退隐，过乡间、海边和山林间的生活，你也曾经希望过那样的生活。然而这样的想法是最为庸俗的，因为你可以随时退隐到你的内心。要知道，任何一个人都不可能比他退隐进自己的心灵更洁静、更闲适；特别是当他内心有这样的要求时，他只需稍许凝思，便可以立即进入宁静之中。我称之为宁静的不是什么别的，就是心灵的有序。"①

2. 直接引用柏拉图的观点或原话做一般论据或作为权威：

　　　　柏拉图的话："如果一个人心灵宏大，对整个时间和一切事物实体都进行过观察，那你认为此人会觉得人生是件什么大事吗？"对方回答说："不会的。""那么他还会把死亡当作一件可怕的事吗？""绝对不会。"②

　　　　柏拉图的话：我会给这位诘问者一个应有的回答："你说得不好，朋友，如果你以为一个即使只有某种微小价值的人也会计较生与死的危险，而不只是关注他做的事情是否公正，是善良之人还是邪恶之人的事。"③

　　　　雅典人啊，事实确实是这样。如果一个人给自己作了安排，并且认为那安排是最合适的，或者那安排是受首领指派的，依我看，那他就应该待在那里甘冒危险，不考虑死亡，不考虑其他，除了不使自己受辱。④

　　　　好朋友啊，请注意。高尚和善良不只是救人和被救。因为一个真正的人无需考虑究竟能活多久，而是把这一切交给神明，相信老妇人们说的："任何人都不可能逃过命运的份额，而是去考虑他怎样才能以最好的方式度过命中注定的

---

① 《沉思录》，4.3。
② 《沉思录》，7.35，引自《理想国》486a。
③ 《沉思录》，7.44，引自《申辩》28b。
④ 《沉思录》，7.45，引自《申辩》28e。

时光。"①

　　　柏拉图的话非常好。评论人类应该有如居高俯瞰世间万小，诸如嘈杂的人群、军队、农耕、婚姻、分离、出生、死亡、法庭喧嚣、被遗弃的地方、各种野蛮民族、节日饮宴、哀伤、集市等以及相对事物的有序排列。②

　　这些引证几乎都指向对死亡和凡间琐事的超越，也就是后来提到的："鸟瞰无数的人群、无数的教仪、风暴中或平静的海上的航行、由出生至成年而衰老的变化。请再想想别人以前已经经历过的生活、有人在你以后将会经历的生活和蛮族人现在正在过着的生活。多少人从来不知道你的名字，多少人很快就会忘记它，多少现在称赞你的人会很快同样地指责你。无论是身后的美名或是荣誉，或是其他什么东西，全都没有意义。"③也就是在这一节前面，就有对柏拉图理想化的城邦的直接批评。

3. 对柏拉图的直接批评：

　　　宇宙的本源有如混沌的急流，把一切裹挟而来。那些忙于社会事务，并且自以为在哲学性从事实践的可怜的人是多么不值一提啊！一派胡言乱语。可怜的人啊，你怎么样？现在你就做自然(本性)要求你做的事。如果赋予你力量，你就努力行动，不要环顾周围是不是会有人知道。不要期望柏拉图的国家，而要对有一点微小的成功就该感到满足，并且要把它视为是微不足道的。要知道，谁能改变人们的信念呢？既然不能改变信念，那么除了让他们感叹着奴隶般地顺从，迫不得已而为之，又能怎么样呢？现在好吧，请你对我说说亚历山大、腓

---

① 《沉思录》，7.46，引自《高尔吉亚》512d-e。
② 《沉思录》，7.48。
③ 《沉思录》，10.30。

力和得墨特里奥斯·法勒柔斯。他们自己会判断他们是否理解了共同的自然(本性)的意愿和他们对自己的训练。如果他们扮演了悲剧角色,不会有人责怪我没有模仿他们。哲学工作是坦诚而谦逊的,不要让我傲慢狂妄。①

这是对单纯的理论性工作的批评,和爱比克泰德一样,斯多亚派强调践行,②奥勒留实质性地批评柏拉图的"理想国",将其看作不切实际的、不懂得众人本性的理想。而且《理想国》也不是进学的良好起点。这样的说法很类似政治现实主义的观点,但巧妙的是历史上却有人用奥勒留的观点来批评马基雅维利的现实主义。③

4. 提及柏拉图主义者

奥勒留只提到一次柏拉图主义者,而且实际上可能只是一位漫步学派的学者:"著名的卡拉克斯和柏拉图派哲学家得墨特里奥斯、欧得蒙以及相类似的人又怎么样? 一切都是朝生暮死的,有些人很快就会不为人记起,有些人成了传说中的人物,还有些人在传说里也消失了。因此你更要记住:你的躯体也会被散解,你的呼吸也会停止的,你也会被转移,安排到另一处地方。"④这里的柏拉图主义者就是上文批评柏拉图时提到的得墨特里奥斯·法勒柔斯(Demetrius Phalereus,生于公元前350年),实际上是亚里士多德学派的雅典政治家,受马其顿王委派统治雅典10年,其著作包括哲学和修辞学方面的内容。因此,奥勒留说的只是所有人的朝生暮死,哲学家也好,政治家也好,好名好利者都终将做无益之事。那他难道是感叹虚无? 究竟说这些丧气话干什么? 他批评完柏拉

---

① 《沉思录》,9.29。
② 关于爱比克泰德和马可·奥勒留对待柏拉图的类似方式,参见Thomas Bénatouïl,2013,第147页以下。
③ 《沉思录》,Hutcheson和James Moor译本,184注13,《反马基雅维利》(*Anti-Machiavel*,1741,第59页注)中提到:"让恺撒·博尔吉亚(Caesar Borgia)做马基雅维利的英雄的同伴吧,所有道德的君主都会成为马可·奥勒留。"
④ 《沉思录》,8.25。

图后，接着他自己重复了斯多亚派的教义：

> 对源自外部原因的事物要保持镇静，对发自你内心的行
> 动要力主公正。也就是说，让你的意愿和行为在于为了公共
> 利益，因为这对于你来说符合自然本性。[①]

那么，这样看来，奥勒留并未形成柏拉图主义教条，但是他把
柏拉图当作知名哲学家征引时，已经僵化了对特定类型哲学家的
理解，当然，这也可能是同时代人共同的刻板印象。此外，有学者
质疑他的整部《沉思录》在某种意义上继承了柏拉图主义的二元
论，而非斯多亚的一元论，特别在身心关系方面，有很多可以探寻
之处，但是著名学者克里斯托弗·吉尔（Christopher Gill）辩护说，
事实并非如此，我们不能贸然将其中一些段落当作半柏拉图式的
二元论。[②]

（四）中期柏拉图主义与斯多亚派伦理论争

柏拉图主义和斯多亚派真正的交锋主要体现在一系列的思想
观点上，在当时已经形成针锋相对的斗争，但也有相互学习和促
进思考的作用。柏拉图主义与斯多亚派的争论由来已久，而且牵
涉面广，是一个大课题，因此我们不做全面检点，之前只是在正面
介绍柏拉图主义者思想时涉及过相关争论。这里仅以"道德进步
观"为例，斯多亚遇到了柏拉图主义未曾遇到的难题，对柏拉图主
义者而言，道德进步是人理智动力驱策下理所当然的道德实践的
后果。由于斯多亚派以激进的善恶二分法为前提，智（sophos）愚
（phaulos）之间有鸿沟，就不承认任何中间条件。也就是说，凡不是
完全智慧者，绝大多数人都只是全然的傻子。这样看来，人们根本

---

① 《沉思录》，9.31。
② 参见Christopher Gill, 2007，第206页。

没有道德进步的可能性,不论人们做多少努力都无济于事,除非一切都转向善好和智慧,这种突然的猛烈的转向(metabolē)似乎就是唯一进德的道路。[1]

但据Roskam研究,斯多亚派有着精致的道德进步(prokopē)学说,足够回应普鲁塔克在《论道德精进》(*De Profectibus in Virtute*)中提出的质疑。此外,普鲁塔克曾专门撰写三篇驳论,批判斯多亚派的各种思想,我们可以看到学派间的论争,有形而上学、物理学方面的,也有伦理学的,对大众而言,伦理学的论争直接影响到人们日常生活道德的塑形,因此显得尤为重要。[2]此外,中期柏拉图主义的灵魂观(如欧多鲁斯、普鲁塔克等)与斯多亚派的伦理学也有密切联系,中期柏拉图主义讨论命运时都要在一个斯多亚派命运思想的背景中展开。[3]

五、敌柏拉图者:伊壁鸠鲁派

伊壁鸠鲁像[4]

---

[1] Geert Roskam,2005,第9页。

[2] 就此参看专门讨论这一论争的专著:Geert Roskam,2005。

[3] Robert W. Sharple,2007,第169页。

[4] Marble bust of Epicurus. Roman copy of Greek original, 3rd century BC/2nd century BC. On display in the British Museum, London.

伊壁鸠鲁(Epicurus, Ἐπίκουρος, 公元前341–前270年)本人从学于柏拉图主义者(帕姆斐鲁斯[Pamphilus])和德谟克利特的思想传人(纳乌斯法奈斯[Nausiphanes])。论述学园柏拉图主义时,我们零星地在叙述中提到伊壁鸠鲁对柏拉图主义者的挑战和点滴回应,而中期柏拉图主义与当时的伊壁鸠鲁派也有交锋,中期柏拉图主义者普鲁塔克专门写过两篇驳论,论述过其快乐生活的不可能性。从伊壁鸠鲁派漫长的接受史来看,[1]我们认为伊壁鸠鲁派算是柏拉图主义真正的敌人,就像德谟克利特之于柏拉图一样,"他们几乎在所有重要之事上的想法都相反"。[2]相较于漫步学派、斯多亚派、怀疑主义而言,伊壁鸠鲁派更正面地冲击着柏拉图主义的思想根基,虽然算是苏格拉底学派的分支和余脉,但理论上最难与柏拉图主义相容,因此我们竟可以直呼其为"敌柏拉图者"(anti-Plato)。

站在柏拉图和柏拉图主义的立场上会对伊壁鸠鲁派,特别是其建基于原子论的形而上学和伦理学提出一系列批评。在柏拉图看来,世界是由某种神圣的力量创造,人的灵魂是无形而不朽的,物质并不是实在。《蒂迈欧》中还有一位工匠神德穆格,可以安置三角形的活的原子和几何的原子,而且解释了宇宙的诞生,柏拉图主义的宇宙是一个善好的宇宙,或者说是将无序的世界带入秩序的世界,有序总是高于无序的。[3]柏拉图对物质极不信任,物在柏拉图那里地位极低,等于稍纵即逝的幻影,因此他无法认同伊壁鸠鲁继承的原子论的唯物主义思想倾向。他信靠理性作为依据的有序世界的规整,认为原子论者的物质基础并不存在,感知给予的只是真正实在的影像,需要通过它们上升到真正的实在。柏拉图和柏拉图主义者相信灵魂不朽,而且有死后生活,在世的德性与死

---

① 参看Holmes & Shearin, 2012和Catherine Wilson, 2008。
② Tim O'Keefe, 2009, 第3页。
③ 参看《蒂迈欧》52a–b, 亦参Catherine Wilson, 2008, 第45页。

后灵魂的状态相关,但是伊壁鸠鲁认为灵魂是原子的暂时聚合,死后则分解,并没有不朽的灵魂,也没有死后生活,因此根本不需要害怕死亡。

自亚里士多德以来,历代柏拉图主义者都或多或少批评过伊壁鸠鲁派思想,但伊壁鸠鲁继承了德谟克利特的原子论,并加以改造,克服了其理论困难,创立了迥异于苏格拉底以来的为德性寻找根基的形而上学传统,开辟了全新的思想传统。它的"物质主义"、"个体主义"直接与苏格拉底以来的"唯心主义"、"整体论"("城邦与人同构"或"人在城邦中生活的根本性")形成直接而尖锐的对立,而其以快乐为依归的生活哲学,又与苏格拉底式的道德生活劝诫形成激烈而深刻的理论竞争。因此,在思想论敌的意义上,伊壁鸠鲁派是柏拉图主义最可敬畏的敌人,他们几乎没有任何共识。从伊壁鸠鲁的回应来看,与柏拉图主义有一定亲缘性的斯多亚派也曾激烈批评他们的学说。

伊壁鸠鲁派内部也有继承发展,赫马库斯(Hermarchus,或Hermarch,Ἕρμαρχος,公元前325–前250年),继承了伊壁鸠鲁的哲学花园,成为学派领袖,此后这派学问绵延不绝。希腊化时期,最重要的继承人是罗马的拉丁语诗人卢克莱修(Lucretius,公元94–55年),其《物性论》是伊壁鸠鲁形而上学、物理学的最佳继承者,还有奥诺安达的第欧根尼(Diogenes of Oinoanda,约公元2世纪),这些都是中期柏拉图主义时代的人,但中期柏拉图主义者面对的论敌,却主要是几百年前的伊壁鸠鲁的学生考罗特斯(Colotes,约公元前310–前260年),他曾写过论战性的作品《遵从其他哲人的教义无法过上快乐的生活》,普鲁塔克就是针对这个流传300多年的小册子,撰写了两篇驳论。[①]

伊壁鸠鲁派对现代的影响更大,从伽桑狄(Pierre Gassendi,1592–1655)、笛卡尔(René Descartes,1596–1650)、罗伯特·波义耳

---

① 有关柏拉图与伊壁鸠鲁派思想具体交锋的概要,参见Tim O'Keefe, 2009。

(Robert Boyle, 1627–1691)到牛顿(Isaac Newton, 1643–1727)等人的科学或机械论思想,都直接受到伊壁鸠鲁思想的影响,而对现代人而言,最重要的可能还是功利主义伦理学和马克思主义哲学对其思想的继承,这些思想几乎就是现代思想本身,所以我们或许可以说,自17世纪以来,我们已经完全生活在"敌柏拉图"的时代。

六、中期柏拉图主义者同时代的神秘主义思想流派

(一)诺斯替派

瓦伦提努(Valentinus)是诺斯替派(School of Gnostics)的创建人,生于埃及,在亚历山大里亚受教育,公元135–160年间在罗马从事教学活动。瓦伦提努是塔胡斯、阿尔比努斯和努麦尼乌斯的同时代人。他弟子众多,从其弟子的转述中,我们可以知道他的一些教义。[①]诺斯替派与柏拉图主义最不同的一点在于,他们和柏拉图主义者一样承认世界的不完美,但是他们进一步指出,不完美是由于有一个恶的实体的创造物,我们在其中完全是暂居者,要有一种对世界的激进的否定哲学来改变这一切。我们知道,在此之前,恶的存在对柏拉图主义而言,或说自苏格拉底以来都不是严重的问题,他们用理智主义的解释,将恶解释为无知和缺乏善,没有实体性的恶,需要的是知识和智慧,摆脱无知就可以摆脱恶。如果按照诺斯替的想法,有一个制造恶的源头,那么恶的问题就更重要,如何摆脱恶也变得更严峻。此外,诺斯替派建立自己的教义时借用了柏拉图主义的很多术语,比如单一、不定的二、逻各斯、世界灵魂、工匠神德穆格、第一原理、努斯、普纽玛(pneuma)、灵魂等,当然这些本来也是公用的希腊语,但是他们给这些术语以新的含义,在不断融合发展中创造了极端二元论、温和二元论和一元论

[①] 关于诺斯替教的整体研究参见:张新樟,2005和约纳斯,2006。

等诸多理论形态。由于它本身受到诸多思想传统影响，又反过来影响了很多同时代的思想，因此我们很难找到一套说辞代表其统一的思路，同时因为它的影响一直持续到现代，因此，要考察柏拉图主义与它的关系，就必须在历史中考察其具体的争论和交锋。

　　同时，诺斯替派结合早期基督教思想，甚至瓦伦提努本人宣称自己是保罗的第二代嫡传弟子，更增加了其学说的宗教气质。天主教很快发现他们学说与基督教义不容，因此加以区隔和划界，但有一大批信众受到了诺斯替派思想或信念的影响，甚至形成了一些布道经典。[1]可惜的是，中期柏拉图主义者并未正面回应诺斯替派的思想。

（二）至尊赫尔墨斯的神秘教义

　　罗马是各种思想传统交流的统一帝国，因此，埃及、希腊、波斯、犹太等众多思想传统在罗马各个重要的城市充分交流，催生了很多独特的思想产儿，其中对后世影响深远的，除了诺斯替派还有赫尔墨斯文献群。赫尔墨斯文献群也是神秘主义宗教和哲学思想的来源。形成赫尔墨斯教义的文献主要包括两部分，一部分是通俗的赫尔墨斯信仰文献，包括各种占星术、巫术、炼金术等，一种是知识型文献，包括《赫尔墨斯教文集》(*Corpus Hermeticum*，其中为人熟知的一些训诫先是收在选集《阿斯克莱匹乌斯》[*Asclepius*]中)等。[2]通俗文献主要讲述人们如何通过神秘的秘仪了解自然和命运，如何获得快乐生活的秘密，知识型文献则包含多种并不相容的古代神学。

　　赫尔墨斯教义的主要内容，可以参考后世结集的三部书：第一部就是《赫尔墨斯教文集》(*Corpus Hermeticum*)，它的影响最

---

① 参见罗宾逊、史密斯，2008；约纳斯，2005；杰拉德·汉拉第，2012；库里亚诺，2009等，需留意古代文献与现代性问题的勾连。

② 参见伊利亚德，2004，第675页。

大,是用希腊文写成的,包括十八卷,都是以赫尔墨斯和其他人对话的形式展开。第一卷是和丕曼德(Poemandres,努斯或神)进行的对话,其中丕曼德教授赫尔墨斯宇宙的秘密,其他卷则是赫尔墨斯教授其他人——比如阿斯克莱琵乌斯(Asclepius)及其儿子塔特(Tat),后来因为第一卷很重要,因此文集名也叫作《丕曼德》(*Poemandres*)"。Poimandres(希腊语: Ποιμάνδρης,又名Poemandres, Poemander或Pimander)来自希腊语的ποιμήν(牧者)和ἀνήρ(人)两个词,字面意思是"人类的牧人"(诺斯替派与新柏拉图主义中神的称号之一),所以也被译为《牧者》。

第二部重要著作是《至尊赫尔墨斯的翡翠书板》(*The Emerald Tablet of Hermes Trismegistus*),其内容很短,但包括了著名的格言"上如此,下亦然",即表达一个统一体的上下、大小、内外协调一致,彼此影响、相互体现。其中还解释了至尊赫尔墨斯的名字由来,那是因为他通晓宇宙的三部分智慧,因此是三倍伟大的,也就是最最伟大的。

第三部是《库巴里奥: 赫尔墨斯哲学》(*The Kybalion: Hermetic Philosophy*)[1],讲述赫尔墨斯主要的哲学思想。

所谓宇宙的三部分智慧是指:"炼金术"(太阳的运作奥秘)"占星术"(太阴的运作奥秘)和"巫术(通神术)"(Theurgy,星辰的运作奥秘)。炼金术不光指将汞炼成其他事物,更多的是一种精神探索,是一种通过运用生、死、再生的秘仪而来的物质生活和存在。这些秘仪包括各种化学的蒸馏、发酵等,为的是加速自然变化使自然物臻于完善。[2]赫尔墨斯认为,扎拉图斯特拉发现了部分宇宙奥秘即占星术,并将其教授给人们。在赫尔墨斯看来,行星的运行不再是物理法则,而是至上者(神、上帝)心中的征象。占星术

---

① 首次出版于1912年,作者是Three Initiates,出版社是The Yogi Publication Society。
② 亦参魏尔纳·舒特,2006年版,第108–114页。

影响着地上的人类，但是并不命令人们做具体行为，当我们了解了这些影响并合理地处理它们时，我们便获得了智慧。"巫术"分两种：一种是黑魔法（Goetia），一种是白魔法，黑魔法依赖邪灵（魔鬼等）作祟，白魔法靠着圣灵（天使、上帝等）作为。巫术或魔法是对炼金术的具体运用，相应地，炼金术也是魔法的关键，它们有着共同的目标，那就是和更高的类似物合而为一，最终获得神圣的觉知。

赫尔墨斯相信万有神论和一元多神论，认为世界上的一切来自同一个原因，有共同的唯一源泉，即"大全"（The All），但是宇宙中也存在诸神、天使、圣师、元素等。所谓元素是指土、水、气和火，在炼金术里常用到。赫尔墨斯信奉"上如此，下亦然"，它指的是在现实的诸多层面当中，无论是事物还是精神，只要其中一个层面发生了变化，那么其他层面也会变。微观世界和宏观世界也是如此，微观世界指某个个体，而宏观世界指宇宙，它们相互依赖，通过了解其中一个就能了解另一个，通常是通过了解微观世界来了解宏观世界。此外，赫尔墨斯还相信再生，不过主要是指精神的再生而非肉体的再生。

赫尔墨斯认为"努斯"是产生善还是恶，主要看他接受的是上帝还是恶魔的影响。上帝使其生善，恶魔使其生恶。恶魔生的诸恶，包括通奸、谋杀、弑父、亵渎、不敬神、坠崖轻生等祸事，可见赫尔墨斯教具有道德内涵，但是其"善"很狭隘，专指至善，即神。只是上帝完全无恶，人没有机会成善，因为人有肉体，属于物理性的自然，无法认识至善。万恶之最是不育，一个人不论是作为行动性存在的男人，还是作为思虑性存在的女人，囿于一个肉体中，不进行像神一样的生产性活动，那么他或她就是恶，就无法圆满。当然，这里的生育、生产是象征性的，不一定限于生孩子，而是指有所创作。

赫尔墨斯的神学有两种，一种是乐观的，认为宇宙充满美善，神性充盈其间，人通过沉思宇宙的至美就可以获得神性，人的任务是歌颂天上的万物，依其掌管地上的万物。另一种是悲观的神学，认为世界是恶的，人只有舍弃今生才能接近神，这种神学倾向贬低身体和物质世界，认为人的属灵因素使其像神一样，灵魂不死，肉体死亡后灵魂获得新生，也是永生。[①]

狄龙认为赫尔墨斯教义的形而上学值得再深入研究，因为可以看到其与新毕达哥拉斯主义和斯多亚化了的柏拉图主义的复杂关联，[②]是一种复杂宗教与哲学杂糅的理论成果。后来又成为柏拉图主义发展中的思想资源和理论伙伴。

（三）《迦勒底神谕》

从公元2世纪流传至今的《迦勒底神谕》(*Chaldean Oracles*)残篇集，是一批深奥的六音部韵诗集，据说是由神传递下来(θεοπαράδοτα)，授给迦勒底人朱利安(Julian the Chaldean)或其儿子术士朱利安(Julian the Theurgist)，这些残篇大多靠历代新柏拉图主义者的转述保留下来。[③]《迦勒底神谕》经过新柏拉图主义者的高度评价，特别是从波斐利到达马士基乌斯，它被认为是与《蒂迈欧》地位平齐的天启文献，[④]又经由基督教的评估和转述，[⑤]最后成为某种古代神圣文献。

就内容而言，它和诺斯替派一样，也是多种思想传统的杂糅，特别是借用了不少柏拉图主义的概念，甚至也包含上升的净化仪式、出神、幻觉体验、神圣的对象、魔法手段和套语、祈祷、赞歌、

---

① 伊利亚德，2004，第677–678页，引自梁中和，2012。

② Dillon, 1977，第392页。

③ 参见《迦勒底神谕》，Ruth Majercik译疏本，1989，第1页。

④ 同上，第2页。

⑤ 比如艾尔诺比乌斯Arnobius of Sicca (253–327)、维克多瑞乌斯Marius Victorinus (280–363)、苏奈西乌斯Synesius of Cyrene (370–413)和拜占庭的坡塞卢斯Michael Psellus (1019–1078)等。

沉思等等。[①]因为其来源多样，掺杂很多宗教神秘话语，因此梳理起来也很困难，很多时候只能靠揣测，很多表达都还处于论争中。Majercik所做的翻译和文本疏解是目前最可靠的校订译疏本，他在其长篇导言中试图给出了一个整体勾勒。他认为《迦勒底神谕》的神学整体上反映出中期柏拉图主义是其主要的思想来源，特别强调至高之神的超越性，这种超越性表现出某种消极的"否定性"，例如说神"外在于"其造物存在，另一方面又肯定地说，神是"父"，是"首"或"父亲般的理智"，是"单一"和"源头"，甚至是"太一"。这种结合了否定性和肯定性的描述，是中期柏拉图主义神学的标志。

　　此外，《迦勒底神谕》与诺斯替和赫尔墨斯文献的关系是更加复杂的问题，尚处于整理争辩中，但总体而言，正如狄龙所说，所有这些哲学或宗教思想体系，都认为所有存在，包括物质，都源自于一个至高的原理，他们都认为至高原理和工匠神德穆格之间有区别，后者只是负责具体创作世界中的事物，同时也都意识到有一种阴性原理，负责保证低等存在者的多样性、区分和繁衍，以及终极的拯救或者回归，这种阴性的原理倾向于在不同的层次上，分裂为两个或三个实在。这些想法都还是柏拉图主义内的思路，此外，《迦勒底神谕》中提到的灵魂本性问题、其下降到物质的问题、逃脱的策略问题以及死后的命运问题，也都是遵循柏拉图主义的思考方式。还有光明与黑暗的对峙，存在的不竭源泉，灵魂之翼等提法，也都来自柏拉图主义。[②]我们可以说，中期柏拉图主义在发展过程中，衍生出了这些相关的宗教思想，而这些思想体系，又反过来影响了新柏拉图主义中的宗教元素，特别是扬布里柯和普罗克洛之后。

---

① 《迦勒底神谕》，Ruth Majercik译疏本，1989，第5页。
② Dillon, 1977, 第396页。

（四）宗教化的新毕达哥拉斯主义：图阿那的阿波罗尼乌斯

图阿那的阿波罗尼乌斯像

　　中期柏拉图主义正值世纪交替后最初两百年，而所谓"世纪"的计算来源于这个时代诞生的一位重要人物，即拿撒勒的耶稣(Jesus of Nazareth)，他从犹太教中脱胎换骨，和他的门徒一起成就了后世的基督教，所谓"世纪"只是标示这个人物已经诞生(具体时间并不确切)。

　　图阿那的阿波罗尼乌斯(Apollonius of Tyana)则是与耶稣同一个时代诞生的另一位宗教大师，只不过他是新毕达哥拉斯主义的宗师，虽然对中期柏拉图主义哲学影响不明，但也算是当时的理论环境中的重要人物，因此，我们以他作为新毕达哥拉斯主义宗教化的代表来简述。

　　除了前面提到的柏拉图主义化了的新毕达哥拉斯主义偏重理论工作以外，毕达哥拉斯主义本身有强调实践的一面，而重视这一方面的人往往不重视其数学和形而上学理论。他们强调宗教性和魔法的力量，将自我塑造成理想的道德生活的楷模，西塞罗《论目的》卷二、《图斯库兰论辩集》卷四1–2中都曾提到毕达哥拉斯主义者的名声，他们的行为甚至影响到了罗马的政治生活，他们认为最英明的罗马早期皇帝努马(Numa，前715–673年统治)就是毕达哥拉斯的弟子。贺拉斯的颂歌、[1] 奥维德的《变形记》等文学作品也深受此类灵魂转世等思想的影响。[2] 这些影响可能来自于罗马文学史中的人物，比如爱尼乌斯(Ennius，公元前239–前169年)在其诗歌《安奈丽丝》(*Annales*)中说自己是荷马转世。罗马的民族主义也助长了人们对毕达哥拉斯的重视，因为他是意大利人，罗马人想要建立他们和毕达哥拉斯的关系以自重。正是在这一背景下，阿波罗尼乌斯出现并成为一代宗师。

阿波罗尼乌斯(Ἀπολλώνιος ὁ Τυανεύς；公元15–100年)，公元1世纪的演说家和哲人，公元4世纪时，基督徒常拿他和耶稣对比，直到现代仍然如此。阿波罗尼乌斯出生于富裕的希腊家庭，其生平事迹主要由罗马皇后茉莉亚·道姆娜(Julia Domna)请智者菲罗斯塔图斯(Philostratus)记述，大约成书于公元220–230年之间，直接影响了后世对阿波罗尼乌斯的了解。此外，优西比乌保留了一些其《论牺牲》中的内容以及书信。关于他与耶稣的对比，骚西亚努斯(Sossianus Hierocles)认为公元3世纪时，阿波罗尼乌斯的生平和教义传播比耶稣教义的传播更珍贵，这个观点来自启蒙时代的伏尔泰和查尔斯·布朗特(Charles Blount)[3]。John Remsburg在20世纪初时认为阿波罗尼乌斯的宗教学说因为不合时宜而消失了，取而代之的是佛教、基督教和伊斯兰教，因为它们更有良好的生存条件。[4] Joseph Campbell在其《英雄千面》(*The Hero with a Thousand Faces*)中将耶稣和阿波罗尼乌斯都当作英雄的个体，和

---

① Horace, I 28；参见Huffman, 2005，第19–21页。

② Kahn, 2001，第146–149页。

③ *Encyclopædia Britannica*,1911, Volume 2.

④ Remsburg, JE (1909). "Christ's real existence impossible". *The Christ: a critical review and analysis of the evidences of his existence.* New York: The Truth Seeker Company. pp. 13–23.

克里希那、佛陀等并立。①同样，Robert M. Price在其《基督神话理论及其问题》中也注意到古代人经常把耶稣和阿波罗尼乌斯当作英雄原型加以比较。②而圣经学者Bart D. Ehrman则说阿波罗尼乌斯的追随者认为耶稣是个骗子。③

　　其实我们能确定的在于：阿波罗尼乌斯是一个毕达哥拉斯主义者，他遵循传统，禁止献祭动物，生活简朴，严格食素。他认为神是最美的存在，不会被祈祷者或所献牺牲影响，他并不想被人崇拜，但是可以由深入理智（努斯）来企及，因为他本身就是纯然的努斯，而努斯又是人类最重要的能力。④另外，阿波罗尼乌斯之所以被当作宗教人物，可能主要因为他会魔法或者可以创造奇迹。菲罗斯塔图斯说他有超感知能力，当多米提安（Domitian）皇帝于公元96年9月18日在罗马被杀时，据说阿波罗尼乌斯在Ephesus正午时目睹了这一事件，并且告诉身边人说，"振作起来，暴君已经被杀了。"⑤

　　20世纪初出版的洛布古典丛书16、17册，就是菲罗斯塔图斯的《阿波罗尼乌斯生平》希英对照译注，书后面还附有阿波罗尼乌斯书信和优西比乌的相关记载。最后我们引用他提到柏拉图的一封短信结束对他的简要介绍，因为他和柏拉图及柏拉图主义的关系远未说明，尚待更专门的研究：

　　　　柏拉图说过，真正的德性没有主人。试想有人没能在这个答案中获得荣耀和愉悦，没这么做，而是把自己卖给了卑劣

① Clinton Bennett. *In Search of Jesus: Insider and Outsider Images Continuum*, 2001, p. 206.
② Robert M. Price. *The Christ-Myth Theory and its Problems*, Atheist Press, 2011, p.20.
③ Bart D. Ehrman, *Did Jesus Exist?: The Historical Argument for Jesus of Nazareth HarperCollins*, USA. 2012.pp. 208–209, 转引自维基百科Apollonius of Tyana词条。
④ Dzielska, M (1986). "On the memoirs of Damis". *Apollonius of Tyana in legend and history*. Rome: L'Erma di Bretschneider. pp. 139–141.
⑤《阿波罗尼乌斯生平》，卷8，第26章。

的钱财,那么我会说他反而是把自己给了众多主人。①

　　柏拉图主义并非从单一创造性个人那里得来的思想果实,而是逐渐在各种辩论和论证中塑形的,②当时不同的哲学家在塑造和改造柏拉图主义方面都有或多或少的贡献,那些众多流派的论敌,也让柏拉图主义逐渐"成为自己",因此这个理论塑形的过程伴随着无数细节问题的繁复争辩,这些讨论虽然细碎,但逐渐让希腊化时期各家各派逐渐形成独立的学派,并进而产生出一些方便教学和普及的理论教条,柏拉图主义在这场费时弥久而又波澜壮阔的思想冲撞中脱颖而出,最终发生了创造性的转化,诞生出"新柏拉图主义",同时中期柏拉图主义与其他学派一道,对同时代的文学(如维吉尔的《埃涅阿德》、③阿普列乌斯的《金驴记》等)和宗教(基督教及各种新兴流派和古代宗教传统)产生了深远的影响。

---

① 《阿波罗尼乌斯书信》,15。
② 参看Mauro Bonazzi, 2007,第132页。
③ 参看John Stevens, 2007,第87页。

下篇　新柏拉图主义

第六章　新柏拉图主义的开创与诠释

一、普罗提诺的哲学体系及其对柏拉图的诠释

（一）生平与思想背景

①

1. 生平

普罗提诺(Plotinus, Πλωτῖνος)的著名弟子波斐利撰写过《普罗提诺生平》，详细记述这位哲人的一生和著作。简略讲，普罗

提诺大约在公元205年生于埃及的卢孔(Lycon或Lycopolis),公元269/270年卒于意大利的卡帕尼亚(Campania),享年65岁。公元232–242年,他就读于亚里山大里亚,先是拜著名的哲学家们为师,但是他们都不能满足他,后来投到毕达哥拉斯派和柏拉图主义哲学家阿摩尼乌斯(Ammonius Saccas)门下,[①]由此投身于其柏拉图主义哲学的研究和教学中。

公元242–244年,他曾参军,想跟随罗马皇帝戈迪亚努斯(Gordianus)远征波斯,希望了解波斯哲学,但未能如愿。公元244年,普罗提诺移居罗马,从事重要的教学活动,吸引了众多听众。伽里努斯(Galienus)皇帝及皇后撒罗尼娜(Salonina)也很喜欢他的理论,他们甚至想在卡帕尼亚建一个"柏拉图城",希望根据柏拉图制定的法律生活,但最终失败了。普洛提诺还有4次与最高存在融合的"神秘"体验,神谕说他去天上不是接受审判而是与神为友。公元254年,普罗提诺50岁时开始撰写自己的理论文章,把他给学生做的演讲和传授的课程记录下来,写成了54个专题作品,包括部分谈话形式的作品。他晚年的弟子波斐利编辑整理后,把这些专题文章分成六卷出版,每卷由九章组成,普洛提诺的著作全集因此得名《九章集》,就是因为每卷有九章。这部作品集代表了普洛提诺一生思想的精华和成熟的理论。按照波斐利的划分,六卷分别论述:1.道德问题;2.自然哲学;3.天体宇宙;4.灵魂;5.理智(超越的和灵魂中的);6.太一。波斐利的编撰并非按照写作时间,而是按主题划分,每个主题都是先易后难,循序渐进,因此有教育教学方面的考虑。

一般而言,介绍普罗提诺思想时,往往直接从其著作入手,忽略其思想来源,但我们认为他思想来源复杂,是一位名副其实的希腊化时期哲学的集大成者。在此,我们先简要介绍其众多思想来源,再进入他本人的创造性哲学理论。

---

① 参见前文第三章,第二节。

2. 追溯前苏格拉底哲学

普罗提诺征引前苏格拉底的思想不多，长期以来被学者们忽略，他们认为他对前苏格拉底思想只是间接引用，没有自己的理解和解读。[①]但是最近也有学者开始反省这些普遍的偏见，[②]他们发现，普罗提诺在论述前苏哲学家时，可能是基于原始文献而非转引，在论述不同的哲人和自然哲学家整体时，表达也不一样（比如《九章集》IV.8.1、V.1.8—9、II.1.2.6—9中的引用）。

据统计，[③]普罗提诺征引前苏格拉底哲学家的情况如下：赫拉克利特4次（II.1.2.11、IV.8.1.12、IV.8.5.6、V.1.9.3），恩培多克勒5次（II.4.7.1、IV.8.1.19—20、IV.8.1.34、IV.8.5.5、V.1.9.5），巴门尼德2次（V.1.8.15、VI.6.18.42），阿那克萨戈拉2次（II.4.7.2、V.1.9.1），毕达哥拉斯和早期毕达哥拉斯主义4次（IV.7.8[4].3、IV.8.1.21、V.1.9.28、V.5.6.27），以及早期毕达哥拉斯主义者弗瑞西德斯（Pherecydes）1次（V.1.9.29）。此外，间接征引和提及前苏格拉底的情况则是：阿那克萨戈拉37次、阿那克西曼德3次、德谟克利特11次、恩培多克勒14次、赫拉克利特35次、莱乌希普斯（Leucippus）1次、巴门尼德26次、菲洛劳斯（Philolaus）2次、弗瑞西德斯4次、毕达哥拉斯主义者14次、泰勒斯和克塞诺芬尼（Xenophanes）各一次。[④]

这些直接或者间接引用还不完备，但是已经可以想办法说明普罗提诺作为晚期希腊最后一位集大成的哲学家，对前苏格拉底思想的整合是如何进行的，比如他在太一学说中与巴门尼德一元论、毕达哥拉斯主义的真理说、赫拉克利特的一、恩培多克勒的"亲爱"、阿那克萨戈拉的努斯等都有联系。其存在学说也和前苏格拉底思想中的相关理论有联系，他对永恒和时间性的理解也都

---

① 比如A. H.Armstrong、J. M. Rist、M. Atkinson、C. Kahn等学者都持此观点。

② 比如J. Mansfeld、T. Gelzer等。

③ Giannis Stamatellos, 2007, 第19—20页。

④ Index Fontium of Henry-Schwyzer and E. N. Roussos, 1974, 参见Giannis Stamatellos, 2007, 第19—20页。

掺杂着与前苏格拉底哲人的对话，当然，在论述物与灵魂时也借鉴了阿那克西曼德的无定说、恩培多克勒的四元素说、阿那克萨戈拉的物质理论以及原子论者的物质学说等等。

　　总之，前苏格拉底哲学是普罗提诺不可或缺的思想来源之一，但他继承最多的当然是柏拉图，也是他替柏拉图构建出了一套哲学体系，并加以创造性地阐释。

3. 继承柏拉图

　　在《九章集》中，普罗提诺提到柏拉图的名字多达56次，[①]征引时都基于柏拉图的对话，他自认为是柏拉图的阐释者（ἐξηγητής），而他的哲学则是柏拉图学说的注解（τοῦ Πλάτωνος γράμμασιν）。他认为自己的哲学观点属于柏拉图的教义。普罗提诺最重视的是柏拉图的形而上学建构，特别是在《巴门尼德》、《理想国》、《智者》和《书简二》中的观点。

　　《巴门尼德》中的几个假设直接影响了普罗提诺著名的实体理论：第一个假设（137c–142a），巴门尼德用否定性的表达说，"如果有绝对统一的一，那么没有任何东西可以述谓它"，普罗提诺发现了这种无以言明的超越的"太一"，也即第一实体。第二个假设的第一部分（142b–155e），巴门尼德用肯定性的表达说，"如果一存在，那么一切述谓都可以归于它"，这里普罗提诺发现了理智的本性，即其第二实体。第三个假设的最后部分（155e–157b），巴门尼德处理时间中的存在物时，普罗提诺明确提出了与灵魂相关的实体，而灵魂就是其第三实体。[②]此前，中期柏拉图主义者并没有像普罗提诺这样重视《巴门尼德》，他们要么把它当作逻辑训练，要

---

① I.2.3.5; I.3.4.12; I.4.16.10; II.1.2.7, 5.2, 6.7, 7.1, 7.31;II.2.2.24; II.3.9.2, 15.1; II.4.10.11; II.9.6.10, 6.23, 6.42, 17.2; III.5.1.6, 2.2,5.6, 7.1, 8.7; III.6.11.1, 12.1; III.7.6.5, 13.19; III.9.3.3; IV.3.1.23, 22.8; IV.4.22.7, 22.12; IV.8.1.23, 4.35; V.1.8.1, 8.9, 8.14, 8.24, 9.12, 10.10;V.8.4.52, 8.7; V.9.9.8; VI.2.1.5, 1.14, 1.23, 22.1, 22.13; VI.3.1.2, 6.23; VI.6.4.11; VI.7.5.23, 6.33, 11.44, 7.25.1, 37.24, 39.29; VI.8.18.44.
② 关于《巴门尼德》学说在普罗提诺思想中的地位，参见Findlay, 1975和Wallis, 1995，第21页。

么当作柏拉图形而上学教义的一般展示,但自普罗提诺之后,《巴门尼德》被广泛注疏,成为最重要的形而上学对话之一。扬布里柯认为,只有《巴门尼德》和《蒂迈欧》是保留了柏拉图形而上学思想的作品。[①] 普罗克洛则认为《巴门尼德》包含了诸神的真理,甚至整个柏拉图神学体系。[②]

此外,普罗提诺还借用了柏拉图《书简二》(312d–313a)来构建其形而上学体系,特别是三一实在论,而在《理想国》509b中,普罗提诺看到了与至善一致的太一的最初本性——那种超越的存在(ἐπέκεινα τῆς οὐσίας)。[③] 依据《蒂迈欧》(30c以下)和《智者》(248e–249d),普罗提诺将理智的本性解释成智性的活的存在,一种永恒的完美生活和真实存在。他继承了《智者》中的五类:是(存在)、静、动、同、异,用来更好表述理智世界的本性,而没有用亚里士多德的十范畴或斯多亚的种类学说。[④]

普罗提诺的宇宙论则反映了柏拉图的宇宙论,即存在物的世界对立与"是(存在)"的世界,同时似乎也吸取了亚里士多德所说的柏拉图的"未成文学说",现代学者对于普罗提诺是什么意义上的柏拉图诠释者还存在争议:究竟是非批判性的忠实继承者,还是独立的创造性解读者?但是普罗提诺哲学的创造性是不容忽视的,而他与柏拉图哲学的关联更是不言而喻。普罗提诺与柏拉图的不同在于,写作方式不同,普罗提诺不用对话表达观点,修辞并不特别讲究,而论题也不如柏拉图那么广博,只是局限于形而上学,忽略了数学、伦理学、政治学等,这些论题顶多被普罗提诺视为探索哲学学问的形而上学基础,但他不会涉及具体的实践哲学学说。虽然他自己有几何、算数、机械、光学、音乐等方面的深厚知识,但他关心的都是形而上学问题。当然,普罗提诺并非同意柏

---

① 《〈蒂迈欧〉评注》,I.13.14–17。
② 《柏拉图神学》,I.2.4–6。
③ 参见《九章集》,V.1.8.8。
④ 参见《九章集》,VI.2.2、VI.1.1–24、VI.1.23–29。

拉图的所有观点,他曾经质疑过柏拉图的观点(II.1.2),还提出柏拉图对话中的矛盾观点(IV.8)。①

因此,我们不能认同普罗提诺对自己的定位,他既继承了柏拉图,是当时也是历史上曾经有过的对柏拉图最有力、最具创造性的解释者,也是具备充满独立思考能力的原创性哲学家。后世人说他让柏拉图复活了,②又称他是"再世柏拉图",而这个称号又成为后世对柏拉图主义者的至高褒奖,文艺复兴时期拜占庭的柏莱图和佛罗伦萨的斐奇诺都曾获此殊荣。

4. 对话亚里士多德

普罗提诺虽然只提到过亚里士多德4次,③但波斐利指出《九章集》中隐含着漫步学派的学说,④特别是对《形而上学》的广泛运用。普罗提诺虽然更喜欢柏拉图辩证的本体论而非亚里士多德的逻辑学,但后来的新柏拉图主义者都倾向于结合两者,后文我们会专门讲述其努力。无论如何,普罗提诺对亚里士多德学说的熟悉有助于他解释柏拉图和柏拉图主义哲学,他还接受了亚里士多德关于理智、理智事物以及灵魂学的术语,也运用"质料—形式"、"潜能—现实"等相对的概念,但是反对亚里士多德将灵魂和形体说成不可分割的东西,批评亚里士多德的幸福依赖于外在的财富等,⑤也不同意亚里士多德神学中没有超越理智的至高原理,⑥他还反对亚里士多德形而上学和物理学理论中,将范畴既运用在理智事物中,又运用在可感事物中,⑦十范畴也减少到了柏拉图的五范畴。⑧

---

① 参看Giannis Stamatellos, 2007, 第11–13页的具体分析。
② 奥古斯丁,《驳学园派》(*Contra Academicos*), 3.18。
③ 《九章集》, II.1.2.12, 4.11; II.5.3.18; V.1.9.7。
④ 波斐利,《普罗提诺生平》, 14.5–6。
⑤ 《九章集》, I.4.5。
⑥ 《九章集》, V.6.2–6, VI.7.37–42。
⑦ 《九章集》, VI.3.3。
⑧ 参看Giannis Stamatellos, 2007, 第14页。

5. 容摄希腊化时期的其他思想

我们知道希腊化时期还有其他重要思想,也对普罗提诺的思想形成产生过影响,比如斯多亚、诺斯替和其他希腊化宗教等。对观斯多亚和柏拉图主义的努力并不少见,也有学者专门做普罗提诺与斯多亚派哲学的对比,得出的结论都表明它们有相当紧密的关系。[①]有学者认为他已经注意到老斯多亚派、波希多尼和爱比克泰德,波斐利也证实了斯多亚对普罗提诺暗中有影响。[②]普罗提诺实际上吸纳了斯多亚派的宇宙论、人性论、逻辑、种子原理(seed-principles)、宇宙同感论(cosmic sympathy)、神义论、理智世界的活力论概念以及个体的形式等。同时,普罗提诺反对斯多亚派将世界灵魂看作最高神性的理论,以及灵魂在身体中作为独立的物质实在,神是事物的模型,命运主宰宇宙等学说。[③]

波斐利记述了普罗提诺时代的宗教环境,在听普罗提诺演讲的人中有基督徒和诺斯替教派的人,[④]这些宗教分子曾经试图重新解释柏拉图教义,引来了波斐利等人的反对。[⑤]普罗提诺本人专门写过《反诺斯替》(II.9),他批评诺斯替主义者任凭私意曲解古代哲学特别是柏拉图哲学教义,他反对诺斯替派说的,神圣的创造者是一个无知的或邪恶的德穆格,他创造了不完美的物质世界。他提出了一连串问题,比如在神意问题上他质问道,"现在我们要指出的是,因为他们鄙视那些高级实在的同类,所以他们也不知道高级存在者本身,他们只是佯装知道地谈论着。我们还要指出,既然否认神意延至这个世界、遍及世界中的万事万物,那么还有什么敬虔可言?他们一方面这样否定神意,另一方却宣称神确

---

① 参看Graeser, 1972, 以及Gatti, 1996第11–12页和Wallis, 1995, 第25页。
② 波斐利,《普罗提诺生平》, 14.5。
③ 同样值得关注的还有普罗提诺改造了柏拉图主义化了的波希多尼的一些学说。详参Giannis Stamatellos, 2007, 第15页。
④ 波斐利,《普罗提诺生平》, 16。
⑤ 波斐利,《普罗提诺生平》, 16.1–9、12–18。

实按神意惠顾他们，并且独独惠顾他们，这难道不是自相矛盾的吗？那么神是当他们还在高级世界时才独独眷顾他们，还是当他们进入了这个世界之后，照样眷顾他们？如果当他们还在上界时，神眷顾过他们，那么他们怎么会来到这个世界？如果当他们在下界时，神眷顾他们，那么他们怎么还留在地上呢？再者，神怎么可能不在这里呢？不然他从何处得知他们在这里呢？他怎么知道他们在这个世界时并未忘记他而成为恶的？如果他知道那些没有变为恶的人，他也必然知道那些已经变为恶的人，这样才能善恶分明。因此，他必然出现在一切之中，必然存在于这个世界，不管以什么方式存在；所以，这个世界必分有他。如果他不在这个世界，他也不会向你们显现，那样，你们就不可能谈论他或者在他之后产生的存在者。不管你们说神意是从高级世界降临到你们身上，还是你们喜欢的另外说法，无论如何，这个宇宙都拥有来自那个世界的神佑，它从未被遗弃，也永远不会被遗弃。因为整体获得的神意眷顾要比部分的多得多，因此普遍灵魂也比个体灵魂更多地分有神。"①

　　普罗提诺没有正面批评过基督教，但他的弟子有激烈批评，后文会专门展开论说。他对基督教保持沉默并不表明他的支持，或许普罗提诺将他们和诺斯替看作一类加以驳斥。此外，普罗提诺没有明显的东方哲学的印记，而主要继承了希腊哲学传统，但是后来的波斐利是腓尼基人，扬布里柯和达玛士基乌斯与叙利亚文化有关，普罗克洛也受到了东方宗教影响。此外，普罗提诺没有受到《迦勒底神谕》的影响，这和后来的新柏拉图主义者很不一样。②

6. 毕达哥拉斯主义、漫步学派和柏拉图主义的影响

　　据波斐利说，普罗提诺注意到了之前的一些柏拉图主义者，③

---

① 《九章集》，II.9.16。
② 参看Giannis Stamatellos, 2007, 第15页。
③ 波斐利，《普罗提诺生平》，14.10–14。

比如中期柏拉图主义者塞乌鲁斯(Severus)、克罗尼乌斯、阿帕麦阿的努麦尼乌斯以及阿提库斯，还有漫步学派的阿斯帕西乌斯(Aspasius)、阿德哈图斯和阿芙罗蒂西亚的亚历山大(Alexander of Aphrodisias)，亚历山大是公元3世纪初雅典漫步学派的领袖。克罗尼乌斯和努麦尼乌斯都受到毕达哥拉斯主义极大影响，从其观点看，他们也继承阿提库斯对亚里士多德的大多数批评，比如批评他否认德性之于幸福的自足、否认灵魂不朽、其天象论、宇宙有时间开端等思想。努麦尼乌斯也对普罗提诺有重大影响，比如存在(是)的绝对无形体性，缕清存在(是)在诸神的三一体系中的结构，安置万物之实际存在，强调人神的神秘合一，以及作为创造的沉思等思想。[1]以至于有人指控普罗提诺剽窃努麦尼乌斯。普罗提诺除了受到过毕达哥拉斯主义化了的中期柏拉图主义者的影响外，还有其他毕达哥拉斯主义者影响过他，比如墨德拉图斯，受他影响的观点包括：物质是神所造、神圣三一理论(太一、理智世界和灵魂)，以及对柏拉图《巴门尼德》的诠释。尼科马库斯在毕达哥拉斯主义方面也对普罗提诺和扬布里柯的数学神秘主义有明显影响。

　　阿斯帕西乌斯、阿德哈图斯和阿芙罗蒂西亚的亚历山大是当时最重要的评注家。阿德哈图斯评注过《范畴篇》和柏拉图的《蒂迈欧》，阿斯帕西乌斯是最早的评注者之一，注解过《尼各马可伦理学》，也注解过亚里士多德的《范畴篇》、《形而上学》和《论天》。而阿芙罗蒂西亚的亚历山大算是最重要的亚里士多德评注者，注解过《形而上学》、《前分析篇》、《论题篇》，以及一系列短篇哲学作品。普罗提诺似乎深受亚历山大对亚里士多德灵魂学和形而上学解释的影响，比如他将《形而上学》卷十二中的纯粹思想者和《论灵魂》卷三61节中的主动理智与神相结合的想法，普

---

[1] 参见Gatti, 1996，第13页。

罗提诺还赞同亚历山大对灵魂在身体中的空间性存在的否认。[①]
此外,普罗提诺是阿摩尼乌斯的亲炙弟子,前文已经讲过,不再
赘述。

　　总之,普罗提诺直接继承了或者说汇聚了古希腊思想的诸多
思潮和传统,并不是简单的对以往柏拉图主义的继承,其思想来源
的丰富性加上其思想的原创性,使得普罗提诺成为那个时代最重
要的精神代表,从而超越了时代,其影响绵延到文艺复兴及现代。

(二)普罗提诺的哲学体系

　　几乎所有哲学史都会提到普罗提诺著名的"流溢说",它概括
了其形而上学体系的动态特征,从静态上分析,我们会看到在普
罗提诺眼中,世界真实存在是什么,万物何以创生,万物的归处又
在哪里,万物特别是作为灵魂的人如何回到自己存在的源头。[②]

1. 第一原理(太一之"是")

　　第一原理的论题由来已久,要讨论的问题是一切存在的最高
和最终的依据。普罗提诺谈到第一原理时说:

　　　　如果本原之后有什么东西,那么它必然是产生于本原
的。它或者是直接产生于本原,或者通过中介存在者溯源到
本原,因此必然有二级存在者和三级存在者,二级追溯到本
原,三级追溯到二级。在万物之前必然存在一种简单事物,它
必然不同于它所产生的任何事物,它是自在的,不与它所产生
的东西结合,同时能够以不同的方式呈现在它所产生的东西
里面,它是真正的同一,而不是组合而成的统一。事实上即使
用同一来描述它也是错误的,对它不能有任何概念或者知识,

---

① 《九章集》,IV.3.20和亚里士多德《论灵魂》,13.9以下,亦参看Giannis Stamatellos,
2007,第16页。
② 关于普罗提诺哲学体系的综合性介绍和解读参看汪子嵩等,《希腊哲学史》卷
4(2010年)和石敏敏,《普罗提诺的"是"的形而上学》(2005年)。

因此也许只能说它"超越是"。如果它不是单一的，不是在一切重合和结合之外，那么它就不可能成为一个最初的原理。正因为它是单一的，是一切之首，所以它必是完全自足的。任何非本原的东西都需要在它之前产生它的东西，任何非单一的东西都需要单一的构成元素，这样它才能由之生成。这样的实在必是唯一的一。如果除它之外，还有另一个，那么两者必是同一的。因为毫无疑问，我们不是在谈论两个物体，或者以为太一是最初的物体。任何单一的东西不可能是物质性的，物质是生成的，它绝不是第一原理，因为"第一原理不可能是生成的"。如果它是非质料的原理，是真正的同一，那么所谓的另一个就必是这同一的原理。因此如果本原之后还有什么东西，它就不可能是单一的，它必是一一多。①

格尔森认为普罗提诺此处的问题意识来自于《理想国》中的至善理论，至善就是普罗提诺称为的那个"一"，普罗提诺的论证中包含两点：1.每个组合物或复合的实在都需要一个单一的实在作为其"说明"；2.有这么一个"太一"存在。第一点比较好理解，说某物存在就需要解释存在是什么意思，依据什么说它存在。但理解第二点比较困难，就是要解释有一个独立的高于一切具体存在者的原初存在。普罗提诺自己的解释是，"一切存在者，包括那些原初的存在者，以及那些在任何意义上都可以说属于存在者的事物，正是通过这太一才是存在者。若不是这个一，有什么东西能存在呢？如果事物失去了它们原先拥有的一，也就丧失了自己本身，表明它们不再是那些事物。比如说，一支军队如果不是一，那就不存在；一个合唱队或一群羊也是如此。同样，如果没有一，就不可能有一幢房子或一条船，因为房子是一幢，船是一条，如果它们丧失了这个一，就不是房子或船了。所以，如果没有统一性，连

① 《九章集》，V.4.1，中译本均自石敏敏译本，必要时有改动。

续的量便不会存在,无论如何,如果它们被分割,失却了自己的一,就会相应地改变自己的是。同样的情况也适用于动植物的躯体,每个动植物都是一个统一体,如果它们失去了各自的统一性,分裂为多,那就失去了原本拥有的实体,不再是过去的所是,而成了新的事物——新的事物之所以能够存在,依然有赖于新的统一性。健康也只有在身体是一个有秩序的统一体时才能存在;美也是在统一性原则把各部分结合在一起时才出现。灵魂和谐统一时,才会有德性。"①也就是说,他用"统一性"和"同一性"来解释事物要成为自身就必须有一个统一性,这个统一性就是太一。具体事物的统一,比如军队的统一好理解,因为它有部分,但是一切存在的统一怎么理解? 这种一切的统一性并不是自明的,亚里士多德曾经说组合物是由形式统一起来的,而形式并非组合物中的元素,②普罗提诺则推扩了这个论证,他认为统一的原因不可能是形式,因为如果是形式,那么形式就该存在,这样一来,它自己的统一就又需要解释。③因此,可行的解释是"太一"是绝对、单一、自我解释的原理,是"自因的"(αἴτιον ἑαθτοῦ),在思想史上,"自因"这个术语由普罗提诺首次提出,可见其思想的独特性。普罗提诺的解释是:

> 　　一切生成之物,一切真正存在的事物,或者都有一个之所以如此生成(作为生成之物)、之所以如此存在(作为真正存在)的原因,或者没有任何原因:或者在这两类事物中,有些有原因,有些没有原因;或者凡是形成的事物都有原因,但是就真正存在的事物来说,有的有原因,有的没有原因;或者真正存在的事物都没有原因;或者反过来,一切真正存在的事物都有

---

① 《九章集》,VI.9.1。
② 《形而上学》,1041b11–33。
③ Gerson, 2013,第232页,注22。

原因,而一切生成的事物有的有原因,有的没有原因,或者全都没有原因。我们知道,就永恒的实在来说,不可能把它们中的首要者归于另外的事物,把另外的事物当作它们存在的原因,因为它们本身就是首要者。而且,我们必须承认,一切依赖于首要实在的事物都从它们获得各自的存在(是)。为了解释每一个实在的活动,我们应当追溯到它们的本质,因为这本质就是它们的存在(是),是某种特定活动的产物。至于生成的事物,或者永远真正存在但并非始终以同样的方式活动的事物,我们得说,其形成总是有一定原因的。①

太一作为原理必须不能来自任何事物,反而是所有事物的原因,因此它只能是"自因"的。如果我们放弃第一原理的自我解释性,那么就会进一步导致放弃一切事物的相关解释性,一切就都不可能被解释。因此普罗提诺的任务就是展示万物的绝对单一的第一原理真的能够解释万物的存在。此外,他还说太一是万物的潜力(δύναμις τῶν πάντων),②他否定了太一是质料意义上的潜能,因为那些是被动的,他说的太一是主动的、积极的潜力,但是这种潜力不与任何具体事物相关。③格尔森猜测这种所谓万物的潜力与至善相关,努麦尼乌斯解释第一原理时认为它是一切形式的范例,即德穆格的角色,他根据形式制造万物,但是与之相对的,至善则是其所是,也即万物的潜力,绝对单一但又是其自身,太一高于一切实体(οὐσία),又是一切组合物拥有实体的原因。④

太一还被描述为"自爱"以及"自成或无因的"。普罗提诺说,"他,就是这个自己,是可爱的,是爱,也是对自己的爱,因为他的

①《九章集》,III.1.1。
②《九章集》,V.5.3,以及III.8.10.1;VI.1.7;V.3.16;V4.1;V.4.2;V5.12.3;VI7.32;VI.7.40;VI.9.5。
③ Gerson, 2013,第234页。
④ Gerson, 2013,第235页。

美只出于他自己，在于他自身"，①此外，"我们不能说本原(第一者)是偶然的，不能说它不是自己形成的'是'的主人，其实它根本没有形成过。……因为它就是善，因为它固守着自己，它不必转向别的事物，相反，别的事物倒要转向它，它无所缺乏。所以可以说，如果它的存在就是它的活动……那么，它不可能根据它本性上的所是而活动，从某种意义上也可以说，它的活动并它的生命——我们可以这样称谓它——不可能归于它的实体，实际上，它里面某种类似于实体的东西伴随着它的活动，并且可以说，与它的活动一同产生，而它自身从这两者(类实体之物与活动)中造出自己，既是自因的，又是无因的。"②正是太一的自成和无因，保证了万物存在并非来自于非存在，也就没有了无中何以生有的问题，太一之所"是"也即万物之所"是"。

　　按照波斐利的说法，太一是普罗提诺"三一本体"学说的第一个，另外两个至关重要的学说，即理智和灵魂。

2. 理智(努斯或太一的知识)

　　太一保持其单一绝对，因此不会是具体的事物，但是所有智性实在的范型又不可能是由一群实体组合而成，于是普罗提诺借鉴了努麦尼乌斯以及很多柏拉图主义者的做法，引入德穆格，让它来充当中间角色。那么德穆格就必须被设想为与太一截然不同的存在，因为理念(形式)必定存在，而且诸多理念虽然彼此不同，但又必须在某种意义上是同一的，它们必须是一个统一体的不同方面的表现，这样一来才可能解释真实的述谓判断的实际存在。比如马是动物而不是植物，或4是8的一半，对于普罗提诺而言，这些都是必然真理。假设马、动物、4和8以及"一半"的理念存在，并不足以保证那些判断为真。因此，我们可以说让它们为真的"马"是那些"动物之所是"的"事物"中的"一个"，"8的一半"是"4

---

① 《九章集》，VI.8.15。
② 《九章集》，VI.8.7。

之所是"的"事物"中的"一个"。但是为真实命题提供了基础的理念之间的链接是无数的，只有德穆格或普罗提诺说的第二个"三一本体"——"理智(或努斯)"，被认为可以统合所有理念，这样一来，同一性确认就有了本体论基础，必然真理也得以维护。[①]

理智在形而上学意义上与所有理念同一，因此他称其为"一——多"，与"太一"不同，它与"多"相关，但"一"在前，一也是根基。然而把理智看作能够沉思诸多理念的"一个"实在是行不通的，因为这样的话它们的同一性就很外在，他们必须是同一个实在。于是普罗提诺和亚里士多德一样，支持理智有最高的认知模式，这种模式存在于主体和客体的同一中，理智拥有的同一性是一切智性事物的统一。[②]因此，普罗提诺说，"要谈论这真实所是的事物唯有一种方法，那就是说它'超越万物、超越至尊的理智'；这不是给它命名，而是说它不是万物之一，'没有名称'，因为我们对它无法论说什么，我们只能尽我们所能对它有所表示。但是当我们提出这个难题说'它没有任何自我感知，没有自我意识，也不认识自己'时，我们应当想到，我们这样说它只是在用它的对立面来描述它。因为如果我们把它当作认知的对象和知识，就会使它成为多，把沉思归属于它，就是使它成为需要思的事物；但事实上，即使沉思与它密切相关，沉思在它也是多余的。一般而言，沉思似乎是在许多部分构成一个整体时对这个整体的一种深刻意识；当一物认识自己，当然是在恰当意义上的认识，情形固然如此，因为每个单独部分正好就是自己，它无所寻求；但是如果思是对外在之物的沉思，思就必然是有匮乏的，而不是适当意义上的沉思。须知，那完全单一、真正自足的事物(指太一)是无所匮乏的，而在第二层次上自足的事物(指理智)则需要自己，因而需要思考自己；那相对于自己有所匮乏的事物通过成为整体而获得自足，使它的

---

① Gerson, 2013, 第237–238页。
② Gerson, 2013, 第239页。

各个部分亲密地向它自己显现并倾向自己。因为内在的自我意识顾名思义就是一种关于某种包含多的事物的意识。而沉思是在先的，向内转显然包含多的理智，即使它只能说'我是存在的'，它也把这看作是一种发现，认为它是可理解的，因为存在是多样性的；如果它凝视自己，把自己看作是单一的事物，并说'我是存在的'，它就不可能达到自己或者存在。因为当它说到真理时，它说的存在不是指像石头一样的东西，而是用一个词说出了很多东西。因为这个是——意指真正的是，而非是的痕迹，否则不能称之为是，只能称之为原型的一个影子——包含着许多事物。那么这许多事物是否每一个都是思想呢？如果你想要抓住完全'孤立而独一的'，你就不能沉思，它是不可思的；但绝对的'是'在其自身中是多，如果你谈论包含在它里面的另外的事物，那就是沉思。果真如此，如果有完全单一的，它必不能拥有关于自己的沉思，因为它若拥有，就会成为多。因而它不是思想，也不存在任何关于它的沉思。"①

至于太一和理智之间的关系，我可以说它们有等级差别，理智只是太一的工具，而第三个"三一本体"——"灵魂"则是理智的工具，因而也是太一的工具，②普罗提诺说：

> 如果理智是"万物"之一，那它就不属于他，不可能在他里面。当柏拉图称他为"众美之因"时，显然是把美放在理念世界，而至善本身超越所有这样的美。柏拉图把这些放在第二级，说第三级——也就是由二级事物所产生的事物——依赖于它们，他放在三级事物周围的，显然就是那些由三级事物产生的事物，至于这里的宇宙，他认为依赖于灵魂。但由于

---

① 《九章集》，V.13。
② 关于理智作为太一的知识，参看Rist, 1967, 第4章；理智与太一的关系，参看Gerson, 2013, 第240–242页。

> 灵魂依赖于理智，理智依赖于至善，因此，万物都经过种种中介依赖于至善，有的离他近一些，有的与靠近他的事物为邻，而感觉事物在离他最远的地方依赖于灵魂。①

那么灵魂何以成为"三一本体"呢？

3. 灵魂

理智的活动是思考或运思(νόησις)，普罗提诺追随亚里士多德，将理智准确地界定为生命的范型，②一方面太一是生命的终极原因，另一方面理智是生命的工具或"比较终极"的原因。那么生命和灵魂是什么关系呢？正如存在(是)的工具性原因必须和存在的工具相区别一样，生命的工具性原因也要和生命的工具区别，理智的活动包含在两种方式中，精神的活动，以及虽然是智性存在但也有其非精神的活动。灵魂就是精神活动的原理，其原因发挥作用的范围比理智狭窄，理智的范围包括了任何以智性方式存在的事物。相应的，理智的原因作用范围又不如太一，太一作用于所有存在。而灵魂则是赋形了的生命的原理，不论是"个体生命"或"宇宙生命"。③普罗提诺说：

> 那么除了这些之外，我们还能想到什么另外的原因，不仅能使一切事物都有原因，没有任何东西没有原因，也能保存因果关系和秩序，同时还允许我们有所作为，又不取消预言和先兆？可以肯定，灵魂就是我们必须落实的另一个原理——不仅是大全的灵魂，还包括个体灵魂，它们与大全灵魂一起，绝不是无足轻重的。我们必须根据这一原理把万物组织起来，它本身**不像**其他事物那样是从**种子**生发而来的，而是**激发**活

---

① 《九章集》，VI.7.42。
② 参见《形而上学》1072b26–68。
③ Gerson, 2013, 第242页。

动的**原因**。当灵魂没有身体时,就处在对自己的绝对支配状态,完全自由,在自然宇宙的因果关系之外。但是当它**进入身体**之后,就再也**不可能处于全面支配地位**了,而成了与其他事物一起共同构成的秩序的一部分。当它进入这个中间状态之后,它周围的事物大部分都是由偶然性引导,于是就有一定的妥协,也就是说,它做有些事是出于周围这些事物的缘故,但有时也能支配它们,按自己的愿望引导它们。好的灵魂有力量支配更多的事物,坏的灵魂只能支配较少的事物。而完全屈从于身体脾性的灵魂,就不得不感受淫欲或愤怒,不是因贫困而自卑,就是因财富而自傲,或者因掌权而暴虐;而另一灵魂,就是本性良善的灵魂,就是在这些完全相同的环境里也能把持自己,不是让环境来改变自己,而是自己去改变环境,因此对有些事物它要改善它们,对有些则顺服它们,只要这种顺服没有任何坏处。①

因此,灵魂是原因性存在而非种子般在物之中,它赋形后才在生命中起作用,但已经不是完全支配地位,灵魂支配能力越强,这个生命就越强大、自由,也就越善良。灵魂是在向善之欲望的运动原理,"向善之欲望"既是直接向着至善的欲望,又是向着"诸多善好事物"(即至善的显现)的欲望,只有理智能永远而直接地拥有其欲望的东西,而灵魂是赋形了的活物之向善欲望的原理。②这些都还对个体生命而言,至于宇宙灵魂和自然,在普罗提诺看来,自然是宇宙灵魂最低的部分,他说,"自然既然是灵魂的最后和最低部分,它所拥有的也是照耀理性原理的最后一道光。就如刻印在一块厚蜡上的印章,因为刻得非常深,在底面也可看见印痕,但是正面的印迹非常清晰,底面的印迹则比较模糊。因此,自然只是

---

① 《九章集》,III.1.8.
② Gerson, 2013,第243页。

创造,却没有知识。它把自己拥有的东西自发地给予在它之后到来的事物,它的创造就是把自己拥有的东西给予形体和质料,就像被加热的物体把自身的形式传给贴近它的另一物体,使其稍稍变热。正因为如此,自然甚至没有想象力,而理智高于想象力,想象力介于自然的印象与理智之间。自然没有对事物的领悟,也没有意识;但想象力能意识到源自外部的事物,它使拥有影像的人能够了解自己的经历;而理智自身就是源泉,就是来自活动原理自身的活动。理智总是拥有,大全灵魂则是接受者,它永远在接受,以前也一直接受,这就是它的生命;而在每个连续的时间段显现的,是它思考时的意识。**灵魂反映在质料中就是自然**;到了自然阶段,事实上还在自然之前,真存在者已渐趋消失,这些存在者是可理知世界最末、最低的实在,在此之后产生的则是模仿。**自然作用于质料并受质料影响**,灵魂先于自然并靠近自然,它作用于质料却不受质料影响;比灵魂更高的事物则不作用于形体或质料。"[①]

　　这解释了灵魂赋形的机制和自然事物的存在原因,我们可以设想,德穆格如果想要制作"马",那么"马"一定已经立刻永远存在了,同理,究极而言,宇宙灵魂想要给"马"赋予一个形体,那也是因为太一想要如此。理智不可能单独解释为什么动物看起来是那个样子,理智可以解释的是明确的智性存在,而动物之相貌取决于其赋形部分,灵魂也没法单独解释为什么它们长那样,因为其长相永远受到自然的逼迫。自然则直接作用于质料,灵魂也作用于质料,但自身不受质料影响。[②]因此"太一—理智—灵魂"这三个"三一本体"均不受质料影响,那么这种"外在于"三一本体的"质料"算什么? 有任何重要性吗?

4. 物质或质料

　　普罗提诺认为形体及其所属物在存在等级体系中,在本体论

---

① 《九章集》,IV.4.13。
② Gerson, 2013, 第244页。

意义上是在后的,但是仍然需要解释其在宇宙中的位置。"物质
或说质料"(ὕλη)一词,柏拉图并未将其当作术语来用,但是后世
的柏拉图主义者都认为柏拉图有关于亚里士多德所谓"质料因"
的思想,比如《蒂迈欧》就被认为是在讲物质的原理和其存在的处
所。在普罗提诺的体系中,最大的问题是如何摆放物质或质料的
地位,特别是它与太一或至善的关系,如果至善可以在任何意义
上解释物质的话,那么物质也就是至善产生的东西,就有善好的痕
迹,后来的柏拉图主义者普罗克洛也认为,物质不是恶。[1]然而普
罗提诺主张线性的等级体系,至善是这条线的终点,而相对的一端
则是物质,他这样解释物质(质料)和至善与恶的关系,并解释了其
必然性和恒久性:

> 为何只要善存在,恶就必然存在呢?是不是因为大全中
> 必须有质料存在呢?这个大全当然是由对立的原理构成;如
> 果质料不存在,它就根本不可能存在。"因为这个宇宙是理智
> 和必然性混合而形成。"[2]凡从神而来进入宇宙的都是善的,
> 恶则来自"古远的本性"[3](柏拉图指还未进入秩序的潜在质
> 料)。假如"这个处所"是指大全,他说的"必死的本性"是
> 指什么?答案就在他另外地方说的话中,"既然你们是生成为
> 存在的,你们就不是不朽的,但你们绝不会因为我而毁灭。"[4]
> 果真如此,那"诸恶永远不会被消除"的话是对的。那么,我
> 们如何避免恶呢?柏拉图说,不能靠改变空间位置,而要通过
> 获得德性,使自己从躯体中分离出来,这样也就使自己与质料
> 相分离了,因为与躯体紧密相关的人也必与质料密不可分。
> 柏拉图本人也在某处解释了人自身的分离或不分离;而"存在

---

[1] Gerson, 2013,第245页。
[2] 参见《蒂迈欧》47e5–48a1。
[3] 涉及《政治家》273b5和d4。
[4] 参见《蒂迈欧》41b2–4。

于诸神之中"就是"存在于理智世界的诸存在者中",因为这些存在者就是不朽的。人们也可以这样来理解恶的必然性。既然不仅只有至善存在,那么从至善出来远离的过程,或者如果愿意也可以说,从至善坠落或离开的过程,必然有一个终端,这是最后一端,在其之后再也不可能出现任何其他东西了;这终端就是恶。既然在第一者之后必然存在其次者,那么最后者也必然存在;这就是质料,它完全不拥有至善的任何成分。就此而言,恶也是必然的。①

可见,普罗提诺将物质看成了至善的对立面,即恶,智性存在等级的末端是自然,而非物质。因此排除在智性秩序之外的物质,就是非智性的原理。在物质之后不会再有任何东西,但是问题其实还在,这种物质的存在(是)如何从存在之源"太一或至善"那里获得其存在的原因的呢?格尔森的解释是,要区分普罗提诺所说的"某物产生某物"和"某物是某物的原因"这两个不同的说法,也就是区别工具性和终极性原因。理智在某种意义上产生了灵魂,太一在某种意义上产生了理智,以此类推,自然可能被说成产生了物质:"这就是灵魂的堕落:就这样进入质料之中并变得软弱,因为它的全部能力不能投入战斗,质料占据了灵魂所拥有的处所,好像把灵魂围困起来一样,而且把以盗窃般的方式获取的东西变成恶,这一切都妨碍灵魂施展自己的能力——直到灵魂设法逃离,回到自己的高级状态。因此质料是灵魂的软弱和恶习的原因;而它自身是灵魂之前的恶,是原初的恶。**即使是灵魂制造出了质料**,在某种程度上遭受影响,并因与质料交往而变成恶,质料的出现也仍然是原因,若不是质料的出现给了灵魂降生的机会,灵魂不可能会坠入到质料之中。"②注意其中提到的"即使是灵魂制造

---

① 《九章集》,I.8.7。
② 《九章集》,I.8.14。

出了质料",这句话不好解释,灵魂在什么意义上可以产生质料?
太一到理智再到灵魂产生的不都是智性物吗?普罗提诺坚持一元
论立场,但永恒且必然存在的"物质"如果与太一对立,不就变成
二元论了?格尔森的理解是,神圣的原理是必然运作的"三一本
体"(太一、理智、灵魂),因此,如果物质存在是由于之前的原理,
那么它必然存在;在其不存在的时候是没有时间的,尽管它是被产
生的。因此理智和太一以及灵魂的一部分都不是自然,与物质的
产生无关,某物产生另一物,意味着某物依据于其自然,造成了另
一物尽其可能地接受某物。因此,理智能够接受的太一只是作为
本质或实体;灵魂接受的理智只能作为包含在不同种类赋形灵魂
中的本质形象,灵魂作为自然是智性实在的最后痕迹。这一痕迹
在其感性形式中有一种不确定性,但与物质中的完全不确定性不
同。给予形体的痕迹是其形象,形体的形象就是所谓的痕迹,那么
一定还存在没有形象的形体,这就是物质质料,它是完全的形象的
或形式的缺乏。[1]从这个意义上讲,灵魂产生物质,是说物质接受
了灵魂的赋形而成为某种特定的物质,没有赋形过程,就不会在
时空中存在任何物质。

(三)普罗提诺对柏拉图和柏拉图主义论题的诠释

下面我们通过细致比照不同论题中普罗提诺和柏拉图的观
点,来看他们在相关问题上有怎样的思想继承关系,普罗提诺如何
回应柏拉图提出的问题,又是如何给出自己的解读。

1. 人格与自身性

波斐利编辑的《九章集》开篇就放了一篇普罗提诺晚年的作
品,或许是最后写作的作品之一——《何为生命物,何为人》。[2]在
这部作品中,普罗提诺反思了人类和灵肉复合体的关系,人类这个

---

[1] Gerson, 2013, 第248页。
[2] 波斐利《普罗提诺生平》, 6。

真正的自我或者人格是区别于灵肉复合物的，人类是一个思想的主体。本文与柏拉图的一些文本相关，比如从标题和论题，我们可以联想到《理想国》589a7，其中柏拉图提到"凡是说正义的事对人有利的人，他的意思将是说，一个人的一切作为和一切言论应该是这样：它们将能使那**内在的人**最有力地控制着那**整个的人**，并且他将，就像一个农夫，这样地来调教那只多头的兽类，凡是驯良的就抚养扶植它们，凡是粗野的凶暴的就不让它们生长，他使那狮子的天性成为他的同盟者和战友，他总起来作为一个整体来照顾一切，使它们互相友善并且也对他自己友善，他将就是这样地来培植它们。"①这是在说有一个"内在的人"，他通过克服不当的欲望，来主宰整个人，成为自己的主人。这里的"内在的人"就是普罗提诺所指的那种不同于灵肉复合物的人，或说人格，它是一种灵魂的理性能力。

　　普罗提诺在《九章集》开篇就说，"快乐和忧伤，畏惧和自信，渴求、厌恶以及痛苦，它们都属于谁呢？它们或者属于灵魂，或者属于使用躯体的灵魂，或者属于由两者构成的第三物（这可以从两方面理解，其一指混合；其二指由混合产生的第三物）。同样的问题也适用于这些感受（情感）的结果，包括行为和意见两者。因此，我们必须研究推理和意见，以便明白它们的所属是否像感受一样，或者有些推理和意见的所属与感受一样，有些则不然。我们也必须思考理智的行为，看看它们是如何发生的，又属于谁或属于什么东西，我们要观察究竟是何种事物扮演着裁判者的角色，对这些问题进行研究并做出决定。首先，感觉属于谁或什么东西？这是我们首先应当追问的，因为情感或者就是一种感觉，或者没有感觉就不会发生。"②

---

① 引自顾寿观，2010年译本。
② 《九章集》，I.1.1。

最初的发问来自柏拉图一贯的论题,[①]也涉及亚里士多德《论灵魂》(*De Anima*, A. 4. 408b1–29)中的一段话,亚里士多德在那段话里提出的问题是,当灵魂有这些情感时,它是否真的"被感动"。普罗提诺也可能是想起了柏拉图《法义》卷十897a中关于灵魂运动的描述,说灵魂的运动先于并引起躯体的运动。[②]关于使用躯体的灵魂,自己灵魂的本质,普罗提诺或许参看过《阿尔喀比亚德前篇》,其中129e就谈到了这类问题。普罗提诺关于情感是一种感觉的观点则可以对观《蒂迈欧》61c8–d2,也继承了柏拉图的观点。接下来,普罗提诺重点反驳了亚里士多德的观点,认为"如若灵魂和本质的灵魂完全是一个东西,那么灵魂必是一种形式,不会承受所有这些活动,相反它会把这些活动分给其他事物,自己则拥有一种本己的内在活动,不管我们的讨论将揭示那种活动是什么。果真如此,那么我们完全可以说灵魂是不朽的。"[③]亚里士多德《形而上学》1043b30中认为,"灵魂"与"成为灵魂"是一回事,但是"成为人"与"人"却不同,除非无躯体的"灵魂"就可以被称为"人"。在这一点上,普罗提诺与亚里士多德是对立的,他认为理性灵魂是"真人",同篇第10节提到的"内在之人",我们的低级本性是"另一人",它依附于第一人,即我们的真我,[④]这与柏拉图观点相符,也呼应了《阿尔喀比亚德前篇》中认为的人的本质就是灵魂的想法,即要认同这个内在的人才是人自身的想法。

接下来,普罗提诺引用了《斐德若》中的语句,解释了肉身的情感作为灵魂的工具,其影响可以被忽略,"当然,我们也得思考存在于躯体里面的灵魂(无论它实际上存在于躯体之前,还是在躯体之中),因为正是躯体与灵魂的结合'使完整的生命物得以形成'(《斐德若》246c)。如果灵魂把躯体当作工具,那它就不必

---

① 参看《理想国》429c–d;430a–b;《斐多》83b;《蒂迈欧》69D;《法义》897a。
② 参看石敏敏译本注。
③ 《九章集》,I.1.2.
④ 《九章集》,VI.4.14.参考石敏敏译本注。

接受经由躯体而产生的情感；工匠不会受工具的情感影响"，[①]
这种把身体当作灵魂的工具的想法来自《阿尔喀比亚德前篇》
129c–e。此外，他说"我们必须规定，生命物或者就是这种特殊的
躯体，或者是躯体与灵魂的共同体，或者是两者的产物"，[②]这种
说法来自《阿尔喀比亚德前篇》130a7–c7。普罗提诺的特别之处
在于，他在阐释柏拉图的一些想法时，加入了很多细致的分析，而
且首次对"我们"的感知进行了分析：

> 我们不妨说，进行感知的就是复合体，灵魂并未因它出
> 现于这一复合体中而以一种特定的方式被复合体或者复合
> 体的另一部分（即躯体）所限定，而是从被限定的躯体和灵魂
> 自身给出的某种光中形成了整个生命体的本性，这是又一种
> 不同的本性，感知觉以及其他被归于生命体的感受都属于这
> 一本性。那么，为什么是"我们"在感知呢？因为我们与如此
> 限定的生物没有分离，尽管有比我们更高贵的其他事物也介
> 入到整个人本质的复合体中，这种复合体是由多种元素组成
> 的。……外在的感觉是灵魂的这种知觉的影像，灵魂的知觉
> 本质上更真实，是对形式的独立沉思，不受任何影响。唯有灵
> 魂从这些形式中领受了主宰生物体的权力，从这些形式中产
> 生出推理、意见和直观的悟性活动。这是"我们"真正之所
> 在。在此之前的，都还是"属于我们的"，但是我们在主宰生
> 物时，"我们"就是从此点开始往上伸展的那个部分。……我
> 认为是真人——那些较低部分就是"狮性"和"多头兽"。既
> 然人与理性灵魂是一回事，当我们推理时，那就真的是我们在
> 做推理，因为理性过程正是灵魂的活动。[③]

---

① 《九章集》，I.1.3。
② 《九章集》，I.1.5。
③ 《九章集》，I.1.7。

　　这里对"我们"的分析具有原创性，[①]柏拉图《理想国》590a9中提到了狮子和多头兽等代表情感、情欲，也就是内在于人但迥异于理性的力量，人因为它们而成为《会饮》和《斐德若》中提到的"居间"者，但普罗提诺一改这样的理解，将真正的人直接与理性灵魂等同，并且发现了"我们"的问题，因为取消了情感、欲望参与后的人格，就是同样的人，几乎难有个体差异，每个人在灵魂原初部分都有理智的整体，进而从神以降，灵魂进入了身体，理所当然地主宰身体，普罗提诺说："从神数下来，'我们'列在第三位，因为诚如柏拉图所说的，我们是由那上界'不可分的事物'和'那在诸躯体中分立的事物'而造成的。我们必须把灵魂的这一部分视为分在各个躯体中，换句话说，它根据每个生命物的大小，按比例陷入各种躯体中，因为尽管灵魂是一，但它陷入整个宇宙；或者它如同向躯体显现的影像，因为它照射到躯体里面，形成生命物，不是把它自身与躯体结合，而是自身保持不变，只把自己的像给予各个躯体，就像一张脸在许多镜子里映出脸像。第一个像就是组合体中的感觉能力，然后是被称为灵魂的另一形式的各种东西，它们相互生发；这一系列的最后者是生育和生长的能力，以及一般而言的创造并完善灵魂之外的其他事物的能力；灵魂是创造者，创造的灵魂自身始终指向它的造物。"[②]这时候的人就不是一个居间者形象了，而是来自神的要规整万物，但最终又回归神的灵魂，"我们"就是"灵魂"。之前的柏拉图主义者和之后的新柏拉图主义者都很重视《阿尔喀比亚德前篇》的评注，也是因为这点的重要性：认肯人是灵魂，特别是理性灵魂，让人免于恶，而又回归善。

　　波斐利记录了普罗提诺也是按照这样的想法生活的，他随时都忠于内在的自我，"即使是在与人交谈，参与持续的谈话，他也不放下自己的思路。他能够在交谈中把必要的部分充实完善，同

中于正在思考的问题上，不受任何干扰。"[1]同

诠释柏拉图关于人的理论时，一方面继承了很多思

一方面，他也思考这些理论思想架构能否解决一些具体

如何回应诸多理论难题，他会随着对这些议题的处理而推

关学说的新的建构，在这个意义上，格尔森说，他是首个意识

形而上学架构要顾及具体解决问题的效果的柏拉图主义者。[2]

美、至善与爱

爱欲是柏拉图多篇对话的主题，美和善更是柏拉图学说的核心，而在普罗提诺那里，这些思想之间的关联被更明显地结合起来，普罗提诺给出了统一的解释。

在《论美》中，他说："美基本上表现在视觉上，但也可以在我们所听到的事物中发现美，比如语言的组合和各种形式的艺术，因为音调和旋律也是美的。对于那些超越了知觉领域的人来说，（道德）实践、行动、习惯、认知类型都是美的，更不必说那德性之美。"[3]所谓"道德实践"是指《理想国》(444e)中讲的，"看来，德性就是一种灵魂的健康、美和自得，而恶德就是灵魂的病患、丑和虚弱。……高尚美好的实践和追求使人进入品德，而丑恶的实践使人陷于恶德"。而所谓"习惯"可以参考《法义》(793d)中的表述，"尽我们所能不要忽略任何事情，无论大的或小的，是'法律'、'**习惯**'还是'政制'，因为它们都是把国家粘结在一起所需要的，并且每种规范都永远是相互依存的。所以，看到大量显然是并不重要的**习惯**或惯例使我们的法典加长，就不必惊讶了"。《希琵阿斯前篇》集中讨论了美的问题，苏格拉底说，"我认为，我们正在寻找的东西是使一切美好的事物美好的美，与此相类似的是'大'，'大'使一切大的事物大，'大'也就是'超过'，一切大的事物由于

---

[1] 波斐利《普罗提诺生平》，8。另参，Rist, 1967, 第158页。
[2] Gerson, 2013, 第285页。
[3] 《九章集》，I.6.1。

'超过'而成为'大'的，即使它们并不显得大。美也一样，一切美的事物由于美而成为美的，无论它们是否显得美，……我们必须认为美使事物是美的，而无论它们是否显得美，我们试图定义它，如果我们正在寻找的东西是美，那么我们就要界定它，看它是否是我们正在寻找的东西。"①普罗提诺则说"有些事物，比如物体，其美并非出于物体本身，而是由于分有美才是美的；另一些事物则本身就是美的，比如德性就是如此"。②

　　让事物分有美的那个美的理念在《会饮》中成为主角，它成为爱之阶梯的终点，也是吸引人们攀升的根本源泉，"谁要是由那些感官现象出发，经正派的男童恋逐渐上升，开始瞥见那美，他就会美妙地触及这最后境地。自己或者经别人引导游于爱欲的正确方式就是这样子的：先从那些美的东西开始，为了美本身，顺着这些美的东西逐渐上升，好像爬梯子，一阶一阶从一个身体、两个身体上升到所有美的身体，再从美的身体上升到美的操持，由操持上升到种种美的学问，最后从学问上升到仅仅认识那美本身的学问，最终认识美之所是。"③普罗提诺就此的表达则是，"我们首先就要思考这个问题。在一个物体中，究竟是什么吸引人的目光，使他们走近它、凝视它，并且感到赏心悦目？如果我们找到这个答案，或许就可以把它作为一块**阶石**，借此和谐与平衡。"④所谓的阶石就是爱的阶梯的开端。

　　而"德性"本身就是美的，或说"德性之美"则指明了柏拉图常说的四主德"勇敢、节制、正义、智慧"本身就是美的，普罗提诺说，"每一种德性都是灵魂的一种美，一种比上面提到的各种美更真实的美，并且它不可能有空间上的大小或数量上的多少"，⑤而

---

① 《希琵阿斯前篇》，294b–c。中译据王晓朝译本，有改动。
② 《九章集》，I.6.1。
③ 《会饮》211b6–211d1。中译自刘小枫译本。
④ 《九章集》，I.6.1。
⑤ 《九章集》，I.6.1。

在事物中原初的美在普罗提诺看来，其实是一种形而上学的根本吸引，"我们对此的解释是，因为灵魂本性上是其所是，在'是'的领域与高级实在相关，因此当它看到某种与自己相似的东西，或者与它同类的实在的迹象，就感到喜悦、激动，于是回归自己，想起自己以及自己的所有。"①德性之理念作为理念当然属于"是"的领域之高级实在。当然，普罗提诺在讲美的时候更多偏重于德性之美，他一方面肯定了各种美作为阶梯，但也重点突出了道德显现出的美的重要地位。他说：

> 至于那超越的美，是任何感官都无法看见的，唯有灵魂能不借助于任何工具看见它们，谈论它们——我们必须上升到它们那里，凝思它们，而把感觉留在下面。正如就感觉领域的美来说，从未见过它们或者体会过它们的美的人——比如天生的瞎子——是不可能谈论它们的，同样，唯有那些接受了生活方式的美、各种知识的美以及诸如此类的美的人，才能谈论这种美。从来未曾想象过正直的脸和道德秩序有多美的人，不可能谈论德性的壮美；"晚星和晨星没有一个是美的。"然而，必然有人能够借着灵魂的洞识力看到这种美；一旦看到了这种美，就必然比看到我们前面所讲的那些美更加兴奋、激动、入迷，因为他们现在所看到的乃是真正的美。……当你在你自己或者另外某人身上看到伟大的灵魂，公义的生活，纯洁的道德，高尚的勇气，尊严、端庄伴随着无畏、镇静、安宁的气质，以及照耀在这一切之上的神圣的理智之光，你就会有这样的感受。我们喜爱这些品质，但是我们为何称它们是美的呢？它们存在并向我们显现，但凡看见它们的人，不可能说别的，只能说它们就是真实存在的事物。所谓"真实地存在"是

---

① 《九章集》，I.6.2。

什么意思呢？就是说它们作为美而存在。①

　　普罗提诺认为，于神而言，善的与美的这两种性质，是同一的。②而人的目标是"与神同一"，因此，必须再次上升到善，每个灵魂都渴望善。造成了人们对美和善的渴慕的，是那"单独的、单纯的、单一的、纯洁的彼者，万有源于它，万物所望、所是、所活、所思的唯有它，因为它是生命、心灵和是的原因。如果有人看见了它，他该会感受到怎样的激情，该会怎样地渴望与它合一，这是怎样的一种惊喜啊！还没有见过它的人，会把它作为善渴望它；但凡看见它的，无不赞美它的美，无不满心惊异和喜乐，无不感受到一种没有任何伤害的激荡，无不对它怀着真挚的爱情和热切的渴望；由此他嘲笑其他一切爱情，鄙视他先前以为美的事物。"③而这种真正的渴慕，真正的爱，就是针对美和善的。

　　普罗提诺很重视爱的问题，他追问爱是一个神，一个灵，还是灵魂的一种情感？或者有一种爱是神或灵，另一种爱是灵魂的情感？这神、灵、情感又是什么呢？鉴于这些重要问题，很有必要考察人们关于这个问题提出的各种观念，以及种种哲学理论，尤其是"神样的人"柏拉图的所有观点，他在许多作品中都大量地谈到爱。他曾说，爱不只是灵魂里产生的一种情感，还是一个灵；他描述了爱的起源，爱如何产生，从何处产生。关于我们所说的因爱而产生的灵魂的情感，普罗提诺认为，没有人不知道它产生在渴望拥有某种美的灵魂中，而这种渴望有两种形式，一种是谦谦君子的，他与绝对的美相似；另一种则想要在某种恶行中成全自己。普罗提诺认为，从哲学上思考每种欲望所产生的源头是很恰当的。如果有人设想，爱的起源就是渴望原本就存在于人灵魂中的美本

---

① 《九章集》，I.6.4–5。
② 《九章集》，I.6.6。
③ 《九章集》，I.6.7。

身，认识它，亲近它，凭直觉知道那是属于他们自己的事物，那么他很可能就揭示了爱的真正原因。[①]普罗提诺通过细致分析柏拉图《会饮》中的内容，得出了类似苏格拉底的结论，"因此爱在某种程度上是一种质料性的存在，同时是灵魂产生的一个灵明，因为灵魂缺乏善，但渴求善。"[②]因此，对美和善的缺乏导致了爱的旅程，通过爱要企及美善，普罗提诺也注意到，其实还有企及至善的另一条路径，就是理智之路。

普罗提诺认为："所有其他拥有这种善的事物从两个途径获得善，一个是成为像它一样；另一个是使它们的活动朝向它。……因此，对最好者的渴望和没有灵魂的事物指向灵魂，灵魂通过理智指向至善。不过，没有灵魂的无机物也有一定的活性，因为每个具体事物都以一定方式为一，都以一定方式存在。无灵魂的事物还分有形式。既然它们分有统一、存在和形式，也就分有至善；也就是说，有至善的一个映像。因为它们所分有的就是存在和太一的映像，它们的形式也是一种映像。至于有灵魂的生命，继理智之后出现的第一灵魂更靠近真理，而且这第一灵魂是通过理智拥有善的形式的。只要它凝视至善，就可以拥有至善（理智在至善之后出现）。因此，生命就是那有生命之事物的善，理智是那分有理智之事物的善；如果某物既有生命又有理智，那它就有了趋近至善的双重途径。"[③]后来文艺复兴时期的柏拉图主义者斐奇诺就继承了两条道路的思想，但是更偏重爱之路，因为人无法在理智上理解神，就像小的无法容纳大的一样，但可以通过爱进入神，就像小的可以融入大的那样。[④]

此外，普罗提诺还说，"（太一）自身就是爱的对象，爱，和对自

---

① 《九章集》，III.5.1。
② 《九章集》，III.5.9。
③ 《九章集》，I.7.1—2。
④ 参看梁中和著，《灵魂·爱·上帝：斐奇诺"柏拉图神学"研究》，华东师范大学出版社，2012年。

己的爱，因为他的美只出于他自己，在于他自身。"①因此，换个说法，至善既是爱的对象，又是爱本身，还是对自身的爱，这样一来，从最高的意义上讲，爱就成了至善，或者说，至善就是爱。但这种解读与基督教的教义不同，因为这种作为至善的爱造成了一个柏拉图主义的圈环机制，从产生到回归，至善是这一切的原因和推动，而爱是这种机制的名称。②

3. 哲学的技艺：辩证法

　　普罗提诺认为引导哲学家上升、回归自己本性的方式是辩证法。他结合《斐德若》和《会饮》中的论题，分别论述了音乐家、爱美者如何上升，讲到哲学家时，他说："而哲学家，我们可以说，他天生就有着灵敏的反应能力，并'长了翅膀'，③不像别的人那样需要（与下界）分离。他已经开始向更高的世界行进，只是缺乏引路人而已。因此必须以他自己的美好愿望为他指点迷津，使他得自由，其实他在天性上早已是自由的。必须让他学习数学，训练他的哲学思维，使他习惯于坚信非质料事物的存在——由于他天生就善于学习，所以必会轻而易举地掌握这些。他也是天生有德性的，因此必须完善他的德性；完成了数学学习之后，就要教导他辩证法，使他成为一个彻底的辩证法家。"而所谓辩证法，"是一门能论证充分、条理清楚地谈论万物的学问，它研究事物是什么，与其他事物如何区别，同属的事物有什么共性，各处于什么地位，事物是否真的是它所是，有多少真正存在的事物，又有多少不同于真实存在者的非存在事物。辩证法讨论**善与非善**以及归属于善的事物和归属于恶的事物，讨论**永恒的事物和非永恒的事物**，它提供的是关于事物的**确定的知识**，而非只是意见。辩证法不在感性世界徘徊，而是定居在理智世界，它关注自身，抛弃错误，在柏拉图所谓

① 《九章集》，VI.8.15。
② 详参Gerson, 2013, 第280–282页。
③ 柏拉图《斐德若》，246c1。

的‘真理的原野’[①]放牧灵魂,用他的划分法分辨形式,决定每一
事物的本质属性,找出原初的种类,通过理智把所有从原初种类中
派生出来的事物联结起来,直至穿过整个可理知世界;然后,它又
把那个世界的结构分解为各个部分,并返回到自己的起点;再后,
它就实现了统一,保持安静地沉思(因为它存在于上界,所以是安
静的),不再忙碌。它抛弃了关于命题和推论的所谓的逻辑活动,
转向另一种技艺,就如它抛弃关于如何写作的知识一样。它认为
逻辑学的某些东西是必要的,是一种基础,但是它使自己成为评判
者,对逻辑学做出判断,就像判断其他事物一样,认为它的有些部
分是有用的,有些是多余的,应该归到相应的学科中”。[②]

普罗提诺这里讲的逻辑学是一般意义上的逻辑学,既关系到
亚里士多德的逻辑学,也牵涉到斯多亚学派的逻辑学。对他来说,
逻辑学与辩证法的本质区别在于,逻辑学讨论字词、句子及其关
系,而辩证法则分辨事物之间的关系,这些事物就是惟一真正的
实在,即形式,辩证法家的心灵与形式是直接接触的。[③]同时,我
们还注意到,辩证法是判断是非善恶和永恒事物的,关乎确定知
识,而这里的确定知识不是指命题知识,而是真正的实在的知识,
being的知识,这种知识不离于道德实践。他引证柏拉图说,“辩证
法是‘思维和智慧的最纯洁部分’。[④]既然它是我们的智力能力中
最宝贵的能力,那么它必然关涉真正的是和最重要的事物;作为智
慧,它关涉真是,作为悟性,它关涉超越是的彼者。那么,哲学肯定
是最重要的事物吗? 辩证法和哲学是一回事吗? 辩证法是哲学中
最有价值的部分。我们绝不能把辩证法看作是哲学家使用的一种
工具……哲学还有其他部分。哲学借助于辩证法考察物理世界的
本性,就像其他道德哲学在沉思方面源于辩证法,当然还要加上

---

① 柏拉图《斐德若》,248b6。
② 《九章集》,I.3.3。
③ Armstrong译本注,自石明敏译本I.3.4注2。
④ 柏拉图《斐勒布》,58c6–7。

德性和产生这些德性所必需的训练。……辩证法和理论智慧以一种普遍而无形的形式为实践智慧提供一切可用的东西。"①这种想法很有趣,不把辩证法当单纯的逻辑推理工具,而是涉及内容判定的,而且是涉及形而上学和伦理学真理的哲学上升通道,这个想法既结合了柏拉图的思路,又回应了亚里士多德和斯多亚派的逻辑学,不论其解决是否成功,他都是努力为柏拉图学说辩护的积极的理论探索。

4. 恶的形而上学意蕴

普罗提诺继承了苏格拉底—柏拉图的理智主义道德哲学思想,认为错误的知识导致了恶,甚至更进一步说,恶的责任不在理性,在于物质和灵魂中的低端能力,他说:"我们灵魂里高级部分的本性对人所行的恶事和所遭受的恶果不必承担任何责任,因为如前所说,这些恶只与生命物,即组合而成的存在物有关。但是如果意见和推理属于灵魂,那它如何可能摆脱罪呢?因为意见是一个骗子,是许多恶行的原因。"②而在他正面探索恶的问题时,则将恶说成善的对立面和缺乏,"物是通过一种且是同一种知识认识的,而恶是善的相对者,那么我们可以说关于善的知识也就是关于恶的知识,因此那些想要认识恶的人,必须首先洞察善,因为善者先于恶者,善者是形式,恶者不是形式,而是形式的缺失。"③这些想法都符合苏格拉底和柏拉图的一些信念,特别是"无人有意为恶"造成的无知与恶的特殊关联。只是普罗提诺将恶界定为非形式,是"非是"或者其混合物,因此是在形而上学的意义上否定了恶的本体论地位,然后再讲道德生活和伦理学中的恶。前面也提到了质料与恶的关系,普罗提诺认为,形体的本性就其分有质料来说,是一种恶,但不是原初的恶。④在灵魂与恶的关系方面,普

---

① 《九章集》,I.3.5–6。
② 《九章集》,I.1.9。
③ 《九章集》,I.8.1。
④ 《九章集》,I.8.4。

罗提诺也继承了柏拉图的想法：

　　什么是邪恶的灵魂呢？它就是柏拉图说以下这话时所指的，柏拉图说："在那些人那里，恶所自然地居住的那部分灵魂已经被征服了。"[①]即灵魂易于接受恶的部分乃是灵魂的非理性部分，它接受无度、过分、匮乏，从这些产生出无节制的、怯懦以及灵魂的所有其他邪恶，不受意志控制的情绪，这些又产生错误的意见，使它以为自己躲避的是恶，追寻的是善。那么，是什么东西产生这种恶，你又将如何追溯你刚刚描述的恶的源头和原因？首先，这种灵魂不在质料之外，也没有居于自身当中。它与无限度性混合，没有分有产生秩序并带来限度的形式，因为它与形体结合，而形体包含质料。然后，如果它的推理部分受到破坏，它的看就会受到激情的干扰，会因质料的影响而变幽暗，并向着质料倾斜，会由于关注生成而全然变成非存在。生成原则就是质料的本性，它非常之恶，能够将自己的恶传给不在它里面而只是注视它的东西。因为它丝毫不分有善，是善的缺失，并且是纯粹的缺乏，因此它使一切无论以什么方式与它有接触的事物都变得与它相似。而完全的灵魂，即将自己引向理智的灵魂，则永远是纯洁的，永远离弃质料，既不看也不靠近任何未规定的、无限度的、恶的事物。因此它始终保持着纯粹性，完全受理智规定。[②]

　　而原初的恶，是一种绝对的缺乏，也就是质料，唯有质料"不分有任何善的本质"，"质料才是不分有任何善的本质的恶。因为质料甚至没有存在——如果它有存在，那就意味着也分有善；当我们说它'是'时，我们只是使用这个词，其实指的完全是不同的

---

①《斐德若》256b2–3。
②《九章集》，I.8.4。

事,正确的说法应该说它 '不是'。这样,匮乏即意味着不是善,而绝对匮乏意味着恶;巨大的匮乏就有陷入恶的可能,它本身就已经是一种恶。根据这一原则,我们不能认为恶是这种或那种特定的恶,例如不公正或其他邪恶;那恶不是这些特定恶中的任何一种,这些特定的恶是那恶的各种类型,是由其自身的特别添加而限定为某种特定的恶的",①那么恶就此便丧失了伦理道德意涵了吗?某种意义上说,是的,但不是丧失,而是超越了伦理道德意涵。而且这种恶也有了形而上学意义上的不可灭除性,普罗提诺引证柏拉图说,"诸恶永远不可能被消除",它们 "必然" 存在;"它们不是存在于诸神之中,而是永远纠缠着我们必死的本性,总是出现在这个处所。"②普罗提诺反思道,这是否是说,天是纯净没有恶的,因为它始终按规则运动,照秩序运行,那里也没有不公正或其他邪恶,天体之间也不会相互伤害,全都有序运行;而地上却存在着不公正和无秩序? 因为这就是 "必死的本性" 和 "这个处所" 所意指的。但是当柏拉图说,"我们必须从此处逃离",他就不再指地上的生命了。因为他说,"逃离" 并非离开大地,而是 "借智慧公正和圣洁" 地生活在大地上;普罗提诺认为柏拉图的意思是,我们必须逃离邪恶、败坏。因此,对柏拉图来说,恶就是邪恶以及一切源于邪恶的东西。在《泰阿泰德》中,对答者说,如果苏格拉底说服人们相信他的话语是对的,诸恶就会终结,但苏格拉底回答说,这不可能,恶必然存在,因为善必须有它的相对。这也就肯定了恶的不可灭除性,但是形而上学意义和道德意义上的恶之间是什么关系,就不好解释。

　　普罗提诺还认为,虽然生命是一种善,但并非每一种有生命的事物都有这种善,在恶的事物中,生命了无生气。"这就像人有眼睛却看不清,眼睛没有尽自己应尽的职责。但是如果我们

---

① 《九章集》,I.8.5。
② 《泰阿泰德》176a。

人——这种混合了恶的生命是善的，那死为什么对我们而言不是一种恶？它又是谁的恶？恶必然是某人的恶；至于不再存在的事物，或者即使存在却没有生命的事物，谈不上什么恶，比如，对石头来说就无所谓恶。但是，如果生命和灵魂在死之后存在，就有善，灵魂脱离了躯体能更好地追求自己独特的活动，善就更大。如果它成为宇宙灵魂的一部分，那还有什么恶能抵达那里？总而言之，正如诸神有善但没有恶，同样，保持自身纯洁的灵魂也全无恶；如果它没有保持纯洁，那它的恶不在于死，乃在于生。即使地狱里设有种种惩罚，对它来说，生命仍然是一种恶，因为这生命不是单纯的。如果生命是灵魂和躯体的联合，死亡是两者的分离，那么无论是生是死，灵魂都能适应自如。但是如果生命是善的，死亡怎么可能不是一种恶呢？因为生命若有什么善可言，并不是因为它是个联合体，而是因为它借着德性始终远离恶；而死是更大的善。我们必须得说，躯体里面的生命本身是一种恶，但灵魂借着自己的德性使之转化为善的，不是因为它守着混合的生命，而是即使现在也要将自己分离，脱离此世。"① 这近乎是一种对人之全然形而上学意义的呼唤，是放弃一切非形而上学意义上的人的生活的呼唤。一方面保证了人之恶的解释，及责任关系的梳理，另一方面，也将人提升到了我们可以怀疑人是否能安于其间的地位。

5. 个体灵魂诸议题

普罗提诺继承了柏拉图灵魂不朽的信念，但是如前文所述，按照他对灵魂的解释，以及按照人的解释，个体灵魂不朽是理所当然的，因为人就是理性灵魂，而灵魂与理智的关联决定了它拥有永恒特性。就如同柏拉图《斐多》中最后的论证一样，既然灵魂的定义中已经排斥了死，只与生相关，那么灵魂自然不朽；既然灵魂本性是来自永恒太一而与物质无涉，也就表明灵魂不朽。因此，问题在于下面两个：个体灵魂为什么以及如何进入身体？这种个体的

① 《九章集》，I.7.3。

理性灵魂是否同一，在什么意义上还有独立性和个体性？

　　第一个问题普罗提诺求助于柏拉图的《斐多》和《蒂迈欧》，"在《斐多》中，他认为，'蜕变'是下坠的原因，循环使已经上升的灵魂又坠回到这里，经过审判又派遣其他灵魂降到这里；此外他还提出命运、机遇和必然。虽然他不赞同灵魂坠入肉身，但是在《蒂迈欧》谈到这个大全时，他还赞美宇宙，把它称为有福之神，认为灵魂是由这大工匠的良善赐予的，因此这大全可能是有理智的，因为它必须是有理智的，既然有理智，灵魂就是必不可少的。正是出于这个原因，神派遣灵魂进入大全，也赐予我们每个人灵魂，这样大全就可以变得完美。"[①]诚如阿姆斯特朗所言，普罗提诺一如既往地以为，如果我们力图准确地阐释柏拉图，并努力协调他思想中的表面矛盾，那么他必是指引我们走向真理的最好向导。这里所直接或间接引用的话出自柏拉图《斐多》67d1、《克拉底鲁》400c2、《理想国》514a5、515c4、517b4-5、619d7、《斐德若》246c2、247d4-5、249a6、《蒂迈欧篇》34b8等。在普罗提诺看来，《斐多》、《理想国》中的洞穴成像，以及斐德若神话都是从否定方面看待灵魂降于世界的最主要典据，而《蒂迈欧》则是持肯定观点的主要引证。[②]通过糅合柏拉图对话中的相关理论，普罗提诺论证了个体灵魂进入身体的诸多原因和必要，乃至过程。

　　此外，普罗提诺不像柏拉图那样简单地认为灵魂是居间者，"可上可下"，而是认为个体灵魂"要上要下"，有两方面的欲求，"个体灵魂都有一种智性欲求，都有回到自身的冲动，都想回到它们出生的原理之中，但是它们也拥有一种引导它们来到下界的力量，就像光，源自上层世界的太阳，但是毫不吝啬地照耀在它之后

---

① 《九章集》，IV.8.1。
② Armstrong译本注，引自石明敏译本IV.8.1注1。

产生的事物。"①这样在保证灵魂与太一的关联的前提下,也在一定意义上"拯救"了"现象",或说对经验世界秩序的建立提供了理论来源和根基。经验世界的秩序并不来自其自身的运作规则或实际情况,而是来自上界,灵魂就是将上界秩序带入经验世界的桥梁。而且规整经验世界或物质世界,也是太一自身的要求。

第二个问题似乎更严重,因为涉及到灵魂个体性能否与其同一性不相矛盾地共存。普罗提诺首先提出了基于认识的发生和行为经验来质疑个体灵魂都同一的想法,因为他们都不同步。以不同步驳斥不同一,也就是驳斥他们不是同一个,"我感知到什么东西时,难道其他人也同样感知到了吗?果真如此,那么如果我是善的,他也必须得是善的,如果我想要什么,他也必须得想要什么,总之,我们各人相互之间以及与大全之间必须具有同样的经验,我有什么经验,整个宇宙都得分有这种经验。如果灵魂是同一的,那么为什么有的灵魂是理性的,有的却是非理性的,有的存在于动物里面,有的却存在于植物里面呢?"②但普罗提诺的回应是,"如果我的灵魂与另一个人的灵魂是同一个灵魂,这并不能推出我这个(灵魂和肉身的)复合体与他那个复合体是同一的。因为双方在这一点或那一点上相同并不能表明它们的经验都是相同的"。③

另外,普罗提诺追问道,如果灵魂是同一的,那么为什么有的灵魂是理性的,有的却是非理性的,还有的仅仅是生长原理而已?他的解答是,"这是因为它的不可分部分必然被置于理性层次,即使在躯体里也不可分割,而在躯体里可分的部分本身也是一,只是因为它在躯体里被分割了,它为躯体的每一部分提供感知觉,这被称为它的力量之一,另一种力量则是它具有形成和创造躯体的能

①《九章集》,IV.8.4。
②《九章集》,IV.9.1。
③《九章集》,IV.9.2。

力。它并不因为拥有多种力量就不是一了，比如种子里就包含了许多力量，但它还是一颗种子，这个统一体中能生育出许多东西，但它仍然是个统一体。"①

总之，他的解决办法仍然诉诸于对一的解读，并且在维护个体灵魂之独特性的同时，坚持认为灵魂同一，这是古希腊一与多论题在灵魂问题上的运用。从正的方面讲，"如果它们都产生于一，那么这一是可分的，还是在保持整体性不变的同时又产生出多样性？它既然产生了各种各样的灵魂，怎么又能保持自身的实体不变呢？我们要求告神帮助我们寻找答案；我们得说，如果有多，那必然有先在的一，这多必然来自于这先在的一。"这也是理念论的前提，一是多的存在前提，典型的巴门尼德以来的先验论思路。再从反的方面讲，"如果它们的本质灵魂取决于它们的质料形体，那么它们都是各不相同的；如果依赖于形式，那么所有的灵魂在形式上都是同一的。但是这就意味着许多躯体中存在的是同一个灵魂，同一灵魂分散在不同的躯体中，而且在这个分散在多个躯体中的灵魂之前，还有另一个不分散在多个躯体中的灵魂，分散在多中的那个正是从这个先在的一中产生出来的，就像先在一的一个影像复制在多个地方，好比同一个印章印在许多块蜡上。按前一种方式复制，这一灵魂会因产生多而枯竭，而按后一种方式，灵魂是无形的。即使灵魂是躯体的一种情绪或变化，我们也不会对此感到惊异：这来自同一源泉的同一性质，呈现在许多不同的事物中。"②

综上所述，个体灵魂因此有了个体性和同一性，既是在具体时空和经验时间中不同的个体，又是在施用本质上相同的灵魂，也就是说，既是愿意向上回归的个体灵魂，也是可以向下施用的个体

---

① 《九章集》，IV.9.3.．
② 《九章集》， IV.9.4.

灵魂；既取消了依赖于质料的无意义的作为个别事物的人，又保护了太一之绝对统一性在灵魂中的表现，也就保护了整全的意义或说意义的来源。毕竟按照普罗提诺的思想，分散的个别的物质毫无意义，人如果是这类东西，就不值得活。但是如果把个体灵魂完全等同于灵魂本身，取消个体灵魂间的差别，人就成了被决定的东西，毫无自由可言（而自由恰恰是人之优越性的重要表现），同时也无法解释人和事物的多样性。

6. 德性与自由

　　柏拉图正面谈论自由似乎并不多，但是很爱谈被欲望奴役，他被后世柏拉图主义者广为流传的最著名的话是《理想国》617e3中说的，"德行没有主人，任人自取"。[①]普罗提诺也把人的自主能力追溯到最高贵的原则，即理智的活动，他认为，源自理智活动的行为是真正自由的，同时还认为，由思考引发的欲望也是自愿自主的，还说以这种方式生活的诸神都是自主的。[②]普罗提诺说，"如果我们愿意并选择了德性，我们就能这么说；或者当德性出现在我们里面时，它就构筑了自由，属于我们自己的能力，因而不允许我们再为以前奴役我们的事物做奴仆。如果德性是另一种理智，是在某种程度上使灵魂理智化的一种状态，那么我们的自主能力就不属于行为领域，而存在于远离行为、静止不动的理智之中。……既然德性和理智没有主人，任人自取，理智就是独立自存的，德性也希望通过管理灵魂，使灵魂变善而成为独立自存的，就此而言，它本身就是自由的，也使灵魂获得了自由。"[③]

　　但是实际上，这样解释自由与德性的关系时会有一个困难，人们可能会问，既然欲望总是引导人走向他自身之外，而且欲望就

---

① 《九章集》，Ⅵ.8.5.中引用了这句话。
② 《九章集》，Ⅵ.8.3。
③ 《九章集》，Ⅵ.8.5–6。

意味着匮乏，那么在欲望的冲动支配下所发生的事怎么可能是自主的呢？去欲求就是被吸引，即使欲求的对象是善。这里，必然产生关于理智自身的一个难题，如果它的活动就是它的本性所是以及按它本性的所为，那么是否可以认为它有自由和自主能力——没有这样的能力，它就不会活动？那么，对于那些没有从事任何实际行为的存在者来说，是否也可以说他们有严格意义上的自由？然而，那些从事实际活动的存在者也是从外面获得必须活动的动力的，这样他们的行为才不至于漫无目的。这样说来，既然连这些高级存在者都成了其本性的奴隶，那还能有什么样的自由呢？要知道，如果没有服从他者的强制要求，人们怎么可能谈论奴役呢？如果某物生性趋向至善，它怎么可能处于强迫之中呢？如果它知道那是善的，并把它作为善者追求，那么它对至善的欲求就是自愿的。如果某物被引向对它而言不好的事物，那么这种引导离开善而趋向强迫的行为就是勉强；如果不能支配自己趋向至善的行为，那就是受到了奴役，因为有某物比它强大，控制着它，它就受之奴役，并被迫抛弃它自己的善。正是由于这个原因，奴役为世人所垢病，它不是发生在人没有能力选择恶的时候，而是在人没有能力选择自己的善，从而被强迫引向另一者的善时发生的。"如果理智是根据至善活动的，那么它就有更大的自主能力，因而是自由的，因为存在者追求自由，并为了至善的缘故而是自主的。所以，如果它是根据至善活动的，被引向至善，那么它必然有更多的自主能力，因为它已经包含了从自身趋向至善的事物，在自身中包含了对它有益的事物。"①

　　这种对自由的理解符合柏拉图的传统观点，在与善和德性，以及理性的关系中，自由是个结果，是种状态，也是人理性做主和成德的表现，与后世在权力义务关系中的自由含义迥然有别。它还

---

① 《九章集》，VI.8.4。

是基于个体为自己的道德立法,算是康德"自由—自律"思想的先声。柏拉图没有明确论述这种自由,但由于普罗提诺同时代的,特别是斯多亚派有大量的命运与本性和自由的关系论述,因此普罗提诺的这一论题也算是回应同时代思潮的努力。

7. "与神同一"的信仰

柏拉图是否有信仰(πίστις),甚至苏格拉底究竟是否信神,都是可以讨论的问题,[①]我们的观点是:他们当然有强烈的信念或判断,但是否属于宗教信仰则大可怀疑。"像神一样"本来就是希腊人的共同理想,而自从柏拉图提出"与神同一"的理想之后,柏拉图主义者在这方面没有少下功夫,普罗提诺似乎更具有某种强烈的"信仰",信仰至善、太一存在,信仰人要回归它,他略带神秘地说,"所以在下界,我们的奥秘里有规定:不可向没有此类经验和知识的人泄露奥秘,这样规定的目的就在于此。至善是不可泄露的,对于自己还没有好运看见这位神的人,不可向他宣告这位神。既然原本就不存在二,那么看者自身与被看者就是一(因为被看者并非真的被看见,而是与他结合在一起),如果他记得当他与那者结合时,他变成了谁,那么他就在自身中有了那者的一个像。他自身是一,既没有与自身的区别,也没有与他物的区别——因为当他上升到那里之后,他里面就既没有运动,也没有情绪,没有对任何事物的欲求——甚至也没有任何理性或思想,甚至他自身也不在那,如果我们非这样说不可的话;他似乎被神充满,完全失去自己,处在一种宁静的孤寂和漠然状态,他的整个存在既不转向任何地方,也不忙碌于自身,而是处于完全静止之中,并成了某种静止。他没有任何关于美的思想,而是已经超越了美,超越了整个

---

① 关于柏拉图如何理解神,我们认为最简要而明细的文献是吕克·布里松(Luc Brisson)的论文,"What is a God according to Plato?",收入Kevin Corrigan & John D. Turner, 2007,第41—52页。中译文收入即将出版的《追随柏拉图,追寻智慧》(华东师范大学出版社)。

德性之族,就像一个径直走进圣殿的人,把外殿的雕像置于身后;他在内殿沉思,在那里与神自身交流(而不是与某一雕像或影像的交流),然后他走出圣殿,这些雕像或影像又成为他最先看到的事物,但它们是沉思的次级对象。"[1]这里的神似乎足以成为信仰的真实对象。[2]

　　普罗提诺也的确有过几次出神的经验,这让其信仰更具神秘主义"宗教性"了,他接着说,"而另一者或许不是一种沉思,而是另一种看,一种脱离自身的出神,它简化自身,放弃自身,紧密接触又静止不动,是一种既持续不变又顺应万变的思想。如果以另一种方式看,就会什么也看不到。这里的事物都是像,因此,讲解圣事的人如果有智慧,就会用谜语来解释神是怎样为人所见的;而有智慧的祭司理解了谜语之后,进入圣殿就可以进行真正的沉思;即使他不曾到过那圣殿,也会认为这圣殿是无形之物,是源泉,是原理,他知道他能通过原理看到原理,知道同类相聚。他甚至不会忽视灵魂看见神之前可能拥有的任何神性,还将从这种看中寻求安宁。他已经超越了一切,静止对他来说,就是在一切之前的事物。因为灵魂的本性肯定不会到达绝对的非存在,但当灵魂下降时,它会到达恶,在这个意义上,也就是到达了非存在,当然还不是绝对的非存在。如果灵魂朝相反方向运行,它就会到达自身,而不是到达其他事物,在这个意义上,既然它不在任何其他事物中,也不在无中,因而就在自身之中:如果它只在自身之中,不在是中,那么它就是在那者中;因为通过这种交流,灵魂不是变成了实体,而是'超越了实体'。如果一个人看到自己已成了这一点,那么他就有与那者类似的自身,如果他从自身中继续前行,就如从影像走到原型,那他就到达了'旅程的终点'。当灵魂从异象坠落,他就再

---

① 《九章集》,VI.9.11。
② 关于普罗提诺之前和之后对待信仰的方式转变,请参看Rist, 1967,第17章。

次唤醒自身中的德性，认为自己通过这些德性变得有序而美丽，他将再次变得轻盈，经过这些德性到达理智和智慧，通过智慧到达至善。这就是诸神以及像神一样的有福之人的生活，这种生活已经脱离了这个世界的事物，不以世俗之事为乐，在孤独中走向遁世。"①这种孤独、漠视、平静是回归太一的灵魂状态，或者说就是太一本身的存在状态，虽然这样的理论信念与希腊化时期普遍喜好的不动心、漠视痛苦与欢乐等看似一致，但由于前面我们提到的那一系列过程，美善的圈环，德性与自由等，都保证了这种信念建立和达成的过程并不"寂寞"，而短暂的达成也并非完全的道德上的虚无主义式的不动心。甚至要企及这种理性的回归，需要极大的耐心和智力保证，需要顽强的理智上的热忱，这种强的信念，到新柏拉图主义后期更是成了一种信仰，在扬布里柯和普罗克洛那里表现明显，后者更是名正言顺地有了"柏拉图神学"。

普罗提诺还有一些针对同时代众多学派的论题，比如针对斯多亚派决定论思想而进行驳斥的《论命运》和《论神意》，针对伊壁鸠鲁学派和漫步学派的论题而撰写的《论幸福》，针对诺斯替派的《驳诺斯替派》等，这里就不一一介绍了。

雅思贝尔斯《大哲学家》中曾经将普罗提诺归入人类历史上原创性形而上学家之一，与赫拉克利特、巴门尼德、老子、龙树等并列。可以毫不夸张地说，普罗提诺是整个柏拉图、亚里士多德之后，基督教柏拉图主义之前，唯一一位超脱时代，进入人类永恒哲学家行列的一流思想家。他的影响不仅在于对基督教思想做了铺垫，而其本身具有重大理论意义的独特思想是对柏拉图思想最重要的创造性延续。

---

① 《九章集》，VI.9.11。

二、波斐利的哲学面貌

①

（一）生平与著作[②]

　　波斐利（Porphyry, Πορφύριος, 约公元234–305），生于腓尼基
（Phoenicia）的Tyre，本名Malcus，在当地语言中是"王者"的意思，
因此希腊文里叫Basileus，而他自己更愿意称自己为波斐利。他在
给普罗提诺写的传记里提到了一些求学经历，最早在雅典师从中
期柏拉图主义者朗吉努斯，后改为追随和信奉普罗提诺的学说。
为了治愈消沉，普罗提诺建议他前往西西里。波斐利去世前编辑
整理了普罗提诺的全集，编订成六卷，每卷九章，就是后来著名的
《九章集》，还将他撰写的《普罗提诺传》当作导言。就其撰写的
与妻书而言，或许他曾娶了一位老妇人为妻。

　　波斐利是位多产的作家，相传创作近60部作品，虽然大都佚
失或仅剩残篇。现存较为完整的作品有：《普罗提诺生平》、《毕
达哥拉斯生平》、《致马克拉》（与妻书）、《论禁杀动物》、《通往

---

① http://www.phil-fak.uni-duesseldorf.de/philo/galerie/antike/porphyr.html.
② 主要生平著作信息依据Eyjólfur Emilsson, 2015。

理智的起点》(*Sententiae ad intelligibilia ducentes*)、《哲学导论》(*Isagoge*)、《论山泽女神(Nymphs)的洞穴》、《亚里士多德〈范畴篇〉评注》、《托勒密(Ptolemy)〈谐声学〉(*Harmonics*)评注》,还有一部归于盖伦的著作《致噶鲁斯》(*To Gaurus*)或许也是他写的,另有一部《哲学史》。残篇中最著名的是其《反基督徒》的残篇集,据Hadot论证,不完整的匿名《〈巴门尼德〉评注》也是波斐利创作的。[①]此外,还有很多对亚里士多德和柏拉图的评注残篇,以及他自己的创作和书信,参看肯尼思·格思理做的详尽书目。[②]

从现有的资料看,波斐利是一位非常重要的柏拉图主义思想的传播者,他喜欢将柏拉图主义哲学运用到广泛的领域,而且他自己的哲学具有相当广泛而深远的影响。

(二)形而上学

波斐利的形而上学按理说没有超出普罗提诺的三一本体论,除非匿名《〈巴门尼德〉评注》果真出自他手,那本书中模糊地表达了一种后普罗提诺的思想。[③]我们不去深入这个有争议的讨论,而是集中探讨其代表性著作在形而上学领域所做的理论贡献。

1.《哲学导论》

波斐利影响最广泛的著作是其《导论》(εἰσαγωγή),在一千多年的西方哲学教育中占据重要地位。比如圣哲罗姆、波爱修等都由其开始受哲学特别是逻辑学教育,该书还很早被译成叙利亚语、拉丁语(波爱修的译本影响深远)、阿拉伯语和亚美尼亚语,在东西罗马地区都有广泛影响。它作为哲学导论几乎是空前绝后的,古代没有比它更持久更具影响力的导论了。此书大约成书于公元400年,包含五类主题:属、种、种差、属性和偶性。中世纪时

---

① Hadot, 1968。
② Kenneth Sylvan Guthrie, 1988, 第91–95页。
③ Eyjólfur Emilsson, 2015。

期常被称为《五谓词》(*Quinque Voces*),因为其中第六节标题就是
"论五谓词的共同特征"。

希腊语中的"导论"(εἰσαγωγή)是指引入、输入和引导,针对
商品流转或者想法的改变。在这本导论性的书中,波斐利明言他
将避免太深的内容,而要涉及进一步深入之前所有必须被掌握的
东西。通常,人们认为这部导论是写给亚里士多德《范畴篇》的,
是阅读《范畴篇》的进阶,阿摩尼乌斯和波爱修都指出了这点,有
些现代研究者也接受了这种观点,但是Barnes则认为波斐利并非
为一部著作写导言,而是为整个谓词理论和构造定义做导论,更一
般地讲,此书与划分和证明有关。[1]也就是说,他的导论是针对逻
辑学的,古代晚期学习哲学的学生往往以逻辑学开始,学柏拉图哲
学则从亚里士多德逻辑学开始,也就是从《工具论》开始,而《范
畴篇》是《工具论》中的第一篇,因此《范畴篇》也算是哲学学习
的开端。[2]故而波斐利这本书就可以叫作《逻辑导论》或者《哲学
导论》。

《哲学导论》的结构是:首先是导言,说明该书是怎么样的,
为什么这样。而全书分两大部分,第一部分依次论述五谓词:属、
种、种差、属性、偶性;第二部分论述五谓词相互之间的共同点和
两两配对的谓词的共同点。比如:属和种、属和种差、属和属性、
属和偶性、种差和种、种差和属性、种差和偶性、种和属性、种和偶
性、属性和偶性之间的共同点和区别。这些论述中,属、种和种差
较详尽,其他简略,共计26节。值得注意的是,波斐利这本书并非
原创,他在导论中说,"我现在将试着向你显明,古人们,尤其是他
们当中漫步学派的学者们,是如何更多地从逻辑上来理解它们以
及在前面所摆出来的其他那些东西。"[3]因此,他很可能是转述漫

---

① Jonathan Barnes, 2003,第xv页。
② Simplicius,《〈范畴篇〉评注》,1.4–6。
③ 参见溥林,2014,第554页。

步学派的一般意见。类似状况在其《〈谐声学〉评注》中更明显，其中他说几乎所有东西都来自以往的大师们，此外，波斐利的《论禁杀动物》也有十多页对普鲁塔克《论动物的理智》(959f–963f)的照搬和改写，[1]因此我们可以推测《导论》也许来自漫步学派同行的一些论述，古代作家也有不少说其作品是编辑而成的，来自柏拉图作品和亚里士多德《论题篇》等，但是也有学者认为他只是"浸润"在柏拉图和亚里士多德的著作中而已，其作品并非简单拼凑而成，但是在长期的流传过程中的一些增益删减倒是在所难免，因为它毕竟是教材。我们截取波斐利论述的一小部分来看其论述风格：

　　　　他们这样规定最高的属：首先，是属而不是种；其次，在它之上没有其他更高的属。对最低的种则是这样加以规定：首先，是种而不是属；其次，作为种，我们无法从中再划分出种；第三，在"是什么"上谓述许多在数目上不同的东西。位于这两端之间的那些中间者，他们将之称作次级的属和种，他们将它们中的每一个都当作既是种又是属，它们究竟被看作是两者中的哪一个，取决于其中另一个；那些毗邻最低种而一直向上往最高的属进行攀升的东西，都被称作既是属又是种，被称作次级属。

　　　　正如阿伽门农是阿特柔斯的儿子，阿特柔斯是珀罗普斯的儿子，珀罗普斯是坦塔罗斯的儿子，最后一直追溯到宙斯。在这样的谱系中，他们通常都会指向一个根源，如宙斯；但在属和种那儿，则不是这样。正如亚里士多德所说，"是"并不是所有东西的一个共同的属，所有的东西也不会因一个最高的属而是同属的。但是，正如亚里士多德在《范畴篇》中所做

---

① Jonathan Barnes，2003，第xviii页。

的那样,十个最高的属要被确定出来,它们就像十个最高的根源一样。他说,即使有人将所有的东西都称作"是者",那他也是在同名异义的意义上,而不是在同名同义的意义上那样称它们。因为,如果"是"是所有东西的一个共同的属,那么,所有的"是者"就将被同名同义地称呼;然而,最高的"是者"一共有十个,它们仅仅有着相同的名称,但与名称相应的逻各斯(描述)却是不同的。

于是,最高的属是十个;最低的种有**一定的**数目,但不是**无穷的**;在最低的种后面的个体则是无穷的。正因为如此,当我们从最高的属一直下降到最低的种时,柏拉图建议我们要停留在那儿;而且建议在我们通过种差来进行划分时要通过那些中间的东西来下降。他说,不要理会无限,因为不会产生关于它们的知识。因此,在下降到最低种的过程中,必然会在划分中穿过多;而在上升到最高属的过程中,必然会将多概括为一。因为种,尤其是属,会将多概括为一个本性;反之,特定的东西和个别的东西则总是会将一分解为多。因为通过分有种,许多人是一;而通过诸特定的东西,一和普遍成为了多——因为个别的东西总是进行拆分的,而普遍的东西则总是进行聚集和统一的。①

古代评注家在解析这段时曾认为,举阿伽门农到宙斯的例子是为了批评柏拉图,现代研究者则认为是在针对斯多亚派,即,暗中批评斯多亚的"某物"思想是万物的最高属。②普罗提诺也有驳斥斯多亚派的想法,他说,"人们可以提出很多证据驳斥他们,因为他们假设了一个共同物,万物之上的一个类。说真的,他们提出的

---

① 参见溥林,2014,第557–558页,引用时略有改动。
② Jonathan Barnes, 2003,第117页。

这个共同物是多么不可思议,多么不合理性,无论是有形之物还是无形之物,都完全不适用。他们没有赋予这个共同物任何特点,所以他们自己也不可能将它分别出来。这共同物或者是存在的,或者是非存在的;如果它是存在的,它就成了它的种类之一;如果它是非存在的,那么就是把存在者归于非存在者。这样的驳斥数不胜数。"[1]而且普罗提诺明确说,"我们坚持认为'是'不是只有一个——柏拉图和其他人已经解释了原因——所以就有义务探讨这些问题,首先集中讨论我们所指的'是'有多少种类,在什么意义上是这些数。"[2]这里指的是柏拉图《智者》244b-245c和《巴门尼德》141c9–10中的论述,波斐利在这里是继承了这一批评。

此外,为什么上文中说"最低的种有一定的数目,但不是无穷的"?因为种的数目是有限的,最高的属的数目是有限的,对一个属的每一次划分都产生有限数目的种,而每个划分在有限数目的分裂后,就终结在最低的种了。但是这里所说的明确数目的最低的种很特别,因为它们是基于经验研究的,其数目和属与属不同。[3]就这个片段细节我们可以看到,波斐利继承普罗提诺,又广泛吸收漫步学派思想,反对斯多亚派的形而上学,也试图综合柏拉图和亚里士多德,进一步探索形而上学中的诸多关键问题。即使对于当代的柏拉图和亚里士多德研究,讨论波斐利也还有意义。

此外,后世总结的"波斐利树"(Arbor porphyrii或scala praedicamentalis)成为直观了解其实体划分思想的经典图示,它表明了存在的尺度:

---

① 《九章集》,VI.1.25。
② 《九章集》,VI.2.1。
③ Jonathan Barnes, 2003,第126页。

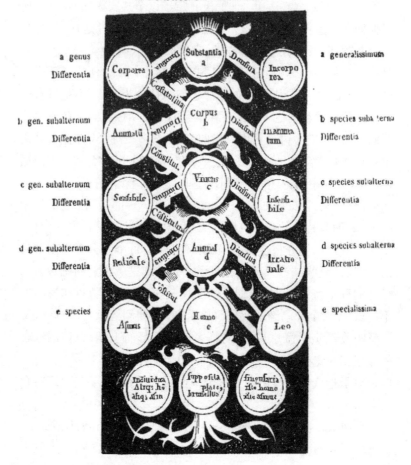

(波爱修拉丁译本中的插图)

大概可以这样表示：

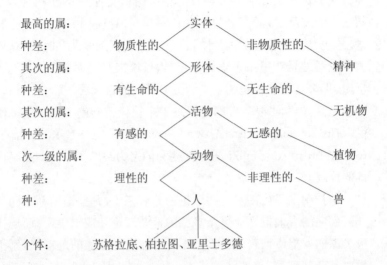

我们可以看到，从实体到个别的人，从最高的属到个体，这个树状图通过种差划分而表明了"是"（存在）的层级和相互关系。

2. 《亚里士多德〈范畴篇〉评注》

与《哲学导论》相关度最大的是波斐利的《〈范畴篇〉评注》，目前保留下来的是被各家摘录的残篇集，在辛普里丘（Simplicius）、戴克西普斯（Dexippus）和波爱修的著作中都有保留。波斐利其实写过两个《范畴篇》的评论，一篇佚失的较长也较系统的，是献给哥达利乌斯（Gedalius）的，其中波斐利成功地回应了柏拉图主义者和斯多亚派对亚里士多德范畴篇的质疑；而另一篇短一些的评注则是以苏格拉底问答法的形式写就，似乎用于教学，这篇短评保存下来较多，略有残缺。[1]波斐利对亚里士多德的

---

[1] 评注的大多内容已经由溥林在其译疏的《范畴篇》中翻译过来，详情参看溥林，2014。

回应与普罗提诺在《九章集》卷六节1和3中的批评不同，有学者认为评注体现出波斐利并非纯粹的柏拉图主义者，[①]波斐利对待范畴学说的态度是，希望通过解释让它与新柏拉图主义的理论更相融，这也是融合柏亚的最后阶段，从公元初直到波斐利时代，从安德罗尼科编辑亚里士多德著作起，六百年来，《范畴篇》都是漫步学派、斯多亚派和柏拉图主义者最爱评注的哲学著作之一，[②]所以辛普里丘才说，"很多人都对亚里士多德论范畴的书做了很多研究"（Πολλοὶ πολλὰς κατεβάλοντο φροντίδας εἰς τὸ τῶν Κατηγοριῶν τοῦ Ἀριστοτέλους βιβλίον）。波斐利的努力终结了柏拉图主义内部的分歧。[③]

柏拉图主义内部对范畴理论的分歧在于，那些追随新学园有怀疑倾向的人们批评亚里士多德的范畴理论和逻辑学说，而选择折衷派的安提库斯哲学的人则不反对亚里士多德的逻辑，特别不反对其范畴理论，这两派的代表分别是阿提库斯和阿尔比努斯。接受亚里士多德范畴学说的柏拉图主义者积极发掘柏拉图对话中的相关内容，比如普鲁塔克在《蒂迈欧》35b以下看到了范畴理论，还有人认为《泰阿泰德》152d以下也有，阿尔比努斯则认为在《巴门尼德》136a以下。[④]而普罗提诺在《智者》254d以下看到了"最大的属"可以与亚里士多德的范畴论竞争，他将其解释为"'是者'的属"。[⑤]波斐利则试图融合亚里士多德范畴学说和柏拉图与普罗提诺的本体论，而且是在不征引和依赖任何柏拉图文本的情况下，虽然很有趣但的确困难重重。他首先批评普罗提诺，是将本来用于描述自然世界的亚里士多德范畴论，错误地运用到了理智和超自然领域，然后再指责其不适用；其次，非法地将亚里士多德

---

① Christos Evangeliou, 1996, 第7页。
② 参看溥林, 2014, 第73页。
③ Christos Evangeliou, 1996, 第8页。
④ Christos Evangeliou, 1996, 第8页。
⑤ 参看《九章集》, VI.1–3。

十范畴理论和柏拉图的五个属相比较,这是在本体论上严厉的批评。[①]他认为可以完全接受不减少数目的亚里士多德范畴学说,而不同意有些柏拉图主义者和斯多亚派的做法。Evangeliou通过专业而详尽的考察,得出结论,认为波斐利对亚里士多德的熟悉程度一点都不逊色于同时代的漫步学派,评注水平也不相上下,而且他成功地将柏拉图和亚里士多德的相关学说融合,影响了后来的亚里士多德主义者和柏拉图主义者,直到文艺复兴才又重新被反省。[②]

3.《通往理智的起点》

该著作是波斐利顺着普罗提诺的思路继续推进的思考成果,他践行的是普罗提诺的遗言"将你自身中的神带回到大全的神圣中",[③]他的作品把普罗提诺的思想带到了中世纪,《通往理智的起点》(*Sententiae ad intelligibilia ducentes*亦被简称为*Sententiae*)在探索自身性时涉及了两个本质问题,一个是如何理解非形体性,第二是不同德性的探讨,以及德性如何能将人带到理智(努斯)。Mchael Hornum解释说,这里之所以有形而上学的理解和道德实践的联系,是因为当时希腊化罗马时代,哲学不只是思考方式还是生活方式,这点上与Hadot的观点遥相呼应。波斐利认为自身作为非形体的事物,其本性是不可见的,无处所,因而无所不在,无广延。他本性上就不在时空之中,时空只与分离的物质实在相关,人必须意识到自身与物质的差异,才能返回自身本性。

另外,波斐利追随普罗提诺的《论德性》,认为有四种德性,即"实践的或公众的"、"净化或拯救的"、"沉思的"以及"模范或范型的"。他将德性的类型看作上升到理智世界时内在关联的事物,这种上升可以让人企及对神圣本性的理解,人们通过在理智

---

① Christos Evangeliou, 1996,第10页。
② Christos Evangeliou, 1996,第181页。
③ Kenneth Sylvan Guthrie, 1988,第14页。

世界中觉醒,意识到物质世界存在的本原,从而进入真正实在的世界。波斐利和普罗提诺一样,把净化的德性看作上升中的关键一环,它在一般的好公民和理智生命之间搭起了桥梁。它一方面节制激情,另一方面是与欲望分离,不再想着自己要与激情分离。[①]这一思想旨在改变我们关注的方向,从对身体性的欲望转向灵魂所属的更高的实在。因此,需要避免性欲和不必要的食欲,波斐利在《致马克拉》和《论禁杀动物》中都有类似想法。哲学的净化在于首先从将我们绑缚在物质世界中的事物分离,这种绑缚机制主要就是生死,它们是变化腐朽的循环的转换点,因此我们无法避免出生或死于此,从"生成物"转为"存在"的最好方式是不参与死和生的过程。[②]

　　从该书目前辑本的情况看,它可以被看作是对普罗提诺《九章集》的一些解释性文字。按照《九章集》章节次序依次包括对以下章节的解释:[③]《论德性》(1.2)、[④]《论出离身体》(1.9)、《论质料》(2.4)、《论非形体事物之无感觉性》(3.6)、《论自然、沉思与太一》(3.8)、《论灵魂本性》(4.2)、《灵魂诸问题》(4.3)、《论感觉与记忆》(4.6)、《论本原之后产生的存在者的起源与秩序》(5.2)、《论认识本体和至高原理》(5.3)、《论太一和理想存在在任何地方皆现为整体》(6.4)、《再论太一和理想存在在任何地方皆现为整体》(6.5),其写作内容与《九章集》的内容密切相关。可见,波斐利的这部著作是遵循普罗提诺教义写成的,其形而上学思想并未超出普罗提诺划定的范围,但我们如果细读内容会发现,他将思想与生活实践联系得更紧密了,或者说对自己和读者提出了更迫切的实践的要求。

---

① Kenneth Sylvan Guthrie, 1988,第17页。
② 同上,第18页。
③ 同上,第27页以下。
④ 指《九章集》的章节,下同。

（三）灵魂论

1. 《致噶鲁斯：论胎儿如何被赋予灵魂》

本书发现于19世纪中叶，是13世纪的手抄本，抄本发现时有一点盖伦的《论消瘦》(*On Marasmus*)结尾的内容，后面则是盖伦的《逻辑导论》和归在盖伦名下的《致噶鲁斯》(*To Gaurus*)。经过Karl Kalbfleisch的仔细辨别，论证了《致噶鲁斯》实非盖伦之作，而是波斐利的作品，[①]多数学者也认可了这些论证。[②]

这部作品主要探讨的问题是如何赋种子或予胎儿以灵魂，这个问题除了古代灵魂学(心理学)的众多复杂讨论以外，新柏拉图主义者继承了柏拉图《蒂迈欧》的思想，发展出了与宇宙论结合的灵魂学，使得问题变得更为复杂。普罗提诺对此有很多层面的讨论，[③]波斐利追随其师的观点，认为父亲最低的灵魂力量是胎儿的单独产生者，鉴于生产的方式，波斐利在它到底是一种繁殖(gennan)还是分裂(apomerizein)上有点立场模糊。这点很重要，因为新柏拉图主义的形而上学要求生产者比被产生者低，但分离者则与母体一致。波斐利对胎儿的描述显得有些摇摆。有时候他说胎儿的自然本性来自父亲，有时又坚持说胎儿作为本性的作品，必须是某种低的事物，因为它不会自己运作。或许可以通过区分发用的本性和未发用的本性来解释这个困难。只有发用的本性才有实际的运作，发用就是一件联系到本体论层级的事。父亲的本性发用了，因为它和其非理性灵魂结合了，而非理性灵魂又和理性灵魂连接，而在胎儿中的本性只有在类似情况才发用。但是如果这个联系被中断了，种子的本性就不会发用。这是一种非常不同于亚里士多德灵魂学的思路。它不是一种包含自身运作原理的实在，柏拉图主义者们认为灵魂不只是本性还是运动变化的原理，

---

① Karl Kalbfleisch, 1895.
② James Wilberding, 2011, 第7–10页。
③ 《九章集》，IV.8、V.7、VI.7等。

新柏拉图主义者的"胎儿"需要这两方面的帮助。①

全书的内容大体可以分为四个部分：

(1)导论。(1.1–2.5)主要讨论胚胎在心理学上所处的状态,他们是否有自我运作的灵魂,因而也就是动物了？波斐利列举了三种可能：a.胎儿其实是动物;b.胎儿潜在地是动物,因为拥有灵魂,只是不运用;c.胎儿只是潜在的动物,只因它最终会接收到一个灵魂。

(2)旨在论证胚胎或胎儿不是真正的动物。(3.1–12.7)论证a：胚胎有营养的运作就像植物一样,而非动物;论证b：灵魂的进入和理智的进入类似;论证c：尽管都是未完成的,但是胎儿和新生儿有本质的区别;论证d：动物特征的灵魂潜能没法在胚胎中发挥作用,因为这些灵魂潜能的活动力不会是不发挥效力的,而会实际上阻碍生殖和营养的能力。

(3)旨在论证胎儿甚至也不是潜在的动物。(13.1–16.9)论证a：一个形式或者能力在潜在的实体中是潜在的;论证b：对于自我运动的灵魂而言,不存在其纯粹的潜在状态;论证c：其他的灵魂不会成为胚胎,即便是潜在的,因为那是徒劳甚至阻碍,因为植物的能力和其他能力是相互抑制的;论证d：占星家们倾向于认为灵魂在出生时进入身体;论证e：根据协调性或匹配性教义,如果质料不合适,灵魂甚至不会出现,正如和谐不会出现在不协调的乐器上,视力不会出现在损坏的眼中。

(4)旨在论证灵魂必须从外面进入后代(比如并非从父母),即使退一步认为(实际上不可能),胚胎或胎儿已经有灵魂了。(17.1–18)对这点的质疑在于,首先,父母亲只生产身体不诞育灵魂很荒谬;其次,只有在不由自主的生殖中,实体的形式才来自外面,但人类的生殖不是不由自主的。波斐利的回应是,灵魂的能力在一开始是潜在的,遗传自父母,后来才变成现实,就如其他自然

---

① James Wilberding, 2011, 第11页。

事物一样。而且种子是植物灵魂的直接产物,但是它也是整个灵魂的本体论链条的间接产物,因此这些能力作为潜在的方式蕴藏在种子中是合理的。波斐利似乎是针对想要否定灵魂外来者的动机在做出相应回应。[1]

2. 灵魂论残篇

有学者曾经尝试着从普罗提诺的语境分析波斐利的灵魂学说,[2]特别是灵魂在上升过程中与身体的分离问题,分离是什么意思? 普罗提诺和波斐利观点是否一致和同等重要? 也分析在人死后的命运方面,他们的不同看法。还有学者结合后世柏拉图主义者对波斐利的引证,进一步确认其观点的内容和在思想史中的意义。[3]我们在这里主要依据波斐利涉及到灵魂观点的残篇,结合《通往理智的起点》中的相关部分简要地缕析其大体观点和立场。

(1) 灵魂的部分与能力

波斐利认为古代哲人在灵魂的能力和部分上有很多相互不认同的思想,比如什么是灵魂的部分? 什么是一个部分? 什么是一种能力? 一个部分和一种能力之间有什么区别? 等等。他首先概述了斯多亚派、柏拉图、亚里士多德、努麦尼乌斯以及其他人的观点,主要纠结于灵魂是否分三个部分,或是两部分(理性与非理性),以及各个部分的不朽性情况等争议,然后正面给出了自己的分析。

首先,关于能力与部分之间的区别。波斐利认为一个部分和另一个部分的区分在于其属或类的特征,不同的能力可能与相同的属相关。这就是为什么亚里士多德不允许灵魂拥有部分,而是拥有能力。又如朗吉努斯也不赞同动物有部分,而只认为动物有

---

[1] 参考James Wilberding, 2011,第19-24页的梳理。
[2] 对波斐利灵魂论更为细致的考察,以及与前人的关系及对后世的影响,请参看 Andrew Smith, 1974。
[3] Andrew Smith, 1974,第xiii-xiv页。

几种能力。①其次,关于同一主体的不同部分或能力之间,或其部分与能力之间的本质区别。波斐利认为在这方面有两种代表性观点,一种是认为人有单一的灵魂,它有几个组成部分,或是其自身内有几部分,或是就其与身体的关系而言;另一种观点认为人是由几个灵魂组成,将人看作一个合唱队,不同部分的和谐组成了其整体。波斐利主要论述了第一种理论面临的质疑,并给出了自己的回应。在回应为什么说"灵魂是一个,又说有几部分"这个困难时,波斐利解释说,灵魂不可分,因此当她被当作其"是"时,即她自身时,她是一个,而当她与可分的身体结合时,因为身体的可分性,其能力运用在身体不同的部分上,因此可以说有不同的部分。而且如大马士革的尼古拉(Nicholas of Damascus)所言,灵魂可分在于其"量"而非其"质",而灵魂的能力包括感觉、运动、思考、欲求等,而所有这些的原因和原理就是灵魂。②

(2)灵魂与身体的结合

波斐利引用了普罗提诺的老师阿摩尼乌斯的观点来分析灵魂与身体的结合:理智有一个本性,就是会将能接收到它的事物紧密地结合成一个整体,在其中改变彼此,尽管它同时保持纯洁和不腐化。而在身体中结合改变了相遇的双方,因为他们形成了新的身体,这就是元素何以成为身体的部分,食物成为血液,血液成为肉,以及成为身体的其他部分。但是,对于理智而言,这种结合对它没有任何改变,因为它不喜欢改变其本性。它可能暂时消失,但不会轻易改变。理智是不可毁灭的,否则它就不是不朽的了,正如灵魂是生命,如果灵魂不是生命它与身体何益?在其与身体的结合中,灵魂不会经历改变。因为其本性"理智"是不可变的,因此灵魂也不会变。故而灵魂与身体结合时不会与它混淆在一起。他提供的例证是在梦中身体近乎死亡,而灵魂会凭自己的能力在

----

① Kenneth Sylvan Guthrie, 1988,第78页。
② 同上,第79–81页。

理智世界中活动,并在梦中预见未来。①

　　波斐利强调是灵魂在掌控身体而非相反,灵魂之于身体,不像是某物在瓶子或葫芦中,他认为反而是身体在灵魂中。理智不会监禁在身体中,它在身体的所有部分伸展,并穿透它们、超越它们。理智不会禁闭在任何地方,因为根据其本性的德性,它只愿意留在理智世界。当灵魂在身体中显现时。并不代表她被拘禁其中,而只是说她与身体有一种习惯性联系,她在其中,就像我们说神在我们之中一样。②

　　波斐利在《通往理智的起点》中谈到灵魂如何降到身体时说,当灵魂在至高的纯净中时,她与一个接近非形体本性的形体结合,即"以太身";当她再从理性降到想象时,她有了"太阳身(日身)";当她变得柔弱时,爱上了形式,就有了"太阴身(月身)";最后当她降到地面时,与湿气结合,变成了完全无知的存在,一种日蚀状态,真正的婴儿状态。因此向下的降落是越来越潮湿,而向上回归的路则是越来越干燥。③

　　(3)灵魂不朽

　　在灵魂不朽性的证明上,波斐利引证了阿摩尼乌斯和努麦尼乌斯的观点:

　　　　身体不包含任何不可变的东西,在本性上受制于变化、分解和无限区分。它们必然需要一些原理来包容它们,可以将其部分捆绑和固定起来;这种统一的原理我们称之为灵魂。但是如果灵魂也是物质的,即便在组成上再微妙不过,问题还是有,什么东西来包容灵魂自身呢?因为我们已经看到一些物质都需要一些原理来包容它们。同样的过程会无限递

----

① Kenneth Sylvan Guthrie, 1988, 第84–85页。
② 同上,第86页。
③ 同上,第43页。

推,直到我能抵达一个非物质的实体。[1]

(4)个体灵魂与宇宙灵魂的关系

波斐利曾经解释过普罗提诺的一些论述,比如在个体灵魂与宇宙灵魂的关系方面,他引用了普罗提诺的说法,[2]然后解释道,个体灵魂互不相同但不分彼此,并没有将宇宙灵魂分为很多部分;它们会相互结合而不相困扰,并没有将宇宙灵魂只当成一个总和。因为它们彼此分离就像一个单一灵魂中的不同知识,个体灵魂并非包含在宇宙灵魂中,就像它们是其身体,就像是完全不同的实体。因为它们是灵魂在性质上的实现。宇宙灵魂的能力是无限的,其中所有参与者就是灵魂,所有的灵魂形成了宇宙灵魂,但是宇宙灵魂依然可以独立于所有个体灵魂存在。[3]

波斐利认为,当灵魂与身体分离时,她的每个部分都有灵魂本身拥有的能力,就像一个个体的种子有宇宙种子(精液的逻各斯)同样的属性。而个体的种子与物质结合,保存了宇宙种子,另一方面,宇宙种子拥有一切个体种子分散在物质中的所有属性,因此我们设想的在宇宙灵魂中的部分,是与物质分离的,而拥有宇宙灵魂的所有能力。[4]

(四)可选择的生活

波斐利注解过柏拉图的一些著作,但只残存了一些片段,其《论我们的能力中有什么》(*On What is in Our Power*),收录在斯托拜乌(John Stobaeus)的《文选》(*Anthology*)中,是专门解释《理想国》厄尔神话(614b2–21d3)的,解释《理想国》的其他残篇主要由普罗克洛的《〈理想国〉评注》和马克洛比乌斯(Macrobius)的

---

① Kenneth Sylvan Guthrie, 1988,第83页。
② 参考《九章集》,Ⅵ.4.4。
③ Kenneth Sylvan Guthrie, 1988,第61页。
④ 参考《九章集》,Ⅵ.4.9。

《〈西庇阿之梦〉评注》(*Commentary the Dream of Scipio*)保存，也集中在对厄尔神话的解释。因此有学者推断，这些残篇都属于《论我们的能力中有什么》。①

在现存的这些厄尔神话解读中，波斐利强调了人对生活方式的选择能力，是在宇宙论背景下的解释。伊壁鸠鲁派Colotes曾经批评过柏拉图和柏拉图主义者，认为他们喜欢讲虚构的故事，而不是科学研究。对此，波斐利对厄尔神话的解释给予了回应，我们顺着威尔伯丁(Wilberding)的解读，结合原文来看几个波斐利解释中的相关问题：

第一，波斐利的解读涉及到灵魂的状态问题。在这点上，波斐利与普罗克洛的观点一致，他们都认为这里的灵魂所处的状态，并非从理智世界下降到感性世界。普罗克洛认为，灵魂受处罚也不是在理智世界中，也不能将天国的奖赏当作前往理智世界。因为千年的奖惩时间与理智世界不符，理智世界没有时间。但是哲学生活是死后进入理智世界的必要条件；第二，还涉及到灵魂做出选择的地点在哪里。普罗克洛追随波斐利的观点认为，地点在月下世界的顶端的以太中，就在月界(lunar sphere)下面，理由是灵魂被召集在一个天地之间的处所，其次因为这里有命运分给大家，也有选择；第三，灵魂做出的选择和"命运"有什么关系？波斐利的两种生活和选择与后来普罗克洛提出的两种命运有很多异同，波斐利认为"命运"是由灵魂被带到月界时的次序决定的，而灵魂在天国比如星球上的生活，只是一般的各种各样的生活，就人类而言则是不同性别的生活，来生生活与某种黄道度数相关。因此，人类所谓的选择只是有一定的自由度，来生既是被命运决定的，也是我们能力范围内能选择的。②

---

① James Wilberding, 2011, 第123页。
② 参考James Wilberding, 2011, 第124–132页。

（五）伦理学

1. 生活哲学(或神学)：《致马克拉》

波斐利给妻子的书信《致马克拉》(*Letter to Marcella*)包含两部分内容，第一部分主要是回应人们对他结婚的质疑，因为有人认为他是为了个人利益，比如金钱、性爱或老年的关照等。但是人们很难相信一个70岁的禁欲哲学家会为了性欲而和马克拉过婚姻生活。第二部分，是介绍波斐利温和的禁欲道德哲学。本书信未涉及形而上学内容，是纯伦理学的，但是其观点也基于《通往理智的起点》，特别是其中《论德性》表现出的思想，以下图表简要表明了波斐利的形而上学、认识论与伦理学的关系：[1]

存在等级	不同类型的德性	认识的形式
纯粹理智	模仿或范型的	直接知识
理性理智	沉思的	对话推理
灵魂	净化或排泄的	意见、信念
身体	公民或社会的	感官

一般人是生活在公民或社会德性的指导下，过世俗的生活，只有经过净化的德性，人才开始灵魂转向，朝向理智的生活前进，波斐利就是要告诉妻子如何发生这种转变，以及在此之后有什么样的生活等待着她，告诉她太一的存在与回归太一的旅程。

波斐利在书信一开始，就对妻子解释了自己在这么大年龄，娶一个有5个女儿、2个儿子的女人做妻子不是为了养老，也不是为了施善而沽名钓誉。真正的原因有两个："第一，我认为我应该取悦生育神；就像苏格拉底在狱中选择做普通的音乐那样，为了离开生命时的安全，而非他惯常所从事的哲学，因此我努力取悦神圣

---

① Alice Zimmern，1986，David Fideler导言，第29页。

者们，他们统辖我们的这出悲喜剧，……只是为了荣耀诸神。"[1]
另一个原因是，"我爱慕你，因为你的性情适合真正的哲学；当你
失去了丈夫，一位与我亲密的人时，我认为不加以帮助，也不用适
于你性格的智慧进行保护就离开你并不合适。"[2]因此他排除万
难，与之结合，为的是让妻子回归善好生活、分享哲学，向她指出
指导生活的教义。

波斐利认为，世上没什么事比上升到神与享乐和安逸的生活
更相悖，[3]因此，享乐和安逸都阻碍我们真正抵达生命的目的，能
通往神的不是快乐的人而是能忍耐最大不幸的人。[4]理性告诉我
们，神圣者无处不在，神圣也在所有人中，但是神圣只将智慧之人
的心当作其庙宇，神最能被最了解他的人荣耀。神什么都不需要，
而智慧者只需要神。[5]他进而呼吁：

> 让神即刻看到并检验一切行动、作为和言语。让我们视
> 他为我们所有善事的作者，而恶则是我们自己造作，因为是我
> 们选择了它，神没责任。[6]

纯洁是神的美，而其光则是赐予生命的真理之焰。每种恶都
是由于无知，因懦弱而误入歧途。[7]后面更是大量论述神的能力和
特征，认为人练习智慧就是练习对神的认知。[8]最后波斐利还解释
了对诸神是否存在的疑虑，[9]指明行为卑下者的祈祷并不纯洁，神

---

[1]《致马克拉》，2，据Alice Zimmern译本，1986，下同。
[2]《致马克拉》，3。
[3]《致马克拉》，6。
[4]《致马克拉》，7。
[5]《致马克拉》，11。
[6]《致马克拉》，12。
[7]《致马克拉》，13。
[8]《致马克拉》，17。
[9]《致马克拉》，22。

不接受，行为高贵者的则是纯洁的，也是神所接受的。有四个关于神的原理：

> 信念、真理、爱和希望。我们必须有只有转向神才能得救的信念，必须努力认识关于神的真理，我们知道之后必须爱他，当我们爱他时必须在灵魂中怀着对我们生活的美好希望。正是因为这些好的希望，好人才胜过坏人。①

此外，他还谈到如何让理性为灵魂做主而避免激情带来的僭主式的统治，如何对待奴隶等。②我们发现，如果这些文字未经后来的基督徒篡改的话，那么其对神的教义和人生活的指导就有很浓厚的宗教意味，虽然这个神并非人格化的，但对神的敬拜和认识、信靠都更像一种宗教而非哲学。

2. 戒杀：《论禁杀动物》

《论禁杀动物》（*peri apokhês empsukhôn*，拉丁语书名*De Abstinentia*）一书写于公元3世纪最后30年，是波斐利给卡斯提库斯（Firmus Castricius）的一封公开信，卡斯提库斯曾经和波斐利一样，都认为真正的哲学家应该食素，但是卡斯提库斯放弃了吃素，因此波斐利写信劝勉他回心转意。为此，波斐利详尽论述了他对动物、人类和神的观察与思考，用现在的话讲，就是借用生物学、神学、动物行为学和人类学的知识来支持其哲学观点，同时涉及到了肉体的粮食和精神的食粮。③他的主要议题是要处理这么几个问题：动物是否属于非理性的存在，因此应该被排除出人类群体，被人类杀戮，当作事物或者药材，抑或献给神明？真正的诸神需要活物

---

① 《致马克拉》，24。
② 《致马克拉》，34–35。
③ Gillian Clark, 2000，第1页。

作为牺牲吗，还是只是通往宗教的、掩盖人类贪婪和凶恶作为的掩饰？为什么人们赞同沉浸在昏昏欲睡的、激发身体欲望的生活中，而忽视他们是不朽的灵魂，以及他们重获自由该做些什么？[①]

　　古代哲人吃素很多，比如毕达哥拉斯主义者，还有波斐利的师尊普罗提诺本人也生活简朴，他保持独身、素食，吃喝睡都很少。据波斐利看来，动物不同于植物，它们有理性灵魂，虽然比人类灵魂包含的少，但还是与人类相似，有辨别和评估其自身处境的能力，可以计划未来，相互能呼应，对人类也能有回应。大多数哲学家都同意哲学的生活方式是有纪律而适度的，作为柏拉图主义者，波斐利和卡斯提库斯更是低估身体欲望给灵魂带来的娱乐。他们认为真正的生活是理智灵魂的，他们只是因为陷于有朽的肉身，才暂时离开了对神的沉思。波斐利认为哲学家集中精力用对神的沉思和思考来喂养理智，身体也必须喂养，但不是用动物的肉。肉需要更多的也更分心的准备，[②]会因为增加身体力量激发欲望从而阻碍灵魂，[③]杀戮动物会给它们造成伤害，因为那样会取走它们的灵魂，[④]而神是全善的，不会对任何事物造成危害。[⑤]很明显，这是对传统的希腊罗马关于动物、人及神之间关系的全新挑战。[⑥]因为希腊罗马祭神时都用动物作为牺牲，生活中也都吃肉。

　　波斐利对人的定义是"有死的理性动物"。"有死的"是与"神"相区别的标志，就理性方面与神接近而言，人又高于一般动物，但是动物也有理性，因此动物离人也不远，我们除非是自卫，否则不该杀死它们。[⑦]他认为神不需要动物牺牲，而只是需要一些

---

① Gillian Clark, 2000，第1页。
② 《论禁杀动物》，1.46.2。
③ 《论禁杀动物》，1.47.2。
④ 《论禁杀动物》，2.13.1。
⑤ 《论禁杀动物》，3.26.11。
⑥ Gillian Clark, 2000，第2—3页。
⑦ 《论禁杀动物》，2.22.2。

非血肉的献祭,比如谷物和大麦面包或者鲜花等,这些东西只是未经哲学陶冶的普通民众对神表达敬意的方式罢了。对于少数经过哲学训练的人,向神致敬更合适的方式是不受身体染浊的"沉思"和"纯思"。[①]

(六)哲学史研究

1.《哲学史》

波斐利和之前以及同时代的学者一样,有撰写教义化思想史或哲学史的倾向,但其《哲学史》颇有特点,既没有按照第欧根尼那种学派的次序写,也没有按照哲学论题或问题写,其第一卷写的是荷马、赫西俄德、希腊七贤、泰勒斯和弗瑞西德斯(Pherecydes),[②]第三卷讨论苏格拉底,第四卷写柏拉图,估计第二卷涉及前苏格拉底和智者,比如恩培多克勒和高尔吉亚等。[③]他认为在柏拉图到普罗提诺之间乏善可陈,没什么值得一提的哲学家,包括斯多亚派、伊壁鸠鲁主义等等,因此我们不能说这部作品是一部真正意义上的哲学"史",但是一部有强烈柏拉图主义色彩的"哲学"史。

2.《毕达哥拉斯生平》

同样属于波斐利哲学史类作品的,还有《毕达哥拉斯生平》,其重要性仅次于扬布里柯的同名作品,其论述结构如下:

(1)毕达哥拉斯家族渊源(1–5节)

(2)教育:希腊的导师们和东方游学(1, 2, 6–8, 11–12节)

(3)铜器时代("Helladic" period):在萨默斯的教育活动,德尔菲和克里特之旅,反对泡鲁克拉特斯(Polycrates)僭主统治而离开意大利(9–11, 13–17节)

---

① 《论禁杀动物》,2.34.2–3,亦参Gillian Clark, 2000,第3页。
② 锡罗斯岛的弗瑞西德斯(Pherecydes of Syros, Φερεκύδης),活跃于公元前6世纪,是希腊著名思想家,以宇宙演化论见长。
③ Constantinos Macris, 2014,第383页。

(4) 在意大利的活动(18–31节)

　i　教育:在柯罗顿(Croton)的演说,有了门徒(包括女性),建立学校(ὁμακοεῖον)(18–20节)

　ii　政治:建立了大希腊(Magna Graecia),立法,从僭主统治中解放出一些城邦,消除了城邦内部冲突(21–22节)

　iii　奇迹(23–31节)

(5) 生活方式(διαγωγή)(32–36节)

(6) 毕达哥拉斯教义和哲学的内容(37–53节)

　i　道德劝勉(38–45节)

　　a　以细致而全面的方式表达(38–41a节)

　　b　以象征的方式展示:征象和禁忌附加寓意和其他的解释(41b–45a节)

　ii　通过数学和数的哲学锻炼心智(45b–52节)

　　a　转变:为了回忆而净化的必要;毕达哥拉斯回忆起前世的能力(45b节)

　　b　数学在净化和教学法中的角色:为心智在理智领域沉思的准备(46–47节)

　　c　数字作为教育设置;毕达哥拉斯主义数字哲学的样本:太一、不定的二、三一组和十(48–52节)

(7) 毕达哥拉斯之死,其学校和学派的终结(53–61节)

　i　毕达哥拉斯学校消失的原因(53节)

　ii　毕达哥拉斯和早期毕达哥拉斯主义者的终结:库隆(Cylon)的反毕达哥拉斯主义阴谋;关于毕达哥拉斯之死说法的不同版本;毕达哥拉斯主义者的分散和毕达哥拉斯教义的保存(54–58节)

　iii　个别的毕达哥拉斯主义者生活方式的逸闻(59–61节)(希腊文本至此中断)

　iv　毕达哥拉斯和其他毕达哥拉斯主义者的真实著作,要

和后来归在其名下的伪作相区别(这部分只有阿拉伯译本)[①]

从上面总结出的提纲可见,本书是对汇集资料的精心整理和重塑,条理清晰,内容充实,没有多余的阐述和修辞的铺排发挥,这与后来扬布里柯的同名作品不同。波斐利很少插入自己的评论,更多的是陈述事实,学者们为了从中发掘他自己的观点,小心地考察了他对原始材料的取舍和他选择的证词,以及他作为哲学史家和毕达哥拉斯传记作者的身份。[②]本传记是毕达哥拉斯三大传记之一,时间上上承第欧根尼,下启扬布里柯,在文本结构、取材、观点等方面都有自己的特色,为后世了解毕达哥拉斯和毕达哥拉斯主义提供了宝贵资料,同时也表明波斐利对毕达哥拉斯教义的重视,以及这种重视给后世新柏拉图主义者造成的影响。

此外,波斐利的宗教思想中最重要的当然是《反基督徒》,我们将其与其他柏拉图主义者的反基督徒思想放在一起,留在后面章节专门论述。还有最近发现的《论秘仪》和其他残篇,一方面前者作者不确定,[③]另一方面残篇观点零星,需要专门的系统研究。[④]

总之,波斐利作为新柏拉图主义传播史上承前启后的重要人物,延续了后世新柏拉图主义的种种精神探索之路,在柏拉图主义哲学史上有着重要的地位。

---

① Constantinos Macris, 2014,第385–386页。
② Constantinos Macris, 2014,第387页。
③ 参见Christopher K. Callanan, 1995。
④ 参考《波斐利残篇集》(Anrew Smith, *Porphyrii Philosophi Fragmenta*, Gebundene, 1993)。

第七章　新柏拉图主义的发展与完成

一、扬布里柯的哲学及其毕达哥拉斯主义信仰

（一）生平与著作[①]

扬布里柯（Iamblichus，Ἰάμβλιχος，公元245–325年），出生于拜鲁姆的卡尔基斯（Chalcis-ad-Belum）城里，就是现在叙利亚北

[①] 主要参考Eunapius of Sardisis写的扬布里柯传记资料，以及Dillon & Polleichtner，2009，第xiii- xiv页。更详尽的生平考证和著作编目参看Dillon，2009，导言第一节。

部的Qinnasrin。他的姓表明其家族之前很有权势,这个词来自古叙利亚语或阿拉姆语ya-mlku,意思是"他是王者",也就是,说他们家祖上有之前统治者的Emesa王族血统。他主要有两位老师,一位是阿那陶里乌斯(Anatolius of Laodicea),一位是波斐利。但他与波斐利的联系不太清楚,也许当波斐利从西西里返回罗马继续执掌普罗提诺的学校时,扬布里柯在那里从学,但证据表明他在波斐利逝世之前很多年,大约公元290–304年间,就已经回到叙利亚阿帕麦亚(Apamea)创办自己的学校了,阿帕麦亚作为努麦尼乌斯的家乡,已经是著名的哲学思想活跃地。因此,很难说扬布里柯是波斐利的忠实弟子,而且他反对波斐利对"神工或通神"(theurgy)①实践的批评,写了一篇对波斐利批评阿奈博(Anebo)的公开信的回应,以埃及高级祭司阿巴蒙(Abammon)的角色,为通神实践进行辩护,文艺复兴以后以《论埃及秘仪》(*De Mysteriis Aegyptiorum*)之名传世。

扬布里柯在自己创办的学校里制定了一套学习柏拉图和亚里士多德的课程,撰写了对两位哲人著作的大量评注,现在还留有一些残篇,包括评注柏拉图的《阿尔喀比亚德前篇》、《斐多》、《斐德若》、《智者》、《斐勒布》、《蒂迈欧》、《巴门尼德》,评注亚里士多德的《范畴篇》(很多在辛普里丘的评注中保留下来)、《解释篇》、《前分析篇》、《论天》和《论灵魂》。同时他非常推崇毕达哥拉斯,撰写了《毕达哥拉斯生平》(*Bios Pythagorikos*)和《哲学劝勉录》(*Protreptikos*),都直接与毕达哥拉斯主义思想相关。此外,扬布里柯还有与毕达哥拉斯派的数学思想相关的《论一般数学知识》(*Peri tes koines mathematikos epistemes*)、对公元2世纪柏拉图主义者尼各马可(Nicomachus of Gerasa)《算数导论》的评注,

---

① 关于扬布里柯的"神工"思想参见Gregory Shaw, 1995, 第一部分第四节,亦参追随Shaw该书而解读扬布里柯的《希腊哲学史》卷四,汪子嵩等,2010年,第1377–1384页。

还有归在扬布里柯名下但实际上现代学者并不认为是他所做的《算数神学》(*Ta theologoumena tes arithmetikes*)。他还撰写了《论灵魂》(*De Anima*)，收录在斯托比的约翰(John of Stobi)的《文选》(*Anthologium*)中。此外，据说他还写过《迦勒底神谕》的评注和一部《柏拉图神学》，还有一些论文，如《论诸神》、《论德性》等，但都已佚失。

　　他的学生有当地的骚帕特(Sopater)，似乎是扬布里柯的赞助人，在整个罗马皇帝拉克苏(Licinius)统治东方期间，他的学校都很繁盛，但君士坦丁大帝胜利后，这种宣传希腊和其他"异教"的学校就开始受限和衰败，直到325年扬布里柯去世，学校也就瓦解了。他的高足埃德西乌斯(Aedesius)迁往帕加马(Pergamum)，扬布里柯的思想在那里又传播了一代人。著名的反基督教的朱利安皇帝曾经想要埃德西乌斯当他的帝师，但是埃德西乌斯更向往平静的生活，给朱利安举荐了自己的学生艾菲索斯的马克西姆斯(Maximus of Ephesus)，后来扬布里柯的宗教思想成为柏拉图主义者反对基督教的利器。

　　扬布里柯浓厚的宗教思想倾向，决定性地影响了后来的新柏拉图主义者，文艺复兴时期他被冠以"神圣的"甚至"至圣的"称号。

（二）形而上学：不可言喻的太一

　　扬布里柯的形而上学思想是基于普罗提诺的哲学体系，结合新毕达哥拉斯主义和《迦勒底神谕》综合而成，他认同莫德哈图斯(Moderatus of Gades)，认为柏拉图本质上是一个毕达哥拉斯主义者。[1]扬布里柯面对的思想环境与前人不同，他不光有传统认定的柏拉图对话作为权威依据，而且还可以接触到荷马史诗、赫西俄德作品、俄耳甫斯颂歌、毕达哥拉斯派作品、大量中期柏拉图主义作品和《迦勒底神谕》等文献，况且还有其他学派和宗教的作

---

① Dillon, 2009, 第26页。

品,有很多是非柏拉图式的,他要融汇这么多思想于一炉,确非易事。最终他确立了有自己特色的形而上学和宇宙论体系,同样以太一为首,不同的是它不可言传。这样一来就有了两个太一,或者说第一原理,一个是不可言喻的,一个是与其他之后的理智等有联系的。达马士基乌斯转述说:

> 在这之后,让我们来考虑一下这点,是否在首要思想三一组($τῆς\ νοητῆς\ πρώτης\ τριάδος$)[1]之前,第一原理的数目是2,即"不可言传者"($ἥ\ τε\ πάντη\ ἄρρητος$),和"不与三一组联系者",这就是伟大的扬布里柯在其杰出的《迦勒底神学》第28卷中所秉持的观点,他之后大多数人都愿意这么认为,即思想存在中的第一个三一组直接跟随不可言喻的第一原理,还是说,我们该从这个假设下降,跟着波斐利说万物的第一原理是思想三一组之父?[2]

这里扬布里柯所谓的"不可言喻"的第一原理实际上与柏拉图《巴门尼德》中第一个假设与第二个假设之间的张力相关,即"如果有绝对统一的一,那么没有任何东西可以述谓它",和"如果一存在,那么一切述谓都可以归于它"之间,普罗提诺用不可见的紧张关系合并了太一的这两个方面,即"不可述谓"(否定性的)和"一切述谓归于它"(主动的)两方面,波斐利则让主动的第一原理成为思想三一组之首,而扬布里柯则分开了两者,否定性的是不可言喻的,主动的原理则是高于但不与思想三一组联系者,以便解决多的问题。[3]

---

① 这个"三一组"即"$ὄν$-$ζωή$-$νοῦς$,存在—生命—理智",普罗提诺曾提过单位用作特别术语(《九章集》,I.6.7、V.4.2、V.6.6),波斐利那里已经理论化,到扬布里柯这里已经成为固定用语。详见Dillon, 2009,第36页中的解释。

② Damascius, *Dub.et Sol.*43(I p.86 Ruelle),参考Dillon, 2009,第29页译文。

③ Dillon, 2009,第30页。

　　但是扬布里柯又认为在第二个意义上的太一与三一组之间又有"二"(Dyad)，认为它是"单一"(Monad)之后的第二原理，达马士基乌斯转述说扬布里柯认为"人们或许会说一定要一开始就假定，'存在之一'和元素之二的结构的原因性原理是其固有的，第一原理的二就有一区别的存在，它先于刚刚提到的不定的二，一如在不定的二之前有太一一样，扬布里柯假设在两者之前是'存在之一'的原因。……因为一的第一原理先于二的第一原理，那是'纯一'，扬布里柯假定它处于两个第一原理和绝对不可言喻者之间，这两个原理可能是有限的和无限的，或者人们说的'一与多'，这里说的一与多相对而言，而非高于两者的无对的一。"①

　　我们结合狄龙的总结，绘制了如下图表，可以形象地表明其思想框架：②

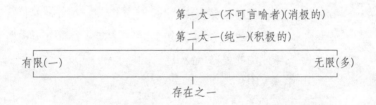

（三）《毕达哥拉斯教义概要》

　　有一份在佛罗伦萨发现的手抄本中提到，③扬布里柯可能要完成一部论述毕达哥拉斯学派的大部头著作，名之为《毕达哥拉斯教义概要》(Συναγωγὴ τῶν Πυθαγορείων δογμάτων)。该书抄本上记录有九部分，第一部分是导言，即《毕达哥拉斯生平》，接着是《哲学劝勉》，然后是《论一般数学科学》、《〈算数导论〉评

---

① 参考Dillon, 2009，第31–32页译文。
② Dillon, 2009，第32页。扬布里柯关于思想域、三一组和德穆格等思想，也可以详参狄龙在此之后的分析。
③ Laurentianus 86, 3, 14世纪。详参D. J. O'Meara, 1981和1989。

注》。这些著作或多或少都保留下来了，佚失的部分主要包括数学与物理、伦理、神学等的关系，特别是研究数学在其中的重要意义，然后是毕达哥拉斯学派的几何和音乐，学者们根据《〈算数导论〉评注》中提到的暗示，推测最后还有一部分可能是关于天文的导论，因此这部大书的目录就可能如下：[1]

> 毕达哥拉斯主义导论(2卷)
> > 毕达哥拉斯及其学派：《毕达哥拉斯生平》(卷I)
> > 践行毕达哥拉斯哲学的一般性劝勉：《劝勉》(卷II)
> 毕达哥拉斯主义数学导论(1卷)
> > 一般数学(卷III)
> 算数(4卷)
> > 算数本身(《〈算数导论〉评注》)(卷IV)
> > 与物理的关系(卷V)
> > 与伦理的关系(卷VI)
> > 与神学的关系(卷VII)
> 几何(卷VIII)
> 音乐(卷IX)
> 天文(卷X)

接下来我们就分节来简要介绍保留下来的一些著作及其内容和哲学史意义。

1.《毕达哥拉斯生平》

扬布里柯擅长也信服毕达哥拉斯主义，但是为毕达哥拉斯立传并非他首创，较早的有第欧根尼·拉尔修《名哲言行录》中的传记，其后是上一章已经提到波斐利的《毕达哥拉斯生平》，因此他

---

[1] Luc Brisson, 2012，第38页，另参D. J. O'Meara, 1989，第33—34页。

并非首位撰写这类文字者，①但波斐利和扬布里柯的做法有些重要的差异，波斐利总体上还和第欧根尼·拉尔修一样，偏向于重视史实，而扬布里柯则不愿意做一个学者式的传记，他更关注其真实的生活，而非生活中的事实。②波斐利和扬布里柯都认为哲学的终点是灵魂与神合一，但实际上他们的想法还有不小区别。扬布里柯信仰的是通过牺牲培育众多诸神，相信咒语和难以理解的实践，理性不允许对其提问，③而波斐利如前所述，更为理性，对待生命和神及神秘事物也更加理性化。

　　有学者说，这是现存关于毕达哥拉斯的古代最复杂的著作，它远超过一份传记，但又是研究毕达哥拉斯传统的重要文献。扬布里柯将毕达哥拉斯与阿波罗神紧紧相连，属意于其神圣哲学，将毕达哥拉斯视为神圣的人，当然，他也认为毕达哥拉斯是真实的有肉身的人，而非象征性存在。④因此，他在很多方面都超出了柏拉图的教义，他认定的神圣引导者是毕达哥拉斯，而本传记也就成了一种让人们追随毕达哥拉斯生活的劝勉之作。⑤因此我们甚至可以将其译为《毕达哥拉斯生活之道》或《毕达哥拉斯生命之路》。

　　该书共36章，除了引言例行的向神祈祷，并强调其写作任务的有益性和艰难，其余内容大体可以分为6个部分：⑥

　　(1) 第2–5章：介绍毕达哥拉斯的祖上、出身和到腓尼基、埃及
　　　　和巴比伦的游历经历，以及在萨默斯(Samos)的教学生涯，
　　　　被同时代人认作贤人。

---

① 此外，图阿那的阿波罗尼乌斯就写过类似文字，而他的再传弟子则写了他的生平，
　　参看第13章5.4。关于毕达哥拉斯传记写作史，参看Dillon & Hershbell, 1991，导言
　　第III节。
② Mark J.Edwards, 1993，第162页，参见H.J. Blumenthal & E.G. Clark, 1993。
③ 同上，第163页。
④ Dillon & Hershbell, 1991，第1–2页。
⑤ D. J. O'Meara, 1989，第36页。
⑥ 依据Dillon & Hershbell, 1991，第27–28页。

(2) 第6章–8章36节：创办公开的教团。讲述毕达哥拉斯离家抵达目的地之后的公共生活，以及教团组织体系和教义。

(3) 第8章37节–11章：演讲次第：a.对青年的演讲(第37–44节)；b.对千人演讲(第9章)；c.对儿童的演讲(第10章)；d.对女人的演讲(第11章)。展示了毕达哥拉斯在不同群体中的成功教导。

(4) 第12–27章：对毕达哥拉斯哲学和生活方式的考察。这是本书的主体部分，全面考察了毕达哥拉斯的教导和实践。

(5) 第28–33章：毕达哥拉斯主义的诸德性。分别讨论：毕达哥拉斯式的虔敬以及毕达哥拉斯及其教义的神圣性(第28章)、智慧(第29章)、正义(第30章)、节制(第31章)、勇气(第32章)、友谊(第33章)。

(6) 第34–36章：结论部分。是对毕达哥拉斯各个方面教义的补充性的转述，也是补充性证据。

如果说这样的一部展示生活方式的传记还不能具体指导人的话，那么接下来的部分则更直接地与哲学劝勉和引导相关了。

2.《哲学劝勉录》

"劝勉"(Προτρεπτικòς)本身是自公元前4世纪以来常见的演说和哲学题材，近来有学者集中研究了柏拉图、伊索克拉底和亚里士多德在这方面的作品，及其作品中的全面性质和内容。[1]这种题材的文字是用一种修辞方式，规劝年轻人选择某种哲学，以便过一种好的生活。[2]这种问题从智者时代产生，可以说一直延续到今天，相当于中国的"劝学篇"。在有众多智者竞争的古代，

---

① Collins II, James H., 2015.
② 同上，第1页。

以及有诸多哲学流派和学校竞争的希腊化罗马时期，这种劝勉性文字都是重要的宣传媒介，都是在争取更多的年轻受教者或追随者。在古希腊，伊索克拉底与柏拉图之间有明显的竞争，阿卡德米学园和吕克昂学园之间有竞争；在罗马和亚历山大里亚，则有柏拉图主义、漫步学派、伊壁鸠鲁派、斯多亚派、皮浪派等的竞争。其间，劝勉都是传播思想、吸引同好的重要渠道。特别是到了希腊化时代，教授生活方式或生活技艺成了普遍的时尚，众多思想流派、宗教样式和民族生活方式也都促进了这种技艺的繁荣和传播。

　　我们在阅读柏拉图对话时，几乎都能感觉到一种劝勉，有时候是整篇对话，比如古代一直以为苏格拉底—柏拉图导论的《阿尔喀比亚德前篇》，[①]有时候是一些插入语，比如《斐多》中的劝勉不厌烦论证，《申辩》、《泰阿泰德》、《理想国》等作品中对哲人生活的描述，在《欧绪德谟》、《克利托丰》中谈到"规劝性论述"[②]等等，亚里士多德还专门写过《劝勉篇》，古代作家转述说，亚里士多德在其中表达说："如若是爱智慧的，就爱智慧，如若不是爱智慧的，也爱智慧。在所有的情况下，我们都要进行哲学思考。因为，如若哲学存在着，我们要进行哲学思考，正如它是存在着，如若哲学不存在，我们也要进行哲学思考以探索它为什么不存在，探索就是哲学存在的原因。"[③]

　　苏格拉底的另一个弟子伊索克拉底也有大量劝勉性文字，比如他将自己的道德演说区别于一般智者的劝勉辞，他说："我不打算通过创作一篇劝诫辞来给你提出建议，而是要写一篇道德演说辞，说明青年人应该为什么而努力，应该戒掉哪些不良行为，应该与什么样的人交往以及应该如何规划他们的生活。因为，只有

---

① 参看最近出版的著作，研究《阿尔喀比亚德前篇》在古代的接受情况，François Renaud & Harold Tarrant, 2015。
② 参考《哲学规劝录》，詹文杰译，中国社会科学出版社，2008年，第6页。
③ 苗力田等，《亚里士多德全集》卷十，148页。

那些生活阅历丰富的人,才能真正获得道德的真知——而这种财富,才是世界上最伟大的……事实上,力量与智慧的结合才是真正的优势,要是没有智慧,那么力量只可能伤害而不是帮助它的拥有者;同样,当智慧与那些渴望拥有它们的身体分开时,它只能使灵魂更加黑暗。"①

因此,扬布里柯在撰写《劝勉录》时直陈,他要劝勉的也是一种哲学生活方式——毕达哥拉斯派的哲学生活方式,他对自己这种"劝勉"做出了清晰的论述:

> 我们从下面这点开始,也就是他的学派所描述的关于一切教养、学识和美德的一般的预备性训练。这种训练不是局部的,不是使得一个人在某个特殊方面变得完善,而是从总体上来说,使一个人的热情或愿望转向一切学问、一切知识、生活中一切美好和高尚的实践、一切教养,简言之,也就是一切分有"美"的东西。因为,如果没有通过"劝勉"带来一种唤醒,一个人在自然的冷漠状态下不可能突然献身于美好和高尚的事业;如果他的灵魂没有被规劝所启发,他也不可能立即领会最高层次和最完满的善。

> 正如灵魂必须逐步从低往高走,经历所有美好的事物,最后才能达到最完满的善,所以,规劝也应该从那些最普通的东西出发,并且逐步前进。这种规劝将激发人们追求哲学本身;根据各种思想体系,从总体上进行哲学探索;不把任何学派置于优先地位,而是按照各种体系自身的价值肯定它们;并且,通过这样一种普通的和大众化的规劝方式,将哲学置于比单纯的人类事业更高的位置。在此之后,我们还要使用一种间接的规劝方法,它既不是全然大众化的,也不是毕达哥拉

---

① 《古希腊演说词全集·伊索克拉底卷》,李永斌译,吉林出版集团,2015年,第31—32页。

斯派的,但也不完全与这两种方法相背离。在这个间接的规
劝过程中,我们将安排一些所有哲学都共有的规劝方式,它不
是从毕达哥拉斯派的教导中推演出来的,因而跟它有所区别;
但是我们会附加上毕达哥拉斯派中最适当和最典型的观点,
使得按照这种间接的谈话方式会出现一种毕达哥拉斯式的规
劝。在此之后,我们有可能离开外在的概念,转而去熟悉专属
于毕达哥拉斯学派的系统性的证明,就好像通过某种桥梁或
阶梯,逐步从底端上升到顶端。最终,我们会阐明毕达哥拉斯
派那些私密的规劝方式;如果将它与其他思想体系进行比较,
它在某种意义上会是离奇的和神秘的。①

接下来,扬布里柯介绍了用谚语、格言和某些哲学家的哲学
或理论性的劝勉形式,然后转而涉及具体的劝勉内容,从标题上
就可以看到其论述思路。先是交代哲学之根本益处:哲学对现实
生活有益、智慧本身就值得追求、智慧让人生有了价值、智慧是人
的终极目的;然后讲述哲学具体如何实现这些益处:理论性的哲学
可以指导实践、理性生活给人带来愉悦、哲学带来最大的福扯、哲
学使灵魂超脱肉体、哲学使人藐视世俗价值、哲学让人摆脱无教
养的洞穴状态、哲学让灵魂之眼转向善;接着清理其他疑问:用比
喻的方式劝人节制、灵魂与身体一样需要健康、灵魂的美德胜过
其他各种好处、社会生活的秩序需要哲学;最后是给出"毕达哥拉
斯派的信条"并给予哲学性解释。其中柏拉图主义的身影随处可
见,特别是《理想国》中灵魂转向的意向,显得非常重要。②

3.《论一般数学知识》

《论一般数学知识》(Περὶ τῆς κοινῆς μαθηματικῆς ἐπιστήμης)
跟在《劝勉》之后,是对作为整体的一般性数学知识的导论。也

---

① 《哲学规劝录》,詹文杰译,第8—9页。
② 参看《哲学规劝录》,第15、16章。

就是说研究的是全体而非其各个分支：比如算数、几何、音乐和天文；也非其在哲学上的应用，比如在物理学、伦理学和神学等上的。全书分35章，分别是：

(1)一般性目的、(2)普通理论、(3)所有数学分支在其整体性中的诸原理、(4)适用于各个分支的原理、(5)对一切通用的要素、(6)教授数学的有用性和目标、(7)每个分支的对象、(8)对所有分支的真理标准、(9)在与数学各分支的关系中的灵魂、(10)灵魂的数学结构、(11)通过教授或个人发现而获取数学、(12)区分和重新集合、(13)数学要素和哲学要素之间的关系、(14)与哲学的相似与相异、(15)与哲学的关系、(16)通过教授数学而来的贡献、(17)介绍数学科学的顺序、(18)教授的方法、(19)根据毕达哥拉斯主义者的观点，数学科学的划分、(20)什么赋予数学方法之特性，以及什么帮助它带给其他科学、(21)在数学方面谁是毕达哥拉斯的前驱？(22)对个人的益处、(23)毕达哥拉斯派认为的数学的范围、(24)毕达哥拉斯派的门径、(25)数学家和静听者(ἀκουσματικοί)[1]之间的区别、(26)对那些认为数学无用论者的回答、(27)受教育者可以从数学中期待什么、(28)什么时候是数学证明？(29)立论、辩护和区分、(30)一般的数学和有分支的数学、(31)在各领域的应用、(32)感性导向理智、(33)何为一般何为特殊、(34)数学之名从何而来？(35)结论。[2]扬布里柯认为：

> 我必须承认一个独特的事实，那就是毕达哥拉斯派的人建立了第一个数学知识体系，以作为其第一原理的地点，它位于最上面，通过推论性思考从那些原理表达的最初的实在中得出判断，将所有考察都追溯到这一实在。它还通过依据这

---

① 这里的静听者，英文为acousmatic，法文为acousmatique，指毕达哥拉斯学派中刚入门的学徒要隔着一层纱或幕布集中精力听老师讲各种知识，并且保持安静。
② Luc Brisson, 2012, 第39-40页。

个规则，来获得提出数学所做出的基本发现的规定，没有做任何假定，但是在所有情况中都考虑到，在数学中给定的如何成为实存。其方法之一就是通过数学中的象征进行，比如认为数字5是正义的象征，因为它象征性地标示了正义者的所有可能形式。这种表达对他们将哲学视为整体很有用，因为通过运用象征他们教授大多数东西，他们认为这种做事的方式适于诸神也合乎自然。然而，他们也教授第一原理和数学的发现，这点可以从数学的各个分支看出，特别是在算数方法上。因为他们教授一开始时数字的每个属和种如何产生，我们又如何发现它们，因为关于它们没有科学理论，除非一开始就从上面领会它们。①

可见，教授数学的方法有二，一是科学地给出数学发现的知识，二是用象征的方式表达它们。扬布里柯还认为毕达哥拉斯派总是同化数学知识和诸实在，在绝对的一切情况下，也在每个个别中，他们都让数学与真正的存在和所有诸神相似，以及灵魂、天体、形体的元素等等，他们会追踪数学对象到真正的存在上。他们还会让数学对象和事物以多种方式匹配，因为事物与数学对象相似，而数学对象可以依其本性与事物相似，它们都处在共有的相似性中。②从数学与事物的相似关系排序中，我们可以发现扬布里柯对实在的排序，即：太一——至善、有限与无限、理智、灵魂和天界与地界的形体。③

此外，数作为实体也有着久远的思想脉络，从柏拉图到亚里士多德，再到普罗提诺都有不少甚至专门的论述，而扬布里柯在这点上遵循本体三一论，为数学实体的独立本性和居间性辩护，但他也

---

① 据同上，第41–42页译文。
② 据同上，第43–44页译文。
③ 参同上，第45页。

有自己独到的阐释,比较有趣的是他甚至将感性世界数学化,试图恢复感性自然下面的潜在结构,这样一来就可以消除诺斯替派的恶的感性事物、柏拉图和普罗提诺的"二元论"。①

4.《〈算数导论〉评注》

这部评注是针对算数的具体评论,有别于之前的对毕达哥拉斯学派及数学的一般性评论,它更为专门地介绍数学的基础:算数。同时它与后文各个学科与算数的关系形成照应关系,因此也是承前启后。这部评注是对中期毕达哥拉斯主义者尼科马库斯②的《算数导论》的评注,扬布里柯信赖这部导论,因此以评注的方式,跟随尼科马库斯来介绍算数。这部导论本身精细简洁,在扬布里柯看来,在内容和形式上都很完美,因此他的引介几乎没做什么改动。③扬布里柯对数的定义结合了其他学者的观点并有所补益,另外更强调数的伦理和物理应用。④

总体而言,扬布里柯的大书《毕达哥拉斯教义概要》是一部有雄心的著作,而且从其后世影响来看,也能推测其雄心的来源和造成的影响,这方面已经有现代学者做了全面而深入的研究。⑤

(四)灵魂论

"论灵魂"这个题材很久远,老学园中斯彪西波和色诺克拉底写过《论灵魂》,亚里士多德和泰奥弗拉斯托斯也都写过《论灵魂》,前者的甚至完整地保存了下来,后来写"论灵魂"的还有普鲁塔克等中期柏拉图主义者,直到普罗提诺、波斐利,而扬布里柯

---

① Claudia Maggi, 2012, 第84页及注64, 亦参G. Shaw, 1999, 第129页、Dillon, 1987, 第898–899页。此外有关普罗提诺及后来的新柏拉图主义者关于物质(质料)的讨论可以参见J. Opsomer, 2001、G. Van Riel , 1997。

② 关于尼科马库斯,参见本书第三章第二节。

③ 关于扬布里柯与尼科马库斯的《算数导论》版本异同,参见D'Ooge, 1926, 第127–132页。

④ D. J. O'Meara, 1989, 第51–52页。

⑤ 参看D. J. O'Meara, 1989, 第2、3、4章。

的《论灵魂》几乎算是这个系列中最后一部,它保存在斯托比的约翰的文选中,占据了其《论灵魂》的大量篇幅,由于这是护教文献,因此保留的观点大多是批评性的,但其中也保留了扬布里柯对古代柏拉图主义者相关文献的征引和他自己的观点。其他学派在这个论题上也有相当多论述,比如斯多亚派,也促进了扬布里柯的思考。

扬布里柯在该书中,一方面吸收了柏拉图、亚里士多德以来的柏拉图主义者的观点,另一方面还遵循众多古代传统,如埃及人和迦勒底人,乃至俄耳甫斯教的一些思想,进而认为,自亚里士多德以来,古代的灵魂观传统都被误解了。因此,该书旨在驳斥漫步学派、斯多亚派、伊壁鸠鲁派、中期柏拉图主义以及普罗提诺、波斐利等人的灵魂观。[①]按照目前文献记载,扬布里柯《论灵魂》主题目录如下:[②]

段落	主　题
1	对某些亚里士多德主义术语的批评
2–9	以往不正确的灵魂定义
10–13	对灵魂诸能力的一般性讨论
14	个别能力的讨论:记忆
15	个别能力的讨论:理智
16	灵魂的活力
17–24	灵魂的作为
25	实存的灵魂数目
26–27	灵魂的降生
28–33	具身化

---

① J.Finamore & J.Dillon, 2002, 第10页。
② 同上, 第11–12页。

段落	主　题
34	灵魂与诸神结合
35	什么让生命有价值
36	死亡
37	死后灵魂的命运
38	身体与灵魂之间的实体
39–46	灵魂的审判、惩罚和净化
47–53	灵魂的终极奖赏
54–55	一般本性的两个简短残篇

1. 灵魂的双重本质

扬布里柯在一段表明自己观点的话中,讲述了其灵魂论的核心想法:

> 然而,教义反对这点,而是使灵魂分别为实体,因为它(灵魂)已经随着努斯(理智)而产生出来,成为另一个清晰的存在等级,其理智赋予的方向能说明的确与理智相连,但它也可以靠自己独立存在下去,并且它本身也区别于所有更高的存在等级,并将作为其本质的特殊定义归之于它,要么是作为可分和不可分存在,[以及有形或无]形存在的中项,要么是在普遍理性原则的总体,或理念之后,用于创造工作,或拥有自身生命的开始于理智的生命,或是等级上从作为整体的真实存在到低等实在的进程。[①]

这种将灵魂视为两个终极实在——"理智"与"形体"间的工

---

① 据 J.Finamore & J.Dillon, 2002, 第15页译文,参考 Gregory Shaw, 1995, 第71页译文。

具的想法,是扬布里柯灵魂论的核心。扬布里柯巧妙地将人类灵魂置于远离理智、远离灵魂的更高秩序(包括更高的等级,灵明、英雄和纯粹灵魂)之地,人类灵魂依靠自身的等级存在,并且作为更高实体和物质及有形物之间的媒介,[1]这种灵魂作为居间实体的理论,实际上在柏拉图以及普罗提诺和波斐利的思想中已经出现过。而扬布里柯的特别之处在于,他认为灵魂不只是中介作用,而且有不同的活动,即当它向上理智化时和向下作用于形体时活动不同,灵魂的本质是双重的。人类灵魂既像神又像动物,并非永远不变,扬布里柯在这点上特立独行。因此他在最强的意义上使灵魂成为一种工具,接近赫拉克利特的二元论解释,灵魂本质上既不总是理智化,也不总是居于本性行为中,灵魂同时兼具两者,而且这种兼具状态是不变的。[2]

在此理论基础上,扬布里柯认为,人要成为完全的人,灵魂就要向上攀升,或是死后或是生前通过神工有所作为。有学者也将其神工学说与灵魂学说的关联当作其灵魂论的关键特点。[3]在其学说中,神工就内嵌为人类状态的必然,成了其内在本性,使其能够回归更高的存在,使其真正发挥中介作用。[4]

2. 灵魂的降生与分类

灵魂的降生和灵魂的不同等级密切相关,扬布里柯在相关段落中认为灵魂的降生有其必然性,经由这种必然性,灵魂才被诞育。是柏拉图《蒂迈欧》中讲的德穆格,将所有灵魂送入宇宙,所有灵魂都跟随引导神(某个天体)及其随从的天使、灵明和英雄等。在众多灵魂中,有不同类型,有些是纯净的,尽管有时在身体中存在,但能够与更高的天界理智联系,也能从事纯粹理智的活

---

① 据J.Finamore & J.Dillon, 2002,第15页译文,参考Gregory Shaw, 1995,第15页译文。
② 同上,第15页。
③ Gregory Shaw, 1995,第70页。
④ J.Finamore & J.Dillon, 2002,第16页;亦参Gregory Shaw, 1995,第70–80页。

动。这样的划分使得扬布里柯得以区别不同灵魂降生的不同理由，虽然所有灵魂都要降生，但是纯净灵魂的降生则是单纯而自愿的，遵循着神圣的律令。而次一级的灵魂则是因为前世犯的错而受惩罚才降生，他们不自愿地接受惩罚和纠正。①

灵魂的这种区分有三层：i.纯净的灵魂自由地降生，为的是使世界变得更好。大概像毕达哥拉斯、柏拉图等均属此列，这些人生在此世却并不属于这里。他们的神圣思想会帮助我们这些次级灵魂上升，过上更好的生活。ii.需要接受惩罚的灵魂被迫降生，生活在设计好的生命中，以便接受以往罪孽应受的惩罚。iii.在这两个极端情况之间，还有一些灵魂，前世有进步，但是还未跻身纯净灵魂之列者。他们降生只有部分自由，因为他们还需为以往罪孽受罚，但是有时候也自愿降生，因为这样才可以改变其命运，进而向着纯净灵魂努力。②

这种想法蛮有趣，灵魂的赎罪和净化结合在一起，而且表现得并不那么理智化，这样将灵魂从降生时就划分等级的做法自然能解释现世的一些命运，但是这种类似于因果报应的理解方式也有实际的困难，即难以解释现世中行恶而享福者的命运。

3. 灵魂的死后生活

灵魂降生讲的是灵魂在此世的生活，那么死后灵魂会怎么样呢？扬布里柯认为，就像前世决定今生一样，现世的行为会决定死后的灵魂状态，扬布里柯接受了柏拉图《理想国》最后讲的末世神话，认为死后灵魂会经历审判、惩罚和净化。纯净的灵魂则免于这些，因为它们已经是纯净的了。第二三种灵魂要在冥土接受审判、惩罚，除净在生前积累的罪恶。进行审判和施加惩罚的是以太身，可见的诸神和至高者，他们在天界进行审判，或许是在月下

---

① 扬布里柯，《论灵魂》，第30段，亦见J.Finamore & J.Dillon, 2002，第16页；亦参Gregory Shaw, 1995，第61—69页。
② 扬布里柯，《论灵魂》，第29段，亦见J.Finamore & J.Dillon, 2002，第17页。

进行。①这些惩罚的目的是让灵魂经过净化而重新可以回归理智之域，②净化了的灵魂可以到天使之域协助诸神管理宇宙。当然，这种协助不等于灵魂成了诸神，他们与诸神结合时会保留自身身份。③这也照应了灵魂的双重本质，灵魂在协助诸神之后，还会因为其双重本质而再次降生，来实现其他的人类本质角色，并活在形体之中。这样一来，人就是一个绝对的永恒的中间状态，其本质无法改变，普罗提诺式的回归太一也变成了一个阶段，它终究要回归自身的双重性。

此外还有其他一些论灵魂的残篇，比如伪辛普里丘的《论灵魂》评注等，因此也有学者讨论过其灵魂学说的多面性。④有些问题还在争议之中，但是扬布里柯的灵魂论相较于前辈的确已经很不一样。

（五）伦理学

我们可以主要通过扬布里柯的《书信集》来了解其伦理思想，因为用书信体写作哲学并非柏拉图主义传统，因此这里首先就书信作为哲学题材及扬布里柯书信的特点略做说明。哲学劝勉性书信体可以追溯到伊壁鸠鲁，柏拉图主义者从未使用过，虽然柏拉图有书信，但也不是劝勉性的，而是反省自己的想法和作为。希腊化罗马时期运用书信比较多的是塞涅卡，但扬布里柯对他并无了解，他以书信体写作哲学是依照老毕达哥拉斯主义甚至毕达哥拉斯本人的做法。⑤但是后世的柏拉图主义者，特别是文艺复兴时期的斐奇诺则将柏拉图主义的哲学书信发扬光大，成为重要的

---

① 扬布里柯，《论灵魂》，第40段。
② 扬布里柯，《论灵魂》，第41–43段。
③ 参看扬布里柯，《论灵魂》，第47、48、52、53段，亦参J.Finamore & J.Dillon, 2002，第18页。
④ Daniela P. Taormina, 2012，第63页。
⑤ Dillon & Wolfgang Polleichtner, 2009，第xv–xvi页。

哲学文献。由于这类哲学书信都是给写信人的熟人、朋友、赞助者等,因此切合收信人的生活,写信人会在很多伦理道德问题上给出建议和分析,这些书信也是了解写信人伦理思想的重要来源。

与扬布里柯通信者,主要包括这么几类人:1.弟子。如撰写过亚里士多德《范畴篇》导论的德克希普斯(Dexippus)、扬布里柯哲学学校继任领袖欧斯塔提乌斯(Eustathius)、他最喜爱的弟子骚帕特(很多重要书信都是写给他的,比如《论命运》、《论辩证》、《论抚养孩子》、《论忘恩负义》、《论德性》、《论自尊》),还有奥路皮乌斯(Olympius)等。2.社会人士:叙利亚当地的长官,如杜斯考利乌斯(Dyscolius)(《论统治》是写给他的)、贵族阿赫苔(Arete)女士(《论节制》是写给她的),还有罗马帝国官员和本地的贵族阿格里帕(Agrippa)和马克道尼乌斯(Macedonius)等。①

虽然扬布里柯书信包含有逻辑学、物理学和形而上学的内容,但我们这里主要集中于占据大多数的涉及伦理学思想的书信。扬布里柯总体上赞扬德性之整体,也赞扬柏拉图主义四主德,特别是勇敢。他在给奥路皮乌斯的信中说,勇敢是一种不可动摇的理智能力,是理智活动的最高形式,能建立自我认同,固守在自身之中。②这与晚期新柏拉图主义者对勇敢的解读遥相呼应。③而关于节制,扬布里柯说:

> F2.每一种德性都看轻一切有死的种类,而看重不死的东西。这尤其是节制这种德性的目标,它看轻那种将灵魂"捆"在"身体上"的快乐,④并且,正如柏拉图所说,"坚定地奠基在圣洁的位置"。⑤……F5.所以,德性的根基,正如苏格拉底

---

① 参看Dillon & Wolfgang Polleichtner, 2009, 第xvii–xix页。
② 同上,第xx–xxii页。
③ 参看本书第八章相关内容。
④ 参看《斐多》83d。
⑤ 参看《斐德若》254b。

说的一样，就是对感性欲望的控制；正如柏拉图所断言的那样,节制可以被思考为一切善的模式。在我看来,这种德性是思想的好习惯的最好担保。F6.我非常自信地断定,节制之崇高贯穿一切德性,将一切德性联结在一个和谐的统一体中,把合适的比例输送给它们,并且将它们彼此联结起来。所以,节制具有这样一种特征,以致它可以帮助其他德性的树立,而且,当其他德性得到树立之后,它给予它们永久的保护。F7.一年中各个季节的构成,以及各种元素彼此的混合,它们都需要保持有一种和谐或者保持美的和有节制的协调。正是因为它具有这种最美比例的秩序或特征,它才被称作"宇宙"。①

可见扬布里柯将节制与灵魂的最终目标以及宇宙秩序相联系,而不单是人伦范围内的美德,节制成了节律,节制和在四主德中的地位也得到了说明,是一个联系者和保护者的角色。在谈到命运时,扬布里柯说:

　　F4.总而言之,由命运所产生的世界上的运动与理智世界中非物质的和理智的实现活动和运转乃是相似的,命运之秩序为理智的和纯粹的秩序树立榜样。但是,下一层次的原因归属于首要原因,生成中的群体归属于不可分的实在,并且,由命运所决定的一切东西都与先行的天意关联在一起。所以,出于同一个实在,命运与天意相互交织,天意出于其本性也就是命运,它出自命运并围绕着命运。正由于这些,人类行为的原则与宇宙的这些原则,亦即天意与命运,相互协调。但是,我们还有一种行为的原则,这就是理性的灵魂,它是独立于自然的,不服从于宇宙的运动。正因为如此,它并不被宇

───────

① 《哲学规劝录》附录二,第127–128页,詹文杰译文;对照Dillon & Wolfgang Polleichtner, 2009,第6–9页原文和英文,略有改动,编号以Dillon译本为准。

宙的运动所包含。因为灵魂服从它自身的运动方式，而不是宇宙的运动方式，它在命运之上；而且，因为宇宙并不影响灵魂，它属于更高的秩序，但是，由于它被分配到宇宙的各个部分中去，并且从所有元素中领受了特定的份额，并且为所有这些元素所运用，故而，灵魂也就被包含在命运的秩序里面，它的活动也就与命运相关联，为命运所安排和使用。就灵魂自身包含一种纯粹和自在的理性而言，它是独立的和自动的，自身推动了自身，所以，它不受所有外在事物的限制。但是，由于灵魂承载着其他生命，它就落入生成过程中并且与身体相联合，所以，它与宇宙的秩序相交织。

　　F5.但是如果有人认为偶然和运气的引入会破坏秩序，那么，就应该让他知道，宇宙中没有任何东西是无秩序的和不和谐的，也没有任何东西没有原因、规定性和目的，也没有任何东西从无中产生，或依照偶然性产生。所以，秩序和原因序列不会被运气所破坏，诸原则的统一性也不会被它破坏，贯穿到一切事物中的根本主宰也不会受到运气的破坏。所以，我们毋宁把运气界定为更高层次的事物之秩序，对于更低层次的事物，由于她是各个事件的监视者和伴随的原因，她处在它们之前；因而，我们有时称运气为一位神，有时又称之为灵明。当有一种事件的更高层次的原因，那么，神就是它们的原则或主导者。当只有自然的原因时，神明就是它的原则或主导者。所以，所有事情都永远来自于原因，没有任何东西产生于缺乏秩序的情况。[①]

因此，人的灵魂运动可以与命运抗衡，但又不改变宇宙秩序，

[①]《哲学规劝录》附录二，第125–126页，詹文杰译文；对照Dillon & Wolfgang Polleichtner, 2009，第23–25页原文和英文，略有改动，编号以Dillon译本为准。

因为灵魂的本性中有属于更高秩序的部分，看起来偶然的运气是灵明，但神才是真正的主导者，没有超出其秩序之外者。这样似乎既给予人自由又取消了肆意的可能，还给了希望和保证，因为没有什么看起来不受秩序控制，没有什么没有原因，结合之前的因果思想看，扬布里柯似乎深信在伦常生活中的善恶赏罚秩序就是宇宙秩序的一部分。

此外，关于德性论，扬布里柯继承了之前的柏拉图主义者的德性分类，也提出了自己的看法，我们知道，柏拉图认为德性内容主要有：勇敢、节制、正义和智慧，普罗提诺则又分了德性的层次：首先是包含四种德性的，《理想国》中出现的关涉到具身灵魂之城邦生活的"政治德性"（πολιτικαὶ ἀρεταί）、《斐多》中出现的更高级的"净化德性"（καθαρτικαί），即灵魂引导回理智的四德目的范型。波斐利继承了这两大类德性的思想，但又增加了两个更高的德性：当灵魂经过净化抵达理智时的德性，后来被称为"沉思德性"（θεωρητικαί）、还有"原型德性"（παραδειγματικαί），它存在于理智之中，是灵魂诸德性的范型。扬布里柯则在波斐利四种德性的基础上又增加三种：即"自然德性"（φυσικαί）、"伦理德性"（ἠθικαί）和"神职德性或神通德性"（ἱερατικαί/θεουργικαί）。因此，德性在扬布里柯那里就有了七种，由高到低，其排序如下："神通德性"—"原型德性"—"沉思德性"—"净化德性"—"政治德性"—"伦理德性"—"自然德性"。[①]扬布里柯的这一排序与他的整个形而上学和神学体系有着密切关联。

扬布里柯的这一排序深刻影响了后世的柏拉图主义者，后来的达马士基乌斯和奥林匹奥多罗斯分别在他们的《〈斐多〉评注》中，就基于此对众多德性层次给予详尽的阐发。

---

① 《九章集》，I.2.亦参 John F. Finamore, 2012, 第113页。

（六）宗教思想

哲学史一般会将扬布里柯看作柏拉图主义转向宗教的关键性人物，扬布里柯也的确在宗教方面表达过很多想法，总体而言，他认为万物来自诸神，一切奇迹和力量的明证都是他们的杰作。[1]而最集中表达其宗教思想的是《论埃及秘仪》或《论秘仪》(*De Mysteriis*)，从上世纪汇集抄本，经几代学者整理、翻译和解读，其非凡价值得到众多肯定，对于我们了解古代宗教、[2]非理性的地位、[3]非基督教（所谓"异教"）思想的衰落[4]等方面都有重要意义。从文本自身来看，有学者认为该书实际上是在给"神工"提供哲学基础。[5]所谓"神工"的过程就是通过宗教仪式展示超自然的力量，是象征和展示灵魂回归其神圣因由的超乎寻常的奇迹，后来"超自然"(ὑπὲρ φύσιν或ὑπερφυής)被柏拉图主义者们认定为神的指示。[6]本书对后世，特别是普罗克洛有不小影响。

但这部书并非像波斐利那样针对基督教而写，毋宁说它是汇集古代宗教传统的集成，扬布里柯似乎根本没有重视过基督教。这方面问题的专家肖认为，扬布里柯面临的问题并非来自基督教，而是来自"现代"宗教和"古代"宗教传统的差异造成的理论困境。[7]扬布里柯的努力在于，要重新恢复古代宗教传统，要重新与诸神连接，靠的不是各种"神学"或按其字面意思——关于"神的话语"，而是"神工"，即"神的工作"或说"要对神做的工作"。

因此，我们可以在书中不仅发现柏拉图主义的神，还有大量

---

① 《论秘仪》(*De Mysteriis*)，Clarke、Dillon & Hershbell，2003年译注本，第xxvi页。

② Nilsson，1961，第448页。

③ Dodds，1951，第287页。

④ Des Places，1996年，第12页。

⑤ 参见Dalsgaard Larsen，1972、Nasemann，1991、Shaw，1995、Clarke、Dillon & Hershbell，2003等。

⑥ 《论秘仪》，I.18.54.8、VII.2.251.9，参见Clarke、Dillon & Hershbell，2003，第xxvii页。

⑦ Shaw，1995，第3–4页。

的埃及神圣礼仪和祭祀的内容，他建立了希腊哲人，如毕达哥拉斯、柏拉图和德谟克利特与埃及宗教的关系，认为他们的智慧最初都来自埃及，[①]至于其转述的埃及宗教思想是否属实，对当时有何影响，我们在此不做深究。[②]文艺复兴时期，斐奇诺1497年首先将《论秘仪》全文翻译成拉丁文，其后第二个拉丁译本的译者Scutellius于1556年将其分为10卷。从方法上而言，扬布里柯区分了三个词：神学、哲学和神工，前两个都好理解，他主要为神工进行辩护，进而相应调整对哲学的理解，[③]他强调哲学思考的有限性和无用性，强调神工实践。"神工的种类很多，如吟诵'圣名'乃至特定的字母、崇拜雕像、敬畏某种数字排列、生殖造形崇拜以及太阳神崇拜等。这些感性事物使用的哲学前提是必须肯定质料不是恶，而是神性的体现。"[④]因此他和普罗提诺及波斐利将恶归于质料的想法很不一样。下面我们简要看一下《论秘仪》10卷各卷的主要内容：[⑤]

　　卷1：阿巴蒙先对一般的"埃及—迦勒底"智慧提出呼吁，然后是界定新柏拉图主义实体等级学说；

　　卷2：对各种神圣显现的描述，给我们提供了更为有形的工具，以便在神圣秩序及其表现之间做出区分；

　　卷3：阿巴蒙回应波斐利的第三个主要问题：在占卜未来时发生了什么？这里主要集中于占卜仪式，以及各种仪式中

① 《论秘仪》，I.1.2.8–3.2. 亦参《论秘仪》，VII.5.258、VIII.5.268.3；普鲁塔克，《伊希斯与俄赛里斯》，364d，普罗克洛，《柏拉图神学》，1.5.25–26，以及柏拉图的《蒂迈欧》21e–22b、《斐德若》275b、《法义》819b、《斐勒布》18b、《卡尔米德》156b–157c，还有亚里士多德《形而上学》981a21–26、达马士基乌斯，《哲学史》，残篇4A16–17。同时参考Shaw, 1995, 第7页、Fowden, 1986, 第15页，及Clarke、Dillon & Hershbell, 2003, 第xxxiii页注66。
② 详情参看Clarke、Dillon & Hershbell, 2003, 第xxxviii-xlviii页。
③ 关于哲学与神工的关系，参考Andrew Smith, 1974。
④ 汪子嵩等，《希腊哲学史》卷四，第1382页。
⑤ 依据Clarke、Dillon & Hershbell, 2003, 第l-lii页的概述整理。

的神圣启示；

卷4：主要涉及人如何通过神工仪式来命令诸神。人类正义和神圣正义的区别，还有一些棘手的、生命中不那么快乐的一面的问题，比如人们该如何解释恶的来源，特别是假定有普遍同情的想法，还有普遍对于特殊的优先性；

卷5：主要是讨论检验牺牲，集中在两个问题：a.牺牲如何起作用？b.为什么在这个过程中有这么多自相矛盾。

卷6：对波斐利提出的尖锐问题进行回应，问题是：古代思想中关于死亡是污染，与牺牲是净化之间的矛盾，此外还有邪灵如何可以被牺牲的烟引诱；

卷7：集中讨论埃及的象征符号，对三个符号给予寓意解释，略及对黄道的解释和神在异邦的名号；

卷8：简要讲述埃及神学的关键，聚焦第一原因、太一、原初理智的神圣之父和诸神。还有赫尔墨斯主义占星术和天命学说；

卷9：对个人之灵明的评论，阿巴蒙警告说这是一个必须通过神工来检验的问题，而非通过理智。正是个人之灵明让我们与命运联接，每一个人的灵明都是独一无二的，由诸神分配给我们。

卷10：结论，波斐利认为唯一真正的善是与诸神的合一，阿巴蒙反对波斐利的想法，认为唯一的路径是神工。只有占卜的过程能够最终将我们从命运中解脱，最后以祷告和劝勉结束。

从《论秘仪》的内容框架可以看出，神工不同于一般的神学思考和理智活动，"神工所使用的种种感性物体和符号中所蕴藏的神之不可言说的力量在自行发挥作用：'神工的成功完全是神的恩赐。'在神工运作中，我们的思考并不曾知道或把握这种力量。

我们只是按照我们作神的工具的'合宜性'来参与其事。身体中的灵魂是神的一个器具，就像神工中其他所用的器具一样。灵魂为了当好这样的器具，就要先做好充分准备，比如彻底净化自己。'一个人花在祈祷上的时间滋养了直觉之心，大大地扩展了灵魂接受神的器具能力。'在这样的视角之下，'与神合一'的最高状态，也不再被理解为仅仅是静止玄观，而是积极行动，参与宇宙化育。根据扬布里柯的思路，与神合一即与神相像，模仿神的本质与行动。而神(至少天界之神)的本质之一就是创化万物。所以，与'创世主'合一，就是在创造活动中下降。这也说明灵魂的下降本身并非就是坏事。'与神合一'的最高状态不是玄观，而是神工，这也使神工高于哲学。"①

由上可见，扬布里柯发展出的新柏拉图主义是更进一步的对同时代问题的新回应，也是柏拉图主义内部发展的新思路，不论他在多大程度上更接近宗教，至少都提出了较为完整的哲学思想体系。他对质料之意义的重视，对灵魂二重性的解释，对神工的重视都具有高度的创造性，决定性地影响了他之后的新柏拉图主义走向。同时，他在同时代人中已经享有盛誉，甚至被视为救主，后世提到时也总是尊称为"神圣的扬布里柯"，或许他就是一位强化了哲学信念，进而形成一种信仰的思想家，但当哲学成为信仰时，理性与非理性的内在张力就必然内蕴于其学说之中，并对信奉者造成影响。对扬布里柯而言，要守护的形而上学信念自古流传下来，但面临重新整合与新的危机，如何整顿这些信念，特别是在众人那里，如何整顿并使众人安身立命，是当务之急。他一生也是献身于此，为希腊哲学特别是柏拉图主义形而上学信念的保存做出了重要贡献。

---

① 汪子嵩等，《希腊哲学史》卷四，第1384–1385页。

二、柏拉图学统的传人：叙利亚努斯

　　柏拉图主义最后一位大师是普罗克洛，而他从学与合作的老师，就是雅典学派的传人叙利亚努斯，叙利亚努斯的同时代人包括了著名的早期教父希波的奥古斯丁，也就是说，叙利亚努斯生于一个哲学与基督教思想交锋频繁的时代，但他选择了维护柏拉图的学统，这里我们凭借残存的一点文献，勾勒叙利亚努斯的思想概貌。

（一）生平与著作

　　叙利亚努斯(Syrianus, Συριανός)在达玛士基乌斯(Damascius)的哲学史描述中，是一位高大、英俊而充满理智光辉的人。他的父亲名叫菲劳克塞努斯(Philoxenus)，叙利亚努斯公元375年左右生于亚历山大里亚，早年学习过修辞和哲学，当时的亚历山大里亚各种异教哲学与基督教冲突频繁，提奥多西乌斯一世(Theodosius I)统治期间(公元379–395年)，基督教成为罗马帝国的国教，公元325年提出、381年修订的基督教正统信仰依据“尼西亚信经”得到进一步落实，他努力统一思想，极力肃清基督教内部的“异端”和非基督教“异端”。当时的亚历山大里亚有数学家泰翁(Theon of Alexandria, 335–405)，而最著名的思想家，莫过于泰翁的女儿——公元415年被基督徒残害致死的重要女哲学家——希帕提娅(Hypatia)。叙利亚努斯在这样的社会环境和思想环境中，选择前往希腊，追随当时雅典学园的掌门雅典的普鲁塔克(Plutarch)，在那里成为继任掌门，终其一生进行教学和研究，并与弟子普罗克洛一起继承和发展了柏拉图主义思想。

　　据古代文献记载，叙利亚努斯的著作包括：《荷马评注》七卷、《论柏拉图的〈理想国〉》四卷、《论俄耳甫斯神学》两卷、《论荷马的诸神》、《论俄耳甫斯、毕达哥拉斯和柏拉图与神谕的和谐》、《论[迦勒底]神谕》十卷，以及一些其他评注。所谓其他评注，我

们今天可以考索到的包括对亚里士多德《范畴篇》的评注、对柏
拉图《蒂迈欧》和《巴门尼德》的评注、现存最多的是他对亚里士
多德《形而上学》的评注。

　　15到16世纪有18部叙利亚努斯关于亚里士多德《形而上学》
评注的抄本，但是都只涉及到《形而上学》第3、4、13、14卷，分别
是三篇论文，第一篇涉及第3(B)卷、第二篇论述4(Γ)卷、第三篇讲
13(M)、14(N)卷：第一篇的名字叫"菲劳克塞努斯之子叙利亚努
斯，关于亚里士多德《形而上学》B卷中的逻辑困难和有待讨论的
议题"，开始时简要概述《形而上学》前两卷的议题，似乎他在其
他地方已有针对性论述，然后顺着亚里士多德论第一哲学中的问
题给出了自己的解决办法，而没有顾及亚里士多德在其他卷次中
如何解决这些问题，这是典型的叙利亚努斯的解读方式。第二篇
叫"菲劳克塞努斯之子叙利亚努斯之课程，论亚里士多德《形而
上学》Γ卷"，一开始解释第一哲学处理一切存在问题，接着是为排
中律辩护，他的解释比较简短，因为他说这些问题已经被阿芙罗蒂
西亚的亚历山大解释得很清楚了。第三篇叫"菲劳克塞努斯之子
叙利亚努斯，对《形而上学》M和N卷中亚里士多德提出的数学和
数的难题的研究"，在这个问题上，柏拉图主义者和毕达哥拉斯主
义者已经为柏拉图做过很多辩护，叙利亚努斯也继承这个传统。[①]

（二）对亚里士多德形而上学的评注

　　按照柏拉图学园传统，叙利亚努斯将亚里士多德的课程当作
进入哲学的门径，开始于逻辑，进而到伦理和物理，最后到最高的
知识——形而上学。新柏拉图主义者马尔尼乌斯(Marinus)认为
整个亚里士多德都是"小奥秘"，是为进入柏拉图对话中的"大奥
秘"做准备的。[②]普罗提诺已经在系统阅读亚里士多德的《形而上

[①] 参见Christian Wildberg，2009。
[②] D. O'Meara & John Dillon，2008，第1页。

学》，叙利亚努斯则是直接继承了扬布里柯，而做关于它的评注。柏拉图主义者之所以对亚里士多德感兴趣，也是因为其作品中包含了"与神同一"、灵魂回归神圣者之类的思想，比如《形而上学》卷一1–2章，《尼各马可伦理学》卷十第7章等。

　　叙利亚努斯认为亚里士多德长于逻辑、伦理和物理，但是对神圣的知识，即神学却缺乏深入，因此他选择几卷内容加以评注，为的是批评亚里士多德形而上学即神学的想法，进而为柏拉图辩护，同时也是教学所需，要学生拾阶而上。同时，他也在评注中，认同了亚里士多德的很多观点，比如在第4卷评注中，他大都同意亚里士多德，并给予自己的解释，但是他的评注并不是对亚历山大的亦步亦趋（进行文本解读），而是批评性地或者说是纠偏性地评论，为了学生在学习亚里士多德时，注意其思想的偏颇，同时为学生顺利进入柏拉图思想打下基础。[①] 亚里士多德的思想是灵明般（demonic）的，而柏拉图和毕达哥拉斯的则是神圣的。[②] 叙利亚努斯的这些评注工作主要依赖两个思想来源，一个是阿芙罗蒂西亚的亚历山大的详细评注，一个是柏拉图主义者和毕达哥拉斯主义者的教义，如扬布里柯注解《巴门尼德》和论述毕达哥拉斯主义的著作。[③] 前者是亚里士多德主义者，因此与后者的解释有些出入，叙利亚努斯运用调和手段，为柏拉图主义立场辩护。

　　第3、4卷的评注，集中反映了叙利亚努斯对亚里士多德形而上学的继承和批评，虽然古代晚期思想中已经在用形而上学一词，但是叙利亚努斯还是沿袭亚里士多德自己的术语，比如智慧、第一哲学和神学等。他将亚里士多德《形而上学》归为神学议题。叙利亚努斯认为《形而上学》第一卷中说的"智慧"、第四卷中说的"是之为是"和第六卷中说的"第一哲学"、"神学知识"都是一

---

① D. O'Meara & John Dillon, 2008, 第4页。
② 同上，第5页。
③ 同上，第9页。

个东西,同柏拉图在《理想国》中提出的理念或至善的知识都属于最高的知识。[①] 他认为前者是"智慧—第一哲学—神学",后者则是"辩证的"知识,都是最高的哲学知识,在亚里士多德的《形而上学》和柏拉图的《巴门尼德》中,可以看到不尽完美和完美的展示。但是《形而上学》第1、3、4和6卷中有些内容质疑了这种知识对象的存在。

叙利亚努斯在评注中说,有一个关涉到一切存在之为存在(是之为是)的最高知识,而其他知识都是处理存在(是)的不同部分。那么我们可不可以说,形而上学是关于一切存在的知识,而神学知识则是关于存在之一部分,即神圣事物的知识呢?叙利亚努斯给予否定,他认为如果形而上学关涉所有存在,而它首要处理的就是神圣的事物,这些事物是其他一些存在获得其存在的来源,因此并非存在之一部分。因此,叙利亚努斯讲的哲学知识并非在属和种的意义上解释其部分之间的结构,而是在优先性的意义上确立其层级关系。比如第一层级的,是第一哲学,处理最优先的事物(如神圣者或理智事物),然后是数学和物理学知识,处理次一级的存在物等。因此,神学知识即是一切存在的知识。他认为柏拉图的理念就是亚里士多德在《形而上学》12卷中说的神圣实体,超越的理智的思想内容。[②]

(三)对亚里士多德数学哲学的批评

在对《形而上学》13、14卷评注时,叙利亚努斯也为柏拉图主义和毕达哥拉斯主义的数学哲学辩护,并回应了亚里士多德的批评。叙利亚努斯构建了一个理论体系来处理柏亚不谐的问题,借助了扬布里柯及之前的毕达哥拉斯主义和柏拉图主义者,这个体系包括一个至高的一(暗示说它位于"是"之上),它

---

① D. O'Meara & John Dillon, 2008, 第5页。
② 同上。

统辖一对原理：有限(peras)或单一(monas)和无限定(apeiria)或不定的二(aoristos duas)。这对原理在构成"一"的界域(henadic realm)中最低的层级，它们的产物是混合实在(mikton)或组合物(hênômenon)，可以看作是诸一(henads)或诸理念之原型的总和，组成了理智界域的内容。因为叙利亚努斯首先关心的是数的本性，"形式数"被认为是单一和不定之二相结合的首要产物。[①]在回应亚里士多德恶意的嘲笑时，叙利亚努斯详细解说了毕达哥拉斯派的教义，认为不定的二是宇宙中所有多样性和个别性的原因，以自然数字开始，而单一将形式和个别属性加给了事物。亚里士多德否认数之为理念，但叙利亚努斯强调数字形式(理念)比如2、3、7等不是累加的(asumblêtoi)，并非由不可分的单元组合而成，不可以增加或减少，理智数字也是理念，是宇宙中的创造性原理，它们自身就是真正本质。[②]

　　叙利亚努斯以此来化解亚里士多德的批评，即区分普通的数字和作为理念的数字，而亚里士多德只承认普通的数字，叙利亚努斯居高临下地为亚里士多德未能达到毕达哥拉斯数学理论而感到遗憾，亚里士多德则会认为那些对数字的想法本身就荒唐可笑，无论以什么措辞或理论修饰，都无济于事。这样一来，叙利亚努斯对亚里士多德的批评其实就成了一场错失，他们各自行路，并未真正交锋。

（四）对柏拉图主义形而上学的继承

　　叙利亚努斯较为正面的形而上学思想，主要体现在其对柏拉图的《蒂迈欧》和《巴门尼德》的评注中。[③]其中关键的形而上学主题如下：[④]

---

① John Dillon & D. O'Meara, 2006，第5页。
② 同上，第6页。
③ 相关残篇译注和研究，参看Sarah Klitenic Wear, 2011。
④ 按照Sarah Klitenic Wear, 2011，导言中的梳理总结而成。

(1)太一

在解释《巴门尼德》前两个假设时,叙利亚努斯说,当柏拉图讨论作为不可分有和可分有的太一时,区别的标志是讨论可分有的太一时给ἕν加上τι。叙利亚努斯认为两种太一是有联系的,因为否定性的命题与肯定性的相连。这是为了纠正扬布里柯关于太一不可说的想法。

(2)有限和无限

有限(Peras)就是指太一的超越本质,无限(Apeiria)则是表明作为一切事物原因的太一,有限负责结合与相似,无限则是生产、进程、多样性的原因。一切都包含有限无限,除了太一。扬布里柯将第二太一当作单一,而有限无限是不定的二,但叙利亚努斯则将第二太一当作有限,当作单一,而无限则是不定之二。

(3)组合物(to hênomenon)

关于太一和组合物的关系问题,组合物与诸一域的末端相关,太一、组合物和"有限—无限"的关系可以组成一个三一组。在组合物和存在之间,他又加入了"潜力"(dynamis)作为结合(skhesis),因此有了第二个三一组:组合物、存在和潜力。在第一个三一组中,组合物分有了太一,而且是有限—无限之关系的首要产物;在第二个三一组中,组合物和存在或努斯及其结合的思想,或许来自波斐利的太一思想。波斐利认为太一是理智三一组:存在、生命和理智之父,因此理智域之巅也是太一,至少是其积极的创造性的一面。叙利亚努斯则分成了两个三一组来解释,太一的不同功能以不同的术语得以表达。

(4)诸一(Henads)

在叙利亚努斯的宇宙论中,诸一是连接诸一域和理智域的,诸一是太一的诸方面,因此诸一没有明确的位置,像理智和灵魂那样。诸一是太一域中最底层的要素,在有限无限之下,建立着与理智的联系。而组合物也是有限无限的产物和理智的连接物。这样一来,似乎组合物的内容就是诸一,或者组合物是诸一的全体。

(5)理智域(The Noetic Realm)

每一个实在都处在不同的神圣性的等级,这些层级又分为几个三一组,后来普罗克洛分得更为详尽。

(6)永恒(Aeon)

永恒是"ἀεί总是"和"ὄν是"的二元性,某种意义上也是"一——存在"的一个方面,其中它仍然处于理智域的顶部。

(7)原型(或范型Paradigm)

原型是德穆格用以创造世界时,所依据的诸多形式的总和。它与"一——存在"和"永恒"一起构成了理智三一组。它包含了一切存在的原因和四种形式,因此高于德穆格。德穆格瞩目原型,将其作为更高的对象进行沉思。

(8)德穆格

德穆格是宙斯,是智力三一组的第三个,另外两个是克罗诺斯和赫拉,这个三一组合效仿"存在—生命—理智"的三一组。关于德穆格的数量,柏拉图主义者们历来有争议,叙利亚努斯采用了普罗提诺和扬布里柯的说法。他认为德穆格处于理智域中,与感性世界相分离。

此外,叙利亚努斯还认为有超越性的时间,它效仿永恒,展示永恒,是运动的度量,而非单独的事物。他将时间归在分有了原初时间的神圣灵魂层次,原初时间度量那些灵魂的环形运动。这里明显发展了扬布里柯关于时间的思想,他将时间安置为一个中间存在,即高于普通时间,而又低于生命时间(aiōn),后者是理智世界的原因性原理。此外,他还解释了"昼与夜"是创造性的力量,造成物理时间,从而有了物理的白天和黑夜。昼与夜也是灵魂中白天、黑夜的超越性原型。

（五）对柏拉图主义灵魂论与伦理学的继承

(1)灵魂全体和个体灵魂

叙利亚努斯将世界灵魂与三一本体中的灵魂相结合,提出了特别的灵魂理论,他认为灵魂的要素与理智宇宙的各个层次相关联,因此灵魂在三个层次上与理智世界相关。他还将灵魂的功能区分为两个,作为一时是指理性原理,而作为多时则由于它可以被分。灵魂中的一的原理使其三一组仍在自身之中运作回返,这更高的一面负责思虑宇宙中的纯形式。而灵魂中多的一面则反映出灵魂是众多形式的总和,它统辖着身体和部分的存在。有了这两方面,灵魂就可以效法德穆格的整体作为,同时又留在理智中。其实这种灵魂本性的二重性和功能划分思想在柏拉图主义传统中就有,普罗克洛强调了叙利亚努斯对扬布里柯和波斐利思想的结合,前者认为灵魂有一个更好的与理智相连的要素,而后者认为灵魂有多样的能力,可以以恰当的方式运用到宇宙中的所有部分。

同时,叙利亚努斯对个体灵魂思想也有贡献,在讨论灵魂下降时,他描述了神圣灵魂如何循环不已地运动,以至于它们在抵达终点时就同时是新开始。这样一来,灵魂就在时间上比自己既老又年轻。神圣的灵魂在上面保持环形运动,个体灵魂则下降、诞育出来,个体灵魂会在每次神圣循环时都下降一次。为了待在上面,个体灵魂就必须有神圣灵魂才能要求的不变的理智能力。[①]

(2)恶的问题

叙利亚努斯论恶主要有三点: a. 我们在我们的片面的宇宙中认为的恶,在全面的宇宙中往往是善,也就是说,恶与特殊事物相关,于我们而言恶的,于神而言就可能是善的,因此问题出在人的有限而片面的观察力上。b. 本质的恶无法存在,因为一切皆分有善。c. 恶可以在限定的意义上存在,如与善的关联程度、虚无的程度的意义上。可见,叙利亚努斯不认为有绝对的恶的理念,德穆格造的一切都是好的。恶只是一种类本体(parhypostasis),它与物质相连,因为它没有绝对的形式或自身的同一性。[②]

---

① Sarah Klitenic Wear, 2011,第15–17页。

② 同上,第17页。

　　叙利亚努斯的亲密弟子普罗克洛,常常夸赞叙利亚努斯的思想和贡献,认为他是哲学的化身,为的是地上的灵魂受益,值得人们崇敬,而且他的学说可以拯救活着的和未来的人。[①]普罗克洛继承了老师的衣钵,汇聚更多的柏拉图主义和其他宗教传统,成为古代最后一位柏拉图主义大家。

三、最后的柏拉图主义大师：普罗克洛

（一）生平与著作

　　普罗克洛生平由其弟子马里努斯(Marinus)作传,名为《普罗克洛或论幸福》,这部传记也是柏拉图主义者作传传统的代表作之一。[②]如今关于普罗克洛生平的大多数信息只能依赖这部著作,其中马里努斯属意于论说普罗克洛经由德性之梯,即自然德性—伦理德性—政治德性—净化德性—沉思德性和神通德性,已经抵达幸福(eudaimonia)和智慧之巅。[③]

　　普罗克洛(Proclus, Πρόκλος),于公元412年生于君士坦丁堡一个富裕的吕西亚(Lycian)人家,出生后不久便举家搬回家乡吕西亚的克桑托斯(Xanthos,现在土耳其西南部靠海的地方)。他在克桑托斯就学,后往亚历山大里亚求学,为的是学习修辞,继承父亲律师的职业。但是在一次前往拜占庭的旅行中,他发现了自己的使命在于哲学,因此回到亚历山大里亚后转而跟随奥林匹奥多罗斯(Olympiodorus,并非晚期同名柏拉图主义者)学习亚里士多德,跟随赫罗(Hero)学习数学。马里努斯说,此时普罗克洛对亚里士多德所有逻辑学著作都了然于胸。公元430–431年,普罗克洛18岁时前往雅典,进入雅典的普鲁塔克(Plutarch of Athens,并非中期

---

① Sarah Klitenic Wear, 2011, 第1页。
② 参见Mark Edwards, 2000年译注本。
③ 参见《普罗克洛或论幸福》,第23节,生平信息参考Christoph Helmig, 2015。更详细的介绍和其他文献,参见谭立铸, 2010年,第一章内容。

柏拉图主义者普鲁塔克)建立的雅典柏拉图学园,直到去世。他在普鲁塔克指导下学习了两年,学习柏拉图的《斐多》和亚里士多德的《论灵魂》。普鲁塔克去世后(432年),叙利亚努斯成为学园掌门,普罗克洛和普鲁塔克的亲孙子阿卡亚德斯(Archiadas)都从学于他,师徒两人也成为最亲密的伙伴。[1]普罗克洛先研读亚里士多德,而后进入柏拉图对话。在叙利亚努斯那里,他也熟悉了其他古代传统,比如俄耳甫斯教神学和迦勒底神谕等。[2]他从学或说与叙利亚努斯一起从事哲学6年,颇受影响,他常夸赞老师,从未批评过。因此,普罗克洛继承师说,我们难以精确分辨哪些理论是叙利亚努斯的,哪些是普罗克洛的。

　　叙利亚努斯去世后(437年),普罗克洛继任学园掌门长达50年,直到485年去世。马里努斯说普罗克洛非常勤奋,学习教学生活有固定的礼仪,每天在太阳升起、正午和日落时,对着太阳做三次礼拜。白天讲授文本,组织研讨,晚上对哲学爱好者漫谈,夜里常常守夜祈祷,也就是说,他在学习神学的同时,还在做神工。[3]但是这些当时的"异教"行为只能私密进行,即便他也有基督徒学生,但为了躲避已经成为国教的基督教的迫害,他曾特地回家乡躲避一年。[4]

　　普罗克洛著作宏富,下面我们列出其全部著作:[5]

I. 系统性的哲学著作(现存)

　[1]《神学要义》

　[2]《柏拉图神学》

---

① 参见《普罗克洛或论幸福》,第17节。
② 参见《普罗克洛或论幸福》,第18节。
③ 参见《普罗克洛或论幸福》,第23节和28—29节。
④ 参见《普罗克洛或论幸福》,第15节。
⑤ Christoph Helmig, 2015, 各个文本的原文校订本和各语种译本,也参见其中的文献举要。中文的详细介绍参看谭立铸, 2010, 第一章。在此,佚失的作品用仿宋字体标出,宋体者为现存作品。

[3–5] 短论（Tria opuscula）

[3]《天意十问》（拉丁文）

[4]《论天意、命运与在我者何》（拉丁文）

[5]《论恶的存在》（拉丁文）

II. 对柏拉图、亚里士多德、普罗提诺和波斐利作品的评注

　1. 论柏拉图

[6]《阿尔喀比亚德前篇》评注（到116b）

[7]《克拉底鲁》评注（到407c）

[8]《蒂迈欧》评注（到44d）

[9]《巴门尼德》评注（到142a）

[10]《理想国》评注（在不同的散论中）

佚失作品：

[11]《柏拉图哲学导论》

[12]《柏拉图教义的净化》

[13]《高尔吉亚》评注

[14]《斐多》评注

[15]《泰阿泰德》评注

[16]《智者》评注

[17]《斐德若》评注

[18]《会饮》评注（对第俄提玛言论的解释）

[19]《斐勒布》评注

[20]《论三个单一Monads》（《斐勒布》中学说）

[21] 专论（*monobiblion*），《论太一的知识》（存疑）

[22]《与〈蒂迈欧〉相关的数学定理集》

[23]《检视亚里士多德对〈蒂迈欧〉的批评》（存残篇）

[24]《论柏拉图灵魂不朽三论证》（存拉丁文和阿拉伯文残篇）

2. 论亚里士多德(佚失)

[25]《亚里士多德研究导论》(*sunanagnôsis*)

[26]–[29] 亚里士多德工具论评注:《论范畴篇》、《论解释篇》、
　　　《论前后分析篇》

3. 论普罗提诺和波斐利(佚失)

[30] 普罗提诺《九章集》评注(存残篇)

[31] 波斐利《导论》评注

III. 物理学、形而上学和天文学著作

[32]《物理学要义》

[33] 欧几里得《原本》卷1评注

[34]《天文论要》

[35]《论世界的永恒性:反基督徒》(18个论证)

[36] 尼科马库斯《算数导论》评注(存疑)

佚失作品:

[37]《论处所》(存残篇)

[38]《致阿里斯托克拉斯》(存残篇)

[39]《论光》(存残篇)

[40]《天行者》(*Uranodromos*)① (存残篇)

[41]《论日蚀》(拉丁语)(存疑)

[42]《论平行线》(存疑)

IV. 神学传统和神工(佚失)

[43]《论俄耳甫斯神学》

---

① 太阳神赫利俄斯被称为Uranodromos，即在天空中按照其轨迹运行者，参见《奥德赛》卷1, 行7–9。

[44]《论迦勒底哲学》(存残篇)

[45] 毕达哥拉斯《金诗》评注(阿拉伯语)(存疑)

[46]《论俄耳甫斯、毕达哥拉斯和柏拉图与神谕的和谐》

[47]《荷马整体评注》

[48]《论荷马的诸神》

[49] 赫西俄德《工作与时日》评注(存残篇)

[50]《论牺牲和魔法》(《论神工》)(存残篇)

[51]《论神化象征》

[52]《论诸神之母》

[53]《论赫卡特(Hecate)》

[54]《论上升》(*peri agôgês*)(神工的意义上)

V. 祷歌(Hymns)和警句(Epigrams)

[55]《祷歌》(*Hymns*)

[56]《祝神祷歌》(*ô pantôn epekeina*)(存疑)

[57]《警句集》

VI. 归在其名下的伪作

[58] 托勒密《天文四书》释义

[59] 托勒密《天文四书》评注

[60]《论球体》(*De Sphaera*)

[61]《实用学习入门》(*Chrestomathia*)①

[62]《论书信体》

　　普罗克洛是公认的柏拉图主义最后一位集大成者,他汇聚的传统更全面,从普罗提诺到他自己的老师的思想,加上诸多神学

---

① 拉丁文的*chrestomathia*,来自希腊文*chrēstomatheia*,即*chrēstos*"有用的"+*manthanein*"学习",即实用性入门书,常用于数学学习。

和宗教传统,他融会于一炉。普罗克洛将自己认定为"柏拉图传人",而这个认定也是对柏拉图主义或者说柏拉图教义史的认定,他有这样的自觉,因此也有明确的理论目的。他对柏拉图主义者身份的认同,或者说他对柏拉图学统的认同,与普罗提诺不同,后者并没有那么重视柏拉图主义者的身份,也没有特别的传承意识,但是普罗克洛却明显站在一条思想的河流中,并试图成为河床,经过全面继承普罗提诺、波斐利、扬布里柯和叙利亚努斯,最后获得了某种理论上的成功。

(二)柏拉图对话的评注者

20世纪后半叶以来,学界对现存的普罗克洛五篇柏拉图对话评注的研究,已经比较深入而全面,可以说正是这些评注使得普罗克洛成为西方古代最重要的解经家、注疏家,下面我们就其各篇内容和形式做简要介绍。

1. 《阿尔喀比亚德前篇》评注

最早引用《阿尔喀比亚德前篇》的哲学家,是中期柏拉图主义者阿普列乌斯,他虽然没有提到这篇对话的名称,但的确首次将其作为柏拉图著作来征引,并且认为是柏拉图的首篇对话。而中期柏拉图主义者普鲁塔克和阿尔比努斯都重视该篇,普鲁塔克在其《希腊罗马英豪列传》的《阿尔喀比亚德传》中运用了本篇。阿尔比努斯曾为本篇的独特地位给予三方面的解释:(1)它让我们知道我们自己是理性的灵魂。灵魂是真正的自己,它保持同一而且是我们行为的真正主体,因此我们要把身体看作灵魂的工具。(2)它是劝告性的。它劝诱阿尔喀比亚德和读者走向哲学。(3)它是助产术类的。苏格拉底帮助阿尔喀比亚德自己清理出一些真理。阿尔比努斯的评语一方面肯定了本篇的卓越地位,另一方面也开启了后世论述苏格拉底和柏拉图区别的争论。[①]

---

① 参见《阿尔喀比亚德》,梁中和译本,2009,导言。

普罗提诺和波斐利在著作中都化用过《阿前》的内容，而扬布里柯在新柏拉图学园的课程中，给予《阿前》以很高的地位，定为首要读物，因为后期学园非常注重"认识自己"的训练，而本篇对认识自己又有详细的论述。虽然他和普罗克洛关于如何"认识自己"的观点截然相反，但都在"认识自己"这个论题上给予《阿前》高度重视。普罗克洛的《〈阿尔喀比亚德前篇〉评注》则是古代著名的对《阿前》的注疏本，古代晚期柏拉图主义者奥林匹奥多罗斯也评注过《阿前》，现有部分留存下来，他将本篇对话看作最好的柏拉图哲学的导论，因为它包含了后来柏拉图哲学对话中最主要的想法。阿拉伯的柏拉图主义者阿尔法拉比（Alfarabi）也在其《柏拉图的哲学》中提到，柏拉图开始哲学讨论的对话是《阿前》，认为它主要在于论说财富、出身等都不是人们可以从中获得幸福的东西，应该像苏格拉底那样去追问知识、美德等。[1]

普罗克洛在开篇就表明了《阿前》的开端意义，他认为这篇对话是最有效和可靠的阅读柏拉图对话的起点，也是在实践上考察哲学的起点，因为它涉及的是我们自己的存在。[2]而且它也是柏拉图哲学体系的起点，关于自我的知识也是我们自身净化和完善的起点，同时还符合德尔菲神庙给人的忠告和厄琉西斯教的教义。[3]他认为我们必须顺从神意，首先来了解，"认识你自己"究竟要告诉我们什么。整部评注采用片段引用加大量评注的方式，引用不限于《阿前》而是涉及所有柏拉图对话，虽然不提篇名，但可以看到很明显的征引，比如一开始引用最多的是《斐多》和《斐德若》。在评注过程中，普罗克洛都将柏拉图对话看作苏格拉底式的，他注意到了诘难法对追求真理的意义，也强调灵魂中有内在的

---

[1] 关于《阿尔喀比亚德前篇》在古代的详尽的思想接受史，参见François Renaud & Harold Tarrant, 2015，第三章。
[2]《〈阿尔喀比亚德前篇〉评注》，1，译本参考William O'Neill, 1971，下同。
[3]《〈阿尔喀比亚德前篇〉评注》，5。

逻各斯或理念的投射，他认为灵魂的普遍作用可以在问答中显现出来。①

　　普罗克洛将对话分为十个部分：(1)首先是一个推论，其中苏格拉底表明阿尔喀比亚德不知道什么是正义；(2)其次，表明众人并非教授正义的真正老师；(3)然后结论是，在问答这件事中，发言者是回答者，而非提问者；(4)需要同样的知识来说服一个人和众人；(5)推论出正义者是有利的；(6)与此相关的，推出只有高贵的才是好的；(7)证明阿尔喀比亚德在自己和公共事物两方面有着双重的无知；(8)他甚至都没有考虑过谁是他真正的敌人；(9)表明他完全没有意识到处理事务的正确方式；(10)苏格拉底阐明我们的存在，其中的三重区别，以及对待它们的适当方式。②但是目前保留下来的只评注到116a—b，并非全本。但我们已经可以感受到其解释的风格和丰富内容。

　　总体而言，普罗克洛将《阿尔喀比亚德前篇》看作严肃的哲学教育文献，用以让学习者关注自我认识，进而带来道德进步，③这篇苏格拉底式的爱欲对话，正是苏格拉底哲学的引导，也是柏拉图哲学的入门读物。

2.《克拉底鲁》评注

　　《克拉底鲁》也有着很长的接受和解释史，目前能看到的是中期柏拉图主义融合漫步学派和斯多亚派思想的解读，当时诸家对语言的思考都能在柏拉图主义者对《克拉底鲁》的解读中看到回应，特别是斯多亚和伊壁鸠鲁学派的。④到新柏拉图主义时代，对《克拉底鲁》的解释主要表现为波斐利的亚里士多德式的语义理论解读，以及普罗克洛对此解释的批评。

　　普罗提诺曾说，"如果有人说，einai(是)这个词——意指实体

---

① Akitsugu Taki, 2012, 第184页。
②《阿尔喀比亚德前篇》评注，12—13。
③ François Renaud & Harold Tarrant, 2015, 第186页。
④ 详见R. M. van den Berg, 2008, 第2章。

性存在——源于hen(一)这个词,那么他很可能已经说出了真理。可以说,这个我们称为原初之是的,离开太一向外走,但它并不希望走得很远,于是只向外走了一点路就向内回转,并驻足(este)在那里,从而成了万物的实体(ousia)和活动中枢(hestia)。我们在发音时的不同处理就表明了这种含义。对einai发重音时就产生hen,表示是源于太一,而on表示它尽其所能说出的事物。因此成为存在的实体和是具有太一的影像,因为它源于太一的力量;看见它的灵魂被所见的景象所感动,要显现出所看见的事物,于是就喊出on、einai、ousia、hestia。这些声音尽其所能模仿实在的生产过程,意在表明发音者在分娩阵痛中产生的事物是真实的是。"[1]普罗提诺的话暗示了很多《克拉底鲁》中的内容,比如将ousia和hestia联系起来思考,就可以对观《克拉底鲁》401c4–9中关于Hestia女神的解释。但是普罗提诺并不太关心《克拉底鲁》在意的命名问题。[2]

而波斐利对亚里士多德《范畴篇》的评注和导论,使得他关心《克拉底鲁》本身提出的问题,他对语言的思考也更受亚里士多德影响。他认为:"普通语言只是为了交流日常事务,用语和表达只是普通的用于指示那些事物,但是哲学家们要解释那些不为众人所知的事物,需要新的词汇来沟通彼此的发现。因此他们会发明新的不熟悉的表达,也会扩充词意,以便指示他们已有的发现。"[3]可见,他重视哲学术语的特殊意义,也是为亚里士多德改变词意的很多做法进行辩护,扬布里柯也追随了波斐利的类似做法。

但是叙利亚努斯和普罗克洛则反对波斐利的倾向,他们不急于协调柏拉图和亚里士多德,而是注重他们的区别,他们更重视普罗提诺的做法,认为探究语言应该从上到下,从理智的原因"理

---

① 《九章集》,V.5.5。
② R. M. van den Berg, 2008,第62页。
③ 《〈范畴篇〉评注》,55, 8–14,译本参R. M. van den Berg, 2008,第69页。

念"到感性的宇宙。如果不这样做,哲学就无法给出对世界的充足描述,就像亚里士多德那些短处暴露的问题那样,而他们认为《克拉底鲁》中表达了名字反映理念的辩证法知识,更适合讨论语言问题。人们追随波斐利忽略了《克拉底鲁》中的教义,于是普罗克洛创作了这部古代唯一留存下来的《克拉底鲁》评注加以纠正。①

评注的结构大体分三部分:

(1)评注绪论

(2)对与赫摩格奈斯(Hermogenes)谈话的评注

(3)对神圣名字之语源的疏解

绪论主要包括一些问题,这也是常见的评注形式,用于处理该作品的特征,解释对话人物角色。普罗克洛总体表达了立场,他认为赫摩格奈斯和克拉底鲁关于语言的正确运用的观点并不相互矛盾,而是相互补充的。通过批评赫摩格奈斯,即他眼中的亚里士多德式观点,普罗克洛在此表达了其反亚里士多德主义的立场。接下来,普罗克洛运用苏格拉底对辩证法和命名者如何产生自然正确的名字,来解释命名行为的形而上学维度。他认为辩证法家和命名者是效仿诸神的作为。人为事物自然正确的名字表明人类暗含着神圣的力量。因此《克拉底鲁》解释了人类自身的能力。最后他认真对待诸神词源的解释,试图在他自己的新柏拉图主义神学框架下给予解释。②

3. 《蒂迈欧》评注

柏拉图的《蒂迈欧》在两千多年的历史中,一直是最受重视的作品,特别是古代柏拉图主义传统中,对它的解读很多,直到文艺复兴时期,拉斐尔的著名画作《学园》里柏拉图手中拿的还是《蒂迈欧》。只是到了近一百多年,《理想国》才逐步替代《蒂迈欧》,

---

① R. M. van den Berg, 2008,第92页。

② 同上,第95–96页。

成为新的"柏拉图最伟大的书"。历来对《蒂迈欧》的注疏中,最详尽也最具有哲学史价值的,要数普罗克洛的评注。[①]

古代柏拉图主义者们研读柏拉图对话为的是"与神合一",而企及这个目标时往往选择先研读亚里士多德的部分著作做准备,然后进入柏拉图著作,顺序往往是这样的:《阿尔喀比亚德前篇》、《高尔吉亚》、《斐多》、《克拉底鲁》、《泰阿泰德》、《智者》、《政治家》、《斐德若》、《会饮》、《斐勒布》,最后是《蒂迈欧》和《巴门尼德》。普罗克洛详细注解了《阿前》、《蒂迈欧》、《巴门尼德》,也顾及了这种阅读径路,对首尾特别重视。[②]

马里努斯说这部评注是普罗克洛的首部作品,作于28岁,根据学者考证,这部评注现在虽然只残存对《蒂迈欧》的一部分解读,但当时普罗克洛是注解了整部作品的。他简单地将《蒂迈欧》分为三个部分,开端(17a–27d4)是以形象展示宇宙秩序,中间(27d5–76e7)是详述全部造物都,最后(76e–92c10)的特殊事物和造物过程的最后阶段与普遍者相适应。[③]当时的评注一般采用这样的形式,先是明确对话讨论"目标"(skopos),然后讨论角色和他们的象征意义,然后是将全文分成若干"部分或段落"(tmêmata),每部分再细分成"节"(praxis),或许还带有标题。每节开始是要解释的"待释文本"(lemma),接着是"一般性的解读"(thêoria),接着是对文中个别词句的讨论,同时重新涉及一般性解读里的问题,这部分叫"词义"(lexis)。普罗克洛评注《蒂迈欧》时并没有严格按照这个次序来,有时候他会在文本释义时将关键的词汇含义,词义部分很少重新涉及一般性解读的内容。他喜欢讨论经常被问到的关键词汇和段落,他的一般性解释中常常

---

① 国内已有专门针对其第一卷评注的详尽研究,参看谭立铸,2010。关于《蒂迈欧》评注历史和普罗克洛之评注的重要性,参见Harold Tarrant, 2006,第1页。

② Harold Tarrant, 2006,第13页。

③ 普罗克洛,《〈蒂迈欧〉评注》,1.4.6–12,译文参看Harold Tarrant, 2006,第95页。亦参谭立铸,2010,第167–168页,有更加详尽的分级目录。

让读者独立思考涉及的问题本身,而不涉及任何柏拉图文本,这样让思考者进入到柏拉图所讨论的问题,而非简单地对柏拉图思想的理解。[1]

整部评注目前只保留下来5卷,其大体内容如下:[2]

卷1:导言和对重提《理想国》内容和亚特兰蒂斯神话的解释;

卷2(解读27c–31b):从蒂迈欧对诸神的祈祷,到他的结论:被造的宇宙是唯一的。

卷3(解读31b–37c):大体可以分为两部分:描述宇宙的形体和描述灵魂从"是"中诞生,同与异;宇宙的形式或形状,反映出天界;以及宇宙的作为。

卷4(解读37c–40e):这部分最短,开始时讨论时间和天界形体,结束时讨论传统中的诸神。

卷5(解读40e–44d):开始时讲传统诸神神谱,花了很大篇幅讨论德穆格与次级诸神的位置,以及它们的灵魂如何分配进形体。结束时讨论赋形的灵魂面对的困难和人类身体的结构。剩下的评注佚失了。[3]

在普罗克洛看来,整部《蒂迈欧》的目标是,"整部对话,从头到尾,都以其物理学(physiologia)考察为目标,同时考察了形象(en eikosi)和原型(en paradeigmasin)中的这类事物,考察了其整体(en tois holois)和部分(en tois meresi)。"[4]这里所说的物理学或者说自然学,其实指的内容与现代表达相去甚远,它不光描述自然界的事物,而且要探究这些事物的原因,特别是当对象成为宇宙时,探

---

① Harold Tarrant, 2006,第16页。

② 同上。

③ 至于更详尽的目录总结,可以参看剑桥出版社已经出版的普罗克洛《〈蒂迈欧〉评注》六卷的导言:Harold Tarrant, 2006; David T. Runia & Michael Share, 2008; Dirk Baltzly, 2007; Dirk Baltzly, 2009; Dirk Baltzly, 2013; Harold Tarrant, 2019。

④ 普罗克洛,《蒂迈欧评注》, 1. 1.17–20。

究的就是宇宙的原因,这时就和神学重合了,物理学也有很大部分在处理形而上学或神学问题。他说:

> 这篇对话要求我们在理解自然现象时,不单单依据自然的视野,而且运用神学的观点。因为,引导宇宙的自然本身之所以能让物体各行其是,那是由于自然之于诸神的从属关系,以及自然受到诸神的鼓励,自然尽管不拥有诸神的品质,但却没有因此而与神性完全无关。自然接受真正诸神的光照,就像蒂迈欧一开始就指出的那样(29b4),言辞应该与"言辞要解释"的现实相一致,我们同样得说,这部对话在本身内不但包含着自然的特征,而且具有神学的性质,该对话所摹仿的,是它所探讨的自然。①

因此,普罗克洛运用了很多他自己建构的柏拉图神学思想来解读《蒂迈欧》,在整个神学体系中看待宇宙、人和自然事物的位置。人的幸福取决于其摹仿宇宙大生命的程度,是否与之同化,因此人的幸福生活就是与宇宙秩序相符合的生活。②因此人只是整体中的一部分,并不像现代社会将人置于核心地位,而将宇宙看作与人无根本关联的外部存在,现代科学给我们的宇宙视野是非人的,或者说与人毫不相关的,因此人也无法从宇宙论中获取任何形而上学信念,上帝之死的背景恰好是宇宙对人的这种沉默,或说漠然。但普罗克洛恰好相反,他意识到了柏拉图宇宙论、神学、灵魂论和政治学之间的内在关联,进一步体系化了这个彻上彻下的宇宙秩序,也就包括了理想的人间秩序。

---

① 普罗克洛,《〈蒂迈欧〉评注》,1. 8.6–14,引自谭立铸,2010,第185–186页译文,有改动;亦参Harold Tarrant,2006,第101页译文。
② 参看谭立铸,2010,第198页。

4.《巴门尼德》评注

按照普罗克洛自己对《巴门尼德》评注史的梳理，[1]我们知道了在他之前有些人常把这篇对话当作一种为了论辩而进行的逻辑训练，与《泰阿泰德》中普罗泰戈拉的教义相呼应，而另一些人则将其视为为了积极的教育目的而进行的逻辑训练，比如阿尔比努斯和特拉绪洛斯等。新毕达哥拉斯主义者也有自己对这篇文字的独特解释，但是很长时间内都没有关于它的评注类作品出现。

普罗提诺是首位对《巴门尼德》进行形而上学解读的哲人，他虽然也没有写过评注类文字，但是《九章集》卷5.1中包含了对《巴门尼德》后半部分的解读。他说，"在柏拉图之前，巴门尼德也已提及类似的观点。他说，'思与是同一'，显然他认为是和理智是一致的，他并没有将是归入感知领域。他说，这个'是'是不动的（尽管他确实把思与是联系在一起），它没有任何物体性的运动，始终处在同一状态。巴门尼德把'是'比作'巨大的圆球'，因为它把万物都接纳在其中，而且因为它的思不是外在的，而在自身之中。但是，当他在自己的作品中说它是一时，却很容易受到批评，因为人们发现，他所谓的一事实上是多。柏拉图著作中的巴门尼德则说得比较准确，他这么区分：一个是本原的一，这是对太一更确切的称谓，第二个他称为'一即多'，第三个是'一和多'。因此，他也接受三本体的理论。"[2]这表明他将巴门尼德本人的理论、柏拉图的《巴门尼德》和柏拉图《书信二》(323d2–5)中的三重性原理结合起来阐发。有部匿名的《巴门尼德》评注，涉及到137c-143a的内容，据说是波斐利写的，学界还有争议，但从普罗克洛对波斐利的征引来看，似乎的确有过这类评注，而且这部作品可以与普罗克洛的进行对比研究。扬布里柯的确也写过《巴门尼德》评注，普罗

---

[1]《〈巴门尼德〉评注》，630.15–645.8，译文参见Morrow Glenn R. & John M. Dillon，1987。

[2]《九章集》，V.1.8。

克洛在六、七卷中经常提及其中观点。普罗克洛的老师们,如雅典的普鲁塔克和叙利亚努斯也有些关于《巴门尼德》的观点被记载下来,特别是叙利亚努斯对普罗克洛影响很大。

相比于较早的《蒂迈欧》评注,普罗克洛的《巴门尼德》评注更接近于《阿尔喀比亚德前篇》评注,属于受到叙利亚努斯重大影响之后的作品,但这部评注和《蒂迈欧》评注一样,在普罗克洛眼中,是在处理柏拉图哲学最扼要的部分。[①]它们作为柏拉图形而上学的最重要作品,是理所当然被重视的哲学皇冠。

普罗克洛的《巴门尼德》评注分七卷,[②]评注范围从开头到142a,虽然并没涵盖全部对话内容,但已经涉及大量柏拉图形而上学讨论。

第一卷讨论开头到128e的内容,是对本对话的介绍;

第二卷讨论128e6–130b1的内容,分10个"待释文本",对照了苏格拉底的理念论和芝诺的相似悖论;

第三卷讨论130b1–e4,探讨巴门尼德对苏格拉底理念论最初的质疑;

第四卷论及130c4–135b2,探讨巴门尼德提出的理念与个别事物关系问题;

第五卷讨论135b3–137b6,论述巴门尼德再次重申假定理念存在的重要性,但为了避免苏格拉底的错误,应该进行辩证法训练;

第六卷讨论137b7–138a1,关于第一个假设的解释,对前人的解读进行了大量讨论和批评,对梳理其关于柏拉图主义形而上学的观点有重要意义。

第七卷讨论138a2–142a10,总结第一个假设的解释。

在普罗克洛之后,达玛士基乌斯也撰写过《巴门尼德》评注,但主要是追随普罗克洛。普罗克洛还在其评注中大篇幅讨论芝诺

---

① 参见《〈蒂迈欧〉评注》,I.54.14。
② 这里的简介依据Morrow Glenn R. & John M. Dillon, 1987,译文和每卷的导言。

的学说,也有重要的哲学史意义。

5.《理想国》评注

从普罗提诺开始,柏拉图学园教育中就主要围绕形而上学和神学议题,几乎没有政治学内容,在德性的序列中有政治德性,但只是起点,更高的德性才是目的地,因此讨论《理想国》和《法义》在普罗克洛看来都主要涉及低阶问题,所以《理想国》评注成为唯一一部现存的未受扬布里柯太大影响的作品,也就是讨论形而上学和神学较少的作品。全书也分七卷,其中第六卷逐句解读了《理想国》卷十的厄尔神话,其余部分是一些关涉到《理想国》内容的论文和讲义。其详细目录如下:[1]

论文1:在集体阅读《理想国》之前,一个正确的解读者必须清楚首要的议题是什么,有多少个? 1:5[2]

论文2:苏格拉底反对波勒马库斯正义之定义的论证。(已佚失)

论文3:《理想国》中用于反驳特拉绪马霍斯的四个正义概念的四个正义论证。(开头有佚失部分)1:20

论文4:《理想国》卷2中的神学原理。1:27

论文5:在论及诗学及其各流派以及最佳模式和格律时,柏拉图的立场。1:42

论文6:普罗克洛论《理想国》中柏拉图关于荷马和诗人的言论。[3]

　　　卷1。1:69

　　　卷2。1:154

论文7:论述《理想国》卷4中灵魂有三部分和四主德思想。

---

[1] 依据Kroll编校成果,参见Robert Lamberton, 2012,第xxxi- xxxiii页。

[2] Kroll编校编码,下同。

[3] 前六篇论文参见最新译本: *Proclus: Commentary on Plato's* Republic, Vol. 1: Essays 1–6, Edited and Translated by D. Baltzly, J. F. Finamore, and G. Miles, Cambridge University Press, 2018。

1:206

论文8：《理想国》卷5中的言论表明，德性和教育对于男人和女人是一样的。1:236

论文9：阿西尼的泰奥多罗(Theodore of Asine)关于男人和女人德性是一样的观点的论述，验证苏格拉底的类似观点。1:251

论文10：《理想国》卷5中区分了哲学家对知识的爱(φιλομαθία)和对众人的爱。1:258

论文11：《理想国》中何为至善的论证。1:269

论文12：《理想国》卷7中的洞穴喻。1:287

论文13："梅丽莎"(Melissa)论《理想国》中缪斯的话。2:1

论文14：正义之人好过不义之人的三个论证。2:81

论文15：《理想国》卷10中的首要议题。2:85

论文16：厄尔神话评注。2:96

论文17：亚里士多德《政治家》中对柏拉图《理想国》的反驳研究。2:360

从目录可以看到普罗克洛基本上按照文本顺序，对《理想国》中的主要议题进行了分别研究，而非逐句评注。其中对很多议题的关注也是后世研究《理想国》的重点，不同的是，他在解读柏拉图主义思想体系内容时，采用融贯的整体论思路来解释，这一点，直到今天也有助于我们了解古代整体论的思路及其哲学意义。

下面我们依据普罗克洛的系统性哲学创作和散论，分论题来看他的主要哲学思想，以及他和其他柏拉图主义者的思想关联。

（三）形而上学与神学

1. 太一、至善与否定神学

在谈到柏拉图主义形而上学核心思想太一时，普罗克洛强调太一不只是一个脱离于我们的具体世界之外的、单纯的形而上学抽象物，而是能将其超越性作用于我们周遭所有事物的有实际力

量的东西。没有它，世界就没有统一性，不可能凝聚。用他自己在
著名的《神学要义》中的话说就是：

> **一切多样性都以某种方式参与统一**。假设某多样性事物
> 不参与统一。既不作为整体也不作为部分成为一；其每个部
> 分就是一个多样性事物，直到无穷；这些无穷的元素中的每一
> 个又可以成为无穷的多样性事物；因为如果多样性事物不参
> 与任何统一，那么也就不以其自身整体或者其个别部分的方
> 式参与，那么就是在所有方面和作为整体都无穷。[①]

　　这是通过反证法，说明具体多样的事物一定需要统一性，而
这个统一性的来源不是其自身，而是太一。为什么事物必须有统
一性呢？如果没有统一性保证，我们就无法认识任何事物，因为
他们都会无穷分解，就像我们看到一个老虎和一只老鼠，他们无
穷分解成部分后，都是电子、原子等基本粒子的运动，那么作为百
兽之王的老虎和过街流窜的老鼠就没有分别，也没法被认识，这
与我们的常识相悖。因此统一性是需要的，也是我们实际上获得
了的，这样就反推出太一在让事物得以统一和被认知方面一直在
发挥积极作用，而非虚悬的预设。有了太一，我们就不会只见树木
不见森林，不会只见区别不见统一，反之，万物就成了混沌，因而
无法被认识。因此，普罗克洛得到了一个信条，太一遍及一切，无
物不受其控制。这个想法也来自新柏拉图主义的形而上学预设：
一旦我们预设了太一是万物的唯一根源，那么所有事物就都根植
于它。[②]
　　同理，与太一同体，但有伦理和道德意义的"至善"，也就与

[①] 普罗克洛，《神学要义》，1.1–7，据E.R. Dodds，1963年校译本译文，同时参考
　　Thomas Taylor，1816英译本，下同。
[②] Robert Lamberton，2012，第51页。

个别事物有了联系。普罗克洛说：

> **每个善好的事物都趋向于统一参与其中者；一个统一者就是善好的事物；至善则与太一同一**。因为如果说保存一切存在属于至善(而且也因为全部理由在于万物都渴慕至善)，而且如果同样的，保存和拥有个体之存在是统一体(因为通过统一体每个事物才保有存在)，那么至善不论它表现为何，都让参与者为一，参与者也凭借这种统合而拥有其存在。其次，如果让并保持每个事物在一起是属于统一，经由其出场它会让每个事物完成。那么，以这种方式统合的状态对所有事物而言就是好的。但是，如果统合本身就是好的，而一切好的事物趋向于统一，那么不受限的至善和不受限的太一就会融合在一个单一的原理中，这个原理让事物为一，并且经过这样做而使其为善。因此那些已经以某种方式远离其善的事物，同时就被剥夺了它参与的统一；同样类似的失去了其在统一中的份额的事物，就会受到区分的影响，而其善好也被剥夺。善好就是统合，统合的善好；至善就是一，太一是原初的善好。[①]

这是同样的原理，太一没有伦理意义，但是至善就是太一之伦理意义的面相，统一性和善好联系起来后，就说明了太一和至善的关系，也说明了各个具体事物之善好与至善的关系，同时也呼应了太一与具体事物之统一性的关系，也说了太一和至善都是积极参与具体事物建构的，具体事物是有其正当性来源和保证的，这样一来，多与一的关系得到加强，形而上学原理对于世界多样性的解释力和对道德生活的指导能力也得到了加强。

神学一词早在亚里士多德时就已经与形而上学关联起来，研究万物第一原理的就叫神学。在普罗克洛的神学中，有后世称之

[①] 普罗克洛，《神学要义》，13。

为否定神学倾向的思考。诚如上文所说,他一方面强调太一和至善对具体事物发挥的积极性,但另一方面,他也强调太一之至上性,终极超越性。普罗克洛认为任何更高的原因同时既遍在又不在任何地方,它之所以遍在是因为万事万物都分有它,而它不在是因为它从来不会与它的遍布者相混淆,它总是在超越的纯粹性中保持其自身。[1]也就是说,太一虽然不光是超越的,但同时本质上也是无法理解的,任何理解都是一种局限,使其受拘束而不再完美。他在《柏拉图神学》中说:

> 然而,我们既然努力描述他是"至善"和"一",我们也同样把"原因"、"终极者"或"父亲"的名称冠予他,我们必须宽恕灵魂围绕这种不可言喻的原理进行的生产,她渴望以理智之眼看见他,谈论他,这是情有可原的。但同时,"一"的独立性和超验性是巨大的,必须认为它超验于这样的一种暗示。我们可以从这些事物中得到柏拉图的神圣观念,以及与事物自身相适应的等级。我们可以说,这种主张的第一部分充分表明了大全之王的单一性、超验性,总之,他不与万物同等并列。[2]

因此,我们要企及太一和至善,就不能全靠理性认知,普罗克洛认为,让我们与善相连的,导致我们的活动和运动停止的,以及把一切神性确立在最初、不可言喻的善之统一性里的,"是对神的信仰,以不可言喻的方式将所有神,所有灵明,所有快乐灵魂与'至善'联合。对至善的考察,既不能是认知式的,也不能是不完全的,而要任我们自己上升到神圣之光,再闭上心眼,由此渐渐确立在未知、神秘的存有之一上。这样的一种信仰比认知活动更古老,不只是在我们里面,也与诸神自己同在,并且所有神都据此合

---

[1] 普罗克洛,《神学要义》,98。
[2] 普罗克洛,《柏拉图神学》,II.9,中译文自石敏敏,2007,必要时有改动,下同。

而为一，将他们的全部权能和进程统一地聚集在一个核心"。[1]因此这种对至高者的理解其实是一种信仰。

总之，普罗克洛的神学思想主要反映在其《神学要义》和《柏拉图神学》中，《神学要义》实际上是其形而上学的导论，包括211个相联系的论题，大致可以分两部分，第一部分是前112个论题，论证太一、没有任何"多"的统一，是实在的终极原因，并且确立了一个基本的形而上学概念结构，如原因、分有、整体与部分、无限和永恒等。第二部分处理三种真正的实在的原因：诸神（即"诸一"或"诸统一"）、理智和灵魂。普罗克洛的神学就建基于此。

此外，以往的学术权威将普罗克洛的三分思想当作其标志性思想，即他们总结认为普罗克洛继承了普罗提诺三本体思想（太一、理智和灵魂），但他不同于扬布里柯，扬布里柯强调太一与理智之间的区别和联系，而普罗克洛强调理智存在(to noêton，即理智之对象)与理知(to noeron，运用理智)之间的区别，认为它们两者之间还有中介性的"理智—理知"。这三个本体论层次对应于三一组：存在(本质)、生命和理智。这种思想已经蕴含在普罗提诺和波斐利对太一流溢出理智世界的思考中。[2]如普罗克洛说：

> 因而，可理知且理智的神，如我所说的，必然按三分法划分。本质其实就是被列在第一位的东西，生命居于中间，理智居于他们的末端。不过，由于这三者每一个都是完全的，分有可理知的元一，我指的是分有那里的本质，可理知的生命，以及可理知的理智，所以从对原初有效的原因之分有来说，它们是三重性的。生命的可理知者确实可理知地拥有本质、理智和生命；而它的可理知且理智者则既可理知地又理智地拥有

---

① 普罗克洛，《柏拉图神学》，I.25。
② 参考Christoph Helmig, 2015以及Robert Lamberton, 2012, 第2章第3节。

本质、生命和理智；它的理智者则既理智地又可理知地拥有三者。无论如何，每个部分里都有一个三一体，同时与某种适当的特性相结合。因此有三个可理知且理智的三一体向我们显现出来，它们确实是被神圣统一体照亮的，同时每一个都包含一个全备的多。因为既然在可理知领域有一个最强大、全备的多，那么在从属于可理知等级的神里，就他们的多产之因来说，这个多怎么可能不在更大程度上得到发展，得到增加呢？每个三一体都在自身里包含大量权能、大量形式，把可理知的多变成活动，将可理知领域有生产能力的无限显现出来。我们在分有者的激发之下，发现被分有的超本质神的特性。但是根据事物的等级，可理知且理智的元一围绕自己生产本质、所有生命和理智的种。通过这些，他们展示自己不为人知的超验性，这种超验性本身保存着全体事物的先在原因。因此，如我们所说的，有三个可理知的三一体；它们之后还有三个三一体。从其丰富的完全性来看，后三个三一体的三重性源于前者。①

2. 原因理论

普罗克洛的形而上学思想中还有一个特别的理论，即原因理论。他也继承了中期柏拉图主义者以来想要结合亚里士多德的原因理论和柏拉图哲学的企图，在三个层面上讨论原因问题：②

首先，是从属的和真正的原因。他认为柏拉图使我们上升到超越的理念的层次，发现创造性的原因德穆格和可以解释一切渴念的终极至善；而亚里士多德放弃了理念论，对万物的存在也就得不到解释，只有对事物的运动变化的解释，在亚里士多德看来，一切天体和可感世界作为整体的存在没有原因，都是必然而永恒

---

① 《柏拉图神学》，IV.3。
② 此处总结参考Christoph Helmig, 2015。

的。但是普罗克洛继承柏拉图，认为世界没法自我建构，因此柏拉图主义者坚信任何事物存在都有原因，[①]原因不只是解释事物的变化和运动。不光要解释事物是什么样的，还要解释什么构成（hupostatikos）了其存在，并据此解释不同存在等级间的关系。这样一来，太一就是理智的原因，理智是灵魂的原因。可见太一才是真正的原因，而亚里士多德的四因说中的原因只是从属性的。

其次，是有形的和无形的原因。柏拉图主义者在批评斯多亚派的只有形体才可以有动作和可以被施加动作的思想时，为自己辩护说，一切形式的原因最终都要被解释为来自无形的实在。普罗克洛追随普罗提诺[②]认为，只有非形体的存在才可以是严格意义上的原因：

> 一个事物如果是其他事物的本质的原因，那它必然远远先于它自身特有的活力和完全的原因。再进一步说，那自动的事物也是运动的原理，灵魂把存有和生命分给世上的每一物，不仅局部运动和其他类型的运动从灵魂而来，进入存有的进程也从灵魂而来，并且以更大优先性从一种理智本质而来，这种理智本质把自动本性的生命系于自身，从原因来说先于一切短暂的活力。运动、存有和生命则从更大程度上源于一种具有"一"性的hyparxis，它相互关联地包含理智和灵魂，是整个善的源泉，并且一直伸展到最末的事物。诚然，并非世界的所有部分都能分有生命，也不能都分有理智和某种灵智权能，但一切事物都分有"一"，甚至质料本身，包括整体和部分，按本性存在的事物和逆性存在的事物，都分有"一"；没有哪个事物丧失这样的一种原因。[③]

---

① 参见柏拉图，《斐勒布》，26e和《蒂迈欧》，28a。
② 参看《九章集》，IV.7 .8。
③ 普罗克洛，《柏拉图神学》，I.14。

　　也就是说，"无形的"和"有形的"对应于"主动、积极"和
"被动、消极"，无形的才是真正的和最终的原因。

　　最后，原因与结果的关系。普罗克洛认为所有原因和结果的
关系都包含相似性和相异性两方面，所有原因都造成与其自身相
似的东西，但是结果又没有原因那么完美。这就是其相异性，也造
成了事物本身的特点。他认为事物可以说以三种方式存在：第一，
作为其自身特性(kath' hyparxin)的表现而存在，第二，它以原因的
方式(kat' aitian)存在，最后以被次级存在分有(kata methexin)的
方式(即其结果)存在。用生命为例来说就是，生命是分有了它的
活的组织的特性，也在形式上表现灵魂，而且还以理念的形式存在
于神圣的理智中。

　　原因等级用图表来表达的话，可以是这样的：

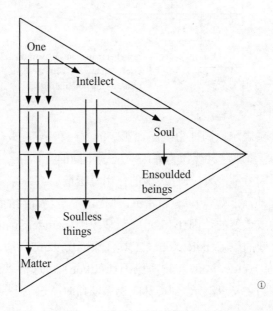

①

　　太一作用于一切，而理智作用于有灵魂和无灵魂的事物以及

---

① 引自Robert Lamberton, 2012, 第89页。

灵魂,而灵魂只作用于有灵魂的事物。因此三个存在等级的原因范围并不一样。结合之前的"存在—生命—理智"三一组,原因关系就如下图:

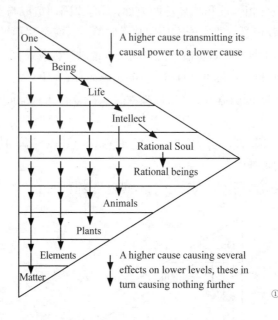

①

箭头表示原因性力量施加影响的方向和范围,太一、存在、生命、理智和理性灵魂作为原因对应于不同的具体存在等级。太一作为原因力量最大,理性灵魂的作用范围最小。

此外,在《蒂迈欧》评注中,他提出了事物存在的六种原因:完成的或最终的原因(telikon)、范型原因(paradeigmatikon)、创造的或有效的原因(poietikon)、工具性原因(organikon)、形式的或具象化原因(eidetikon)和物质原因(hylikon)。②这种思路被后世的新柏拉图主义者继承,到奥林匹奥多罗斯时固定下来,并给予了政

治哲学方面的解读和应用。[1]

（四）多神论与神工

(1) 多神论

一般而言，柏拉图主义者会将诸神置于理智域中，认为诸神都来自于太一，但并未给出明确排序以及和理念的对应关系，直到扬布里柯将诸神看作太一的不同方面，普罗克洛继承了这个思想。在《神学要义》中，普罗克洛清晰地表达了对诸神的看法：

> 每个神都是一个善行的诸一或统一的善好，并且有作为神的存在样态；但是原初的神是不可限定的至善和统一，同时每一个在其之后者，都是特殊的善好和特殊的诸一。
>
> 因为诸一和诸神的一些卓越是通过他们特殊的神圣个体性(idiotēs)而得以区分的，因此每个都关涉一些特殊的善好的个体化(idiōma)来给予所有事物善好，使其完善和保存在统一中，或保护其免于伤害。每一个这种特殊的个体性都是一个特别的善(ti agathon)，但不是善的总和：后者归一的原因是先已确立的第一原理，因此称之为至善，作为一切卓越的基底。因为并非所有诸神集合就可以与太一匹配，而越过神圣的多样性(plēthos)。[2]

太一与诸一的关系就像光和被折射后的各种色彩的光，后者来自前者，但被折射后拥有了其各自的个体性，但光内部其实已经蕴含了各色的光，只是未表现为任何一种色彩。[3]诸神或诸一也来自太一，只是从其丰富性中抽离为个体之一，成为了自己的独特

---

[1] 参Lucas Siorvanes, 1996, 第90页。

[2] 普罗克洛，《神学要义》，133。

[3] Robert Lamberton, 2012, 第114页。

性,但源头都是太一。因此诸一就不只是太一的一方面,而是作为来自于太一的个体性而独立存在。普罗克洛在继承扬布里柯的同时进一步深入而明确了他们的关系。

那么诸神之间有没有层级关系呢?普罗克洛说:

> 神圣诸一中分有的原理的顺序,来自存在到形体性自然,因为存在是最初,而形体——我们说的是天界或神圣形体——则是最后分有。

> 在存在的每个等级——形体、灵魂和理智——最高者属于诸神,以便于在每一个等级都有类似于诸神者,来维持统一体中的次级者,保护它们于存在之中;而且每个等级都有"有部分的整体"之完整性,在其自身中包含一切事物,以及一切之先的神性特性。因此神性存在于有形的、精神的和理知的层面——以便在每种情况中分有,因为最初意义上的神性适用于诸一。在神圣诸一中的原理顺序则开始于存在,结束于有形自然。[1]

因此,诸一也分等级,以便于对每个层级的存在发挥作用,通过结合其他文本,可以详细地排序如下:

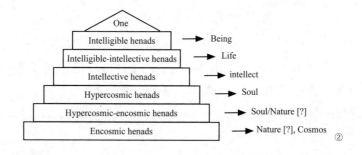

---

[1] 普罗克洛,《神学要义》,139。

[2] Robert Lamberton, 2012, 第121页。

可见诸一分为六个等级，作用于存在的理智诸一（Intelligible henads）、作用于生命的"理智—理知"（Intelligible-intellective）诸一、作用于理智的理知（Intellective）诸一、作用于灵魂的宇宙之上的（Hypercosmic）诸一、作用于灵魂和自然的宇宙之上和之中（Hypercosmic-encosmic）的诸一，最后是作用于自然和宇宙的宇宙之中（encosmic）的诸一。这样一来，诸一中就有了对应于所有存在等级的部分，也就可以对所有存在发挥作用。普罗克洛甚至结合诸一等级排序，将希腊诸神包括俄耳甫斯教和《迦勒底神谕》中的诸神做出了排序。①

而从太一到具体事物之间有一个不断的线索或者链条，用普罗克洛的话说，"天上事物把自身丰富的流无私地分传给地上的事物；地上的事物在某一方面变得与天上的事物相似，分有一种适当的完全。于是，一个链条从高处一直延伸到末后的事物，二级事物总是表现先于它们的种类的权能，随着进程的延伸，相似性渐渐减少，但所有事物，甚至是那些极其模糊地分有存在的事物，也同时包含与一级原因的相似性，它们彼此顺服，共同顺服它们的最初原因。因为出于自己原因的事物天生有两种相似性，根据它们出于'一'，又回归于'一'的进程，它们彼此相似，同时它们与支配自己的第一推动因相似。通过前一种相似性，各元素共谋、同现、彼此混合；通过后一种相似性，它们迅急地奔向各自固有的原理，与它们的原型连接。因此，凡是分有太阳光辉的事物都出于太阳的循环；我是说，包括不仅比我们更杰出的种，还包括灵魂、动物、植物、石头的数。所有依附于墨丘利循环的事物，都接受这位神的特性。在其他[尘世]神里也同样如此。他们全都是宇宙中的为首者和统治者。许多天使的等级都围绕他们跳舞；许多精灵，许多英雄，大量不完全的灵魂，各种可朽生命的种，各种植物的生长力，都如此。万物都追求自己的头，万物都有各自特有的元一的印

————————
① 详参Robert Lamberton, 2012，第125–127页。

记;有些事物中这种印记较清楚,有些则较模糊;相似性在最先的后代中最清晰,随着进程的发展,在中间和末后的后代中渐渐模糊起来。因而,像和原型是由于共同的相似性而获得自己的实在的。每个事物因相似性为它自身所熟悉,并与同等的事物相识。因着相似性的存在,世上的同类事物之间有一种不可动摇的友谊,因为即使是相反的事物,彼此相距遥远的事物,也因相似性而无可指责地相互约束、相互连接,产生宇宙的完全。"① 因此,万物由一个内在的链条贯通,彻上彻下,一切皆在秩序之中,无所逃遁。而诸神在链条的传递过程中起到关键作用。

(2) 神工

普罗克洛继承了扬布里柯以来的宗教倾向,认为回归太一还有一条道路,那就是神工。晚期新柏拉图主义者达玛士基乌斯总结了两种与太一合一的道路,一条是普罗提诺和波斐利的,在于让人通过理性解释来理解实在的神圣原理,而另一条路则是扬布里柯提出,叙利亚努斯和普罗克洛遵循的,即以神工优先的合一之路。② 后者认为是诸神使得人类灵魂能够克服从物质到神圣者的距离,而这种克服没法通过哲学的理解来完成,普罗克洛非常推崇神工在这方面的作用:

> 那么,将我们与善相连的是什么呢?导致我们的活力和运动停止的是什么?把一切神性确立在最初、不可言喻的善之统一性里的是什么?为何每个事物按善来说被确立在先于自身的事物之中,其本身又作为原因确立后于自己的事物?一言以蔽之,这是对神的信仰,以不可言喻的方式将所有神、所有灵明、所有快乐灵魂与"至善"联合。对至善的考察,既**不能是认知式**的,也不能是不完全的,而要任我们自己上升到

---

① 普罗克洛,《柏拉图神学》,VI.4。
② 达玛士基乌斯,《〈斐多〉评注》,I.172。

神圣之光，再闭上心眼，由此渐渐确立在未知、神秘的存有之一上。这样的一种信仰比认知活动更古老，不只是在我们里面，也与诸神自己同在，并且所有神都据此合而为一，将他们的全部权能和进程统一地聚集在一个核心。[1]

这个意义上的神工高于哲学活动和认知。普罗克洛还吸收了柏拉图理论中的相关部分，特别其《论神工》中结合了《会饮》和《斐德若》中的爱欲理论，他说，正如爱人们从感性的美，直到抵达一切美的和理智的存在之唯一原由处一样，做神工者(hieratikoi)也从可见事物到不可见的力量，而后理解一切都在一切之中，从而建立起了神工科学。[2]根据学者总结推断，神工被分为三种类型：[3](1)第一种是爱欲理论启发下的神工，主要涉及栩栩如生的塑像，以便获得神谕或者唤起神圣幻影，或者是与身体现象或人类事务相关的活动，如影响气候、治疗疾病等。[4]这类神工包括很多仪式性的活动，比如赞歌和祈祷。这类神工也被叫作"外在的神工"。[5](2)第二类神工使得灵魂有能力上升到宇宙之上的诸神和神圣理智。这种神工也有祈祷和符咒等仪式，特别是普罗克洛的祷歌属于这类。[6](3)最后，第三类神工会建立与第一原理的统一，即与太一本身的结合。这类神工与最高的德性，即"神工德性"对应。是否有相关仪式并不清楚，这类神工最重要的是否定神学、神秘静默和神秘信仰(pistis)，"而神圣信仰必然是统一的、安静的，完全确立在善的港口。无论是美、是智慧，还是存有中的其他事物，都没有像'至善'那样对一切事物都显得如此可靠

---

① 普罗克洛，《柏拉图神学》，I.25。
② 引自Christoph Helmig, 2015, 英译文。
③ 参看Sheppard, 1982中提出的设想。
④ 参见《普罗克洛或论幸福》，第28—29节。
⑤ 参考Robert Lamberton, 2012, 第169页。
⑥ 《祷歌》参看R.M. Van Den Berg, 2001, 英译本。关于哲学家的祷歌还涉及普罗克洛与诗人和诗歌传统的关系，详参该书导论部分。

而稳定,如此独立于模糊性、可分的包容性和运动。理智还凭借至善拥抱另一个比理智活力更古老且先于活力的合一。"①第三类可以算作"内在的神工"。②

(五)灵魂论与认识论

《神学要义》从论题184到211结束都在集中讨论灵魂,灵魂作为自我运动的原理,表现了实在的最低层级,它可以返回自身,因此叫自组存在(authypostata)。③灵魂也分三类,一类是神圣灵魂,即诸神,第二类是非神圣但总是分有理智者,它们永远与诸神在一起,第三类是有时分有理智,有时又没有,它们会发生变化,只是有时和诸神在一起。④此外,与普罗克洛认识论关系最大的还是第三类,因为它涉及到人的灵魂。普罗克洛认为灵魂是非物质的、与身体分离而且不可毁坏,也就是说灵魂不朽,同时它们也是形体运动和生命的原理:

> 每个灵魂都是一个与身体分离的非形体的实体。
>
> 如果它认识自己,而且如果认识了自己就会复归自己,那么复归自身者既不是身体(因为没有身体能够这么做),也不是与身体不可分离之物(因为与身体不可分离者不可能复归自身,因为那包含了分离),那样一来,灵魂就既不是物质实体也不是不能与身体分离。但是它认识自己是显而易见的:因为如果它有高于它之原理的知识,它就有认识自己的能力,可以从其对先于它的原因的知识中获得自我知识。
>
> 每个灵魂都是不可摧毁的,也是不灭的。
>
> 因为一切能以任何方式被分解或毁灭的,要么是物质的

---

① 普罗克洛,《柏拉图神学》,I.25。
② 详见Robert Lamberton, 2012,第173页。
③ 普罗克洛,《柏拉图神学》,40–51。
④ 普罗克洛,《神学要义》,184–185。

和合成的,要么在一载体中有其本体:前者由很多元素组成,一旦分解就会朽坏,而后者只能够在非其自身的事物中存在,只要切断了与其载体的联系就会毁灭。但是灵魂既是非物质的也独立于任何载体,它自身存在而且复归自身,因此也就不可摧毁也不灭。

每个灵魂既是生命也是活物。

灵魂进入者必是活的,当一个身体被剥夺了灵魂,它也就不再活着。那么,生命就要么由于灵魂要么由于其他原因。但是不可能归于其他原因。因为任何分有了的原理会给予分有者其自身或自身的一部分:除非它提供前者或后者,否则它没有被分有者。灵魂显然被分有了,被分有灵魂者,我们称之为"赋灵"或获得生命。那么如果它给予了获得生命之身体以生命,灵魂就既是生命的原理,或就是一活物,或者两者皆是,又是生命和活物的原理。但是如果它只是活物而不是生命的原理,那么它将由生命和非生命组成:据此假定,它就不可能知道自身或复归自身。认知是一种生命,认知者也就是活着的。因此,如果灵魂包含一个无生命的成分,那么这个成分自身中就没有认知能力。

如果它只是单纯的生命原理,它就不能够分有理智的生命。因为分有生命者是一活物,而非单纯一生命原理:单纯的原理是最初的和不可分的生命,因此它当然就不只是生命原理而是一活物。不可分有的生命不是一个灵魂,因此,灵魂既是生命原理又是活物。①

这里,普罗克洛非常强调人能自我认识这个前提和常识,也强调"反省"对于人的特别意义,与动物相比,只有人类灵魂能反省到自身,这使人成为了真正的人类。没有这种自我认知和反省知

---

① 普罗克洛,《神学要义》,186–188。

识,人就不会成为人,不会是自由而自主的存在。[1]这是人类灵魂的特殊之处,这种自我认知也是灵魂上升的前提和路径。

同时,普罗克洛也强调灵魂的中介作用,它是不可分之原理和形体之间的中介。他也强调灵魂是认知实体,是生命的认知原理。他还区分了灵魂中的认知能力:感觉、想象、意见、散乱的思考和理智。前两者属于非理性灵魂,意见是理性的最低层。认识上升的目标是从低端的灵魂能力中最终解放自己,包括从低级理性能力中,以便享受纯粹的沉思。[2]关于认知层次和对象,普罗克洛说,柏拉图把不同的认知类型归于最高的、中间的和最低的实在。理智(努斯)对应于不可见的实在,它能简单而直接地分辨何为理智者,因为其免于物质干扰和其纯粹性,还有它与存在的关系高于其他一切知识形式。自然中可分的最低级事物,则是感觉知觉的对象,而意见则是模糊地持有真理,中间者则是数学研究的那些形式,它们缺少不可分性,但是高于可分的自然,他将其归为散乱的思考(dianoia)。尽管这种思考次于理智和最高的知识,但是比意见更完善、确切和纯粹。因为它通过清晰表达其集中起来的理智洞见,然后再次集合它已经区分的事物,并且将其追溯到理智中,展示了理智之不可度量的内容。[3]所以即便是这种散乱的思考也对人类有益,它处于中介地位,让人在灵魂内部获得上升的渠道,同时由于在数学等中间知识和思考中的练习,也更有助于灵魂继续回归理智的进程。

涉及到知识的内容和获取过程,普罗克洛也遵循了柏拉图主义的认识论思路,认为知识是先天的,需要做的只是回忆(anamnêsis)。先天的知识是灵魂的理性原理或形式,是灵魂的本质,即本质的理性原理(logoi ousiôdeis)。因此它不认为灵魂是空

---

① 参看Robert Lamberton, 2012, 第143页。
② 参考Christoph Helmig, 2015。
③ 普罗克洛,《欧几里得〈原本〉卷1评注》,3–14–4.14,转自Robert Lamberton, 2012, 第141–142页。

白的白板(agraphon grammateion),像亚里士多德说的那样。[1]他认为灵魂在现实中包含一切,由于生育时的冲击,它似乎只是具有潜能了。实际上灵魂时刻被理智书写,也以理智在书写。[2]那么,自我认知就是认识到回忆先天知识的重要性,回归理智的可能性。普罗克洛通过重视灵魂的自我认知能力,进而解释了灵魂中先天知识的获取可能,灵魂上升的可能路径,知识的类别和获取等认识论问题,因此,自我认知是其认识论思想的核心和枢纽。[3]

(六) 伦理学: 天意及恶的问题

关于天意和恶的问题,普罗克洛专门写过三篇专论(monobiblia)。

第一篇叫《天意十问》,[4]集中讨论柏拉图主义者常讨论的十个关于天意的重要问题,普罗克洛认为天意(pronoia)是第一原理(众善之源)和诸神(诸一)的仁慈作为,在理智之前(pro-nou)就拥有其存在。[5]在十个问题中,前五个问题讨论有关天意信念的基本哲学预设。第一和第二个问题讨论天意如何知道偶发事件和特殊事物,同时研究真正的偶然性是否可以与神圣的预知相一致。这两个问题是柏拉图主义者与斯多亚派和漫步学派论争时常涉及的问题。第三个问题讨论有限和无限的原理在神圣天意中的地位:这对原理是晚期新柏拉图主义者体系中最核心的理论。第四个问题讨论低等存在秩序如何以不同的方式分享神圣天意。第五个问题讨论恶的存在如何与天意信念相一致。关于这个问题,普罗克洛还在第三篇论述《论恶的存在》中有专门讨论。第六到第九个问题讨论天意理论的各种道德意味,尤其是根据应得进行奖惩的

---

① 参看《〈克拉底鲁〉评注》,61节。
② 参考Christoph Helmig, 2015。
③ 参看Robert Lamberton, 2012,第144页。
④ 参见Jan Opsomer & Carlos Steel, 2012英译本。
⑤ 参考Christoph Helmig, 2015。

公正分配。第六个问题讨论天意分配善恶时明显的不平等问题。这个问题继承了普罗提诺《九章集》(III.2–3)论天意的文章，以及扬布里柯的相关论述。第七个问题讨论动物生命在天意分配中的不平等，这个讨论属于原创。第八第九篇分别讨论延期惩罚和遗传的罪，在观点、论争、事例和表达方面主要借鉴了普鲁塔克相关论题的论述，但是在其他提到普鲁塔克的地方，普罗克洛常批评他。第十个问题讨论天意的媒介问题，集中讨论灵明问题，灵明本身也是柏拉图主义者常讨论的问题，是大众宗教信仰和魔法实践中的重要因素，普罗克洛在此讨论了灵明作为诸神和人之间的中介的作用以及灵明与天意的关系。①

普罗克洛这些讨论中也涉及到后世颇为重视的自由选择难题，即如果承认天意决定一切，有预知能力，是善恶分配之源，那么人还有自由选择的能力和机会吗？普罗克洛的解答是依据一个原理：认识模式不取决于认识对象而取决于认识者。在诸神那里运用这个原理则意味着，诸神以非偶然的方式知道了偶然事件，以永远不变的方式知道了易变者。他们拥有关于有分别事物的并无分别的知识，关于短暂事物的无尽知识。②这种观点被后世学者继承，特别是波爱修《哲学的慰藉》。③

第二篇专论是《论天意、命运与在我者何》，是一封给朋友泰奥多罗(Theodore)的回信，普罗克洛的这位工程师朋友在给他的信中为多种决定论进行辩护，完全拒斥自由选择。普罗克洛总结了他的基本观点：

> 你认为一切的作者或产生者单独居留于宇宙中，你称之为命运(heimarmenê)；或者将"命运"视为那些事件和事件的

---

① 此处梳理依据Jan Opsomer & Carlos Steel, 2012，导论部分。关于十个问题的理论背景、争论对象以及论争要点参考该书第4页以下。
② 普罗克洛，《神学要义》，124。
③ 参考Christoph Helmig, 2015。

条理的顺序之关系(heirmos)，你认为这种演戏法只是由某种不可变的必然性导演的；这种必然性你赞为天意，以为它是唯一自我决定的力量(autexousion)，是万物之主，然而人类灵魂的自我决定(关于它有很多可以讨论的)，在你看来，只是一个名称，现实中并不存在。因为灵魂处于那个世界中，对其他事物的作用有益，是宇宙功能的一部分。用你自己的话来说，那不可避免的原因，推动宇宙中包含的一切事物运动的是"机械的"，而宇宙也一直是一个机器，其在天界中就像相连的轮子，而特殊事物、动物和灵魂就像被轮子推动的事物，一切都取决于一个运动的原理。①

这些观点多来自于斯多亚学派的思想，普罗克洛为了回应这些问题，首先对三个基本区分做了说明：

(1)天意与命运："天意本质上是一位神，命运是某种神圣事物，而非神。因为它依赖天意，并且一如既往地是其影像。"②(2)两种灵魂：理性灵魂是与身体分离的，非理性灵魂则居于身体中，无法与其载体分离，"后者依赖命运，前者依赖天意"。③(3)知识与真理："存在于灵魂中的知识，受制于代际生育的过程；……另外的一类灵魂中的知识则不受此种限制。"④这几个必要的区分使得普罗克洛最终使得天意、命运和自由选择相一致。⑤我们作为理性灵魂依据天意而领会偶然与必然，作为非理性灵魂则依据命运了解我们选择的局限性，我们的自由有两种，一种是理性灵魂对天意的自由遵从，一种是非理性灵魂依赖命运的自由选择。

---

① 普罗克洛，《论天意、命运与在我者何》，2，参看Carlos Steel，2007，英译本，下同。
② 普罗克洛，《论天意、命运与在我者何》，14。
③ 普罗克洛，《论天意、命运与在我者何》，15及以下。
④ 普罗克洛，《论天意、命运与在我者何》，3.1–4.3。
⑤ 参考Christoph Helmig，2015。

　　第三篇专论是《论恶的存在》，[1]讨论如果世界由神圣天意管理，恶又为什么以及如何存在。以往柏拉图主义者的相关观点，大致在两端之间：其一是认为恶源于宇宙整体需要和世界作为整体的要求，恶只是从个体的观点来看才是恶，而从神圣的整体看则并不存在恶，这种观点接近斯多亚派；其二是认为恶有其完全的真实力量，有其自主的根源，独立于诸神。这种观点常追溯到柏拉图《法义》中关于"邪恶灵魂"及其相反对的善好灵魂的一些片段，[2]而在《蒂迈欧》中，柏拉图则认为最初的无序是德穆格在制造世界时有意为之。[3]因此有柏拉图主义者认为恶之源在于，要么是一种失序的灵魂，独立于诸神之外，要么是不定的二作为永恒的本体论原理有其自身存在依据。大多数柏拉图主义者都避免两个极端观点，折衷后认为，一切神圣力量都是善的和有序的，但是在最低等级的实在层级中，它们有时会让黑暗和无序发生。这样一来，恶的问题就从神圣领域降成了我们世界的问题。但具体如何解释这种问题的转化，则见仁见智。[4]

　　在普罗克洛之前，普罗提诺曾经对恶有过深入而专门的研究，普罗克洛对其理论进行了改造和批判，他同意普罗提诺关于物质的标志在于其不明确性，但是拒绝将物质视为至善的对立面，他认为如果物质是至善的对立面，那么物质必须要反抗它，然而即便物质有能力反抗至善，它也永不会愿意如此，因为它实际上需要至善而且渴慕它。因为同样的原因，普罗克洛也反对普罗提诺认为的物质是单纯的匮乏(steresis)，普罗克洛认为物质永远不会与匮乏一样，因为匮乏不存在而物质持续存在并有其印象。总之，普罗克洛同意普罗提诺说的物质缺乏善，但是认为这种缺乏是一种渴欲，

---

① 普罗克洛，《恶的存在》，Jan Opsomer & Carlos Steel，2003，英译本，下同。
② 参见柏拉图《法义》，896e5–6，897b3–4，897d1，898c4–5。
③ 参见柏拉图《蒂迈欧》，30a3–5，52b–53d。
④ 参看Robert Lamberton，2012，第202页。

是一种对至善的积极关系,而普罗提诺理解的是一种否定关系。[①]

不同于普罗提诺,普罗克洛并不想通过确定唯一的源头来解决恶的问题,他认为恶的问题太复杂,没法给出单一的解释。[②]在普罗克洛看来,恶只是由于个体灵魂错误的决定导致的结果。而灵魂并非恶的原因,比如它本来并没有想要产生恶,恶也并非依从灵魂本性。[③]就像苏格拉底说的,无人有意作恶。如果说恶来自无心的失误,那么就得追问这种失误是怎么造成的,普罗克洛认为原因在于有朽的人是由有各种各样的组成部分合成的,每部分都想实现自己的目标,就很容易无法相互协作,从而扭曲相互的协调关系,恶就会产生。[④]而且,在普罗克洛看来,恶只能在个体的身体或灵魂中产生,其他任何地方都找不到。而灵魂的恶比身体的恶更糟糕,因为身体的恶或早或晚总会消灭其载体(即身体),但灵魂不可毁灭,而是变得更坏更堕落。灵魂中的恶比身体之恶更棘手,更麻烦,"有形体的恶强化之后带来恶之不存在,而灵魂的恶则带来恶之存在。"[⑤]

普罗克洛认为,恶也是至善的扭曲,他不否认恶的力量是巨大的,但认为它们的力量借自善,而且被败坏了。当我们渴欲某善好而采用违背我们本性的方式去获取时,恶就出现了。对善好的渴慕使得恶的行为更加强烈有力,但是一种扭曲的力量。因为有时候恶表现得比善还有力。正如纪伯伦所说,恶只是被折磨得精疲力竭的向善的渴欲。[⑥]向善有多强大的力量,恶也会表现出多大的力量。普罗克洛认为至善没有其相反对者,因此也没有原初的纯粹的恶,因为这种恶没有其力量源泉,恶从某种意义上说总是向

---

① 参看Robert Lamberton, 2012,第206页。
② 同上,第210页。
③ 普罗克洛,《论天意、命运与在我者何》,46。
④ 参看Robert Lamberton, 2012,第211页。
⑤ 普罗克洛,《论天意、命运与在我者何》,39.41–42。亦参Robert Lamberton, 2012,第213页。
⑥ 参看纪伯伦,《先知》。

善的。①

　　普罗克洛对恶的问题的讨论影响深远,自伪狄奥尼索斯(Dionysius the Areopagite)在其《论圣名》中继承了这些观点之后,普罗克洛的观点一直支配西方神学和哲学中的恶之问题的相关讨论,直到19世纪。②

　　除了以上哲学方面的思想外,我们还可以从普罗克洛著作中看到物理学、数学和天文学的观点和论述。他力图联系理智世界中的理智力量和物理世界中的运动原因,在神学的视野下考察物理学,或者作为某种神学的物理学。③天文学方面,他继承了柏拉图的传统,结合迦勒底神谕和托勒密天文学,对后世天文学理论有重要影响,特别是在16、17世纪托勒密天文体系讨论中占有重要地位。此外,普罗克洛在数学方面的讨论也有其独特的理论价值。④

　　普罗克洛与同时代的基督教思想有过交锋,我们后文另章详述。这里要说的是,作为新柏拉图主义最后的大师,普罗克洛将新柏拉图主义理论体系整合到了前所未有的统一程度——可以说是柏拉图主义最后的整全形式——对后世有深远的决定性影响。⑤以他为最后代表的新柏拉图主义绝非仅是基督教思想的源头之一,他表明柏拉图主义本身是独立而完整的理论体系,其理论传承不依赖于基督教义的参与,柏拉图主义对基督教义的影响也没有本质上改变其理论自身的独特性、完整性和原创性。

---

① 普罗克洛,《论天意、命运与在我者何》,37 和42。亦参Robert Lamberton, 2012,第218页。
② 参考Christoph Helmig, 2015。
③ 参看《〈蒂迈欧〉评注》,I 217.25。
④ 参考Christoph Helmig, 2015。
⑤ 关于普罗克洛对中古到文艺复兴时期的持续影响,参看Stephen Gersh, 2014中的详细疏解。

第八章　晚期新柏拉图主义者

一、达玛士基乌斯和奥林匹奥多罗斯解《斐多》： 论"德性"与"净化"

（一）生平与著作

1. 达玛士基乌斯[①]

　　达玛士基乌斯(Damascius, Δαμάσκιος, 公元462－538年)，出生在大马士革(Damascus)，于公元480年左右到亚历山大里亚在赫阿泡洛(Horapollo)的学校学习修辞，其中基督徒和"异教徒"一起学习，当时亚历山大里亚和雅典的学者之间关系密切，但随着基督徒迫害"异教徒"潮流的兴起，赫阿泡洛于公元489年被逮捕并受折磨，学校里的学生逃跑或隐藏了起来。为躲避迫害，达玛士基乌斯和伊席多瑞(Isidore)前往雅典，雅典由于受到普罗克洛的影响，哲学研究还比较昌盛，到达雅典后，达玛士基乌斯成为马里努斯的弟子，也就是普罗克洛的再传弟子。马里努斯去世后，达玛士基乌斯执掌雅典学园，努力维持雅典的哲学研究。著名的晚期新柏拉图主义大家辛普里丘(Simplicius of Cilicia)在亚历山大里亚跟着普罗克洛(Proclus)的弟子——新柏拉图主义者阿摩尼乌斯

[①] 生平与著作信息依据Sara Ahbel-Rappe, 2010年, 导言。

(Ammonius)——学哲学和天文学,后来成为达玛士基乌斯的学生(虽然只比他小五岁),都在雅典柏拉图学园中教学和研究,有学者说正是由于他们的影响,学园重新焕发光彩,才引来了查士丁尼大帝于公元529年摧毁学园。[①]

达玛士基乌斯继承了传统的学园教学内容和方法,力图整合亚里士多德、柏拉图对话、俄耳甫斯教义和迦勒底神谕等,方法上学习叙利亚努斯的研究和写作方法,仔细修补普罗克洛的形而上学体系,同时参照扬布里柯的作品进行比较研究。经由他的努力,在查士丁尼大帝全面禁止学园活动之前,罗马帝国很多哲学家和学者都聚集到了达玛士基乌斯身边,但好景不长,他终因基督教迫害而避祸他乡。

达玛士基乌斯的著作包括两类,一类是哲学性的,一类是文学性的。文学性作品有《悖论》和《伊席多瑞生平或哲学史》,前者佚失了,但拜占庭文献中提到过,是类似于一千零一夜的故事集;后者虽然大多也佚失了,但还有部分残篇保留下来,是研究古代晚期思想和社会政治等的重要文献。

哲学类著作包括大量的对柏拉图对话所做的评注,比如《阿尔喀比亚德前篇》、《斐多》、《斐德若》、《智者》、《蒂迈欧》、《法义》(卷一、二)、《理想国》、《斐勒布》和《巴门尼德》等。其中《巴门尼德》评注出自达玛士基乌斯之手,《阿尔喀比亚德前篇》评注只有一些残篇在奥林匹奥多罗斯著作中提及,《斐多》和《斐德若》评注以报告或讲稿的形式保留下来,《斐勒布》评注只保留了一点笔记和残篇,其他都佚失了。他还写过关于亚里士多德学说的著作,比如《论数、空间和时间》、《论天象学》等,也未留存下来。

---

① 参见A. Cameron, *The Last Days of the Academy at Athens*, Proc. Cambridge Philo. Soc., No. 195, 1969, 7–29 (24–25);自L.G. Westrink, *The Greek Commentaries On Plato's Pheado*, Vol.2, Damascius, North-Holland Publishing, 1973, p9。

目前保留最完整的达玛士基乌斯哲学著作，是《关于第一原理的问题与解答》，该书从不可言说者，即太一开始论述，一直论及三个诸一或太一的三个方面(一全[One-all]、全一[All-one]和统一[Unified])，他也称三诸一为有限、无限和混合，或者单一、不定的二和多，然后是理智三一组(存在、生命和理智)。[1]在该书中，达玛士基乌斯力图整合新柏拉图主义形而上学体系，他在继承中也有批评，虽然不像普罗克洛有那么强的系统性，但在很多问题上提出了新的问题的解决办法。

在此，我们结合奥林匹奥多罗斯的《斐多》评注，重点看达玛士基乌斯的《斐多》评注，特别是其中的一些细节评注的理论意义。

2. 奥林匹奥多罗斯

亚历山大里亚的奥林匹奥多罗斯(Olympiodorus, Ὀλύμπιό-δωρος，公元495–570年)和辛普里丘一样，都是普罗克洛弟子阿摩尼乌斯(Ammonius Hermeiou)的学生，奥林匹奥多罗斯并非马里努斯的《普罗克洛传》中提到的普罗克洛的老师，因此后世也称他为小奥林匹奥多罗斯。他算是古代最后的"异教"哲学家之一，撰写了大量对柏拉图、亚里士多德著作的评注，至今还保留了三部柏拉图评注，一部亚里士多德评注，此外他还著有《柏拉图生平》。

第一部保留下来的重要评注是《〈阿尔喀比亚德前篇〉评注》，[2]奥林匹奥多罗斯在书中表达了对柏拉图哲学的特殊热情，甚至拿亚里士多德《形而上学》开头的话作对比，说他和亚里士多德所谓的人们都热爱知识不同，他认为人们天生都热爱柏拉图的著作。人们需要从柏拉图的著作中汲取灵感和生命的资粮。[3]奥林匹

---

[1] 详参Sara Ahbel-Rappe，2010年，英译本和解读。

[2] 最近出版了英文校译本，参见Michael Griffin，2015。

[3] 奥林匹奥多罗斯，《〈阿尔喀比亚德前篇〉评注》，1,6–7，据Michael Griffin，2015，下同。

奥多罗斯作为哲学家,认为他的责任在于让人变好,哲人才是这方面唯一的专家,修辞家、医生和其他技艺都会是重复自身,①他希望自己的学生都成为好人,并且过哲学式的生活,他认为人们通过学习可以变得有德性,因而也更好。而当时哲学的研究对象是灵魂,哲学的目标是使人的灵魂变好,②也就是尽人所能变成神。

现存的第二部评注是《〈高尔吉亚〉评注》,③他在其中也认为哲学家可以通过努力达到目标,他可以像神一样沉思,认识事物自身,认识自然,进而获得神圣的快乐;④或者作为政治家(politikos),要让内在秩序井然,即内在的城邦中理性、血气和欲望相互协调,进而依次让同胞公民也能像他一样,⑤疗愈灵魂或避免其受伤害。⑥他眼中的哲学之路有两条:向上或向内和向下或向外:"沉思哲人的凝视总是飞向神圣者,而政治家有益于邦民,则会留下了塑造他们,如果他们并不有益,他们就会为自己建造一个要塞(teikhion)……即苏格拉底和柏拉图所为。"⑦ 在一生中,我们可以从政治家逐步成为哲人,"认识到我们总是应该追求哲学,当我们年轻时,可以借此抚慰激情,特别是年老时,激情消退时,理性就繁盛起来。我们应该总是让哲学做我们的保护者,因为正是她完成了荷马笔下雅典娜的任务:即驱散迷雾。"⑧

在保留下来的第三部评注,《〈斐多〉评注》中,⑨奥林匹奥多罗斯继承了达玛士基乌斯的观点,也遵循德性的进阶之路,这正是

---

① 奥林匹奥多罗斯,《〈阿尔喀比亚德前篇〉评注》,140.18–22。
② 奥林匹奥多罗斯,《〈阿尔喀比亚德前篇〉评注》,1.6–7, 2.13。
③ 参见Robin Jackson、Kimon Lycos & Harold Tarrant, 1998, 英文注译本。
④ 奥林匹奥多罗斯,《〈高尔吉亚〉评注》,26.15, 据Robin Jackson、Kimon Lycos & Harold Tarrant, 1998, 英文注译本,下同。
⑤ 奥林匹奥多罗斯,《〈高尔吉亚〉评注》,8.1。
⑥ 奥林匹奥多罗斯,《〈高尔吉亚〉评注》,49.6。
⑦ 奥林匹奥多罗斯,《〈高尔吉亚〉评注》,26.18。
⑧ 奥林匹奥多罗斯,《〈高尔吉亚〉评注》,26.13, 转自Robin Jackson、Kimon Lycos & Harold Tarrant, 1998, 第9页。
⑨ 已有中文译本,参奥林匹奥多罗, 2010, 宋志润译本。

我们下文要详细讨论的内容。

此外,他还有关于亚里士多德逻辑学的导论著作《导论》(*Prolegomena*),或者说亚里士多德全部著作的导论, 他说,因为我们都想分享善之源泉,因此也渴望接近亚里士多德的哲学,它为生活提供善好的原理,它会引领聪明的头脑对于其追寻之物研究得更加精确。[①]《导论》包括五个讲稿,其中讲述了希腊哲学各个学派和亚里士多德的哲学著作分类,他认为亚里士多德哲学的目标是将至善认作一切事物的原理。[②]

达玛士基乌斯和奥林匹奥多罗斯都注解过《斐多》,而且一脉相承,其中关于灵魂德性的进阶,更是构成了他们哲学目标的达成阶梯,因此我们从净化的德性入手,通过一些细节来感受晚期新柏拉图主义者的理论建构风格。

(二)达玛士基乌斯对《斐多》38c5–69c3的疏解(译文)[③]

总体梳理柏拉图的"德性":138–151节

138.首先是**自然德性**,和动物一样,它们与身体的体质紧密相连,它们之间常相互冲突。要么它们主要属于身体,要么是当其不被坏体质阻碍时理性的反射,或者由前世获得。在《政治家》[306a5–208b9]和《法义》[12.963c–e9]中有讨论。

139.在其之上,是**伦理德性**,我们通过习惯和真意见获得,它们是经过很好培养的孩子的德性,有时也会在某些动物身上出现;越过体质它们就不会相互冲突。《法义》[2.653a5–c4]中有交待。它们同时属于理性和非理性。

140.其上的第三个是**众生德性**,它们只属于理性(因为基于知

---

① 奥林匹奥多罗斯,《导论》,1.3–6,转自Christian Wildberg, 2007,下同。

② 奥林匹奥多罗斯,《导论》,9.14–30。

③ 据Wesrerink,1973希腊文校本和英译文。

识),虽然是理性管理但也会被非理性者当作他们自己的功能:通过智慧来管理认知,勇敢管理血气,节制管理欲望,而正义管理这一切。《理想国》[IV.434d2–445b4]中有更多讨论。它们不会相互阻碍。

141.在它们之上,是**净化德性**,它们只属于理性,从其他外在的撤回到其自身,摒弃无谓的功能,拒绝基于那些功能的活动;从禁锢的起源中释放灵魂。现在这段就交待这个。

142.在这些前面的,是**沉思德性**,此时灵魂已经放弃自身,更进到"同一自身"中,不是通过认知,像这个词显示的那样,而是相反:就像是灵魂热望着成为理智,而理智同时是两者的复合(译注:指认知和欲望)。它对应着众生德性,众生德性位于下面被理性引导,而沉思德性在上面受理智引导。这些在《泰阿泰德》[173c6–177c2]中有交待。

143.**原型德性**属于那些不再沉思德性的灵魂(沉思含有区分),而是已经达到了在理智中分享的存在状态,理智是一切的原型;故而这些德性也被称为原型,因为这些德性最初属于理智本身。这个是在扬布里柯的《论德性》中加上的。

144.最后是**神圣德性**,它们属于灵魂中类神的部分,它们相当于所有上面提到的,那些都是已然成为存在的,而这些则是单一的。这些也被扬布里柯揭示过,普罗克洛学园讨论得更明确。

145.上面这些都是不包含坏的德性,但也有些被称为掺杂了相反的坏的德性;这些被柏拉图称作"奴性的"[69b7],因为它们毫无价值,奴隶也能有。正因如此,我们没有将其列入德性系列。

146.[68d2–69b8]有些人成为有勇气和节制的,或是因为荣耀,或是由于律法,它会惩罚不那样做的人,或是因为他们对那些坏处的无知,或是由于危险的经历,或是通过兽性的鲁莽和非理性的冲动,或是为了某个而改变另一个。

147.[68c5–69c3]目标是从所有更低的德性中,不光从假德性中,区分和真正净化出净化德性,正如哈波克拉提奥[残篇5]认为的，还要从虚幻的里面，比如自然和伦理德性，不仅从这些里面，还要从完善的众生德性当中来[做]。剔除坏的之后，很自然，接下来要抛弃更低的德性。

148.这里要说明的也是净化的德性胜过了我们习惯称呼的德性，但是同时也说明净化的德性不是唯一的智慧，正如漫步学派认为的那样，其他三种德性也是。

149.漫步学派的人问，其他三种德性对于致力于沉思的人有何帮助，那里既没有无序的情感也没有其他非理性的情感，也没有理性的活动落到其中，因此在起源的争斗中，需要这些德性的保护；同样他们拒绝将这三种德性归给诸神，因为他们不需要。

哈波克拉提奥[残篇5]同意这些，还说这里讨论的德性和《理想国》[IV434d2–445b4]中的一样。但我们该说它们都显示了它们一致的共同特征，分别以各自的方式：因此勇敢的特征是对于低下者的坚定，节制的则是对低下者的厌弃，公正是适宜个人及其财物的行动，而智慧就是会选择好而拒绝坏。因此称作"最"[68c6]。

150.在诸神中有所有德性。很多神以德性之名而享尊荣；所有善肇始于诸神；在偶尔分享德性者之前，一定有总是分享者，在分享者之前一定有被分享者，(诸神的)同伴属于分享者，而诸神是被分享者，因此德性本身就是诸神。

151.德性显现于怎样的序列中吗？——当然一如灵魂的序列。德性是灵魂的完满，一如选择和决断是灵魂的活动和实现；因此神谕(即《迦勒底神谕》[残篇52])将原初的德性与原初的灵魂并列。德性的本性就是愿意规整无序；因此，它们首先出现在创造的序列中。而净化怎么办？创造者自身在创造时"呆在它自己的处所"[《蒂迈欧》42e5–6]甚至"走向克罗诺斯的处所"[品达《颂歌》2.126–127]；他用三部分充满灵魂，一部分是趋向于低等世界的，一部分是生来就会修正自身的，还有一部分是能够将自己提升到其原因的。那么为什么《斐德若》[247d5–e2]中说某些德性已经在上天界域呢？那是通过德性来对那里的智力所做的比喻，"草地"[248c1]、"草原"[b6]和"牧场"[b7]也是如此。

针对性的文本疏解（68c5–69c3）：152–164

152.[68c5–6]为什么首先提到勇气？——因为它是净化生活特有的，就像节制之于道德生活，公正之于众生生活，智慧之于沉思生活。

我们最好跟随特征的排列顺序来：首先，应当对抗低等的东西，然后返回自身，接着发展适合事物自身本性的活动，最后借此判定善与恶。

153.[68d2–3]为什么这种勇气和节制是"荒唐的"？——因为它掺合了自身所缺失的，而且不是它声称的那样，而是假装表现为它不是的样子。

154.[68c8;d2;5]为什么没有经过哲学教育的人被称为"其他人"和"众人"？——"众多"是离太一最远者，"其他"则是离他们自身原型最远者。在《巴门尼德》[157b7–c4]中，感官知觉的对象被称为"其他事物"，理智则被称为"事物自身"。

155.[68d5–13]全部教义归结如下：

1非爱—	3视为恶	5因为恐惧有更大的	7而忍—
2智慧者	4将死亡	6恶(怯懦)要忍受	8受(死亡)。

156.多数人将死亡看作可怕的事情，像是不存在一样，即便他们本性勇敢也会把它看作他们自我的灭亡。持有一般道德的人，即使相信灵魂不朽，但还是习惯认为身体也要达成其自身的德性，因此他们会忧虑死亡。而过众生生活的人承认他们做事需要身体作为工具，因此也认为死是一种恶。那么，只有净化的人会认为死是好的，因为它帮助他抵达了自身的终点。这样看来，第一种情况是真的；第二种情况很明显：当我们在众多恶中选择时，一定选择更小的而不是更大的。第三种情况表明同一个人会既是懦夫又是英雄，因为他会害怕，结果是，唯一勇敢的人是净化的人，他将死亡看作善好。

157.怎么能称净化的人勇敢呢？如果他将死亡看作可怖的命运,他就不再是净化者;如果将死亡看作善好,那么净化就不再是勇敢的,因为在危险中才可以见到勇敢——我们可以说,这是众生讲的勇敢,而在净化者那里,完全与低下者分离,是无知觉而非危险中的适中的知觉。

这么说更好,净化的德性一般来说蔑视一切痛苦与快乐,不只是对他本人而言(没什么是这些东西),而且对所有人都如此。

158.一般人与更大的恶相比时会选择死亡,过众生生活的人也会这样,当死亡作为更小的恶来换取更大的善时,而净化者这么做是因为它本是可选择的,也是出于自身的缘故。这样就有了三种勇敢。

159.[68d2–69a5]表面上勇敢战胜了痛苦,节制胜了快乐,但实际上前两者都胜过了后两者。区别何在呢？——勇敢是通过不可征服来胜过它们,而节制是通过转移注意力来胜过它们;公正实际上也是避开那些外在的行为和结果,智慧则因其是恶的而胜过。

160.一个这般勇敢的人之所以勇敢只是在行动中勇敢:不是因为勇敢是好的而选择它,而是因为必然如此。节制的人亦复如是。

161.[68e2–69a5]一般人会选择大的快乐而不是少的,少的比大的更让人难受;德性不完善的人倾向于更高贵的快乐而非不雅的;过众生生活的人倾向于因为善而必然快乐的。净化的人则无法接近快乐,他会像他(苏格拉底)感到腿上的痛那样意识到快乐[60b1–c7];因此,净化者的节制才是真正的节制。

162.[69a6–c3]区分不完善和完善的德性的共通规则,即德性不是用偏好(情感)的痛苦来交易的,而是偏好的完全消除。如果它(德性)是一种交易,就不会偏好一个而不偏好另一个,偏好大的不偏好小的,偏好更值得尊重的而不偏好不值得尊重的,也不会偏好在伊壁鸠鲁派的"稳固的"快乐而不偏好不稳定的快乐,也不会偏好斯多亚学派的自然的快乐而不偏好反自然的快乐,它(德性)是智慧地反对一切偏好的,反对那些属于肉身的偏好而拥有智慧,它是那些偏好的评判者,因为它只属于理性,自然愿意也能够进行支配。

163.[68d2–69a5]为什么公正没有包含在似是而非的或不完善的德性中呢?——因为它不包含身体性的偏好,它会表明自身。

(或是因为它同时属于[灵魂]其他三部分)

因此它也略过智慧,因为它属于理性;然而在完善的德性中,这些都被包含其中[69b8–c3]。

164.[69a6–c3]阿提卡的注释家们将这里提到的所有的完善的德性都说成是净化的德性,而且是通过偏好来理解[b4–5]那些可以过净化生活的人的德性,比如,那种通过分离(译注:指灵肉分离)的愉悦而获得的快乐,以及最终要逃离外在事物的忧虑(恐惧)。哈波克拉提奥[残篇5]则相反,他将所有德性都看作众生德性,因此将偏好理解为社会性的东西。

我们认为这段话有两部分,第一部分[a9–b5]讲众生德性,其中节制替换了偏好,第二部分[b8–c3]是讲净化德性。苏格拉底似乎还在讲同样的偏好;他接着说“真正的(德性)是对那些(偏好)的净化”,如对那些非理性的偏好,净化德性就被说成是完全的洁净。因此他提到了相关的德性[c1–2],还说“真正的(德性)是对那些(偏好)的净化”。

(三)达玛士基乌斯和奥林匹奥多罗斯的解读

Wesrerink在其对达玛士基乌斯和奥林匹奥多罗斯的《〈斐多〉评注》的译疏[①]中给出过线索,我们循着这些线索,再对照柏拉图相关文本,来分析一下两位晚期新柏拉图主义者是如何解读的,又有什么问题。由于达玛士基乌斯在前,这里翻译的也是他的义疏,因此以他的义疏为主线,辅以奥林匹奥多罗斯的义疏一起讨

---

① 希腊文和译文参看,Wesrerink, 1973。

论,章节均指达玛士基乌斯《〈斐多〉评注》的章节。

1. 德性的层阶: 138–144节

　　这些讨论都是基于柏拉图对话的,是将不同对话中所有关于德性的提法汇总并分类和排序的做法,是一种理论梳理的工作,在一定程度上的确是在试图系统梳理柏拉图的想法。

　　Wesrerink发现,达玛士基乌斯谈自然德性(138节)时依据的是《政治家》和《法义》,我们可以在《政治家》306a5–308b9中看到,柏拉图将迅捷而冲动的身体行动(即勇敢的德性)和缓慢而轻柔的思想活动(即节制)对立了起来。307c讲到了节制的与勇敢的自然本性是分立和敌对的。因此政治技艺需要编织术来防止对立德性的内讧(308d)。因此达玛士基乌斯在这里讲的自然德性是从属于身体的,并没有绝对价值,不同的自然德性之间会发生冲突,《政治家》306e11和307c3提到了 φύσις,似乎支持这种解读。但是,柏拉图在307e8–9中提到这些德性是一种可以代际传递的品行,说的是一种可以由法律制定者进行塑造的普通而具体的品行。《法义》963c3–e9中的语境也类似:虽然理智是一切德性的指导,但是勇敢这种德性可以在野兽和人的身上找到,尤其是幼儿身上也可以看到。也就是说,灵魂即使没有理智引导也能通过自然而变得勇敢。这样一来,柏拉图在四种德性中就将勇敢说成一种自然德性,区别于其他德性,而结合《政治家》则也有一种自然的节制。[1]我们再看其他文献,会发现还有自然的公正德性,比如《阿尔喀比亚德前篇》110b讲阿尔喀比亚德不像其他孩子喜欢耍赖,不在意公不公正,而是能果敢地和同伴讲,他们在耍赖,也就是说,阿尔喀比亚德即便在幼儿时期也有公正感,或者说有维护公正的品格,就类似于拥有公正的德性。这样一来,四种德性中至少有三种是有自然德性的表现。当然达玛士基乌斯没走那么远,他只是认定这种德性主要属于身体,但来源还是未被遮蔽的理

---

[1] Wesrerink, 1973, Vol.2, Damascius,注84,下同。

性或前世习得。也就是说这些德性依赖于身体,但并不来自于身体。

"伦理德性"在《法义》中有广泛讨论,如卷1–2、7.788a1–8.842a3,都是关于理性不成熟者的适当教育。而"众生德性"在《理想国》第4卷中提到过,《斐多》82a11–b3讲的伦理德性实际上是众生德性,其他相关文献,前文已经有梳理。"净化德性"出自《斐多》,是这里义疏的主题,"沉思德性"出自《泰阿泰德》(173c6–177c2),就是讲泰勒斯观天掉坑被女奴嘲笑的故事,以及插入为哲学家辩护的那一长段。当然,这些德性的分类和排序都来自新柏拉图主义传统,特别是普罗提诺《九章集》(1.2,《论德性》)中就提出了类似的说法,他提到众生德性、净化德性,特别是讲到净化与德性的关系,净化让人灵魂转向,免于血气、欲望之苦,但还没有企及真正的善。普罗提诺的作品没有体现达玛士基乌斯这么明确的分类和递进关系。

在谈到原型德性和神圣德性时,我们一般会把它们归为新柏拉图主义的神秘主义倾向。Wesrerink说波斐利已经将原型德性当作第四阶的德性了,扬布里柯做的增补工作是将这种带有人类理智的东西和神圣的德性相区别,神圣的德性才是终结。

关于这段,奥林匹奥多罗斯也有类似解读,他区分了五种德性:自然德性、伦理德性、众生德性、净化德性和沉思德性,另外加了普罗提诺说的理想德性,借助典范德性,人与太一结合,也就是新柏拉图主义的秘法。他认为除了最低的自然德性和最高的理想德性外,其他四种德性对应四德目中的一种:伦理德性—节制、众生德性—公正、净化德性—勇敢、沉思德性—智慧,他在这点上与达玛士基乌斯(152节)一致,因为他将自然德性看作只适于野兽的,而伦理德性才是关乎人的。

2. 自然德性与奴性德性、虚假德性辨析:145–148节

但是从上文结论看,"勇敢"这种德性就很特殊,既可以被说成自然德性,又可以被说成净化德性,节制和公正也有类似问题,

自然德性在这个意义上就没法和其他层阶的德性形成平行、递进关系，而是某种重合关系。或者我们可以换个思路，即认为除了智慧以外，人们表现出的看似德性的品质，未必是真正的德性。这似乎正是哲学家苏格拉底要强调的，也就是说，自然德性是普通人未经智慧而拥有的虚假的德性，而真正的德性与其他德性层阶相关。达玛士基乌斯否认了奴隶都能有的"奴性德性"，因为他们毫无价值，但又说他提到的七种德性不包括奴性德性，也就是否认自然德性是奴性的。而奥林匹奥多罗斯意见不同，他说柏拉图称自然德性是奴性的，而伦理德性是真正德性的"幻影"，有人认为这些就是苏格拉底说的交易的德性，是偏好的转换，但奥林匹奥多罗斯认为并非如此，他认为这些德性并不转换偏好，只是按其所是的方式运作。接着，奥林匹奥多罗斯给出了普罗克洛的观点，引出了"虚假德性"（ψευδωνύμους ἀρετὰς），即只是转换偏好，而奴性的德性是指自然德性，德性的幻影是伦理德性，虚假德性的行动并非出于自发，而是假装成他们本身并不是的样子。奥林匹奥多罗斯认为柏拉图眼中众生德性的目标是善，并不在偏好中变换，而虚假德性则会变换，因此就可以区别虚假德性和众生德性，他还进一步区分了众生德性、净化德性和沉思德性：1. 众生德性处理的是灵魂三分，后两种则不是；2. 众生德性是实在的（τῷ ὄντι）德性，也是真的（ἀληθεῖς）德性，但不能同时如此，而后两者可以，奥林匹奥多罗斯说，与此类比的是《阿尔喀比亚德前篇》中讲的，灵魂是自我，而理性灵魂是自我本身，因此这里众生德性是实在的，而净化德性和沉思德性是实在的真的德性。3. 如果依照普罗克洛的观点，净化德性和沉思德性有"启发入教"（τελεστικαί）的特征，让人使用净化仪式，启发人沉思神圣事物，而众生德性则没有。

　　按照Wesrerink的疏解，可以这样来理解《斐多》这整段：1. 68d2–69a5：大多数人的德性都是荒谬的，他们的勇敢来自于对更坏事物的恐惧，他们的节制是对最大快乐的追求；2. 69a6-b5：肉体的偏好和偏好之间进行的交换不会导致德性，实在的德性只是用来兑换智慧；所有真的德性都需要智慧，没有知识任何德性都不会存在；3. 69b5—8：如果a与智慧隔离并且b与某物相交换，那么德性就将是：a只是一种幻影，b与奴隶相适应，因此既不合理也不真实。（这里a=自然德性和伦理德性，虽然不是基于智慧，但属于更高德性的影子；b=虚假德性，与其对立面相混杂）；4. 68b8—c3：实在而真的德性，无论是节制、公正、勇敢还是智慧本身，都是净化德性；5. 69c3—d2：旅程的终点是与诸神共同生活，即theoria（沉思的德性）。①

　　按照奥林匹奥多罗斯和普罗克洛的解释，将奴性德性和虚假德性分开，分别解释自然德性、伦理德性和交换偏好的活动，即**"自然德性+伦理德性=奴性德性+德性的幻影，而虚假德性=偏好的交换"**。达玛士基乌斯在147节中也提到了虚假德性，但他又引入了坏的德性的说法，他的意思其实是将虚假德性说成是兽性的或非理性的直觉（ἄλογον ὁρμὴν），也就是奴性的、因而坏的德性，因此**"虚假德性=奴性德性=坏的德性，而自然德性=德性的幻影，但是自然德性不坏，因此自然德性≠虚假德性和奴性德性"**，也就是说，达玛士基乌斯认为奴性德性和德性的幻影不同，而奥林匹奥多罗斯认为它们一样。因此达玛士基乌斯是通过界定自然德性本身，认为并非先天的都是自然的，将其中兽性的、非理性的冲动说成是虚假的、坏的而排除出自然德性的范围，从而挽救自然德性的价值。而奥林匹奥多罗斯则为了一一对应而区分了奴性德性、德性幻影和虚假德性，将自然德性和伦理德性说成是奴性德性和德性幻影，而交换偏好的则是虚假德性，这样就解释了自然德性和伦理德性并不虚假，是有一定存在价值的。可见，他们两人通过不同的方式在努力保护自然德性的价值。

　　虽然这些解读的确有其自身的解释力，但是都在原文之外发

---

① Wesrerink, 1973, Vol.1, Olympiodorus, 8.6；中译本：奥林匹奥多罗斯，2010，第140—141页。

挥过多。《斐多》原文中没有出现"虚假德性"和"坏德性"的提法，另外，与偏好交换和德性幻影、奴性德性行文紧挨着，似乎偏好的交换就是未经智慧而产生的德性的幻影，或说奴性的类似真德性的品质，也就是虚假的德性，这三者本来是一致的，即**"偏好的交换=德性的幻影=奴性德性"**，也就是说，人们因为受偏好摆布和奴役而不断进行交换，以为形成了一种德性，不过是德性的幻影而已，并非经由智慧而来的真德性，只是似是而非。解释者要费这么大劲来解读的问题在于，我们分类讲德性时如何将它们对应于自然德性和伦理德性，很明显，众生德性之后没有这个问题。

值得进一步深思的是，他们两人都极力要保护自然德性是出于什么理由？

为什么达玛士基乌斯一来就执着地肯定了自然德性？我们发现，动物或者人天生的一种倾向虽然是不稳定的、偶然的或因人而异的，但由于是天生的，因此有其积极意义，达玛士基乌斯的解释是，那是因为身体中有未遮蔽或是来自前世的理性，依然将先天德性倾向理解为理性使然，这种倾向不能与后天的不真实的奴性的德性相混淆，奴性的德性是受制于种种偏好而表现出的品质，与先天生来就有的倾向、性情或气质（τρόπος）不一样，也就是与"冲动"和"气质"不一样，气质更稳定，而冲动只是纯粹非理性和兽性的，因此是奴性的、非人的。这样一来，问题就出来了，按照达玛士基乌斯的解读，天生的倾向中有两个向度，一种是非理性冲动，一种是向着善的倾向，前者是坏德性，后者是自然德性，可是坏德性也是德性呀，也就是说，向恶的冲动和向善的冲动都是冲动呀，德性怎么可能是坏的呢？奥林匹奥多罗斯认为自然德性和伦理德性都是奴性的德性、德性的幻影，为什么不能称为坏的德性呢？当然可以，但在坏的程度上，两人发生了分歧，达玛士基乌斯认为非理性冲动是坏的，凡是有理性参与的都不是坏的，而且需要净化的不光是德性的幻影（自然德性、伦理德性），还有所有更低的、虚假的德性，而奥林匹奥多罗斯认为自然德性的缺点和优点都在于它们按照自己的方式运作,是被动的,但不是虚假的德性,也就有了其积极的类似于阶梯的意义。

因此我们总结如下:达玛士基乌斯认定天生倾向中向善的一面为自然德性,而天生倾向中非向善的则是非德性,德性一定有善好的效果,坏的不应纳入德性系列,因此自然德性之所以被肯定是因为它都指向善好;而奥林匹奥多罗斯认为自然德性只是自身运作,是奴性的,被动的,但不是虚假的德性,也就是说其存在的意义在于它在某种意义上是真实的,或说是真德性的准备。那么,究竟自然德性该被限定还是被归为真德性的阶梯呢?

这些讨论呈现出的问题在于,《斐多》这段本身未涉及人的先天的德性倾向,而只是在一般的意义上讲和普通人陷于交换偏好的虚假生活相对立的,哲学家那种基于智慧的真的德性如何获得,对于一般人而言,需要的就是类似于宗教的"净化",或者用哲学的话语说,就是知识的洗礼下灵魂的转向。苏格拉底并不否认人的天生德性倾向的意义,而是在发掘这种倾向的最终的牢靠的根据,最后发现是理性或新柏拉图主义者那里的神性。因此,在这个意义上,达玛士基乌斯将人最初的天然的向善倾向与最高的向善(与神合一)贯通起来,形成一种进阶,符合苏格拉底或柏拉图的预期,而奥林匹奥多罗斯将整个自然德性和伦理德性笼统地纳入奴性德性和德性的幻影,又将它们作为需要进一步提升和净化的德性,也说得通,都是上升的路,关键在于,我们将自然德性看作整体还是要再次划分,将德性只看作单向的向善,还是多向的有各种可能的。

两位诠释者的分歧也展示了柏拉图学说自身的问题,德性与善究竟是什么关系?德性作为事物的优越特性,未必总是导致善的,而且有能力行善的也有能力作恶,这点在《理想国》中讲的很明白,那么究竟如何理解"自然德性"这个最初阶的德性?是理解为某种笼统的优异特长,还是向善并导致善的气质或品质而非冲动?解释者们一般只有经由智慧才真的知道善恶,因此自然德性不可能知善恶，但又有向善趋向是为什么？是理性的残余或被遮蔽的理性（很像儒家讲的恶的来源）？像阿尔喀比亚德这样的人，究竟有没有自然德性，他的败坏与自然德性的关系如何？是"坏的德性"败坏了他，还是自然德性未经净化而甘于堕落？苏格拉底在挑选可以进行哲学培养的青年时重视的是哪种意义上的自然德性？自然德性为什么不是"良心"、"良知"或说"道德直觉"？对四种德性的自然倾向不是道德直觉吗？这些都是开放性的问题，可以进一步讨论。

3. 插入对漫步学派的回应：148–149、164节

　　达玛士基乌斯在这里补充了中期柏拉图主义者关于德性层阶的学说，主要是针对亚里士多德学派，也就是那些阿提卡注释家们，引出了哈波克拉提奥的不同观点。按照亚里士多德学派中的观点，达玛士基乌斯给出的前三种德性都是伦理德性，后面的四种都是理智德性。哈波克拉提奥认为还不够，还应该有超越物质的和社会的德性，于是引发了后来普罗提诺和波斐利的德性分类。Wesrerink指出，中期柏拉图主义者的相关思想主要集中在普鲁塔克的《论伦理德性》和阿尔基努斯的《柏拉图教义旨归》28–30，其中，人们要成为神一样的不光要通过《泰阿泰德》176b2–3中的"公正、虔诚和智慧"，以及《理想国》卷10（613a7–b1）中的"公正"，还要通过《斐多》82a10-b3中的"一般的众生德性"，"也就是人们称为节制和公正的人，都是得自于习惯和练习，而非哲学和理智"。换句话说，这就是新柏拉图主义标准下的"伦理德性"。德性作为灵魂的"完满状态"可以用《理想国》中的四主德描述；自然状态和道德进展，即"进取的"（προκόπτων）德性会导向它们。[①]关于从亚里士多德到中期柏拉图主义再到新柏拉图主义德性观的变化，又是一个大课题，在此无法容纳，需另文详述。

---

① Damascius，注88。

4. 补充论述诸神的德性：150–151节

　　根据Wesrerink的梳理，这里关于德性是神的讨论，可以呼应柏拉图《法义》900d–e处关于诸神之德性的议论，在那里，柏拉图认为神具备所有德性，适合掌管万物，但亚里士多德《尼各马可伦理学》1145a25–27则认为野兽和神都无德性，神高于德性，野兽则与人的恶不同种，因此也谈不上德性，兽性与超人的神性正好相反。因此，亚里士多德和柏拉图在这点上截然相反。自从斯多亚学派的克林提斯(Cleanthes，公元前330–前230年)认为诸神与人的德性并非有本质上的差异以来，哲学家们对这个问题争讼颇多，比如普鲁塔克《论一般概念驳斯多亚派》(Περὶ τῶν κοινῶν ἐννοιῶν πρὸς τοὺς Στωϊκούς) 33,1076a和亚历山大《论命运》(De Fato)37都愤愤不平地认为诸神的德性远超于人类，普罗克洛在《蒂迈欧义疏》卷一351.11–14和《阿尔喀比亚德义疏》3.12–4.2中也这么认为。还有一个讨论的背景是关于通过德性变得像神一样，这个讨论依据于柏拉图《泰阿泰德》176b2–3，其中苏格拉底认为要逃脱此世就要像神一样公正、虔敬和智慧。阿尔基努斯《柏拉图教义旨归》28章中认为，像神一样是人类的终点，他举出《理想国》613a中的话，“一个公正的人……他操持和坚守德性，力求在一个凡人力所能及的程度上去效仿和接近神”，另外他还列举了《法义》715e、《斐德若》248a等处柏拉图的描述为凭证，论述人的终点是像神一样。普罗提诺《九章集》1.2、1–3也依据类似的段落论述说，神不拥有德性，人类也可以通过德性而像神一样，在人类这里叫德性的东西只是灵魂中的存在，到了理智和太一中就不是那种东西了，人的德性只是更高德性的类似物。[1]

　　达玛士基乌斯之所以在这里加入诸神德性的讨论，一方面基于以上的背景，另一方面也是在呼应《斐多》69d中讲的经过净化的人会与神同栖。他通过一个简单的说理，认为能与他物分享者

---

[1] Damascius，注90。

自身必备那事物，因此神具备所有德性，而诸神的德性又分享自德性神本身，因此众德性就是诸神。接下来，达玛士基乌斯结合《迦勒底神谕》，论述说德性的本性是规整无序，因此在创造开端处就在了，也是为了凸显德性的优越地位，作为整体解读《斐多》这段文字的总结。接下来是就细节进行的进一步讨论。

5. 文本细节的解读：152–163节

（1）净化与"消极勇敢"

达玛士基乌斯和奥林匹奥多罗斯对各类德性对应哪些德目意见一致，达玛士基乌斯在第152节疏解中增加了对勇气的强调，因为它和这里主要讨论的净化德性相关，并认为要先有净化德性的坚定，对抗低等的东西，才会返回自身即道德生活和节制，然后发展适合自身本性的活动即众生生活和公正，最后是沉思生活和判定善恶。他给出了一个动态的具备多种德性和过不同德性生活的次第和进阶流程。但诚如上文讨论的，作为自然德性的那些冲动或气质怎么办？能否纳入这个进阶？而且净化放在最先，而道德生活、众生生活在后，与之前的各类德性排序不符，净化难道只是针对自然德性的净化？达玛士基乌斯这样解释是为了给德性类型和德目配对，但给自己的理论留下漏洞，但是他重视勇敢这个德性，指明了它只属于净化德性，那么我们就可以进一步问，如何区分和沟通属于自然德性的勇敢行为或习惯性勇敢和自觉自愿的理性指导下的勇敢？自然德性的解释问题再次浮出水面。

奥林匹奥多罗斯就比较一贯，他给出的线索是：自然德性对应有形物，伦理德性对应宇宙天数（支配非理性形式）和节制，众生德性对应内部的实在和公正，净化德性对应超越世俗的实在和勇敢，沉思德性对应理智（τὰ νοερά）世界和智慧，理想德性对应智性（τὰ νοητά）世界（Olympiodorus, 8.3）。值得注意的是，自然德性没有对应具体德目，理想德性也是。这里虽然没有颠倒勇敢的次序，但把勇敢放在节制和公正之后又需要解释，因为传统上会把勇敢放在第一位，也是最初的位置，那么我们是否可以假设有两种勇敢,一种较高一种较低?还是说其实自然德性中有所有德性的幻影,而经过智慧之后,德性的排序则是:节制、公正、勇敢、智慧,或是经过净化之后的排序才是:勇敢、节制、公正、智慧。其实将勇敢放在第三位也有先例,比如《斐多》114e(节制、公正、勇敢、自由[ἐλευθερίᾳ]、真实[ἀληθείᾳ]),这是苏格拉底死之前大段论述最后所说的话,当他喝了毒芹教训哭泣者时最后命令说"要坚强(καρτερεῖτε)"(117e),那么我们是否可以理解一种真正的坚定才是净化德性讲的勇敢,而勇敢除了积极进取的一面还有消极坚定的一面?对低等事物的拒绝就是这个消极的坚定,而不是进攻性的、破坏性的勇敢。柏拉图在《拉克斯》191d–e暗示过这种区别,其中他说勇敢除了"与痛苦、恐惧作斗争,还有与欲望和情欲作斗争,不管是固守阵地的斗争还是掉转身来的(καί μένοντες καί ἀναστρέφοντες)战斗"(王太庆译文)。"固守阵地"和"掉转身"就是消极和积极的勇敢。因此,净化更强调消极勇敢,整部《斐多》中强调的勇敢和坚定也是消极勇敢(类似佛教讲的"不退转"和儒家讲的"知止而后有定,定而后能静,静而后能安,安而后能虑,虑而后能得"),哪怕没有进一步接近更高的德性,但至少能够不为外物和恶所动。①因此,诸德性排序可以是这样的:**积极勇敢—节制—公正—消极勇敢—智慧**。这也是修行上的次第,或者说在过一种哲学生活时的工夫论,在这里可以看到新柏拉图主义者也在践行一种哲学生活。

(2)其他人和众人

　　《斐多》68d中有"其他人"一说,新柏拉图主义者根据《巴门尼德》关于多与一的讨论,将人群也进行划分,接近人的理念的,也就是经过哲学训练的,越接近一,也越接近人,而离得越远的越是"其他人"。这是在解释哲人和众人之间之所以有区别的

---

① 佛教中有"不动尊菩萨"或"不动尊明王","不动",指慈悲心坚固,无可撼动,"明"者,乃智慧之光明,"王"者,即驾驭一切现象者。

原因。不是因为职业、贫富甚至德性，而是因为存在上的"纯粹性"。这样就是将存在论和德性论贯通，德性的优劣基于存在，而实际上存在的高低又基于理智的纯度，也就是最纯粹的智性决定了存在等级和德性优劣，这样看来，新柏拉图主义是某种极端的理智德性论和理智存在论，也是某种理智神秘主义。

（3）净化者的"主动勇敢"与"主动德性"

157节中的讨论很有趣，上文我们将净化者的勇敢说成消极的勇敢，但是这里则讨论对于坚定者而言，其坚定给他带来的是快乐的话，那么怎能说是一种面对困苦的勇敢？死亡如果在净化者(如苏格拉底)眼中是好事，人们向往好事如何成了往往被我们说成是在克服困难的"勇敢"？达玛士基乌斯的解释是，那种坚定的勇敢在净化者看来很自然，但在众人看来是一种"勇敢"，用通俗的话讲，就是当"拒绝"已经成了完全被适应的"规矩"，那些无法拒绝的人自然认为守规矩很难，但守惯了规矩的人并不觉得，反而因为得了实利(如灵魂无纷扰)而其乐无穷。有净化德性的人甚至不知道什么是痛苦和快乐，他蔑视它们，不管是自己的还是众人的。达玛士基乌斯概括出了三种勇敢(158节)：1.危险中见到的众生讲的勇敢，2.净化者的坚定和无知无觉的勇敢，3.净化者出于自身缘故的勇敢选择。前两种就是我们上文提到过的积极勇敢和消极勇敢，最后一种是新增的，即选择性的勇敢，也就是**"主动勇敢"**(也是《斐多》114e"勇敢"后面要跟"自由"的原因)，而积极勇敢和消极勇敢相比而言都是**"被动勇敢"**，因为积极勇敢只是在面对困境起而反抗和斗争，是受制于"必然性"的(见160节)，不是清醒地选择某种生活，这里强调的是净化者有选择余地，是自愿自主地选择勇敢或坚定，这就避免了坚定中的惰性，坚定、不动的确缺乏某种进取的可能，因此是主动勇敢在引领净化者继续前进，抵达更高的德性。这样就解决了如何从净化德性过渡到沉思德性的问题。

我们总体上看德性类别和德目，进行排序是这样的：**1自然德性（积极勇敢）—2伦理德性（节制）—3众生德性（公正）—**

4—5净化德性（4消极勇敢—5主动勇敢）—6沉思德性（智慧）—7原型德性—8神圣德性。

其中"勇敢"和"净化"就起到了启蒙和**枢纽**作用，因而变得非常关键，即让人开始与恶作斗争时要勇敢，坚定地守护自身，防止恶渗入时需要勇敢，在进一步进德时需要勇敢。苏格拉底在死前强调勇敢或坚定是在强调"消极勇敢"，因为从总体上看，"消极勇敢"是个中心枢纽，或者瓶颈，净化德性也在德性序列中居于中间地位，也是枢要。因此《斐多》在论证灵魂不朽前，先讲了净化德性，然后开始理智地讨论和探索，即智慧德性的显现，在最后谈话收尾时又提到勇敢和自由以及消极勇敢，点明德性进阶的枢要，因此，我们可以说，柏拉图似乎是通过苏格拉底的死给人展示勇敢的三种形式和进德的阶梯。

那么，既然勇敢是这样，是不是只有这种德性最特殊？其他德性是不是也有三种形式（**积极德性—消极德性—主动德性**）呢？分布在自然德性和后面诸德性中，在净化德性之后，沉思德性集合了诸多德性的主动方面进而继续前进？达玛士基乌斯倾向于这样理解，比如161节中提到净化过的诸德性才是真正的德性，净化者的节制才是真节制，依此类推，净化的德性其实就是主动德性，而它表现出的消极德性只是一个方面，主动性才是真正的净化德性，这样一来，排序就变成：**被动德性【自然德性（积极勇敢）—伦理德性（节制）—众生德性（公正）—被动的净化德性】—主动德性【主动的净化德性：勇敢、节制、公正—沉思德性（智慧）—7原型德性—8神圣德性】**，也就是灵魂转向和攀升的过程。

（4）为何不提公正？

163节解释了68d2—69a5中为什么只谈节制、勇敢，唯独没有提公正。达玛士基乌斯给出的原因是公正不含身体性的偏好，或是因为它同时属于灵魂三个部分，忽略智慧很明显，因为那属于理性。奥林匹奥多罗斯提到普罗克洛认为很难找到正义的偏好，公正并非有形物的德性(Olympiodorus, 8.9)。但是前文提过,也有些人从小倾向于公正,似乎是自然德性,还有人为了获得更大利益而显得公正,不也是一种偏好的交换吗?讲到偏好的交换时就提到了公正。因此,我认为这里之所以不提公正是**因为讨论的是对死亡的恐惧**,公正与死亡没有直接关系,而节制和勇敢都与克服死亡恐惧有关。新柏拉图主义者之所以那么解释是因为考虑到公正的特殊性,特别是在《理想国》中展示的公正,考虑到其在灵魂中的特殊作用,我们认为与《斐多》上下文语境不符。

(5)苏格拉底的怀疑和申辩

奥林匹奥多罗斯在义疏最后强调了苏格拉底虽然表现出不确定,但是并非怀疑论者,而只是哲学家的谨慎、不自夸,而非有人认为的苏格拉底是怀疑论者,阿摩尼乌斯曾经专门撰文批驳将苏格拉底和柏拉图解释为怀疑论者的论调(Olympiodorus, 8.17)。这从一个侧面表明,当时学园中和受怀疑派影响的人开始对苏格拉底和柏拉图进行怀疑主义的解读,奥林匹奥多罗斯特地强调这点也是为了重申立场,表明他对一些确定信念的坚持,也表明苏格拉底不是一个只知道不断探索、不知餍足的人,而是有一些确定知识和意见的人。

另外,奥林匹奥多罗斯还比达玛士基乌斯多解释了文末提到的"申辩",他认为未必能说服雅典陪审团,因为民众无知,难以教导,而弟子则可以被说服;而且在法庭上,苏格拉底是城邦一员,面对的是自己的生命问题,而在弟子面前,他讨论的是净化的进度,因此《斐多》这里的申辩比法庭上的更可能也更令人信服(εἰκος καὶ πιθανώτερον)(Olympiodorus, 8.18)。

6. 简要评议

方法论上的评议:两位晚期新柏拉图主义者的义疏在研究和写作方法上表现出以下几个特点:1.通观柏拉图文献以推定特定文本中的精确而丰富的含义,力图勾勒柏拉图整体教义;2.对哲学理论研究和哲学生活实践不做区分和割裂,认为哲学就是一种实践和生活；3.既运用理性推理又重视文本叙事结构和细节，没有单纯提炼理论论证，也没有单纯研究修辞；4.不避讳基本教义和立场，必要时还运用理性神秘主义的话语，给出确定的结论和自己的判断，反对怀疑主义或"学术中立"；5. 表现出了混杂的融合思想，对不同思想不做深究地运用、拼接和整合。我们可以理解所有这些特点的历史背景和产生原因，但是能否从中学到适用于今天柏拉图哲学或思想研究的东西？我认为除了第5和4中的"神秘主义"以外，其他都可以重新考虑运用，即整体上理解柏拉图文本，细致梳理其中某个思想的发展脉络或不同层面；同时注重文本叙述的背景和细节，特别是那些可以影响论证的以及可以表明立场和观点的明显细节（当然反对过度诠释或六经注我）；不避讳自己的观点和立场，避免"一方面另一方面"的虚伪宽容；最后是过一种哲学的生活而不是哲学论著写作的生活。

疏解内容上的评议：这里只是截取一小部分对《斐多》的义疏来研究，因此并不是系统整理晚期新柏拉图主义者的思想，而是从局部解读看他们如何理解《斐多》中的"净化"。首先他们做的工作是给德性分类，这种做法有悠久的历史，可以上溯到亚里士多德，只不过他们越分越细，在区分时坚持了中期柏拉图主义和新柏拉图主义的做法，并不把德性限定在人类，因而引出一种存在论、德性论和理智论的奇异整合。其次，描述德性的进阶，我们分析发现，这种进阶描述并不完备，还可以更细致，但他们的工作也已经够繁琐，而且有的显得不必要，是人为制造的理论困难，或者多余的理论勾连。但我们在其中也发现了一些问题和闪光点，比如如何理解"自然德性"的问题，特别是在现代语境下与道德直觉关联的话，还有如何理解"勇敢"的多重含意及其与净化的关系。最后，他们发掘了大量相关文本，企图建立一贯的解释，虽然未必准确，但也做出了一些积极的工作，比如区分自然德性、社会德性和众生德性，以及更加细致地理解理智德性及其与神的关系。因此他们未必完善地解释苏格拉底—柏拉图的观点，但是至少给出了自己的努力，提炼出了一些自己的观点并形成了某种立场和生活方式。

通过翻译和分析晚期新柏拉图主义者解读《斐多》关于"净化"的片段，我们发现"净化"在《斐多》中具有特别的地位，而净化德性对我们理解德性类别、具体德目及其层阶关系有很大帮助，我们可以以此为切入点，重新思考《斐多》中的"辩护"、"学习死亡"和整篇的立意和主旨，在发现它的理论意义之外，还能发现其劝勉功能及其运作机制。因此，达玛士基乌斯和奥林匹奥多罗斯虽然是1500年前的柏拉图解读者，但也能给我们今天的人以启发，也说明了新柏拉图主义的理论贡献有权得到新的继承。

二、雅典和亚历山大里亚的晚期新柏拉图主义者 及其柏亚和谐论

本节介绍的是在雅典和亚历山大里亚从事教学研究的新柏拉图主义者们，他们人数众多，成果丰硕，为新柏拉图主义的形成、发展和传播起到了重要作用，但也因为人数众多，我们只做简要的梳理和介绍。

（一）从雅典的普鲁塔克到普罗克洛的传人

1. 雅典的普鲁塔克及其后学

（1）雅典的普鲁塔克（Plutarch of Athens, Πλούταρχος, 公元350–430年）与中期柏拉图主义者同名，他重建了雅典的柏拉图学园，并成为掌门。他自认为扬布里柯的弟子，而他又教出了叙利亚努斯，即普罗克洛的老师。他曾撰写亚里士多德《论灵魂》的评注，是重要的亚里士多德著作评注，还写过柏拉图《蒂迈欧》评注。其融合柏亚的思路和评注原典的方法都影响深远。[①]

---

① Andron, Cosmin., 2008以及Chisholm, Hugh, ed.,1911。

(2)普鲁塔克的女儿也是哲学家,名叫阿斯克莱皮哥尼亚(Asclepigenia, Ἀσκληπιγένεια,卒于公元485年),他和哥哥希耶罗(Hiero)一起在雅典学园里学习和教学。他们的学园和亚历山大里亚的希帕提娅的学校相竞争,人们也常将她与希帕提娅相比较,要注意的是,柏拉图学园历来接受女性学习者和研究者,并无对女性的歧视。她和父亲一样,也主要研究柏拉图和亚里士多德,她生活的时代也刚好是柏拉图主义形而上学与基督教竞争的时代,她也参与了两种理论的争执。普鲁塔克死后,她继续在学园教学,而且颇受欢迎,后来成为了普罗克洛的老师,[1]她教授普罗克洛传自其父的亚里士多德、柏拉图哲学、神工以及神秘主义的知识,她最著名的成就是做迦勒底神秘主义的神工。

(3)赫罗克勒斯(Hierocles of Alexandria, Ἱεροκλῆς,活跃于公元430年),也从学于雅典的普鲁塔克,后回到亚历山大里亚教学,被亚历山大里亚放逐后前往君士坦丁堡,因罪入狱受刑。其著作有《毕达哥拉斯〈金诗〉评注》,在中世纪和文艺复兴时期都有很大影响,有众多译本。[2]他还写过一些关于天意和命运的文章,而且反对占星宿命论,因为它依据的是非理性的必然性,而非神圣理性的神的天意,因而他也反对神工,因为做神工者企图替代神圣的天意秩序。他倾向于调和希腊宗教和基督教。[3]

2. 叙利亚努斯的弟子

(1)赫米阿斯(Hermias, Ἑρμείας,公元410–450年)生于亚历山大里亚,后前往雅典,从学于叙利亚努斯,其妻子埃德希亚(Aedesia, Αἰδεσία)是叙利亚努斯的亲戚,曾与叙利亚努斯订婚,但普罗克洛因为接收到了神圣的警告而破坏了这次婚约。赫米阿斯将叙利亚努斯的学说带回了亚历山大里亚,并在郝

---

① Waithe, Mary Ellen,1987.

② Mozley, J. R. ,1911.

③ 详参Hermann S. Schibli, 2002。

罗波罗(Horapollo)的学校里教学，他去世时，孩子阿摩尼乌斯(Ammonius)和赫利奥多罗斯(Heliodorus)还小，其妻依靠政府的补贴将两个孩子培养成了哲学家。他著有《斐德若》评注，保留了叙利亚努斯关于《斐德若》的讲授内容。[①]

（2）赫米阿斯的妻子埃德希亚是另一位柏拉图主义女性哲学家，她因美貌和德性而备受爱戴，其夫死后，她全身心投入哲学研究与教学，特别投入到对两个孩子的哲学培养上，并让他们从学于普罗克洛。达玛士基乌斯在她的葬礼上致辞，用的是六音步诗体。

3. 普罗克洛的弟子们

（1）赫米阿斯之子阿摩尼乌斯(Ammonius Hermiae, Άμμώνιος ό Έρμείου, 公元440–520年)，除了从小在亚历山大里亚的家学外，后赴雅典从学于普罗克洛，又回到亚历山大里亚教学终生，成为亚历山大里亚新柏拉图主义学校的领袖，他得到了基督教的认可，得以继续从事柏拉图主义哲学教学，也因此而被他的学生达玛士基乌斯批评，因为他在教学中有所妥协，教学内容受到了基督教思想的限制。[②]奥林匹奥多罗斯还听过其讲授《高尔吉亚》，[③]他的学生还包括阿斯克莱皮乌斯(Asclepius of Tralles)、菲洛泡努斯(John Philoponus)和辛普里丘(Simplicius)。

其著作包括《论〈斐多〉69d4–6》，为柏拉图并非怀疑论者而辩护，[④]《论假言三段论》以及《论亚里士多德认为神不光是整个世界最终的也是最有效的原因》。[⑤]他关于亚里士多德的著作对后世影响很大，包括留存下来的《〈解释篇〉评注》和部分波斐利

---

① 参见Sorabji, R., (2005), *The Philosophy of the Commentators*, 200–600 AD, Cornell University Press和Uzdavinys, A., (2004), *The Golden Chain: An Anthology of Pythagorean and Platonic Philosophy*. World Wisdom, Inc。

② 参考达玛士基乌斯，《哲学史》(*Philosophos Historia*)，118B, Athanassiadi。

③ 参考奥林匹奥多罗斯，《〈高尔吉亚〉评注》，199, 8–10。

④ 参见奥林匹奥多罗斯，《〈斐多〉评注》，8.17,6–7。

⑤ 参见辛普里丘，《〈论天〉评注》271,13–21和《〈物理学〉评注》，1363,8–12。

《导论》评注。他的学生们还提到过他的其他著作,包括:《论亚里士多德的〈范畴篇〉》、《论亚里士多德的〈前分析篇〉卷1》、《亚里士多德〈形而上学〉卷1-7》、《论尼各马科斯的〈算数导论〉》、《论亚里士多德的〈后分析篇〉》、《论亚里士多德〈生成与毁灭〉》、《论亚里士多德〈论灵魂〉》,很多作品的残篇都来自其弟子菲洛泡努斯的相关作品,还有一部《亚里士多德生平》常归在他名下,但更可能也是菲洛泡努斯之作。[①]

他除了是重要的亚里士多德评注者之外,在新柏拉图主义思想方面也有见地。学者们曾经注意到阿摩尼乌斯与其前后的新柏拉图主义者都不同,他并没有继承扬布里柯以来对神工的强调,[②]在这方面,以阿摩尼乌斯为首的亚历山大里亚学派很克制,更理性。同时,他的思想也更容易和亚历山大里亚强势的基督教相妥协,甚至有学者认为他已经基督教化,认为有一个创造性的人格化的神。[③]但是最近的研究放弃了这些倾向,[④]他们认为阿摩尼乌斯秉承家学,也受到普罗克洛很大影响,在他的著作和他弟子的著作中,常常可以看到普罗克洛的影子,他讨论亚里士多德的作品居多,因此难以看到新柏拉图主义的迹象,但不代表他不支持新柏拉图主义的形而上学体系。[⑤]

(2) 马里努斯(Marinus, Μαρίνος ὁ Νεαπολίτης, 出生于公元440年),生于巴勒斯坦那不勒斯的弗拉威亚(Flavia Neapolis),他可能是撒玛利亚人或犹太人,年轻时前往雅典,从学于普罗克洛,并继

---

① 已经整理出版的著作辑包括: Ammonius: *On Aristotle Categories*, translated by S. M. Cohen and G. B. Matthews. London and Ithaca 1992; Ammonius: *On Aristotle's On Interpretation 1–8*, translated by D. Blank. London and Ithaca 1996; Ammonius: *On Aristotle's On Interpretation 9*, with Boethius: On Aristotle's On Interpretation 9, translated by D. Blank (Ammonius) and N. Kretzmann (Boethius). London and Ithaca 1998。

② 参看K. Praechter, 1910。

③ P. Merlan, 1968.

④ Hadot, I, 1978和Verrycken, 1990。

⑤ 详参David Blank, 2011, Ammonius Hermiae。

承了普罗克洛的掌门地位，后受基督教迫害离开雅典，流亡到埃皮道鲁斯(Epidaurus)。前文已经提到，其代表作《普罗克洛传》，是后世了解普罗克洛的主要依据。他佚失的作品还包括对亚里士多德著作的评注，以及对柏拉图《斐勒布》的评注。他的弟子和继任者是伊斯多瑞(Isidore)。

(3)赞多图斯(Zenodotus, Ζηνόδοτος)，活跃于公元5世纪晚期，是普罗克洛的爱徒(paidika)，[1]后从学于马里努斯，他也是达玛士基乌斯的老师之一，马里努斯教授数学和科学，赞多图斯教授更传统的哲学课程。[2]

(4)赫格阿斯(Hegias, Ἡγίας)，在继承掌门地位时与马里努斯是竞争者，是雅典的普鲁塔克的曾孙或玄孙。他也从学于普罗克洛，当时普罗克洛已经年迈，普罗克洛很喜欢他。[3]普罗克洛死后，他作为学园领袖之一似乎在很多教义上抵制马里努斯及其弟子伊斯多瑞。在马里努斯死后，伊斯多瑞继承掌门不久就退隐到亚历山大里亚，赫格阿斯成为掌门，但学园继续分裂，达玛士基乌斯继承伊斯多瑞成为另一掌门，但分裂不算太久，达玛士基乌斯就成为正式掌门。

(5)阿斯克勒皮奥朵图斯(Asclepiodotus, Ἀσκληπιόδοτος)，亚历山大里亚人，最初在雅典从学于普罗克洛，后到亚历山大里亚跟随阿芙罗蒂西亚(Aphrodisias)，曾撰写过《〈蒂迈欧〉评注》，他还是达玛士基乌斯的老师，达玛士基乌斯对他的评价是："正如大多数人认为的那样，阿斯克勒皮奥朵图斯的心智并不完善。他在提出问题方面非快速，但在理解时则并不敏锐。他的理智不均衡，特别是涉及神圣事物时，比如柏拉图思想中的不可见的理智概念。他在更高的智慧方面欠缺更多，如超越了普通感知的俄耳甫斯和

① 参见达玛士基乌斯，《伊斯多瑞生平》，残篇154。
② 参看Edward Jay Watts, 2006, 第116–123页。
③ Marinus, *Life of Proclus*, 26.

迦勒底的学说。"[1]

4. 最后的新柏拉图主义者们

(1)伊斯多瑞(Isidore of Alexandria, Ἰσίδωρος, 公元450–520年),如前文所说,是马里努斯的继任者,达玛士基乌斯的前任。他也从学于普罗克洛,跟随马里努斯学习亚里士多德,据达玛士基乌斯说,伊斯多瑞见到普罗克洛时非常震惊,他感觉自己见到了真正的哲学,而普罗克洛见到伊斯多瑞时也很惊讶,因为他内在拥有神圣的哲学生活。在继承雅典学园掌门前,他曾回到了亚历山大里亚教授哲学。他是达玛士基乌斯的老师,达玛士基乌斯曾撰写过其生平,其中讲述了他作为卓越的人和思想家的事迹。据说他更喜欢柏拉图和毕达哥拉斯的学说,是一位充满热情的哲学爱好者,而不喜欢斯多亚派和亚里士多德的逻辑和实践伦理方面的作品。

(2)辛普里丘(Simplicius of Cilicia, Σιμπλίκιος, 公元490–560年),是最著名的亚里士多德著作评注家之一,从学于阿摩尼乌斯(Ammonius Hermiae)和达玛士基乌斯,算是最后的柏拉图主义者之一。他也受到基督徒查士丁尼大帝的迫害,逃亡波斯。他的著作全部是对亚里士多德的评注,其中保留了大量已经佚失的前辈作品,是典型的柏拉图主义者注解亚里士多德。他努力证明亚里士多德与柏拉图的教义相合,在他看来,普罗提诺、叙利亚努斯、普罗克洛和阿摩尼乌斯都是伟大的哲学家,都深入理解了柏拉图的智慧,对其他流派的思想,他也广泛涉猎,兼收并蓄,最终成为古代最伟大的评注家之一。[2]

(3)普利斯奇安(Priscian of Lydia, 或Priscianus Lydus, Πρισκιανός Λυδός),也是最后的柏拉图主义者之一。他生于吕底亚,是辛普里丘的同时代人,在达玛士基乌斯执掌学园时在其中学

---

① Damascius, PH fr. 85 A, 自Athanassiadi, P., Frede M., 1999.
② 其亚里士多德评注参见后文参考文献。

习。公元529年查士丁尼关闭学园后,他和达玛士基乌斯、辛普里
丘逃亡波斯,公元533年被允许回到拜占庭帝国。他有两部著作保
留下来,一部是《泰奥弗拉斯托斯的〈论感知〉概要》,[1]另一部是
《答考斯鲁斯》(Solutiones ad Chosroen)。后者是他在被逐波斯时
回应一些哲学问题的记录。据说归在辛普里丘名下的《亚里士多
德〈论灵魂〉评注》其实出自他手,但有争议。[2]

(二)亚历山大里亚的柏拉图主义者:希帕提娅

③

　　亚历山大里亚有众多柏拉图主义者,上文提到的很多都出生
或从教于此,但他们大多是受雅典的柏拉图学园教育影响的,而亚
历山大里亚本地的柏拉图主义者也有其代表,即古代最著名的女
哲学家希帕提娅(Hupatíā, Ὑπατίā,生于公元350–370年,卒于公元

---

① 参见Priscian: On Theophrastus on Sense-Perception, (translated by Pamela Huby) with
　　Simplicius: On Aristotle, On the Soul 2.5–12, (translated by Carlos Steel). Duckworth,
　　London 1997。
② 参见Hadot, I., Simplicius or Pricianus? On the Author of the Commentary on
　　Aristotle's De Anima. Mnemosyne, Volume 55, Number 2, 2002, pp. 159–199。
③ "Death of the philosopher Hypatia, in Alexandria" from Vies des savants illustres,
　　depuis l'antiquité jusqu'au dix-neuvième siècle, 1866, by Louis Figuier.

415年),她也是最早受宗教迫害的哲学家之一。

希帕提娅也是继承家学,她是数学家泰翁(Theon of Alexandria,公元335–405年)的独生女,她曾在雅典受教育,公元400年左右成为亚历山大里亚新柏拉图主义学园的领袖,在学园中,她向所有学生传授柏拉图和亚里士多德的思想,对象包括信奉希腊和罗马诸神的教徒、犹太教徒、新兴的基督徒和其他外国人。她的学生中包括后来成为托勒密主教的苏奈西乌斯(Synesius),而记录她事迹的还包括达玛士基乌斯。当时埃及主教约翰(John of Nikiû)判定她研究魔法、星象,用撒旦的诡计蛊惑众人,但是也有一些基督徒对她比较友好,比如同时代的基督教史家君士坦丁堡的苏格拉底(Socrates of Constantinople)就曾在其《教会史》中赞扬她:

> 亚历山大里亚有位女人名为希帕提娅,是哲学家泰翁的女儿,她在文学和科学方面颇有建树,远胜过同时代的所有哲学家。继承了柏拉图和普罗提诺的学园后,她向其听众解释哲学的原理,其中很多是远道而来聆听其教诲。由于其通过培育思想而获得的泰然自若和平易的气质,她常出现在有官员出席的公众场合。她并不会因为参与男人们的集会而感到羞愧。所有男人都因为其超凡的高贵和德性而越发钦佩她。[1]

但是希帕提娅最终还是因为受宗教迫害而被乱石打死,她的死对后世而言具有象征意义。具体而言,她死于亚历山大里亚地方长官厄瑞斯特斯(Orestes)和亚历山大里亚基督教主教希瑞尔

---

[1] An English translation by A. C. Zenos was published in *Nicene and Post-Nicene Fathers*, Second Series, Vol. 2. Edited by Philip Schaff and Henry Wace. (Buffalo, NY: Christian Literature Publishing Co., 1890.)

(Cyril)权力斗争最激烈的时期,算是牺牲品。[1]有学者认为,她的死是古代世界终结的标志,至少也是亚历山大里亚理智生活衰败的标志。[2]虽然距离雅典学园最终关闭还有100年,但是希帕提娅的死具有典型性,基督教在统一意识形态和掌握帝国权力的过程中,必然要求哲学家退场,希帕提娅是柏拉图主义或说古代理智传统落幕的预演。

同时,希帕提娅成为后世各类相关传说的原型、故事的主角,[3]也成为争论的焦点,直到20世纪的女权运动都关注其事迹及其意义。作为杰出女性的代表,她也因为其天文学方面的贡献,其名字被用来命名一颗小行星(238希帕提娅行星,1884年发现),月球上也有以她名字命名的火山坑。

(三)新柏拉图主义者对柏亚思想的谐和

新柏拉图主义者们从波斐利之后,明显继承了中期柏拉图主义已经开始的协调柏亚思想的做法,我们之前已经说明中期柏拉图主义对亚里士多德的不同态度和处理方式,下面我们将挑选代表性的人物和观点,简要介绍新柏拉图主义者谐和(συμφωνία, concordia)柏亚的努力。

1. 普罗提诺

波斐利曾这样说普鲁提诺:"在写作中,他行文简洁,思想丰富。他能做到言简意赅;他总是在令人痴迷的灵感中表述自己的思想,叙述的是他自己有真切感受的,而非传统留传下来的问题。然而,他的著作处处隐含着斯多亚学派和漫步学派的思想,尤其

---

[1] 现代有关于希帕提娅之死的电影,《城市广场》(Ágora), Alejandro Amenábar导演,2009年出品。

[2] 参见"Women Philosophers in the Ancient Greek World: Donning the Mantle", by Kathleen Wider. Hypatia © 1986 Indiana University Press p. 49–50。

[3] 如*Ipazia, scienziata alessandrina* by Adriano Petta (translated from the Italian in 2004 as *Hypatia: Scientist of Alexandria*), and *Hypatia y la eternidad* (*Hypatia and Eternity*) by Ramon Galí, a fanciful alternate history, in Spanish (2009)。

是亚里士多德的《形而上学》，体现得最为集中。他对几何学、算术、机械学、光学和音乐都有全面的了解，但是不喜欢在这些主题上做深入研究。"①我们不能忽视普罗提诺这位亲炙弟子的提示，但也不能据此就认为普罗提诺完全认同斯多亚派和亚里士多德的看法，实际上，普罗提诺与斯多亚和亚里士多德理论是竞争关系，有不少对两者的批评。当然，批评也不代表完全反对，反而表明了被批评者的价值。很明显的例子是，普罗提诺极少批评伊壁鸠鲁主义和皮浪主义或学园怀疑论者，这点不同于普鲁塔克和努麦尼乌斯。②

在《论时间与永恒》（《九章集》，III.7）中，普罗提诺考察了漫步学派和斯多亚派的时间概念，但却没有涉及伊壁鸠鲁主义的观点，他说："我们不是要查明时间不是什么，而是要知道它究竟是什么。我们的许多先辈已经对它的本性问题提出了各种理论，每种理论都有大量论述，但我们如果一一去考察这些理论，那就是在做历史考察，而不是哲学研究了；其实我们已经对他们的一些论述作了粗略的概述，并且我们的概述完全可以反驳那位哲学家，用我们关于运动之尺度的论述来反驳他关于时间就是运动的尺度的观点——因为除了不规则论之外，所有我们用来反对他们的其他论述，都可以用来反驳他——这样是为了说明我们应当怎样认识时间之所是。"③可见，他将漫步学派的观点当作有讨论价值的观点来看，而伊壁鸠鲁的观点则并没有讨论意义，只有历史价值。

经过讨论，普罗提诺并不赞同亚里士多德和斯多亚派对时间的观点，他提出了强度不一的批评，但他之所以要讨论两家的观点，还在于他认为两家的观点是解释柏拉图教义的津梁，他继承了安提库斯和普鲁塔克的态度，也认为亚里士多德和斯多亚派从柏

---

① 波斐利，《普罗提诺生平》，14。
② George Karamanolis, 2006, 第216页；普罗提诺，《九章集》，IV.7.3曾提过伊壁鸠鲁的原子论。
③ 普罗提诺，《九章集》，III. 7. 10. 9–17。

拉图那里借鉴颇多，只是没有明言而已。因此，经由两家可以努力重构柏拉图的想法，有时则是通过批评两家来为柏拉图的观点辩护，比如关于灵魂不朽的论述中他说，"从以下的论证可以清楚地看出，如果灵魂是一物质，那么感觉、知觉、知识、美德以及任何其他有价值的东西统统都将不复存在。某物想要感知另一物，它自身必须是统一的，并以同样的方式感知每一个对象，无论是通过多种感觉器官获得大量印象，还是在同一个事物上感知多种性质，或者通过一种感觉器官感知一个复杂事物，比如感知一张脸。对脸的各部分的感知并不是相互分离的，并不是对鼻子有一种感知，对眼睛又有另一种感知，而是对整张脸有一个整体的感知。如果一种感觉来自眼睛，一种来自耳朵，那么必有一种东西能够综合两者。"①接着他继续批评亚里士多德和漫步学派的灵魂观：

> 以下的论证可以表明，把灵魂设想为某种物质简直是匪夷所思。如果感知觉就是灵魂利用躯体领会感觉对象，那么思考就不可能是通过躯体进行的，否则，它与感知觉就没有什么区别了。既然思考不需要躯体，那么从事思考工作的也完全可能不是躯体。同样，如果感知觉是对感觉对象的感知觉，思维是对思维对象的思考——即使他们不喜欢这样，但仍然存在着(至少有一些)对思维对象的思想，以及对无形之物的领会——那么有大小的东西如何思考无大小的东西，有部分的东西如何思考无部分的东西呢？也许它是带着自身的一个无部分之部分(进行思考的)。无论如何，如果从事思考的事物是这样的，那么它必然不是躯体。因为触觉不需要整体接触，只要触及一点就够了。如果他们承认这样的真理，最初的思想是对完全独立于躯体的对象的思想，是对绝对单一的实在的思想，那么思者必然因独立于躯体而认识这些对象。也许他

---

① 普罗提诺，《九章集》，IV.7.6。

们会说,思想是对质料中的形式的思想,然而这些思想是通过与躯体分离而产生的,把它们分开的则是心灵。[1]

可见普罗提诺就着亚里士多德派的观点进行深入,提出了一些质疑,同时为柏拉图主义辩护,至于说普罗提诺究竟如何对待亚里士多德的观点,又在何种意义上提出了有效的批评,其为柏拉图的辩护是否成功等,学界已经有很多成熟的研究成果。[2]

2. 波斐利

波斐利很大程度上改变了后世对待亚里士多德的态度,他自己从亚里士多德那里吸取了很多思想,而且试图在哲学上系统评估和研究亚里士多德思想。[3]但是波斐利对亚里士多德的态度还有很多争论,有些学者认为他态度模糊,并不统一,不同议题有不同立场;[4]有些学者则强调他在所有哲学问题上,包括物理学、灵魂论、伦理学,特别是形而上学上,都主张调和柏亚;[5]还有学者针对性地指出,即使我们承认波斐利调和了柏亚的很多思想,但也不能否定他有区别地对待了两者,也即区分了柏亚,甚至在很多方面批评过亚里士多德,如在灵魂问题上。[6]我们认为第三种观点较为中肯。

依据第三种观点的考察,波斐利不光认为在灵魂问题上柏亚势不两立,而且他自己认为亚里士多德的观点是错的。波斐利认

---

[1] 普罗提诺,《九章集》,IV.7.8。

[2] 参见Blumenthal (1972); Szleza′k (1979); Emilsson (1988); Corrigan (1996); Chiaradonna (2002); Chiaradonna (1998b). Graeser (1972). 参见George Karamanolis, 2006,第218页。

[3] George Karamanolis, 2006,第243页;关于波斐利的亚里士多德著作评注,参见本书第十四章第2节。

[4] Andrew Smith, 1987,第754–755和1992,第183页。

[5] George Karamanolis, 2006,第244页,波斐利如何在各个方面融合柏亚,请参看该书245–330页。

[6] Ilsetraut Hadot, 2015,第54页;在接下来的部分里,Hadot详细驳斥了Karamanolis在诸多论题上对波斐利谐和柏亚的分析。

为，灵魂是一种自我运动的本质，即它是生命，因此也就不可能是亚里士多德说的"隐德莱希"（entelechy），后者是不动的。波斐利非常激烈地批评亚里士多德所认为的"灵魂是隐德莱希"的观点，因此波斐利并非从不批评亚里士多德。① 在形而上学②和伦理学③方面也都有类似情况，亚里士多德的思想在波斐利的体系中只是有限的影响，比如四种德性中，社会的或政治的德性是受亚里士多德影响。④

不过，总而言之，波斐利对后来的哲学家们谐和柏亚做出了决定性的推动，其影响一直贯穿新柏拉图主义思想发展，自此之后，谐和柏亚的努力只分大小，基本倾向没变过。但他本人并非完全的赞同亚里士多德，也并非完全主张谐和两者。他只是开启了将亚里士多德思想新柏拉图主义化的重大趋势，而非将柏拉图思想进行亚里士多德化的趋势。⑤

3. 扬布里柯

我们在之前的章节中看到了扬布里柯对毕达哥拉斯主义的倚重，在对待亚里士多德时也受到这种倾向的影响，他认为毕达哥拉斯是希腊哲学之源，柏拉图的思想也只是二手的，是转述毕达哥拉斯的思想，而亚里士多德的作品就成了三手货，但是柏亚的思想还是重要的，因为可以通过他们回溯到毕达哥拉斯，在这个意义上，柏亚也有很多一致之处。扬布里柯认为范畴学说并非亚里士多德首创，毕达哥拉斯主义者阿库塔斯（Archytas）之前已经提出，亚里士多德只是在此基础上做了进一步发挥，凡是亚里士多德与毕达哥拉斯主义不同的地方，都是他没能正确理解毕达哥拉斯的

---

① Ilsetraut Hadot, 2015, 第60页。
② 同上, 第62页。
③ 同上, 第63页。
④ 同上, 第63页。
⑤ 同上, 第65页。

教义,错在亚里士多德。①

　　另外,具体到观点,比如说亚里士多德的灵魂学说明显与毕达哥拉斯和柏拉图不同,但是扬布里柯的解释是,亚里士多德说的灵魂是一块平板,但是没有字母的平板不能称其为平板,因此他的意思是其实人的灵魂中本来就有东西,就像即便是孩子的灵魂也包含潜在的理智,包含事物的原因原理(λόγοι τῶν πραγμάτων),就像有字母的平板一样。所谓没写字的平板,是在写得不好的意义上说的,而非真的什么都没有,它包含的是很小的或不可见的东西,因此扬布里柯得出结论说,亚里士多德和柏拉图一样,也认为灵魂中有理智事物和事物的原理,只不过还不是知识,而是可回忆之物。②

4. 从雅典学园到普罗克洛后学

　　雅典学园的普鲁塔克及其弟子赫罗克勒斯都有强烈的融合柏亚的想法,他们不光确认了扬布里柯融合迦勒底神谕、俄耳甫斯教和荷马之类诗人的思想,而且也融合柏亚。据后人记述,赫罗克勒斯的《论天意》研究的目标就是协调柏亚的天意学说,他想要将两位思想家结合在一起(συνάπτειν),不光是在天意思想上,而且在所有关于灵魂不朽的问题上,以及在天界和宇宙的认识上,他还驳斥了人们区分他们观点的尝试,认为是他们搞错了,他们是受了自己的前见和无知的蒙蔽。③他们更倾向于认为理解亚里士多德对于理解柏拉图和毕达哥拉斯有着不可或缺的重要性。

5. 柏亚谐和与亚里士多德评注传统

　　公元2世纪末到3世纪初,出现了重要的亚里士多德著作的评注者,阿芙罗蒂西亚的亚历山大(Alexander of Aphrodisias, Ἀλέξανδρος ὁ Ἀφροδισιεύς, 活跃于公元200年左右),但是他属于漫步学派的评注,他接续了公元前1世纪由安德罗尼柯(Andronicus of

---

① Ilsetraut Hadot, 2015, 第67—68页。
② 同上,第70—71页。
③ 同上,第97—98页。

Rhodes, Ἀνδρόνικος ὁ Ῥόδιος, 活跃于公元前60年)开始的评注亚里士多德作品的传统，[1]他编辑了亚里士多德文集，力图发现亚里士多德的独立影响，但是在他去世后，亚里士多德重新淹没在斯多亚派、伊壁鸠鲁派和学园怀疑论的阴影中。公元2世纪时，人们对亚里士多德作品的兴趣日益浓厚，于是亚历山大重新发现了亚里士多德的理论影响，撰写了很多重要的评注，成为古代评注亚里士多德作品的典范，他旨在将亚里士多德哲学看作连贯的整体，以便应对当时的哲学论争。他之后的评注者大多是新柏拉图主义者，他们努力的方向变成了谐和柏亚，并将亚里士多德看作柏拉图哲学的前导和入门，将亚里士多德哲学融入柏拉图主义体系中。但同时，他们也会讨论亚历山大的著作，回应其中的分析和问题。[2]

　　到公元3世纪末，注释亚里士多德作品的传统得到了继承，但已经受到柏拉图主义的关键影响，比如最近才被重新划入柏拉图主义者的政治家、哲学家泰米斯提乌斯(Themistius, Θεμίστιος, 约公元317–388)，[3]之前人们往往将其视为漫步学派代表，据说他曾经注释过(ὑπομνήματα)亚里士多德所有流通的作品，而且还做了大量释义(μεταφράσεις)工作。现存有其对《后分析篇》、《物理学》、《论灵魂》和《形而上学》第十二卷(λ卷)的释义，他在融合柏亚思想方面做了大量理论工作，其注释作品中的柏拉图主义倾向更加明显。[4]

　　上文提到的亚历山大里亚的新柏拉图主义评注者们，也大都认为他们在做的是柏拉图哲学的解释工作，而非简单的注解亚里士多德，对亚氏的理解是理解柏拉图的准备，事先要有这个理论目

---

[1] 另参最近出版的《劳特里奇新柏拉图主义研究手册》第六章(*The Routledge Handbook of Neoplatonism*, Svetla Slaveva-Griffin & Pauliina Remes, 2014, Routledge)。

[2] 详参Dorothea Frede, 2012。

[3] 参见Sorabji, 2003, (Themistius, *On Aristotle Physics* 4, translated by R.B. Todd)导言，第vii页。

[4] Ilsetraut Hadot, 2015, 第74–75页。

标,辛普里丘就曾表达过这个目标。奥林匹奥多罗斯也明确说,首先要认识到亚里士多德和柏拉图从未不一致,只是表面不同,而且即便他真有不同,也是依赖柏拉图思想提出的。①他们的老师达玛士基乌斯也抱持类似的观点。②

(四)柏拉图主义在罗马:马克洛比乌斯

③

当时的思想世界中,雅典和亚历山大里亚是两颗明珠,柏拉图主义在那里也最繁荣,但是罗马也有部分杰出思想家,受到柏拉图主义很大影响,比如后世最著名的马克洛比乌斯(Macrobius Ambrosius Theodosius)。马克洛比乌斯是罗马人,生活在公元5世纪早期,也就是柏拉图学园最后被关闭前,他最著名的作品是《〈西庇阿之梦〉评注》(*Commentarii in Somnium Scipionis*),④这

---

① Ilsetraut Hadot, 2015, 第140–141页。
② 同上,第161页。
③ Macrobius presenting his work to his son Eustachius. From an 1100 copy of *Macrobius' Dream of Scipio*.
④ William Harris Stahl (trans.), Macrobius: Commentary on the Dream of Scipio. New York: Columbia University Press, 1952. (Second printing, with revisions, 1966.)

是中世纪拉丁语世界最重要的柏拉图主义文献之一,而其《农神节》(*Saturnalia*)则是古罗马宗教和古代风物知识的概要,[1]此外,他还著有《论希腊语和拉丁语动词的同与异》(*De Differentiis et Societatibus Graeci Latinique Verbi*)(已佚失)。

《〈西庇阿之梦〉评注》是对西塞罗《论共和国》结尾部分的"西庇阿之梦"的解释,分两卷,在中世纪发行量大,有广泛影响,西庇阿之梦本来是运用斯多亚派和柏拉图主义的宇宙论讲述死后生活的,马克洛比乌斯借此也讨论了一些宇宙本性的问题,比如其中认为太阳的直径是地球的两倍,有些版本中还附有地球的地图和行星运行图,都向拉丁世界传递了很多古代希腊世界的宇宙论知识。而且各种版本中还附有地球的地图。而《农神节》一书则仿效柏拉图的《会饮》和盖里乌斯的《阿提卡之夜》,以盖里乌斯、塞涅卡、普鲁塔克、维吉尔等为理论权威,讲述罗马诸神传说。

《〈西庇阿之梦〉评注》中附有一些示意图:

这是表示整个宇宙,地球是中心,周围是黄道上的七个行星。

---

① Robert A. Kaster (ed.), *Macrobius: Saturnalia*. Loeb classical library 510–512. Cambridge, MA/ London: Harvard University Press, 2011. 3 volumes.; Percival Vaughan Davies (trans.), Macrobius: The Saturnalia. New York: Columbia University Press, 1969.

② Macrobius, *Commentarii in Somnium Scipionis*. Diagram in folio 25 recto.

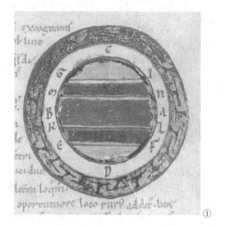

这个图表示地球上的五种气候，由赤道向两极，分别代表炙热、温和、寒冷。

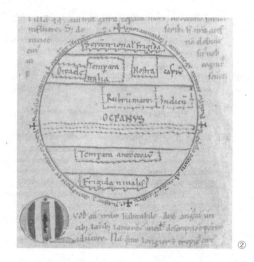

此图标明北部有人聚居的地方和赤道无人居住的大海。

---

① Macrobius, *Commentarii in Somnium Scipionis*. Diagram in folio 34 recto.

② 同上，folio 38 verso。

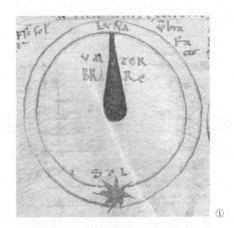

月食示意图。

日食示意图。

　　因此,古代晚期柏拉图主义对宇宙论的探索激发了人们对天文科学的探求,新柏拉图主义的影响也逐渐以多种方式影响着后世的知识世界。

---

① Macrobius, *Commentarii in Somnium Scipionis*. Diagram in folio 49 recto.
② Ibid.

第九章　柏拉图主义与基督教的纠葛

一、反基督教的柏拉图主义

一般而言，不论国内外，人们对新柏拉图主义的印象中很重要的一点，就是它是基督教思想的主要来源之一，让人以为基督教完全继承了新柏拉图主义，被继承的柏拉图主义也就消融在基督教神学中。有学者说，没有新柏拉图主义就没有基督教神学，可以说这点基本上是成立的，但我们不能反过来说"没有基督教神学就没有柏拉图主义"，也不能像尼采那样将两者捆绑起来进行批判。经过了基督教洗礼的古代思想世界将非基督教的柏拉图主义称为"异端"，而尊基督教柏拉图主义为正统，典型的如奥古斯丁神学。直到今天，学界还是有人称当时非基督教的柏拉图主义传统为"异端新柏拉图主义"(pagan Neoplatonism)，[①]这是混淆是非的做法，基督教柏拉图主义分明只是受新柏拉图主义影响的理论产物，它不可能与新柏拉图主义平行并列为一种"正统的"柏拉图主义，而批评新柏拉图主义为"异端"，即便是方便起见，在学术讨论中也不应该将非基督教的统统称为"异端"。因为异端是对某种人群或宗教派别的分类，而非思想分类，比如波斐利等人批评基

---

① Eyjólfur Emilsson, 2015.

督教，在于其不讲逻辑、宣扬暴力和荒谬的反自然的事迹，还有对神的理解等，而没有简单地因人分群或因教派不同而判断，批判的基础在于思想本身。本节旨在简要介绍新柏拉图主义与基督教教义的思想冲突，给大家呈现一个反基督教的柏拉图主义，而非作为基督教思想来源的柏拉图主义。

（一）波斐利的《反基督徒》

　　前文介绍波斐利时唯独没有介绍其宗教思想，其实他对后世影响最大的方面之一就包括宗教批评，严格讲来，他批判的很多内容是宗教与哲学的差别，而不仅仅针对基督教，但就时代环境而言，最好的靶子自然是基督教。

　　波斐利青年时代，正是基督教受迫害运动爆发时，而年长后，他对基督教不可动摇的牢固地位十分反感。波斐利曾听俄里根传讲、研究希伯来圣经，尤其是先知和基督的福音，发现它们缺乏文学性和哲学的成熟。后来服膺于普罗提诺的新柏拉图主义，普罗提诺死后，波斐利从西西里岛返回罗马，他延续了对流行的宗教或迷信的强烈反感，他圈子里的罗马知识分子更喜欢将基督教称为"罗马帝国最致命的传染病"。在题为*Pros Anebo*的作品中，他指出了狂热崇拜的缺陷。然后，他将针对基督教教义的批评写成了一部十五章的著作，这就是被后世称为《反基督徒》(*Kata Christianon*)的著作。他觉得，《圣经》完全就是一本神话故事、一场骗局，它没有任何可取之处。他的工作很受欢迎，直到公元311年，加莱里乌斯颁布诏书，这项工作马上被定为破坏国教，该行为于公元448年受到谴责，当时所存副本全部被烧毁。现今我们能见到的著作都是来自保存在基督教神学家如优西比乌和阿波里拿留(Apollinarius)对此进行驳斥的文章中残存的片段。基督教会在448年下令抹去《反基督徒》所有痕迹的努力非常成功。不仅波斐利的著作被毁，许多记录基督教作者与波斐利进行争辩的著作的相关部分也被烧毁。这是为了消除那位批评家、主教阿波里拿留所说的"波斐利思想的毒害",阿波里拿留对波斐利的回应总计30卷,这是我们今天了解其批判的主要来源。[①]

波斐利的批评主要针对其中反人伦、反自然、反理性的部分,比如他反对基督教教义中宣扬的父子、家庭关系,因为他认为基督教将维系家庭根本的血缘关系彻底斩断,让血缘上的"父"与"子"分离,并宣说"天父"才是真正的父亲,把家庭的范围扩大到无限宽广,以至于取消家庭,家庭的动荡势必会对城邦造成影响。他批评说:"事实证明,基督只是一个凡人,他声称与他的信徒们有血缘关系,却拒绝承认与他亲生家庭之间的关系。显然,比起母亲和兄弟,基督更愿意与他的追随者们在一起。"[②]他反对神迹,即反自然的奇迹:"基督是否以同样的方式(他无法把恶魔从他的领地中驱逐)将他们——也就是那不洁的野兽送到他能送出的最远的地方?如果是这样,那他的确是做了一件神乎其神、不可思议的事情,这值得称道。但这也会让人对他的[神圣]能力产生质疑。"[③]他还说:"自然法由上帝创立核准,这么多年来就其本质而言没有任何变化,所以它没有被它的设计者[上帝]推翻。自然法也不会被废除,因为它并不是凡人为了自己有限的目的而创建的法律。有人认为所有人[人类]死去之后都会复活,这种想法非常荒谬;[上帝]让[耶稣]复活三天前死去的人挥着手从墓中起来,并且那些像普里阿摩斯和内斯特一样生活在一千年前的人,也会在人类重获新生的时候与那些活着的人生活在一起。"[④]这是说复活教义是反自然的,而自然是神确立的,没有理由违背。

---

① 参看四川大学2016年硕士毕业论文,虞思维,《波斐利〈反基督徒〉翻译与研究》。

② Apocrit. II.7–II.12, 据*Porphyry's Against the Christians*, edited and translated with an introduction and Epilogue by R. Joseph Hoffmann, Oxford University , 1994.

③ Apocrit. III.1–III.6, 同上。

④ Apocrit. IV.24, 同上。

此外,他捍卫古希腊的"自由"观念和依据"理性"进行判断的传统,他说:

> 为什么保罗会说"我是自由的,但我甘心做了众人的仆人,为了赢得众人"?[《哥林多前书》9:19]虽然他称割礼为"肉刑",但他仍然为一位名叫提摩太(Timothy)的人行了割礼,正如《使徒行传》[16:3]中向我们提到的那样。啊!这一切简直太愚蠢了!这样的场景应当出现在戏剧中,用来逗人发笑。变戏法的人会圆满地完成这样的表演。所以,**一个自由的人怎么会成为众人的仆人**呢?
>
> 而一个如此依赖他人的人,又要怎样才能得到些东西呢?如果他是一名无法无天的罪犯,与犹太人在一起时就表现得像个犹太人,跟其他人在一起时也讨好对方,那么他的奴性就会使他的本性堕落,他永远也无法自由。实际上他就是一个奴隶,纵容他人的不道德行为;如果他总是为那些无法无天的人服务,或者认同并仿效他们的行为,那么他也算是助纣为虐。
>
> **这些不是一个健全的心灵能够给出的教义。这是有损理性的[教义]。这些话语的确会让人想到精神脆弱且推理能力不足之人。**如果有个人生活在一群穷凶极恶之徒中间,但他敞开心扉接受了犹太人的宗教,他从每个犹太人那里接受一部分的教义[姑且这样说],那么他会被这些"部分"弄得混乱不堪。他分有了他们各自最严重的缺点,从而把他自己变成了所有人的同伴。①

可见波斐利对基督教中与希腊思想冲突的部分非常不满,新

---

① Apocrit. III.30–III.36,同上。

柏拉图主义即便是最神秘的部分，也只是相信与太一合一，但没有任何神迹和反自然的想法，思考问题更是完全依据理性，"太一"只是形而上学思考的结果或目标。此外，他没法理解基督徒对神的想法，他清楚自己信奉的希腊神学并非世俗中百姓们信奉的雕像，但也反对任何超人的神迹作为证成某种神学的手段："虽然希腊人中也有人非常愚蠢地认为诸神就居住在塑像当中，可就算如此，他的想法也要比那相信'神进入到处女玛利亚的子宫里，变成了她尚未出世的儿子，然后他出生，被襁褓裹着[逃离]去到那充满鲜血和痛苦之地'等等其他观点的人明智多了。"①

（二）普罗克洛的《反基督徒》和菲洛泡努斯的回应

　　要梳理普罗克洛反基督教的思想，必须先交代一个人，他叫约翰·菲洛泡努斯（John Philoponus, Ἰωάννης ὁ Φιλόπονος，公元490–570年），也被称为文法家约翰或亚历山大里亚的约翰，他是著名的语法学家、亚里士多德评注者和基督教神学家。他早年从学于亚历山大里亚，成为普罗克洛的弟子阿摩尼乌斯（Ammonius Hermiae）的弟子和助手，他逐渐形成了对亚里士多德著作中的动力学理论的批评，他认为一个事物运动是因为有推动者给予的动力，而停下来是因为动力用完了，这就成为现代惯性理论的源头。他对亚里士多德的批评非常激进，与传统观点很难相容，因而在当时并未产生很大影响。

　　他影响较大的是对新柏拉图主义者批评基督教思想的回应，他选择的方式是反过来批评新柏拉图主义的某些教义，从而维护基督教正统教义。在这方面，最重要的著作是写于柏拉图学园被迫关闭的529年，题名《就世界永恒性问题反普罗克洛》（De aeternitate mundi contra Proclum），其中批评了柏拉图主义的永恒

---

① Apocrit. IV.20–IV.23, 同上。

世界的观点,因为普罗克洛之前在《蒂迈欧》评注,特别是《论世界的永恒性:反基督徒》(18个论证)中对世界永恒性做出了系统辩护,批评基督教的创世学说,反对基督教的自然观和神学,从而守护柏拉图主义观点。

在《就世界永恒性问题反普罗克洛》中保留了普罗克洛对世界永恒问题的18个论证,同时菲洛泡努斯进行了详细的有针对性的逐条辩驳,菲洛泡努斯与只依据基督教教义进行批判的人不同,他从柏拉图哲学框架内进行了批判,而没有简单诉诸宗教或《圣经》权威,他有针对性地进行了逐条辩驳。①

简要来讲,普罗克洛论证世界(宇宙)永恒性的18个论证是:

1. 第一个证明他说,我们用来表明世界之永恒性的第一条论证,蕴含在造物主的慷慨之中。如果造物者——如我们歌颂他的一样——仅凭借自己的慷慨创造这个世界,那么他就会使它永恒。

2. 第二个证明,如果世界的样式是永恒的,而且这个样式的本质就是作为一个样式,那么其力量并非偶然拥有,而是在其自身之中。也即是说,它就其本性而言就是样式,由于它的本性之中就蕴含了永恒,那么似可断言,它永恒地是样式。如果样式永远表现为如此,那么就也存在着一个永恒的副本,因为样式与副本始终相对存在。

3. 第三个证明,如果创造者是某物的创造者,那么他要么就始终是一位现实的创造者,要么就(仅仅)是在某些时刻的一位潜能的创造者,(且)并不是始终进行创造。因此,如果说造物者将变成一个现实的创造者,就意味着他原先是一个潜能的创造者,存在着另一个现实的创造者,将原先那个潜能的创造者变为现实的造物者。

_____

① Christian Wildberg, 2007.

4. 第四个论证,如果生成者是不动的,不变的,那么它就仅仅依靠存在而生成,而无需从生成的状态变为不生成,或者从生成的状态变为生成;如果它曾经做过类似的转变,那么它就经历了变化——从一种状态到另一种状态的转变——而如果它经历了变化,那么它就不再是不动的了。

5. 第五个论证,如果时间与天同在,天与时间同在,那么没有时间就不会有天,没有天也没有时间。因此,天,就像时间,是始终存在的,天与时间同时诞生,它们的生成不在时间之前亦不在时间之后,而恰如[柏拉图]所说,它们最初存在、存在,以及将来的存在都与时间共存。

6. 第六个论证,如果造物者仅凭自身将世界组合在一起,那么他也可以仅凭自身将其分解。但是造物者不会将世界分解。因此,这个世界不可能会分崩离析;因为除了它的创造者之外,再无他人可以将它分开,而创造它的人也不会这么做,因为"只有恶的存在会希望将这个被妥善地组合到一起的世界分解开"。所以,他或是没有将世界妥善地组合到一起,因而不能称作一个杰出的创造者;而如果他的确妥善地将世界组合,他就断不会再将世界分解,除非他变得邪恶,而这是不可能发生的。因此,世界是不会分解的。所以说,它是不灭的。而如果它是不灭的,它就是非生成的;"因为一切生成的事物,都是有毁灭的。"

7. 第七个论证,如果宇宙灵魂是非生成且不灭的,那么这个世界也是非生成且不灭的。而灵魂始终作为运动的源头,且不可能不作为运动的源头(因为就其本质而言,它是自我推动的,因此它是运动的源头),除非,唯有当它不是运动的源头时,宇宙才可能是在它之前或在它之后而存在的。但是,灵魂却实实在在是自我推动、非生成同时又不灭的。因此,宇宙本身也是非生成和不灭的。

8. 第八个论证,如果一切有朽的事物,其毁灭的原因都是由于某个外在于它的事物对其造成影响；而宇宙包涵了一切事物，所以宇宙之外没有任何事物，它也不会遭受毁灭或变成其他样态。因此宇宙是不灭的。

9. 第九个论证，一切可摧毁之物因其自身之恶而被毁，而非自身之善或中性事物，任何中性之物就既不会有害也不会有益，既不会摧毁也不会保存。那么，如果宇宙是有朽的，它就将是因其自身的恶而遭到毁灭。但是他(柏拉图)说过，宇宙是一位受保佑的神灵，另外其他的神灵也是如此(受到庇佑)，并且根据那种说法，整个神灵一族，都免于邪恶，因此也都免于变化。因此，宇宙由于免于邪恶——因为它也是一位神——所以永不会被毁灭。

10. 第十个论证，组成宇宙的几种元素，凡在其原本的位置，要么就保持不动(水、土、气)，要么就进行圆周运动(火)。除非它们脱离了自己原本的位置，才会进行线性运动，以求回到自己原先的位置。所以，如果说宇宙的诸元素仅有静止与圆周两种运动方式，而且，对于静止的，它们是在自己自然的位置上、自然的状态下保持不动；而对于做圆周运动的，这一运动则是既无开端，又无终点的。那么，显然可见，宇宙本身也是不变的，因为宇宙中一部分事物保持在其初始位置，而另一些事物则进行着无起始亦无终点的运动。

11. 第十一个论证，他(柏拉图)说过，在任何情况下物质都是"为了某个原因"而存在的，因为它是(据柏拉图所说)生成之容器，而所谓"为了某个原因"的物质，其存在的唯一目的就是进行生成。那么，如果物质是从无中生有的，它就只是偶然地"为了某个原因"而存在了，同时生成之物也是偶然地拥有了物质。但是凡因偶然而存在的事物无一是必然的；如此则遑论创造本身具有任何确定性。

12. 第十二个论证，凡生成之物，都要求物质与创造者。因此，如果一个生成物不是始终存在的，而仅仅是在一个时期内存在,要么是因为物质不满足条件,要么就是因为其创造者没有能力创造它,或者两个原因兼有。因此,如果说宇宙从前不存在,或者之后会不复存在,那么它就会陷入这种困境,即其原因要么归咎于宇宙的物质,要么归咎于宇宙的创造者。·

13. 第十三个论证,天体是出于其自然而进行圆周运动。但是,假如天体是自然地拥有这种运动,我们就必须说,上行运动或下行运动都与之不合宜,而这些运动是那些地上元素的运动。所以说,天体一定比那些进行直线运动的躯体更为优越。因此,天体既不是火,也不是土,也不是什么二者之间的中介物质;它既不轻,也不重,因为进行下行运动的身体是重的,而进行上行运动的身体是轻的。但是,如果它不是这些元素中的一种,而是其他的种类,那么身体就自然地会做圆周运动。那么,如果生成与毁灭属于相互对立的事物,而这类对立中也囊括自然的运动之对立,且如果一物与另一物相对立(柏拉图在《普罗泰戈拉》中表明了这一点),如果一类事物是生成的且会毁灭的,那么天体就是非生成且不会毁灭的。

14. 第十四个论证,诸工匠(指诸神)对于自己被分得的创造任务,要么亲自创造所需的质料;要么他就利用那些已经存在的质料,使其可以为生产产品所用。而他(工匠神)创造了作为生成之载体的物质,但印记(形式)是非生成的,且它们所拥有的秩序也是非生成的,且这二者之间并没有谁先于谁存在。

15. 第十五个论证,宇宙是仿照"永恒性"而创造的,因而具有"永续性",这种永续性指的是在无限的时间及不定的时间方位中存在,而不包含时间方位中的起点抑或终点。

16. 第十六个论证,如果(A)创造者表现出两种意志——一种意志中,无物以"不和谐、无序运动"的方式存在(如柏拉图所说的"因为希望没有恶存在,所以造物者将无序变为有序"),而另一种意志中,宇宙被组合在一起("你们获得了我的意志，"他说，"你们诞生之时维系你们的纽带将会愈来愈强，你们永不会分崩离析"）；以及(B)这两种意志都因其存在本身而"产生效力"——一个使得没有无秩序之物存在，而另一个使得秩序得以保存——那么接下来就有三种情况(1)这两个意志都始终存在于造物者，或者(2)二者都在某一时间内存在于他，又或者(3)其中一个始终存在于他，而另一个则有时存在于他。但是，如果说他只是"有时"意欲谋事[即假设(2)与(3)的情况]显然是错的。

17. 第十七个论证，"凡是生成的皆可毁灭"以及"凡是非生成的皆是不朽"。通过这两条前提可以证明，宇宙既不是生成的，也不是可摧毁的。

18. 第十八个论证，对于最为神圣的事物，唯有"保持同一"与"不变"最为合宜，而如果造物主当属万物之间最为神圣的事物，所以对他而言，唯有"保持同一"与"不变"最为合宜。而对于那些始终不变并保持同一之事物而言，它们也决不会因时间不同而有所不同。所以它也不会一时不进行创造，而一时进行创造，亦不会一时进行创造，一时又不进行创造。那么它一定是要么始终进行创造，要么就是始终都不创造。①

菲洛泡努斯在其反驳的著作中首先是引述普罗克洛的观点，然后总结出其中的要点和推论逻辑，最后是逐条反驳。只看上面论证的简单表达，我们也许会一头雾水，但具体到菲洛泡努斯对普罗克洛的逐条批评和详细引述，我们会发现，从普罗克洛的论证看，他是将基督教看作一种新的但也是错误的宇宙论来加以批

---

① 菲洛泡努斯，《反普罗克洛》1—18卷，据Michael Share, 2004、2005、2010和James Wilberding, 2006译注本。这里只截取了论证的一部分，详细的论述请参看原文和译本，中译参陈宁馨未刊译文。

驳，有针对性地为柏拉图主义辩护，同时也推进柏拉图主义宇宙论和物理学的完善，而基督教中的启示宗教、原罪理论等的内容并未被纳入到理性讨论中来，这也是其可能冲突的重要原因，但两人争论的点总体上还是限制在理性讨论范围内。菲洛泡努斯强调基督教的创世论更合理，上帝从"无中生有"(creatio ex nihilo)(卷9、10集中讨论)，他也是努力用理性的分析解释基督教宇宙论的合理性，因此我们看到了柏拉图主义理性精神对基督教神学的影响，但也会看到柏拉图主义坚持其自身认定的宇宙论、物理学来反抗基督教意识形态干扰的思想努力。

此外，菲洛泡努斯还撰写过《就世界永恒性问题反亚里士多德》(De aeternitate mundi contra Aristotelem)，也是为基督教创世学说辩护之作，他认为宇宙是唯一神创作之物，天和地有同样的物理性质，而星辰等都非神圣。据此他和辛普里丘一样，质疑亚里士多德的动力学和宇宙论思想，他认为运动可以在真空中发生，事物下落的速度不取决于其质量大小。他认为是上帝创造了一切物质，让其具有各自的性质，自然法让事物从混沌演化到有序，最终形成目前的宇宙状态，很多这类思想都启发了现代科学。菲洛泡努斯对永恒世界的批评影响了中世纪阿奎那、博纳文图拉直到文艺复兴的皮科和伽利略，可谓影响深远，普罗克洛与他的争论也伴随着其著作保留了下来。

因此，虽然菲洛泡努斯为基督教辩护，但是其针对柏拉图主义宇宙论和物理学理论的批评，却是较为理性和客观的，是具备理性精神的。只不过他要辩护的对象中，其他很多问题并未就此得到豁免，新柏拉图主义对基督宗教的批判并未得到全面回应。在此只需要说明，在柏拉图主义和基督教的思想碰撞中，的确有基督教对柏拉图主义的吸收改造，但也不能忽略柏拉图主义和基督教的本质不同，而这种不同被忽略之后带来的理论后果未必不严重。现代人就此对于柏拉图主义的批判也颇有可商榷之处。

（三）奥林匹奥多罗斯对基督教的"软化"态度

虽然柏拉图主义内部大多数理论家都在教义上有所坚持，即便不与基督教正面冲突，也不会无原则退让，但是也有些晚期新柏拉图主义者采取了软化的态度，对待基督教时更加圆滑，颇有明哲保身的嫌疑。据说，这类人中的代表是奥林匹奥多罗斯，比如他在《高尔吉亚》、《克拉底鲁》等评注中都认为诸神只是寓意解释，其实指的是理智或唯一神等。他有时甚至运用基督教的术语，但是细致考察后会发现，其实他只是将基督教义当作与荷马神话类似的寓言来解读，他要发掘的是其表面的神话之下的道理，运用的方式是理性思考，其对与古希腊神话诸神传统和基督教神话的一视同仁，给人以软化和圆滑的错觉。①

实际上，他要做的是一个哲学家的本分，即探究事理，他发现了诸多宗教神话和哲学中同样的道理，并非在所有方面一味调和诸多思想，因此不能说他对基督教思想"软化"了，而应该说他坚持了哲学家探究事理的方法论态度，一视同仁地考察作为一种理论体系的基督教，发掘其中合理的部分，而不关心世俗意义上哪个思想势力占上风，或更能掌握群众，何况柏拉图主义者向来不重视掌握群众，从柏拉图开始就不信任大众的认知能力和理性在灵魂中的统治能力。②

总而言之，新柏拉图主义成为古代柏拉图主义发展的成熟样态，学园、中期柏拉图到新柏拉图主义形成了较为连贯的问题意识和理论体系，之后或同时代的影响则不能算作严格的柏拉图主义传统，而只能说是柏拉图主义的诸多影响，从教父时代到中世纪，包括拜占庭的和阿拉伯的柏拉图主义，再到18世纪剑桥柏拉图主义，都是在基督教神学影响之下的理论调和，柏拉图主义没有再以独立的理论形态成就过思想大家或哲学家。

---

① 详参Michael Griffin, 2015a, 第一章。
② 参看柏拉图《理想国》中的大量暗示。

二、基督教对柏拉图主义的接受

引言

正如著名德国神学家潘能伯格所言：

> 在基督教神学产生和最初发展的时代里，没有任何一种古代哲学像柏拉图主义那样深刻地影响了它。在这方面，仅仅说柏拉图主义思想对基督教的"影响"是不够的。毋宁说，这涉及一个创造性地接受和同化的过程，这一过程对于柏拉图主义思想对基督教特殊的"影响史"来说是决定性的。①

但同时他也明确指出，公元2世纪以来的柏拉图复兴，即中期柏拉图主义及之后的思想发展，离开基督教的宣讲，是不可设想的。②此言不虚。基督教自产生以来，在自身理论建设方面很大程度上借鉴了柏拉图和柏拉图主义的思想，也促成了雅典和耶路撒冷之间的很多永恒争论。但就问题相互影响而言，柏拉图主义离开基督教的教义预设，仍然可以设想其独立发展，而基督教离开柏拉图主义理论的辩护，至少在古代世界，是无法想象的，也几乎不存在一套独立于柏拉图主义哲学的神学传统。因此，我们这里重点看的不是基督教对柏拉图主义的影响，这些影响往往就在基督教神学内部产生和讨论，其对柏拉图主义关于信仰思考的刺激有待进一步深入研究。③在此，要重点讨论的是作为柏拉图主义影响下基督教的理论努力，在多大程度上继承了那些希腊哲学问题，又

---

① 潘能伯格，2013，第34页。
② 同上，第35页。
③ 国内已有章雪富先生的多部著作研究教父柏拉图主义，最近还有陈越骅（2014）和吴功青（2017）的相关研究问世，奥古斯丁的研究则更加丰富多样，也包含了关于他与柏拉图主义关系的专门研究，加上大量论文，都表明在基督教对柏拉图学说的容摄和改造方面得到了较为充分的研究。

在多大程度上沿着其应有的思路推进。

由于我们讲述的是柏拉图主义之于基督教，因此我们将时间下限定在晚期柏拉图主义代表人物奥林匹奥多罗斯去世的公元570年。生活在此前的基督教神学家都在此讨论范围，其中最重要的是希腊教父哲学，特别是俄里根(基督徒)以及奥古斯丁，最后是波爱修。① 由于涉及人物众多，国内相关领域已经有了很多优秀成果，因此我们这里只是分论题，来扼要引述基督教对柏拉图主义思想接受的一些原典文献，以便读者感受其思想的内在关联。

（一）形而上学：三位一体上帝观、逻各斯基督论与神的智性

本原学说是柏拉图主义形而上学的主要学说，在基督教思想家的接受中占重要地位，对基督教而言，将上帝与第一原理对应比较好处理，特别是关于神之唯一性这点上，两者很好协调，有些教父神学家认为希腊哲人与基督教说的神都是唯一的，比如，阿萨纳戈拉斯在《为基督徒呼吁》第6章"哲学家们关于一神的意见"中，逐一列举了毕达哥拉斯主义、柏拉图和亚里士多德，来讲其"神"与基督教之神的关系。他说：

> 菲洛劳斯(Philolaus)也曾谈到，万物都包含在神之中，就像在一个堡垒中一样。他教导说，神只有一个，而且高于物质。利西斯(Lysis)和奥浦西姆斯(Opsimus)这样定义神：一个说，他是不可言说的数字，另一个说，他是最大的数比与它最近的数所多的数。因此，由于毕达哥拉斯说10是最大的数字，而且是个"四数组"，其中包含了算术的与和声的所有原则，而

---

① 主要代表人物有：查士丁、阿萨纳戈拉斯、塔提安、提奥菲勒、伊里奈乌、俄里根、克莱门、德尔图良、拉克坦修、阿塔那修、纳西昂的格里高利、尼撒的格里高利、大巴西尔、奥古斯丁、波爱修。

9是其次的一个数。神就是一个单位，即1，因为最大的数比其次的数多1。还有柏拉图和亚里士多德。但我并不是要把所有说过上帝的哲学家都过一遍，好像我要完整地总结他们的意见一样。因为我知道，就像你们在智力上和统治权上超越所有人一样，同样，你们因为比别人都更精确地熟悉所有学问，在各个分支上都有修养，比那些完全献身于专一分支的人们更成功。但是，因为我如果不提名字，就不可能证明，并非只有我们才将上帝这一观念界定为唯一性，所以我试图列举出不同的意见。而柏拉图说："找到万物的父和制造者不容易，找到他之后，再向所有的人宣布他，也不可能。"①他想到的，就是一个不被创造的永恒上帝。而当他在承认别的神的时候，比如日、月、星辰，还是把他们当成被造的："诸神、诸神的子孙，都是我制造的，我是万物的父，如果不是因为我的意志，万物都不会分解；但凡是复合的事物，都是可分解的。"②因此，柏拉图认为只有一个不被创造的上帝，即宇宙的构造者，如果他不是无神论，我们也不是无神论，因为我们承认并坚定地认为，那通过圣言构造了万物、靠了圣灵使万物存在的，就是上帝。另外，亚里士多德和他的追随者们，认识到有一个神的存在，是一种复合的生物，当谈到上帝时，好像他是由灵魂和身体组成的，认为他的身体是以太的空间、行星、恒星带，做圆周运动。而他的灵魂，则是控制着身体的运动的理性，自身不会运动，并是其他事物运动的原因。还有斯多亚派，虽然他们用带有物质运动的名称来称呼神，说物质中渗透了神的灵，因而为神增加了很多名字，但是事实上，他们认为神只有一个。……于是，在哲学家们思考宇宙的最初原则时，几乎所有人都承认神的唯一性，哪怕是自己不愿意。而我们

---

① 《蒂迈欧》，28c。
② 《蒂迈欧》，41a。

同样也认可,安排了这个宇宙的就是上帝。①

　　难就难在如何解释具有神人二重性的"耶稣"的地位,顺带还有"圣灵"的问题。俄里根在其《论第一原理》中开篇就论述三位一体学说,②其实是站在柏拉图主义立场上回应斯多亚派宇宙论和神学的新尝试,但三位一体学说中的三者如何为一,的确也成了基督教形而上学的核心问题。在这方面,章雪富先生已经就希腊哲学中的being问题与早期基督教上帝观念,特别是三位一体理论做出过详尽的研究,③他在结论中认为:"早期基督教思想家在塑造三位一体神学的时候,主要采用了希腊哲学的两种资源:柏拉图主义和斯多亚主义。希腊基督教传统主要是受柏拉图主义的影响。从俄里根、阿塔那修到卡帕多西亚教父,他们持续地浸润于中期柏拉图主义和新柏拉图主义的哲学思想之中。他们的三位一体神学也都或'强'或'弱'地具有从属论的特征。如果说他们之间有什么不同,主要是俄里根和卡帕多西亚教父之间的不同,那是柏拉图主义传统之内的不同。卡帕多西亚教父采用新柏拉图主义思想家普罗提诺的本体学说,注意到三本体(太一、理智和灵魂)之间的'一'的关系,不认为在实在性/神性上也有'等级'之分,俄里根所持的则是后一个观点。因此,卡帕多西亚教父把俄里根的有缺陷的三位一体神学推进到规范的程度。卡帕多西亚教父又保留了柏拉图主义和俄里根主义关于三位一体或者说本体论理解的层级模式,把本体/位格之间关系分析视为基督教上帝观的基本进路。他们所塑造的是希腊基督教的内在三一传统。拉丁基督教思想家关于being的解释上要简单得多,然而德尔图良和奥古斯丁之间的关系要复杂些。就德尔图良而言,他是把斯多亚主义的哲

---

① 参见赵敦华、傅乐安主编,《中世纪哲学》,商务出版社,2013年,第17–19页。
② 《中世纪哲学》,第57页以下。
③ 章雪富,2005。

学传统作为基督教上帝观的基础。斯多亚主义与柏拉图主义的主要区别有，它主张以一种历史性的存在方式来理解救赎的模式；柏拉图主义的基本思想是非历史性的，描述的是'内在的人'的灵魂的上升和下降之路。斯多亚主义认为宇宙是大火的周期性燃烧过程，神性实在/神渗透在并且是均质地渗透在四大元素(如果把以太也算为独立的元素，则是五大元素)之中，不是如柏拉图主义那样主张把现实的/现象的世界和实在的世界分离，后者从神圣实在下降/临在来理解救赎的发生。俄里根和卡帕多西亚教父依据的是这种柏拉图主义的思想理念，强调由内在而经世的发动。德尔图良则接受斯多亚主义的解释，把人在历史性宇宙中与上帝的关系看作是上帝显示为位格性存在的基本进路，上帝不是在宇宙之外而是在宇宙之中关联他自身的位格，这就是德尔图良的经世思想。他的三位一体理论完全地接受斯多亚主义的历史观，尽管关于历史本身有不同的看法。德尔图良的历史观是以圣经分旧约、新约和五旬节的不同时段为基础，阐释三个位格在历史中依次与人相遇所显现的存在特征。根据三位格的不同显现模式，德尔图良认为神圣的Being是存在为三个persona的。我们所要特别注意的是，在这个问题上，俄里根和卡帕多西亚教父所主张的就完全不同了，他们认为三位一体思考的是在Being内部的hypostasis。"

而"奥古斯丁在用Being塑造基督教的上帝观时，接受了德尔图良的经世三一模式。他也把Being存在为三个persona作为上帝观的语义学基础，尽管他生活在卡帕多西亚教父之后，然而似乎没有受到希腊基督教的明显影响。奥古斯丁的经世三一与德尔图良的历史主义模式也不是完全相同的，这缘于他使用的哲学基础是新柏拉图主义，是一种不同于卡帕多西亚教父所理解的新柏拉图主义。他使用普罗提诺的心灵哲学，在心灵分析的基础上指出，当我们直观'内在的人'的时候，里面总是'同时呈现''同等神性'的三个形像，如记忆、意志和理解，或者心灵、知和爱。他用这个'同等性''同时性'解释'本质同一'，把圣灵看作是呈现本质同一关系的位格。在这一点上，奥古斯丁又回到了德尔图良的经世，后者也曾有相关的论述。循着关于希腊Being的这样两种不同理解，早期基督教思想家塑造了基督教上帝观的两种典范。一种是以卡帕多西亚教父为代表的，学者通常称作为'卡帕多西亚的解决之道'。近年来，西方学者关于基督教上帝观的经典研究都是在这个领域里取得的。卡帕多西亚教父所要面对的问题来自于俄里根主义内部的挑战：以hypostasis为中心的三位一体上帝如何可能不被理解为是'三神论'？一个以内在三一为主张的基督教上帝观能否及如何从其自身的内在性中开出'经世'的运动，并且不是以柏拉图主义的相/理念决定现象和拯救现象的模式？在后一个问题上，如果采用柏拉图主义的观点，就会使内在三一和经世三一成为两种三一，而不是一种三一。在这个问题上，我认为我作了或许是全书中最具创造性的分析，就是指出卡帕多西亚教父以koinonia为中心理解ousia和hypostasis的关系。"[1]总体上，我们赞同这个结论，因为当时基督教面对的是一个有历史维度的问题，而柏拉图主义总体上和其他形而上学传统一样，都是超历史的，主要关注一种精神构造的排序，基督教的难题在于如何将历史问题嵌入到非时间性的形而上学思想构造中，章先生的构想本身是在沿着这个思路帮助基督教思想内部进行理论上的证成，同时也是在柏拉图主义与历史性的结合方面进行的思想努力。

　　除了三位一体上帝观构架下的形而上学问题外，还有一个很重要的方面，就是上帝与逻各斯的关系，或者上帝与努斯（理智）的关系，这决定着基督教上帝的根本属性，特别是不同于犹太人格神传统的属性，也是两希交融的成果。在这方面，章雪富先生也有专门研究的著作，其中主要研究了亚历山大学派的逻各斯基督论。[2]其实更早些的希腊教父们已经开始关注这些问题，比如雅典

---

[1] 章雪富，2005，第568–570页。
[2] 章雪富，2012（第二版）。

的阿萨纳戈拉斯(Athenagoras, Ἀθηναγόρας ὁ Ἀθηναῖος, 公元133–190年)在其《为基督徒呼吁》中说，"我们关于圣父和圣子的思考方式和他们不同。而上帝的子就是圣父的言(Logos)，无论就观念说还是就行为说。因为万物都是按照他的模式、由他制造的，圣父和圣子是一个。圣子在父之中，圣父在子之中，就属灵的同一性和权能而言，圣父的理智和理性(nous kai logos)就是圣子。"[1]而这样的想法有更早的来源，特别是中期柏拉图主义时期的斐洛，虽然狄龙认为斐洛的逻各斯基督论更是在斯多亚派的逻各斯意义上说的，[2]而《新约·约翰福音》中的逻各斯也是混杂了斯多亚思想和柏拉图主义的思想，它是总的生产性的理性原理，先于物理世界，并赋予其形式，这方面讲它是斯多亚式的，但它又是神本身、是非物质和超越的，这点上又属于柏拉图主义。[3]关于逻各斯，在普罗提诺之前，最受重视的是普鲁塔克的《论埃及神学与哲学》和阿尔基努斯《柏拉图教义旨归》，而逻各斯在形而上学中的位置，还可以追溯柏拉图《蒂迈欧》里的工匠神德穆格和宇宙灵魂等学说。

总体上讲，基督教认为上帝并非"非理智"的，或者说"纯启示性"的，这是希腊哲学特别是柏拉图主义的遗产，奥古斯丁(Aurelius Augustinus, 公元354年11月13日–430年8月28日)在这方面是典型的代表。他在《论自我决断》卷二中说：

> 奥：所以，凡是不仅存在而且还有生命，但无理解的自然物如动物的灵性(anima)，同那种既无生命又无理解，而只是存在的自然物如无灵性的物体相比，则前者为高级。进而言之，既存在又有生命并又有理解的自然物，如人的理性心灵(mens

---

[1] 《中世纪哲学》，第22页。
[2] John Dillon, 1997, VIII.3.
[3] 同上。

rationalis），则尤为高级了。你是否设想过，在我们身上，即在组成我们之所以为人的本性中，还能找到什么比我们上述第三种更为高级的东西吗？第一，我们有身体，这是显而易见的。第二，我们有身体借以生活和生长的生命，这两种，我们知道动物也有。至于第三种，我们灵魂的头脑或灵魂的眼睛——只要能合适地表达理性和理智(intelligentia)的性质，不拘用什么名称——动物是没有的。请问，你还能找到比人的理性更高级的东西吗？

埃：我看，决没有什么更高级的东西了。

奥：如果我们找到某种东西，不管它是什么，你不怀疑它不仅存在，而且比我们的理智更高贵，你能怀疑称它为上帝吗？埃：如果我找出比我的本性的最好的部分更好的东西，我未必就要称它为上帝。因为我乐意称之为上帝的，不仅高于理性，而且高于一切。……我们从何得知一切数目都遵循着这颠扑不破的原理呢？数目是数不胜数的，靠感官是无法知道所有数目的。如果不依靠感官一无所知的内在之光(lux interior)，我们能认识这原理适用于一切数目吗？靠一些想象或印象能如此坚信在这无穷无尽的数目中存在着这颠扑不破的真理吗？上帝早已把才能赐给探讨者，凡不是由于顽固而糊涂的人，看到这么多的证据，就不得不承认数的原理和真理；它与身体的感官无关，它确凿无疑而颠扑不破；在一切有理性的人看来，它是有目共睹的。还有许多东西，在有理性的人看来，几乎也是众所周知的；各人凭自己的心灵和理性(mens et ratio)是可以认识它们的，但它们自身仍然是持久不变和牢不可破的。不过，我并非不愿意你在回答我的问题时，首先想到这最重要的数的原理和真理。须知《圣经》中把数和智慧联在一起不是毫无根据的，它这样等着：我一心一意想知道、想考察、想寻找智慧和数。

……

奥：你曾同意，如果我能证明存在着一种比我们的心灵更为卓越的东西，而且再也没有什么能同他比高低，那么你就承认他就是上帝。我说过，只要你承认我做的这种说明就够了。的确，如果和真理相比还有什么更高级的东西，那么它就是上帝。如果没有，则真理本身就是上帝。所以，无论如何，上帝存在你是不可能否认的。这就是我们要探讨和辩论的问题。如果你对我们信仰的基督神圣教导有所感动而承认他是智慧之父，你也会记起我们信仰的永恒之父同其所产生的智慧是相等的。如今你不该有所疑问，而且应当坚信不疑。事实上，上帝存在着，而且真实地、无与伦比地存在着。我认为，我们不仅早已毫无怀疑地相信，而且拥有确切的知识，哪怕它迄今是十分脆弱的。这就足以回答我们所要讨论的问题，并使我们从而可以解释与之相关的其他事情。你还有什么反对意见要提吗？

埃：尽管我无法用言语向你表述，但是我绝对相信，我满怀喜悦地接受，并宣布这是千真万确的。我从心底里呼喊，希望真理能听到，并且愿意服从真理，不仅承认它是善，而且是至善和福祉。[①]

在这里，奥古斯丁将理智、理性作为思考阶梯，区分了物种，也区分了存在等级，推论出形而上学回溯的终点：真理或超越真理者，即至为超越者，名之曰上帝，以此来证明上帝存在，期间还运用数学知识作为理性思考的典型例子，这样的思路与柏拉图主义的思路一脉相承。最终被说服者在确认真理和至善的基础上，增加了福祉，也即因为形而上学的信念而可能获得的终极回报。这种福祉可以解释为亚里士多德式的沉思之为最高幸福，也可以解释为普罗提诺式的回归太一的至高幸福，还可以解释为在天堂或

---

① 《中世纪哲学》，第289–381页。

世间的福祉。因此,既可以是柏拉图主义的,也可以是符合基督教教义的。

(二)神学:像神一样

自从柏拉图《泰阿泰德》176b提出"要尽可能变得与神相似,变得与神相似也就是带着智慧而变得正义和圣洁"①之后,"与神相似"逐渐成了柏拉图主义标志性的神学口号,而这点也被基督教有限度地吸纳了,因为毕竟与其人"是上帝的肖像"的宗教思想有关。而比较特别的是,奥古斯丁重视的灵魂回家之旅,与普罗提诺灵魂回归太一,有着密切关联,②以及灵魂与太一融合,之于人与上帝融合。比如奥古斯丁《忏悔录》第29章"盼与主相融",他说:"'你的慈爱比生命更好。'我的生命不过是一段延续(distentio),'你的右手扶持我',把我置于我的主,那作为中保的人子之中,他介乎你和我们之间:你是纯一(unum),而我们芸芸众生则因为世事纷繁而陷于各式各样的生活中。使我'得着基督耶稣所以得着我的',使我摆脱我的过去,追随你的纯一:'忘记背后',不为将来而将逝的一切所束缚,而是'努力面前的';不分心旁骛(distentus),而是专心致志(extentus);不要分散(distentio),而是要集中注意力(intentio)。'要得从上面召我来得的奖赏',那时我将听到'称谢的声音',瞻仰你无来亦无往的快乐。但是现在,'我的年岁为叹息所旷废',而你,我的主,我永恒的父,是我唯一的安慰;但我却在时间中碎裂,这时间的秩序是我所不明了的,而我的思想、我的灵魂的最深之处,为每一个喧嚣所撕裂,直到那一天,当我为你的爱火所净化、冶炼,完全地与你相融。"③

这里面的合一,是通过取消时间,进入永恒来达成的,与普罗

---

① 《泰阿泰德》,詹文杰译本。
② 参见陈越骅,2014,第88页以下。关于奥古斯丁与普罗提诺思想的更多关联,该书做出了详尽的分析。
③ 《中世纪哲学》,第263–264页。

提诺的"永恒与时间"的学说相契合,普罗提诺说,"我们必须回到前面所说的存在于永恒中的那种特点,回到宁静的生命,那是单一的整体,无拘无束,完全没有一点偏离,栖息在永恒之中,指向永恒。那时,时间还未存在,至少对那个世界的存在者来说还不存在;我们得靠后来出现之物的形式和本性才能产生时间。"① 人一旦或者就被赋形,就有其各自的本性,因此也在时间的撕裂中,也就具有了历史性或者历时性。这是人的命运,要克服这种命运只有回归永恒,即太一、纯一那里。所以像神一样,就成了与神同一。

不同的是耶稣介于"你和我之间",也表现了基督教自身最特别的一点,即坚持耶稣的神人二重性(虽然也有反复,但最终确立为正统思想),这是柏拉图主义无法认同的,也无法理解耶稣之为救赎和中保的思想。有种可能是将耶稣视为太一和灵魂之间的"理智",但这与其人性相悖,最终还是会成为基督教的"异端"。当然,相较于柏拉图主义,这种观点也是基督教柏拉图主义之于正统柏拉图主义的"异端"。

有趣的是,当阿塔纳修在《论道成肉身》第41节中为基督辩护时,撇开柏拉图主义,运用了斯多亚派的宇宙论思想来为自己证明,只不过证明的是耶稣的肉身性的合理性,以及合乎神性,他说:

　　　1.外邦人嘲笑那绝不可笑的事,但他们自己却没有意识到自己(崇拜)石头和木头的羞耻,不知道自己已成为别人的笑柄,对这样的人,我们实在惊诧莫名。2.既然我们的论证论据充分,我们就当用合理的根据来驳倒他们——主要从我们亲眼所能见的事实来驳斥。我们所说的有什么荒唐可笑,值得讥笑的?我们岂只是说圣言已经成了肉身显现出来吗?这一点,只要他们真的是真理的朋友,必会认为这是真实发生、

---

① 《九章集》,III.7.11。

毫无荒谬可言的事实。3.如果他们否认事实上有神的圣言（Logos），那他们是毫无根据的，是在嘲笑他们所不知道的东西。4.他们若是承认有神的圣言，他是宇宙的统治者，父在他里面造了世界万物，整个造物界借着他的神意得着光、生命和存在，他治理万物，从而，从他神意的作为就可以认识他，并借着他认识父——那么我恳请你们想一想，他们是否在愚蠢地嘲笑自己。5.希腊哲学家说，宇宙是个巨大的身体；这一点没错。因为我们的感官能看见它和它的各个部分。那么，如果神的道在宇宙之中，宇宙是个身体，神的道将自己与宇宙整体及其各个部分联合，既然如此，我们说他已经与人合而为一，这又有什么可稀奇的呢？6.倘若说他成了肉身是荒谬的，那么说他与宇宙整体联合，借着他的神意赐给万物光和运动，也是荒谬的。因为整个宇宙就是一个身体。7.如果可以说他将自己与整个宇宙联合，在整体中显现出来，当然也可以说，他显现在人的身体里，把身体照亮，得以运作。因为人类乃是宇宙整体的一部分，若说把部分拿来作为他的器具教导人知道他的神性是不适当的，那么说他借整个宇宙作为工具显明自己也必是极其荒谬的。[①]

但是这样的与神合一岂不成了斯多亚派的宇宙与人的关系？因此奥古斯丁的选择似乎是一种更为合理而统一的内在主义路线，没有泛神论的危险。

（三）宇宙论与物理学：创世与永恒

在宇宙论和创世学说方面，基督教有自身的强大传统，"无中生有"的传统，我们在讲述反基督教的柏拉图主义时已经提及，这

---

① 《中世纪哲学》，第145–146页。斯多亚派关于宇宙是大动物的思想，参见《希腊哲学史》卷4，第493–501页。

里我们进一步看两者的差异和关联。提奥菲勒在《致奥托莱托》第4章"哲学家们关于上帝的荒谬意见"中逐一批评希腊哲学家，说斯多亚派哲学家说，根本没有上帝；如果有，他们说他也只关心自己；愚蠢的伊壁鸠鲁和克吕西普也发扬了这一说法。还不点名地提到柏拉图主义者，说他们认为万物都不是依照外在的作用产生的，世界不是被创造的，自然是永恒的，还有人说根本就没有神意，认为上帝只是每个人的良知。还有一些认为，渗透在万物之中的灵就是上帝。而柏拉图和他的学派承认上帝不是被造的，是万物的制造者；但是他们又认为，物质和上帝一样，不是被造的，说它们和上帝一样永在。他反驳说，"如果上帝不是被造的，物质也不是被造的，按照柏拉图学派的说法，上帝就不再是万物的创造者了，而按照他们的意见，上帝的君主制也就无法建立了。进一步，因为上帝不是被造的，他也是不可变的；因此，如果物质也不是被造的，那就也是不可变的，和上帝相同；因为凡是被造的都是可动的和可变的，而不被创造的是不动的和不可变的。如果上帝是从已经存在的物质中造了世界，这又算什么大事呢？哪怕是一个人类的匠人，当他从某人那里得到材料时，也会按照自己的喜好来制造。"他强调，"上帝的全能从这里可以显明，他从本来虚无的事物中，制造了自己喜欢的一切；就像赐予生活和运动是只有上帝才有的特权。即使人，也会造出形象来，但是，他不能把理性、呼吸、感觉给予他所造的形象。但上帝却有这种特性，超越了人的能力所做的，主要表现在于，他会赐给他所造的作品以理性、生命、感觉。于是，就像上帝在所有这些方面都比人有力，在下面的一方面也是：他按照自己的喜好，从虚无之中创造着，并已经创造了存在的、他所喜好的事物。"[①]

因此，是否是无中生有成为基督教无法容忍的柏拉图主义学说。虽然也有人试图强调柏拉图承认神制造世界来缓解矛盾，比

---

① 《中世纪哲学》，第41–42页。

如查士丁在其《辩护辞》开篇第59章"柏拉图从摩西学到的内容"中认为,"柏拉图是从我们的导师——我们指的是先知们——那里给出的说法,借来了他的这讲法:上帝改造了杂乱无章的物质,制造了世界。柏拉图听到了上帝通过摩西说的话,而我们前面已表明,摩西是第一个先知,比那些希腊作家都更古老;通过摩西,先知之灵说出了,上帝最先是怎样和从什么物质中造了世界:'起初,神创造天地。地是空虚混沌,渊面黑暗;神的灵运行在水面上。神说:"要有光。"就有了光。'于是,柏拉图与那些同意他的人,还有我们自己,都学到了,你们也可以相信,是靠了上帝的言,整个世界都从那摩西早先说的实体中造了出来。诗人们所谓的'阴间'(erebus),我们知道,摩西早就说过了。"[①]但很明显,他忽视了无中生有的问题及其重要性。

奥古斯丁在这方面用力最巧,《忏悔录》(第11卷第5章)专门讲世界是从虚无中创造出来的,他问道:

> 你怎样创造天地呢?你用什么工具进行如此伟大的工程呢?你不像工匠(artifex),基于灵魂(anima)的决断,按照自己内心之眼所见的形状(species),借助某种物体组成另一种物体。灵魂如果不是你创造的,哪会有这种能力?工匠只是把形式加于业已存在的泥土、石头、木头和金银等诸如此类的物体上。你如果不造出这一切,哪会有这些东西?你给工人创造了一个身体和指挥这身体四肢的心灵(animus);你提供他材料,使他能从中有所创造;提供才能,使他能掌握技艺(ars)并且在内心中看到他在身外的工作;你赐给他身体的感觉,通过感觉他能将他在心灵中的工作翻译转化,应用到材料上去,然后又把完成的工作报告给灵魂,使他内在的心灵能够咨询那主管心灵自身的真理,判断工作的好坏。这一切都在歌颂你

---

① 《中世纪哲学》,第5–6页。

是万物的创造者,可是你怎样创造它们的呢?上帝,你怎样创造天地的呢?当然,你创造的天地,不是在天上,也不是在地上,不是在空中,也不是在水中,因为这些都属于天地。你也不是在宇宙中创造宇宙,因为在创造宇宙之前,还没有创造宇宙的场所。你也不是手拿什么工具去创造天地,因为这种不为你所创造而你借以创造其他事物的工具是从哪里来的呢?哪一件东西不是由于你的存在而存在的?所以,你一言,万物即成。你用你的"道"(Verbum)创造了万物。①

　　也因此,引出了上帝之前上帝在作甚,以及时间的三个维度等重要问题。可见,"无中生有"在奥古斯丁看来是发现俗世时间性和看清上帝永恒性的关键,看清被造者之于永恒的距离,也就是看到得救的希望、可能和必要性。同理,俗世世界不可能永恒,终有毁灭,因此,不同于柏拉图主义的末世论思想也与此相关。

　　此外,奥古斯丁还解答了创造的质料问题,《忏悔录》第12卷第3章中,他认为事实上,地是混沌空虚,是一个莫测的"深渊",它上面没有光,因为它没有任何形状(speties),为此,上帝吩咐写下"深渊上面是一片黑暗"。"所谓黑暗,不就是没有光吗?如果有光,光在哪里?只能从上面发射出来。既然是一片黑暗,就没有光,哪里还存在光呢?由于上面没有光,所以上面一片黑暗,一如哪里没有声音,那里就一片寂静那样。既然一片寂静,岂不是没有声音?主啊!你不是曾教导我的灵魂向你承认这一点吗?你不是曾教导我,在你组织和区分这无形的质料(informis materia)之前,它什么也不是,既无颜色又无形态,既不是物体又不是精神吗?但绝对不是虚无,而是没有任何特定形状的无形性(informitas)。"②这里的无形式的质料本身就借用了柏拉图主义的思想,这让我们

---

① 《中世纪哲学》,第239–240页。
② 同上,第265页。

想起了普罗提诺以来的，或者说柏拉图以来的，作为完全地形象或形式的缺乏的物质或质料，即有待被赋形物。正如前文提到的，普罗提诺认为灵魂产生物质，是说物质接受了灵魂的赋形，而成为某种特定的物质，没有赋形过程也不会在时空中存在任何物质。因此上帝在这里成了赋形者，在这个意义上造就一切。但是问题在于，上帝毕竟不是灵魂，一如太一不是灵魂一样，如何能既担任最高原理，又成为创生原理呢？

奥古斯丁在《忏悔录》第12卷第7章中，说上帝从无中创造了天，即天使；上帝从无中创造了地，即无形的原始质料。

> 任何存在不来自你，又来自哪里？一切的一切，只要存在，都来自你。然而，凡是和你差别越大，则和你距离就越远，当然这不是指空间的距离。所以，主啊！你不是一会儿这样，一会儿那样，相反，你始终如一，"圣哉！圣哉！圣哉！全能的主、上帝。"你就在源于你的本原之中，就在产生于你本体（substantia）的智慧之中，你从无中创造东西。你创造天地，这天地并非来自你本体，否则和你独生子相等，也和你相等。凡不是来自你本体的，决不能和你相等。除了你、三位一体和一体三位的上帝之外，既然一无所有，还能有什么可供你创造天地。所以，你是从无中创造天地、一大一小的天地。由于你的全能和全善，你创造的一切都是美好的：庞大的天和渺小的地。除了你存在之外，决无什么东西可供你创造天地这二者。前者接近你，后者接近无。在天之上只有你，在地之下则是虚无。[1]

也就是说，哪怕是无形式的质料也是因着上帝才有可能，但谈到存在，无形的质料不能说存在，无光的黑暗不能说存在，只是

---

[1]《中世纪哲学》，第267–268页。

有待照亮和赋形者而已。在这个意义上,无中生有可以解释为,
"无"一方面指未赋形,这种解释符合柏拉图主义思想;另一方面
可以解释为,因为上帝是唯一的依据,因此他自生自造自产自持
自存,在"了无凭据"的意义上是无中生有,就最高原理的至高性
上,其实柏拉图主义者也承认这点,但他们不靠这点来认定和推
断最高原理的至高性,他们认为那只是完全的消极,无法反推至高
之为至高,原理之为原理,这点与奥古斯丁为基督教的辩护略有
不同。

(四)灵魂论:理性灵魂的不朽与复生

　　基督教的灵魂学说中有些融合了希腊哲学的学说,当然争议
也在于此。比如尼撒的格里高利在其《论人的造成》第八章中描
述了神与人及灵魂的内在关系,"如果你考察神性之美表现在人
身上的其他各点,就会发现它们都完全保存了神的形象。神性就
是心(nous),就是道(logos),因为'太初有道',并且保罗的跟随者
'有基督的心'在他们里面'说话',同时这些人也并没有脱离人
性。你可以在你自己身上看到话语(logos)和领悟力(dianoia),它
们其实就是神心(nous)和神道(logos)的一种模仿。……在最后,
先造动物再造人,这是自然本性(phusis)走向完全的必然顺序。因
为有理性的动物即人结合了灵魂的各种形式,有植物性的灵魂得
滋养,在这种生长力之外还有感知觉能力,从其特有的属性来看,
感知觉处于理智和物质之间,比理智粗糙得多,但比物质精致。于
是理智就与感知觉中精细而不含偏见的元素连结混合起来。因此
人兼有这三者。正如使徒说给以弗所人的话教导我们的,他为他
们祷告,愿他们的'灵(psuche)与魂(pneuma)与身子(soma)'在主
降临的时候得蒙保守完全的恩典。他用'身子'一词代表人的营
养部分,用'魂'一词指感知觉部分,再用'灵'表示理智部分。同
样,主也在福音书里教导文士说,要尽心(kardia)、尽性(psuche)、

尽意(dianoia)爱神，这是一切诫命中最大的。"①这里明显有融合
希腊思想和新约语言的倾向，通过将努斯和逻各斯的含义转化，
基督教具有了希腊精神品质，但同时，这些核心的希腊文也增加了
基督宗教的内涵。此外，亚里士多德学派灵魂学说影响的痕迹也
非常明显。

　　而塔提安针对希腊人阐释了比较基于经文的基督教灵魂不朽
观，在《致希腊人》第13章"灵魂不朽的理论"中说，"希腊人啊，
灵魂本身不是不朽的，而是必朽的。但是，它是可能不死的。如果
它确实不知道真理，它就死了，和身体分离了，但是，至少在世界
末日的时候，它会和身体一起复活，在不朽中，接受死亡的惩罚。
但是，如果它有了关于上帝的知识，就不死了，虽然在一段时间里
会分离。它自身是黑暗，其中没有任何光明之物。这就是下面这
句话的含义：'黑暗却不接受光。'灵魂不能保存灵，而是被灵保
存，光包含黑暗。圣言其实就是上帝的光，无知的灵魂是黑暗。因
此，如果它仍然独自过活，就会向下朝向物质，与肉身一同死亡；
但是，如果它去和圣灵结合，那就不再是无助的了，而会上升到圣
灵指引的区域；因为灵的住所在上面，但灵魂的起源在下面。在
最开始，灵与灵魂一直相伴，可是因为灵魂不愿跟随它，灵抛弃灵
魂。但是，因为灵魂还保留着一星力量，虽然它由于这种分离而不
能看到完美，但是在寻求上帝之时，却能够在仿徨中为自己造出很
多神来，追随精灵们的伎俩。但是上帝的灵不和所有人在一起，
而是把那些正直生活的人接到自己的住所，与其灵魂紧密结合，
通过预言，向别的灵魂昭示那看不见的事情。遵循智慧的灵魂们
把灵吸引过来；那不遵循的，拒绝了受难的上帝的服侍，使自己成
了上帝的敌人，而不是他的崇拜者。"②在这里，塔提安并未迁就
希腊人特别是柏拉图主义者的灵魂不朽思想，而是从灵魂与灵的

---

① 《中世纪哲学》，第193—194页。
② 同上，第34—35页。

关系出发,用上帝来保证灵魂不朽,而不信教者的灵魂则与身体同朽。

　　拉丁教父据说更不同情柏拉图主义者,但其实也有相当的认同。如德尔图良在《论灵魂》第4章中质疑说,"我们承认灵魂起源于神的气息,也就是说,我们认为灵魂有一个起点。柏拉图确实拒绝说灵魂有起点,因为他认为灵魂没有出生,也不是被造就的。然而,我们根据灵魂有一个起点这个事实,教导人们说灵魂既有出生也是被造就的。当我们说灵魂既有出生,也是被造时,我们并没有犯错误。……在涉及我们相信灵魂是被造的或出生的这个问题上,我们甚至可以用先知预言的权威推翻哲学家们的观点。"① 他在第6章中批评说,"柏拉图主义者们用来对付这些结论的是细枝末节的讨论而不是真理。他们说,每个物体都必然具有生物的性质或者不具有生物的性质。如果不具有生物的性质,物体承受着外力的推动;如果具有生物的性质,物体也承受内力的推动。灵魂承受的运动既非外来的,又非内在的,因为灵魂既没有无生命物的性质,而它本身推动着有形的物体(而不是被别的东西推动)。因此,灵魂显然不能看作有形的物体,因为它不按照有形物的形式(forma)所决定的任何一种方式运动。在这里,首先使我们感到惊讶的是,这个用来描写与灵魂没有亲缘关系的物体的定义是不恰当的。灵魂不可能被称作有生命的物体或无生命的物体,因为当灵魂本身呈现在物体之中时使物体成为有生命的,当它离开物体时使物体成为无生命的。产生某个结果的东西本身不能就是这个结果,因此,不能把灵魂称作有生命的东西或无生命的东西。灵魂之所以被称作灵魂是由于它自身的本质(substantia)。"② 这里他论争的是柏拉图主义可以将灵魂描述为运动的原因,但不能当作推动物体运动的某个物体,它只是让生命物有生命和运动的本质。

① 《中世纪哲学》,第112–113页。
② 同上,第115页。

德尔图良又在一些方面很认同柏拉图主义的观点：

> 对一种坚定的信仰来说，重要之处在于像柏拉图一样宣称灵魂是简单的，换言之，灵魂就其本质(substantia)而言是单一的。不要在乎那些人为的观点和理论，更要抛弃那些异端的捏造！有些人认为灵魂中存在着与之不同的一种自然实体(substantia naturalis)，也就是灵。因为赐予生命是灵魂的功能，所谓的使之呼吸是灵的功能，两者不是一回事。[①]

他还说，

> 柏拉图的立场与我们的信仰在有些方面相当一致。他把灵魂分成理性的和非理性的两个部分。除了我们不太愿意把这一区分归之于灵魂的本性(natura)的不同，我们还是可以接受这种区分的。我们必须相信灵魂的理性成分是它的本性，是由它的创造者从一开始就印在灵魂上的，因为创造者本身从根本上说是理性的。神自己激励创造出来的东西还能是非理性的吗？还有，神用他自己的灵或气息表达的还能是非理性的吗？然而，我们必须懂得，非理性的成分是后来生长出来的，是由于受到蛇的怂恿才开始的，这是最初的过犯的结果，而后来成为灵魂内在的东西，随着灵魂的生长而生长，具有了自然发展的形式，就好像从本性之初就有了似的。但是，就像柏拉图讲理性成分只存在于神本身的灵魂之中那样，如果我们把非理性的成分以同样的方式归为是我们从神那里得来的灵魂的本性，那么非理性的成分也就被当作来自神，或者被当作自然产生的，因为神是自然的创造者。犯罪出自恶魔的怂恿。然而，所有的罪都是非理性的，因此非理性出自恶魔，犯

---

① 《中世纪哲学》，第115页。

罪的原因在于恶魔，与神无涉。[①]

　　这段话表明我们对德尔图良的片面印象很成问题，实际上他是极端理性主义者，他也认为神性是纯理性，只是不同意柏拉图主义将灵魂置于居间者的位置而已，也就是否认了灵魂中的非理性是其自有的，更非其本质。这点继承了柏拉图主义的理性灵魂传统，甚至更激进了。

　　谈到灵魂不朽时，奥古斯丁认为（《论三位一体》第14卷第4章），"我们谈灵魂的不死是带有某些限定的；灵魂有它自己的那种死，即它缺乏幸福的生活，后者确实应被视为灵魂的生命；但它之被称为不朽，乃是因为即使它在最不幸福时也从不停止带有某类活力地生活。同样，在它之中的理性或理解力也会一时陷于昏迷，一时大，一时小，但人的灵魂仍然除了是理性与理智外不是别的。所以，若它之被造为神的形象，只是为了可以运用其理性与理解力来理解和凝望上帝，那么，从这一伟大而奇妙的本性开始存在之日起，这一形象就永在那儿了，不管它被磨损以近于无，还是或黯弱或被扭曲、或清晰或美丽。……尽管它伟大，却可被损坏，因它不是最伟大的；尽管因它不是最伟大的而可被损坏，但由于它能趋近最伟大的本性且分享它，它就仍然是一伟大的本性。"[②]因此，灵魂不朽依然系于来自于上帝的伟大本性，类似于柏拉图主义者认为的，来自于太一的不朽性。

　　但是谈到死后复生，柏拉图主义者绝无此种理论，有些毕达哥拉斯主义者强调轮回，柏拉图也说灵魂有千年之旅，但是基督教中的，特别是耶稣的那种复活是没有柏拉图主义理论支持的。提奥菲勒在《致奥托莱托》中将季节轮替、万物生灭不息看作复活的证据，"上帝向你展示了很多证据，让你来信他。如果你愿意，

①《中世纪哲学》，第117–118页。
② 同上，第399页。

就看一看，季节、日子、夜晚的消逝，这些是怎样死而复生的？那怎么样？在种子和果实之间，不是死而复生的吗？这也都是供人使用的。比如，一颗麦粒，或是别的粮食，当被扔在地上时，先是死亡、腐化，然后又长起来，长成一棵谷物。再看树木和果树的本性，根据上帝的安排，难道不是它们在各自的季节里从那不可见、人们也见不到的部分产出果实吗？另外，有的时候，麻雀或别的某种鸟，在饮水的时候吞下了苹果或无花果的种子之类，飞到山崖或陵墓上，留下粪便时，它所吞下的种子在经过了这么长的旅行之后，生根发芽，长成一棵树。所有这些事都是上帝的智慧导致的，是为了即使在这些事情上也显明，上帝能带来所有人的普遍复活。"[1]

　　尼撒的格里高利在论述灵魂不朽和复活时也借用了种子的类比，他认为作为善的种子复活才是神的旨意，恶者都在死亡的大火中消除，"因为通过死亡的播种而长出来的完美的形体，据使徒所说，乃是不朽、荣耀、高贵和有能力的，这些优点的缺乏并不意味着复活的人在形体中有何残缺，而是他们从一切属于善的东西中退却或是疏远了。……而在恶当中，我们不可能发现有高贵、荣耀、不朽与能力，由此我们可以深信，凡没有这些优点的人必然有与它们相反的东西，那就是软弱、羞辱、朽烂以及这种性质的任何东西，我们在前面的讨论中已经讲到，有那么多由罪恶而来的情感，一旦它们融入到人们的整个本性之中，与它合而为一，那么灵魂想要根除它们真是极其艰难。当这一切从灵魂中清除出去，并且在烈火所作的治疗过程中彻底消灭之后，构成善的观念的每一样东西将会取而代之，那就是不朽、生命、恩典、荣耀以及其他一切我们推测可以在神的身上以及在神的形象——他最初所造出来的人的身上所看到的东西。"[2]因此，死亡也具有了柏拉图主义眼

———————
[1]《中世纪哲学》，第39–40页。
[2]《尼萨的格里高利》，张新樟译，2006，第88页。

中的净化功能。

可见，柏拉图主义的灵魂不朽与基督教的灵魂得救可以在很多理论层面达成一致，基督教将理性认定为灵魂本性方面，则是决定性地受到柏拉图主义的影响，在灵魂不朽和复生方面也有柏拉图主义的诸多痕迹，这一方面是因为《新约》产生时的理论话语中本身就有重要的柏拉图主义因素，另一方面，在教义解释和传播过程中，特别在希腊本地传播时不得不化用和利用希腊很多思想，包括影响最大的柏拉图主义。还有基督教强调的死后天国，与柏拉图主义者认定的真正实在和太一，都是可以满足人们形而上学想象和需求的，因此也都具有安抚功能。

（五）天意与自由

天意与自由是柏拉图主义者，特别是中期柏拉图主义之后，讨论很多的一个话题，也是斯多亚学派最擅长的话题之一。基督教思想家们，也充分发现了这点，塔提安《致希腊人》中提到了恶来自人的自由意志，"我既看到对命运的这些安排者，怎能承认这些都是因命运产生的呢？我不愿当国王，我不急于变富裕；我不希求军权；我厌恶奸淫；没有难以满足的贪婪逼迫我到海上去；我不争夺什么花冠；我没有对名声的疯狂渴求；我鄙视死亡；我高于任何一种疾病；痛苦不会吞没我的灵魂。如果我是奴隶，我会忍耐奴役；如果我是自由人，我不会夸耀我的良好出身。我看到同一个太阳照耀所有人，同一个死亡等待着所有人，不管他们活得快乐还是贫困。富人交媾繁殖，穷人同样交媾繁殖。最富裕的人死亡，乞丐也遭受同样的人生大限。富人缺少很多事物，只能靠他们自己的评价而光荣；但是穷人和那些欲望有限的人，只会追求本来属于他的事物，因此更容易达到目的。你怎么会命中注定因贪婪而失眠呢？你为什么命中注定总要抓住一些东西，总要为此而死呢？向世界而死，谴责世界中的那疯狂吧；向上帝而生，一旦把握了他，就把你旧的本性放开吧。上帝创造我们，不是为了让我们死，而我们死是因为我们自己的过错。我们的自由意志毁了我们；本来自由的我们变成了奴隶；我们因为罪被出卖了。上帝没有创造任何罪恶；我们自己展现了邪恶；但是我们这展现了邪恶的，还能再次抛弃它。"①

　　这样的想法被奥古斯丁继承和加强，他在《论自由决断》中说：

　　　　奥：如果你承认和相信上帝是善的——除此之外其他想法都是不合理的——则上帝不能作恶。再者，如果我们承认上帝是公正的，否认这一点就是亵渎神明，则上帝必然赏善罚恶。无论如何，刑罚对受罚者来说是祸害。所以，我们必须相信，没有人会受到不公正的惩罚，因为我们相信这个世界是神意(divinaprovidentia)统治的。上帝决不是第一种恶的原因，而是第二种恶的原因。如果恶行不是出于故意(voluntate)，受惩罚是不公正的……奥：如果真是这样，你提的问题就解答了。如果人是善的，而且他若不愿意，就不能正直地行事，所以人应该有自由意愿：没有这自由意愿，人就不能正直地行事。不能由于自由意愿犯了罪，就认为上帝给人自由意愿是让他犯罪的。人没有自由意愿，就不能正直地生活，这就是上帝为何给人自由意愿的充分理由。……由于至善要在真理中去认识和把握，而真理就是智慧，所以我们要在智慧中去认识和把握至善，并享有这至善。凡享受至善的，一定是幸福的。真理向人们显示一切真实的善。有理智的人可以按各自的能力去选择其中一个或几个来享用。所谓选择，正如有人在阳光底下自由自在地浏览和观赏某个景物，有人也许精力充沛，目光过人，乐意观察太阳本身；其实，这太阳普照所有的人，眼力差的人也可以享受得到。至于思想敏捷的人在确实发现

────────────

① 《中世纪哲学》，第32页。

许多不变的真实的事情后，就会力求达到揭示事情真相的真理本身，而且忘掉一切似的依附于真理，并在这个真理中同时享受一切事物的乐趣。因为，凡是对其他真实的事情感到满意，无非由于真理本身而感到满意。我们服从这真理的时候，这就是我们的自由(libertas)。这就是说，正是我们的上帝亲自把我们从死亡中解放出来，即从罪恶的条件下解放出来。耶稣同人谈话时，真理自身曾向其信仰者宣告："你们若遵守我的道，就是我的门徒，你们将认识真理，真理将解放你们。"灵魂如果不牢固地享用某个事物，就不可能自由地享受它。①

　　这样的自由与柏拉图主义自苏格拉底以来的理智主义类似，苏格拉底、柏拉图都相信恶来自无知，不知向善的无知，灵魂无法转向，不知道"是"与真理的可贵，是人受虚假德性和情欲奴役的祸根，因此，自由就是自主顺从至善和太阳的召唤，顺从智慧对人的吸引而开始追寻，也就是开始哲学起来。奥古斯丁这里的自由意志，只是把最后的吸引者换成了上帝，而强调了信仰和依靠的重要，而非理性的自我寻求。

　　而掌管世间秩序的是神意，"万物都受神意(providentia)的管辖。万物如果失去形式，就不复存在。形式本身是不变的，所有可变的事物都由于它才存在，并且借其数而得到充实和活动。形式好比是万物的神意，没有它，就无法存在。所以，心遵循智慧办事的人，一旦仔细考察各种创造物，就会察觉智慧在其生活的道路上亲切地向他显示，并且在每件事情上展示出神意。当他渴望达到智慧而感到自己的生活越加美好时，就越加热爱自己的生活旅程。……所以，尽管意愿本身属于中等的善，可是一旦忠实于公共的和不变的善，就获得了人生首要而重要的善。然而，意愿若背离公共的和不变的善，而倒向分外的或低级的私利，这就是犯罪。他

---

① 《中世纪哲学》，第289–326页。

自以为是,就是追求个人私利。他一心想知道与自己无关的他人的私事,就是追求分外的利益。他贪求身体的快乐,就是追求低级的利益。所以,像这种傲慢、好奇和放纵的人,是被另一种生活吸引住了。它与高级的生活相比,无非是死亡。然而,这种生命也受到神意的管辖。神意既使世界万物各得其所,又给予相称的报应。"①只有依循智慧,自由地选择向善者,才能在各得其所的安排中享受赢得的报偿,而神意早已决定了私利私欲者的报应。柏拉图主义者也讲惩罚,不过更多是无知本身带来的结果意义上的惩罚,而非一个外在的有其自身意志的神的惩罚。天意究竟在多大程度上不是一种确定的秩序呢?用上帝指代这种秩序,而增加了的就是基督教不同于柏拉图主义者。

(六)哲学与信仰

　　苏格拉底与耶稣的形象,需要教父们仔细分别,查士丁认为,"我们的教导看来比所有的人间教导都伟大;因为,为了我们而显现的基督,变成了整个理性的存在,包括身体、理性和灵魂。因为,立法者和哲学家不论说得有多好,都是靠发现和思考圣言的一部分来讲述的。因为他们并不知道整体的圣言,即基督。他们总是自相矛盾。而那些在人间出生于基督的,当他们试图用理性来考虑和证明什么时,他们就会被当作不虔诚而又好事的人,带到法庭上去。在这方面,苏格拉底比别的所有人更有热情,于是他遭到了和我们一样的罪名的指控。人们说,苏格拉底在引进新神,不认为国家所承认的那些神是神。他把荷马和别的诗人从国家赶出去,以及做出了诗人们所说的那些事情的神;他勉励人们熟悉他们还不知道的上帝,通过理性的考察,说:'找到万物的父和制造者不容易,找到他之后,再向人们宣布他,也不安全。'但我们的基督依靠他自己的权能,做出了这些事情。没有人相信苏格拉底到了

―――――――――
① 《中世纪哲学》,第380页。

为他的教导去死的程度,但却相信基督。苏格拉底部分知道了基督(因为基督过去是并且现在是每个人中都有的圣言,他要么通过先知,要么在自己受难之时,预言和传授了那些将要发生的事情),不仅哲学家和学者们相信基督,就是连全然没有文化的工匠和大众,也相信他,蔑视光荣、恐惧、死亡;因为他是不可言说的父的权能,而不只是人类理性的工具。"①

　　在《与蒂尔弗的对话》中,查士丁描述了他学习哲学的过程,"我会告诉你我是怎么看的;其实,哲学就是最大的财富,是上帝面前最光荣的事,只有哲学会把我们引领向上帝,使我们与上帝合一;那些关注哲学的人,就是真正的神圣者。在我完全无助的时候,我碰巧遇到了柏拉图主义者,他们名声很大。于是,我花了尽可能多的时间,来和一个后来住在我们城的柏拉图主义者交往。他是一个智慧的人,在柏拉图主义者中地位很高。我在进步,每天都有最大的收获。对非物质的事物的观察吞没了我,对理念(idea)的思考为我的心灵安上了翅膀,过了很短的时间,我就认为我有了智慧;这就是我的愚蠢,我更希望进一步看到上帝,因为这也是柏拉图哲学的目的。"②

　　因此,在查士丁眼中,苏格拉底只是获得了神圣知识,而非神圣知识的全部化身和代表,但是因为哲学是在追求神圣知识,所以也是最神圣的学问。他学习哲学的目的也在于由此企及真正的真理。当然,在他看来,就是基督教。这是明显的协调哲学与宗教的努力。在这方面,柏拉图主义帮了基督教大忙,几乎成为其最核心最内在的一部分。柏拉图主义的可用之处很早就被发现了。

　　克莱门《劝勉希腊人》中讲了希腊哲学之于上帝的见证,他说,"哲学本身在徒劳无益地从物质(hide)当中形成其神的概念;或许我们可以在此过程中表明,哲学在崇拜某种神力的同时,在

---

① 《中世纪哲学》,第7–8页。
② 同上,第12页。

梦境中看到过真理。有些哲学家把元素当作世界万物的本源。米利都的泰勒斯把水选为赞美的对象；该城的阿那克西美尼选择了气，阿波罗尼亚（Apolloina）的第欧根尼（Diogenes）继承了他的思想。埃利亚的巴门尼德引入了火和土，把它们当作神；不过麦塔蓬图姆（Metapontum）的希帕索斯（Hippasus）和以弗所的赫拉克利特认为，在这两样之中，只有一样，也就是火才是神。至于阿克拉加斯的恩培多克勒（Empedocles of Acragas），他选择了多元性，除了四种元素以外，他还把'爱'和'恨'当作神。"[1]但是他认为有一个哲学家超凡脱群，"探求耶和华本身，而不是他的作品。我会从你们中间找出哪一位来做我探求上帝的合伙人呢？因为我们并没有对你们完全绝望。'柏拉图'。如果你们愿意的话。那么，柏拉图，我们怎样才能找到上帝呢？'发现宇宙的父亲和创造者是一项艰巨的任务，并且，即使你找到了他，你也无法向大家说明他。'为什么呢？以上帝的名义，请你告诉我为什么。'因为他是根本不能描述的。'说得好，柏拉图，你已经触到真理了。可是不要放弃。要与我一起寻找善。因为有一种神圣的流出物会慢慢地灌输进每一个人的心田，尤其是进入那些毕生思索的人们的心田；使得他们即使心里不愿意，也不得不同意神是唯一的，他既不能被产生，也不能被消灭，他永远居住在天穹的最高处，居住在他自己的望楼里。"[2]

　　他还在很多这人那里发现了上帝，"啊，哲学，请你赶快让他们来到我面前，不单是柏拉图一个人，还有其他许多人，他们也凭上帝自己的灵感掌握了真理，认为只有唯一真正的上帝才是神。比方说，安提斯提尼就看到了这一点，当然，他不是因为犬儒哲学，而是因为亲近苏格拉底才看到这一点的；他说：'神不像任何别的事物，因此没有人能够通过相似物彻底了解他。'雅典人色诺芬假

---

① 《中世纪哲学》，第88页。
② 同上，第92页。

如没有被苏格拉底所喝的鸩酒吓倒的话，就一定会像苏格拉底一样承担起见证人的责任，明确地写出真理；但不管怎么说，他还是暗示了这种真理。……我们也不必隐瞒毕达哥拉斯学派的学说，它认为：'神是一；他不像有些人所怀疑的是在宇宙秩序之外，而是存在于宇宙秩序之中，完整地体现于整个循环之中，他管理着一切造化，把千秋万代融为一体，他支配着自身的力量，照亮了天空中他所有的作品，他是万物之父，是整个循环的心灵和生命本源，是万物的运动。'由于神赐的灵感，这些金玉良言的作者们记下了它们，而我们选择了它们。对于每一个哪怕稍微能对真理做一番探讨的人来说，它们已足以成为走向完全认识上帝的指南。"①

在承认哲学的思考和发现有助于发现上帝之外，教父们也反思哲学的弊端，其中之一就是意见分歧太大，比如学园派内部的和与其他学派的斗争中展示出的混乱，就表明了哲学的弊端。拉克坦修《神圣原理》中说，哲学消耗和摧毁了自己。"学园派的首领阿凯西劳斯明白这一点，把这些相互谴责的材料和那些著名哲学家承认无知的自白汇集在一起，以此武装自己，反对其他哲学。这样，他就建立了一种不哲思的新哲学。从他开始有了两种哲学：一种是旧哲学，宣称它本身就有知识；另一种是新哲学，它反对旧哲学，毁损旧哲学。我看不到这两种哲学有什么一致的地方，而像是一场内战。我们应该认为哪一种哲学拥有智慧、坚不可摧呢？如果事物的性质是可知的，这支新起的部队将溃败；如果事物的性质不可知，那么那些老部队会被消灭。如果它们势均力敌，作为一切行动指南的哲学仍将消亡，因为它被分割了，而事物的毁灭总是从自身开始的。如我所说，如果人由于自身状况的弱小而不能拥有内在的专门知识，那么阿凯西劳斯一派的看法会流行起来。然而，即使这一派的根基也是不稳固的，因为并非任何事物都是不可认

---

① 《中世纪哲学》上卷，第95、97页。

识的。"[1] "我要说明他们的错误在哪里。学园派用那些难于理解的主题为证据反对自然哲学家，说明没有知识，满足于少数不可理解的主题，他们拥抱了无知，仿佛因为他们消除了部分知识，他们就消除了所有的知识。而另一方面，自然哲学家以那些明显的事物为证据推论出一切事物都是可知的，证明知识是能够获得的，满足于那些清楚的事物，仿佛因为自己捍卫了部分知识，就捍卫了所有知识。一派看不到清楚明白的事物，一派看不到难于理解的事物，当他们努力保留知识或消灭知识的时候，他们都不明白，只有中庸的立场才能指引他们到达智慧。……因此，无论如自然哲学家所说万物可知，还是如学园派所说无物可知，哲学都已经完全灭亡了。"[2]

　　这是怀疑派的柏拉图主义给基督教徒的糟糕印象，但是拉克坦修很快发现了更重要的道理，在《神圣原理》第10—11章中他力证宗教性是人的重要本性，"人的首善只在于宗教，而其他事物，即使被认为是人专有的，也能在别的动物那里找到。动物用它们族类特有的记号来区分同类的声音，此时它们就像是在交谈。它们耷拉着耳朵，抿着嘴，合着眼，向人或者向它们的伴侣和幼仔示意，好像是在微笑。它们不是也能相互致意表，类似于相互爱恋和宽容吗？还有，某些动物会为将来储藏食物，显然具有预见。许多动物也表现出拥有理性的迹象。……因此，宗教的必要性是全人类普遍一致赞同的，但是在这个问题上有哪些错误我们还要再作解释？神希望人具有渴望宗教和智慧的本性。但人在这一点上犯了很多错误，或者是要宗教不要智慧，或者是只要智慧不要宗教，而两者缺一不可，否则就不可能是正确的。其后果就是，人们有了许多种虚假的宗教，这些宗教离开了智慧，人们因此不能得到不应崇拜诸神这样的教导。人们或是献身于智慧，但这种智慧也是虚

---

[1]《中世纪哲学》，第124页。
[2] 同上，第125页。

假的，因为他们一点也没有注意到可以给予他们关于真理的知识的最高神的宗教。这样，人们行走在这条充满最大错误的歧途上，因为人的义务和所有真理都包含在这两种不可分割地联系在一起的事物中。使我感到惊讶的是，竟然没有一个哲学家曾经找到首善的居所和住处。他们必须按这样的思路去寻找：无论最伟大的善是什么，它必定是一种向所有人提出来的东西。"①

　　因此，基督徒发现了一个比理性更根本的人类本性，只有结合智慧与宗教才能企及完善，拉克坦修认为基督徒才是真正捍卫整全智慧的代表，哲学家只是空谈，没有作为，基督徒才是在继续努力探求真正的智慧。他指控说，"哲学家自暴自弃，懒懒散散，终身空谈，不行美德。他们难道不是些不务正业的人吗？因为，智慧只有在行动中才能发挥它的力量，否则就是空洞的、虚伪的。……我们捍卫智慧，因为它是一种神圣的传统。我们要证明所有人都应当接受它。取消哲学但又没有用某种更好的东西取代它，会被认为是取消智慧，但这种观点更容易驳斥，因为人们一致认为，人生来不是趋向于愚蠢，而是趋向于智慧。"②最后一句暴露了其柏拉图主义色彩，人生来趋向智慧，但是智慧在哪里寻找，如何寻找呢？基督徒接过了柏拉图主义的接力棒，继续领跑西方人一千多年，至于说结果如何，说这是完整地继承和发扬了柏拉图精神，还是形成了一种新的宗教柏拉图主义传统，我们若有机会还会在其他著作中回到这个主题。

　　千年以下，在各种哲学和宗教的思潮的交融、争斗中，柏拉图主义也经历了一番脱胎换骨，做过正统神学的护法，也当过各种"异端"的渊薮，如今西方号称是柏拉图的注脚，而柏拉图则成了基督教体内致命的软刺。

①《中世纪哲学》，第127–128页。
② 同上，第131–132页。

余论　柏拉图主义的现代处境

　　19世纪末以来,哲学和思想界掀起了批判柏拉图和柏拉图主义的潮流,虽然主要针对其代表的形而上学传统,但伴随着数学、物理等科学发展,也波及宇宙论、认识论、伦理学(价值论)、政治哲学等诸多方面。

一、形而上学批判

　　首先,现代人一提到柏拉图主义就会想到基督教,原因是尼采以来现代性研究中对两者的等同和批判。尼采在《偶像的黄昏》中,先批判了苏格拉底那个与希腊人全部本能相悖的"理性=德性=幸福"的古怪等式,然后接着批判柏拉图,在尼采看来,所谓的柏拉图主义是指由柏拉图制造的一套形而上学神话,其核心是宣称:在生成和变化的现象世界之外,还存在着一个永恒不变的理念世界,在这两个世界之间,现象世界只是一个虚假和低下的世界,而理念世界则是一个真实和更高的世界,所以应该成为现象世界的原则或根据。尼采说,柏拉图这样做是"高级诈骗",即人们说的"理想主义",是基督教的先声。[①]

---

① 尼采,《偶像的黄昏》,卫茂平译,华东师范大学出版社,2007年;吴增定,《尼采与柏拉图主义》,上海人民出版社,2005年,第18页以下。

按照海德格尔的看法,尼采的柏拉图主义历史分六个阶段:

　　1. 真实世界是智者、虔信者、有美德者能够达到的——他生活在其中,他就是真实世界。

　　2. 真实世界是眼下达不到的,但已经被许诺给智者、虔信者、有美德者(即"赎罪的罪人")了。

　　3. 真实世界是不可达到、不可证明、不可许诺的,但即便作为设想,它是一种慰藉、一种责任、一种命令。

　　4. 真实世界——是不可达到的吗? 至少是未曾达到过。而且既然未达到过,它也就是未知的。因此它也就不是慰藉性的、救赎性的、约束性的:某种未知的东西能够约束我们什么呢?……"

　　5. "真实世界",一个不再有任何用处的理念,甚至也不再有什么约束性;一个无用的、已经变得多余的理念,因此是一个已经被驳倒了的理念:那就让我们把它废除!

　　6. 我们已经废除了真实世界:还剩下哪个世界呢? 莫非是虚假世界么? ……决不是! 与真实世界一道,我们也废除了虚假世界![①]

　　吴增定教授对现代思想史中对柏拉图主义的认定过程有一个总结:

　　首先,在这个历史的开端,柏拉图宣称:只有超感性的理念世界是"真实世界",而且是一切"有智者、虔信者、有德者"可以达到的世界。这就是柏拉图主义神话的最初由来。但尼采强调:柏拉图虽然制造了这个关于"真实世界"的神话,他却并不相信这个神话。因为只有柏拉图本人最清楚:"我,柏拉图,就是真理。"所谓的"理念"不过是自己"爱欲"(Eros)的投射。用尼采的话说,

---

① 海德格尔,《尼采》上卷,孙周兴译,商务印书馆,2002年,第224-229页。

"真实世界"不过是柏拉图的权力意志或"求真意志"的创造。

其次，在此后漫长的历史中，人们把柏拉图制造的神话当成绝对真理，把柏拉图的理念世界进一步转变成一个超越尘世的上帝，一个无法企及的彼岸世界。正是这样一个"错误"导致了基督教的诞生，它把柏拉图主义变成了一套神学，一种"民众的柏拉图主义"。基督教坚决否认人可以达到这个"真实世界"，但却相信它可以被"许诺"给"有智者、虔信者、有德者"。

第三，现代性的启蒙精神宣布，"真实世界"（理念、上帝）既"不可达到"，也"不可许诺"，更"不可证明"。但是现代启蒙精神刚刚苏醒，却被康德再次催眠入梦，因为他以道德公设的形式延续了柏拉图主义的神话，把"真实世界"或"本体"视为"一个安慰、一个义务、一个命令"。因此，康德制造了现代的主体性神话，他的道德形而上学正是柏拉图主义的现代变形。

第四，在现代性晚期，实证主义作为"理性的第一个哈欠"真正觉醒。出于"理智的诚实"，实证主义开始怀疑乃至否定了柏拉图主义所说的"真实世界"。但即便如此，实证主义仍然相信存在着一个可以证实的"真实世界"，这就是被柏拉图主义视为"假象世界"的"感性世界"。在这个意义上，实证主义仍然是一种柏拉图主义的变形，一种海德格尔所说的"颠倒的柏拉图主义"。

目前现代性的问题是，尼采和海德格尔都看到的问题，"上帝死了"，一旦"真实世界"同"假象世界"都被废除，那么其结果必然是虚无主义。虚无主义意味着"最高价值的自行废黜"，意味着人的生活失去了追求目标。但尼采以为，人在本性上不能没有信靠和追求，他必须为自己设定一个为之献身的目标，因为"人宁可追求虚无，也不能无所追求"。在尼采看来，"上帝死了"之后，西方人只有两种选择：要么自欺欺人地借尸还魂，继续信靠已经死去的柏拉图主义神话或"上帝"；要么是以"理智的诚实"彻底砸烂这些破旧的"偶像"，真正返回到被柏拉图主义所否定的尘世，重新肯定"生成的无辜"（Unschuld der Werdens）。[1]

　　然而，从前文我们发现，柏拉图主义其实没有两个世界的看法，都是一个世界，只是等级不同而已，趋向至善，只是回归源头，而非不可抵达的另一个"意淫"的世界。对柏拉图主义者而言，只有一个世界。因此，细致梳理柏拉图主义会发现，尼采们批判的，特别是和基督教一起批判的那个柏拉图主义只是柏拉图主义的影子而已。

　　为了搞清楚基督教和新柏拉图主义的关系，著名文学家、哲学家阿尔贝·加缪（Albert Camus）在尼采等人的启发下，还写过一本专著《基督教形而上学与新柏拉图主义》（*Métaphysique chrétienne et néoplatonisme*），其中提到了他的问题意识，他认为从希腊世界到基督教是"历史的唯一拐点"[2]：

> 　　人们经常追问基督教的原创性与希腊思想的关系，除了明显的不同外，还有很多共同的议题。我发现每次文明的诞生都是计划的改变而非系统性替换，不能从比较基督教教义和希腊哲学来获得两者的区别，而应该看感性的那些方面，基督教福音和希腊人的感知力有何异质性。
>
> 　　希腊人的神只是更高的知识，超自然者并不存在，整个宇宙围绕着人，道德的恶是无知和错误，那么"救赎"和"原罪"的观念如何适应这样的态度呢？在物理世界方面，希腊人相信环形的世界，永恒而必然，不可能与"无中生有"（creation ex nihilo）相协调，也不会有"末世"观念。希腊人认为理念有实在性，因此也不能理解肉身复活的教义，因此才有凯尔苏斯（Celsus）、波斐利及朱利安皇帝的嘲笑，以及在物理学、伦理

---

[1] 参见吴增定，《尼采与柏拉图主义》，上海人民出版社，第一章第2节。

[2] Albert Camus, *Notebooks* 1942–1951, trans. Justin O'Brien (New York: Paragon House, 1991), p267.

学、形而上学等方面的不融洽。①

　　我们认为研究这种不融洽与研究基督教如何转化希腊思想一样重要，甚至更有现代性意义，因为现代社会的世界观与其说是基督教式的不如说是希腊式的。因此，在现代，认真面对而不是简单否定柏拉图主义的形而上学思想传统，对我们了解自身是有益的，诸多现代形而上学研究中的柏拉图主义倾向，②就是柏拉图主义形而上学的现代继承和批判者，比如：数学哲学中的柏拉图主义、③分析哲学中的柏拉图主义，此外还有大陆哲学特别是现象学中对柏拉图主义的重新反思。④

二、数学柏拉图主义

　　国内学者郭深泽描述了数学中的柏拉图主义及其在数理逻辑和数学哲学中引发的争论，他说：数学家贝尔奈斯（Paul Bernays）在1934年所作的"论数学中的柏拉图主义"的演讲中，首次使用"数学柏拉图主义"一词以来，当代数学家已广泛使用这一称谓。数学柏拉图主义是指在数学哲学问题中，持柏拉图哲学观点的数学与逻辑哲学流派。柏拉图考察了数学的基本方法，从中提炼出了分析法、归谬法，他注意到数学的可靠性在于理性方法的可靠性，并提出演绎推理是证明的唯一方法，从而确定了逻辑证明对达

---

① 参见Albert Camus, 2007, trans. By Ronald D. Srigley, 第40–41页。本书中译本已由望江柏拉图学园组织译出。
② 关于现代意义上的形而上学问题中的柏拉图主义，详参Mark Balaguer, 2016, Platonism in Metaphysics,in *Stanford Encyclopedia of Philosophy*。
③ 参考Marco Panza,Andrea Sereni edited, *Plato's Problem: An Introduction to Mathematical Platonism*, Palgrave Macmillan, 2013; Mark Balaguer, *Platonism and Anti-Platonism in Mathematics*, Oxford University Press, 2001。
④ Charles a Dana, *Questioning Platonism: Continental Interpretations of Plato*, State University of New York Press, 2004; Mark A. Ralkowski, *Heidegger's Platonism*, Bloomsbury Academic, 2011.

到数学真理性的重要作用,这就为当代数学哲学的逻辑主义将数学化归为逻辑的尝试提供了重要的思想来源。

当代数学哲学的柏拉图主义对数学对象的本体论意义的认识,基本上秉承了古典柏拉图主义,认为数学对象是独立于主体而存在的精神实体,数学对象属于某种"共相"。而对数学与逻辑之间的关系的认识,则对柏拉图的思想加以引伸、丰富。这样,就把两千多年来富有争议的,特别是在中世纪引起大论战的共相的实在性问题带到了当代数学哲学和逻辑哲学领域。当代数学哲学着力去解决两大基本问题:一是数学的研究对象的本体论性质如何?二是如何判定每一数学系统的可靠性,能否用一些比较基本的数学系统或逻辑系统为至少一部分数学提供判定其可靠性的基础。前者是数学的外部问题,后者是其内部问题,一般将后者称为"数学基础问题"。

当代数学哲学的所有争论,几乎都与这两大问题有关,而对后者的回答,也涉及到了逻辑学和逻辑哲学的领域。由前一问题,形成了实在论与非实在论(概念论、唯名论等)的对垒;由后一问题,产生了众所周知的有穷主义、直觉主义和逻辑主义等若干流派。数学柏拉图主义就是以实在论和逻辑主义为主体的流派。康托、弗雷格、罗素、贝尔奈斯、哥德尔等为数学柏拉图主义主要代表者。面对数学柏拉图主义所坚持的抽象实在论以及先验主义数学哲学的严重缺陷。郭深泽认为数学柏拉图主义所而临的正确选择似乎是,在技术上解决选择公理、连续统假设等逻辑范围内的证明问题,并发展一种为数学提供可靠基础的更普遍、更强的元数学系统(或元逻辑系统);本世纪下半叶出现的并广泛受到关注的非元素集合论——范畴论提供了一个比较合适的选择。在哲学上,摆脱最强的数学柏拉图主义的本体论、认识论,放弃关于数学对象抽象实体的假定和机械的认识论,在经验与唯理论之间(非先验论的)达到和谐,发展一种适合现代数学、逻辑学的形而上学和认识论。这种认识论应达致拟经验与数学认识形式的分析性的语义学统一和谐。[①]

钟量则给我们展示了柏拉图主义数学真理观的历史和现代处境："柏拉图主义数学真理观的基本观点是：数学真理具有实在性，只能发现，不能发明；数学真理是永恒不变的、终极的。这一数学真理观产生于古希腊的柏拉图时期，繁盛在文艺复兴时期。古希腊时期，柏拉图主义数学观已经确立，受这一观念的影响，希腊人认为通过寻求数学规律，才能得到自然界的真理。希腊的数学家们选择了用演绎推理的方法来得到真理。欧几里德最著名的著作《几何原本》就是运用公理化演绎推理方法对古希腊人的独立发现的整理。《几何原本》之所以被后人视为真理的化身，其主要原因在于它的五条公理的'不证自明'性和一系列定理论证的严密性。《几何原本》的诞生使得人们不但对数学公理和定理确信不疑，而且对推导定理的演绎方法十分信赖。非欧几何出现以前，最优秀的数学家、科学家和哲学家都把它作为严格证明的理想典范。因此，公理化的证明方法被视为绝对严密的，并被应用到自然科学的各个领域中。

"文艺复兴时期，柏拉图主义数学真理观与基督教思想融合并取得了统治地位，认为上帝依照数学设计了宇宙。文艺复兴以后，科学的数学化趋势不断增强，他们坚信'科学的目的就是为了寻求数学描述而不是物理解释'，笛卡尔甚至认为全部物理学都可以归结为几何学。19世纪以来，数学真理观具有了人文特点。认为数学纯粹是人类思想的产物，而不是固定不变的知识体。没有确定的、客观的、唯一的数学体系，也没有所谓的绝对的证明或普遍接受的证明。从柏拉图主义数学真理观演变为人文主义数学真理观的原因有两方而：一是由于非欧几何、四元数的出现使得人们

---

① 以上引自郭深泽，《数理逻辑的发展与数学柏拉图主义》，《学术研究》1996年第8期，第34、38页。

对数学真理的唯一性和确定性产生质疑;二是由于哥德尔定理对公理化证明和排中律的否定,使人们产生对绝对证明的怀疑。

"柏拉图主义数学真理观虽然形成于人们对数学了解较少的古希腊时期,但它却在促进自然科学发展方而起到了十分重要的作用。柏拉图主义数学真理观在统治了人们长达两千多年的时间里,也产生了一些负而影响。在数学方而,如对无理数的认识,有的数学家受这一真理观的影响认为'本身缺乏准确性的东西就不能称其为真正的数……所以,正如无穷大的数并非数一样,无理数也不是一个真正的数,而是隐藏在一种无穷迷雾后而的东西'。正是由于这种思想,无理数等一些与现世没有对应的数学元素长期得不到数学家们的承认,从而阻碍数学的发展。人文主义数学真理观的产生引起了数学观的演变,如数学哲学家赫斯就提出了人文主义数学观,他认为当前西方数学哲学的一个趋势是人文主义,它可以更好地解释数学哲学问题。他认为,数学是属于人类的,它是人类文明的一部分并与之相适应。和科学一样,数学可以通过犯错误、改正、再改正而得到发展;根据时间、地点和其他情况的不同,存在不同形式的证明或严密性,证明中采取计算机属于非传统形式的严密性;经验性证据、数值的实验和概率的证明都有助于我们决定在数学中应该相信什么,亚里士多德逻辑并不是总是作决定的最好方法;数学对象是社会—文化—历史对象的一种特殊类型。数学真理观的变革也导致了自然观的变革。18世纪的数学理论(特别是微积分)奠定了机械论自然观的数学基础,从19世纪非欧几何到20世纪以来的数学发展,则导致自然观的革命性变革,促使自然观从一元的机械论自然观转变为微观、宏观和宇观等多元自然观。"[①]

[①] 钟量,《数学真理观从柏拉图主义到人文主义的演变》,《社会科学战线》,2008年第4期,第262–263页。类似的论题还可以参看,黄秦安,《柏拉图主义数学真理的神学化及其解构》,陕西师范大学学报,2000年第3期,第57–65页。

　　数学哲学是否有这样一个发展历程，可以再进一步检讨，不过柏拉图主义对数学哲学的决定性影响和受到的批判则可见一斑。另外，直到今日，现象学家还在顺着柏拉图主义数学哲学中的问题，深入思考相关问题。比如，霍普金斯(Burt Hopkins)在研究数学哲学中的柏拉图主义源头时说："柏拉图认为，数学事物(如数、运算符号)等等是理念，因而分离于感性事物；理念数是以理念为单元的数，指涉诸理念之间呈现出数学结构的参与关系，这种本原意义上的参与被众物对一个智性之物的统一体的参与所分有，因此后一种参与也呈现出数学结构。亚里士多德则质疑理念的'存在状态'与它所涵盖的一群个体的分离，认为理念特有的存在方式就是始终作用于感性事物上。对亚里士多德而言，数的存在方式依赖于感性事物，是感性事物的'累积'；数的智性特征不是产生于与感性事物的分离，而是产生于从感性事物中的'提开'、'抽离'或'抽象'。实际上，亚里士多德没有看到，柏拉图的理念数理论真正处理的问题是，要说明计数所使用的每个基本数所特有的差异化的统一性。""通过对亚里士多德与柏拉图论争的梳理，可知柏拉图的立场大体上是：诸理念共属，因而其共同性就组成一个亲缘关系，这一亲缘关系在诸相的'共同体'上产生一个理念数，因为理念数的'成员'得到了'算术学'的联结。柏拉图的立场处理的恰恰是不同的数各自特有的统一性的存在方式问题。所以'2自身'或'3自身'等等，从理念之共同性的另一面可以说，提供了对每个不同的数学数特有的存在方式负责的差异化的统一性。无论在纯粹单元还是在感性事物的领域，由于由构成理念数的理念提供的本原的联结，才能有如2或3等任意多的数学数。无论这种算术的柏拉图主义有什么问题，它值得我们关注的是，它处理的是一个由数引起的难题，即如何说明计数使用的每个基本数所特有的差异化的统一性问题，而这个难题没有被亚里士多德意识到。"①

　　因此,数学中的柏拉图主义和柏拉图主义形而上学一样,面临着现代性批判和重新研究的使命。此外,在逻辑学中也有柏拉图主义的理论问题,比如模态逻辑学家D.刘易斯提出了"模态柏拉图主义",但也受到了诸多批评。②

三、宇宙论和认识论

　　现代宇宙论产生时主要是继承和批判亚里士多德的宇宙论和天文学,这点可以在诸多科学史著作中看到,但是柏拉图的《蒂迈欧》以及柏拉图主义者们繁多的注疏,却主导着中世纪乃至文艺复兴时期的宇宙观,拉斐尔的名画《雅典学园》中,柏拉图手中拿的是《蒂迈欧》并非偶然。

　　不过,近代物理学和天文学的确起源于对亚里士多德理论的新检讨,伽利略主要针对的是漫步学派,包括亚里士多德和辛普里丘对其《物理学》的评注,他的《关于托勒密和哥白尼两大世界体系的对话》中,两个主角之一就叫"辛普里丘"。其任务是为亚里士多德的立论辩护,"辛普里丘"说:"亚里士多德尽管是个伟大的天才,但是他对自己的推理决不应过分加以肯定。他在自己的

---

① 伯特·霍普金斯,《重思数学哲学中的柏拉图主义源头——兼论亚里士多德对柏拉图相数理论的批评》,《南京大学学报》,2014年第一期,第139页,引文中的"相"均改为"理念"。运用现象学方法反思柏拉图主义受到的批判,请参考陶建文,《试用胡塞尔的现象学克服维特根斯坦的反柏拉图主义》,《华南理工大学学报》,2006年第1期,第16–20页,其中作者强调:"值得说明的是,胡塞尔的理性主义是近现代理性哲学的最后堡垒,维特根斯坦的反柏拉图主义可谓是后现代主义的先声,本文涉及的问题就两位哲学家的学术时间向度来说是逆向研究,就重要性来说触及了后现代主义论证的合理性问题。用胡塞尔的沉积现象学来克服维特根斯坦的反柏拉图主义所造成的困境遵守规则悖论是本文的重要尝试。当然,胡塞尔的沉积现象学中那种意义的'一致'性在科学文献特别是数学文献中可也得到保证,但在人文科学中能否保证这种一致性是有待探讨的。"
② 参考张力锋,《论模态柏拉图主义》,《科学技术与辩证法》,2006年第6期,第36–41页。

哲学论述中总认为，感觉经验应当放在人类才智所能凑合的任何论证之上。他并且说，谁如果违反感觉所提供的证据，就应当失去这种感觉，作为惩罚。现在，一个人只要不是瞎子，就不觉应当看不见，凡是属于泥土和水的部分，由于都是重的东西，它们的运动天然是向下的——就是说向着宇宙中心，这个中心由大自然本身指定为向下的直线运动的终点。同样，谁只要有眼睛就会看见，火与气都是向着月球层直接上升的，而月球层则是向上运动的天然终点，是不是？既然这种情况是眼睛清清楚楚看得见的，而且既然"对全体用得上，对部分也用得上"这句话肯定是对的，为什么亚里士多德不能认为，泥土的天然运动是向心的直线运动，而火的天然运动就是离心的直线运动，并且把这一条说成是真实而明显的命题呢？"另一位代表哥白尼学说的对话者经过一番论述后说，"不论亚里士多德或者足下，都没法证明地球实际上就是宇宙中心；如果要给宇宙规定一个中心的话，我们觉得毋宁说太阳是处在宇宙的中心，这一点你慢慢就会明白。"[1]我们可以看到，伽利略已经接受了亚里士多德关于经验基础之必要的肯认，只是如何就感觉观察进行思考有疑义，他通过新物理学和来自柏拉图主义传统的数学方法，为哥白尼太阳中心说提出辩护，并为此受到宗教审判，终身监禁，因为基督教教会采用的是柏拉图主义和漫步学派共同坚持的地球中心说。

在现代宇宙探索方面，有些学者发现了柏拉图主义宇宙论还有助益，比如吕克·布里松和Meyerstein合作的《宇宙的发明》中通过细致分析柏拉图的宇宙论模型和现代的大爆炸理论，发现人类对宇宙的这些科学知识，只能建立在不可化约和不可证明的规则之上，与其说是客观事实，不如说是人类思想的发明，其真实性

---

[1] 伽利略，《关于托勒密和哥白尼两大世界体系的对话》，周煦良等译，北京大学出版社，2006年，第20页。

只是简单地建立在这套理论模型是否管用的基础上。[①]柏拉图是历史上第一个使用依赖理论前提和数学方法进行科学探究的人，亚里士多德的逻辑仍然借助自然语言为工具，但柏拉图的理论工具则是基于数学式的形式语言。这点上，从柏拉图到伽利略的两千年里，无人撼动这种方法的效力。[②]因此，现代人仍然可以从《蒂迈欧》中展示的科学研究方法的意义上来获得助益。

　　受到数学中的反柏拉图主义影响，认识论领域也有相关的批判，比如著名哲学家黑尔曾经著专文论述，他介绍说："出于完全是数学哲学以外的原因，一些现代认识论哲学家提倡一种因果认识论，根据这种理论，如果X要知道P，那么必须满足的条件之一是，在X相信P与使这种信念为真的事实（事实P）之间应该有一种合适的因果关系。在许多哲学家看来，这似乎会造成一种结果，即对关于数学命题意义的柏拉图主义的解释产生一种潜在的致命的反对意见。因为根据柏拉图主义关于数学命题的真值条件的解释，真数学命题借以为真的事态实际上涉及抽象对象（数、集合、等等）的性质——这些对象处于时空之外，因此不可能与我们的数学信念有一种合适的因果联系。由此似乎得出，如果认识确实服从于因果制约，那么柏拉图主义就使数学认识成为不可能的——数学事实就其本性而言在因果方面是中性的，因而一定是不可认识的。柏拉图主义的反对者得出这样的结论：既然我们确实有数学认识，那么关于数学命题意义的柏拉图主义的解释一定是不正确的。在本文中，我将首先试图说明，如果以我刚刚表达的形式提出柏拉图主义，则它完全能够经得起认识论的反对意见。然后我将转而考虑一种更新的（而且是更严厉的）反对意见。这种意见在一些学者的论述中得到暗示，但是被菲尔德（Hartry Field）最清楚地表达出来。我还要试图建议一种方式，以这种方式柏拉图主

---

① Luc Brisson, 1995, 第1页。
② 同上，第6页。

义仍然能够回答这种更新的反对意见，尽管这种反对意见是更有力的。"

黑尔的结论是，"我讨论了两种形式的反对数学柏拉图主义的认识论论证。我论证了，认识论论证以其原初形式不是有效的，因为它由于与对数学陈述的理解完全无关的原因必须依赖于一种站不住脚的对认识的强因果分析。然后我转而考察菲尔德发展的一种更新的而且似乎是更有力的论证。根据这种论证，柏拉图主义的真正困难在于，它排除了任何对我们要形成真数学信念的倾向做出令人满意的解释。这里我试图首先说明我们有要形成关于逻辑推论的真信念——如果确实是真的，即是必然真的信念——的倾向，我试图回答应该如何解释我们要形成真的逻辑信念的倾向这一问题。我声称，无论这样的解释有什么细微的特征，人们没有充分的理由以为对我们要形成真的数学信念的倾向无法给出类似的解释，这里这些信念是以柏拉图主义的方式理解的。通过我论证的说明，柏拉图主义的反对者针对这种主张可能要提出的最重要的反对意见是：对我们要形成真逻辑信念的倾向做出的解释，不能扩展到数学信念，因为就存在承诺而言，数学陈述不能是必然真的。为了回答这种反对意见，我试图解释如何可以针对标准的反对意见，为存在陈述可以是必然真的这一观点进行辩护。"①

要注意，这些论述中的柏拉图主义已经不是历史上的柏拉图主义思想，而是一种来自柏拉图和柏拉图主义的先验实在论。柏拉图主义在思想类型的意义上得到现代哲学的广泛使用，因此我们将新柏拉图主义之前的柏拉图主义统称为古典柏拉图主义。古典柏拉图主义的认识论大概有这样一些原理：

---

① 黑尔，《反柏拉图主义的认识论论证》，王路译，《哲学译丛》，1994年第3期，第74和56页。

　　(1)世界只是理智的,通过本体论的在先的非物质性原理,建构了结构和秩序;

　　(2)因此知识就是以认识这些预先存在的非物质性原理为内容,而非经验性知识。

　　柏拉图主义者们正面认可这两个信念,发展出一套原因理论来证明(1),一套认识论来解释(2)。而从反面讲,则论证任何替代(1)的唯物主义,或者任何替代(2)的经验主义者都不成立。关于这套认识论,主要涉及两个原理,即灵魂和理智。柏拉图主义这种认识论主要有三点正面主张:第一,原初的知识对象是非物质的原理(从诸理念开始);第二,原则上,通过一种抽象的能力"理智",我们可以领会这些对象;第三,这种可能性假定了具形后的认识主体,从非经验的信息出发,即一些先天知识的形式出发。第一点是柏拉图形而上学的基础,第二点说明知识的可能性,柏拉图主义内部的论争则主要集中在第三点上。大家依据柏拉图《斐多》、《美诺》中的回忆说、《斐德若》和《蒂迈欧》中的认识理论,给出了不同的理论解释。最突出的问题表现在两组关系上:即在"知觉经验"和"理智知识"的关系,以及认知主体(灵魂)与其认识对象(诸原理)的关系。① 历代柏拉图主义者大致围绕这两组关系展开了自己独特的探索,同时也遇到其他学派,如斯多亚派、伊壁鸠鲁派、漫步学派等的理论竞争,我们可以在前文看到一些细节。如上文已经呈现的,这些柏拉图主义认识论议题的讨论,一直延续到今天。

四、伦理学与政治哲学

　　19世纪最后30年开始,自然科学对社会科学的总体影响已经

---

① Brittain, 2011, 第542–543页。

呈现出三种趋势：

　　第一，第一种趋向是企图建构一种直接来源于或建立在自然科学之上的社会学科。它的目的是把自然科学的方法和它的概念化的模式照搬到社会科学的领域。这样尝试中的一些来自于数学和力学方面的原理，其他的则来自于生命科学；第二种趋向来自于对自然科学和它在认知论结果上的不同。启蒙运动的后期，生命科学中活力论作为一种潮流的兴起对整个科学有着至关重要的影响，它致力于对单一自然哲学概念的替换。在自然哲学的废墟上产生了生命体与非生命体之间的基本分歧，后来在反映新兴科学规律的层面上也存在分歧；第三种趋向是作为反对人文科学中自然主义的流行范式的代表。它的这些内容或通过人文主义或通过文化来详细论述，这些论述使自然科学在坚持机械学原理和临时模式的同时变成了批评主义的目标。①

　　在这三个趋向中，科学化最古老，也是真正主要的内容。早期的例子可以追溯到科学革命开始的时候，格老秀斯敬佩伽利略并尽力在他的自然法则体系中遵循数学理想模式，托马斯·霍布斯运用几何学的推理方式对相关联的个体进行力学上的定义，而所有这些个体都是由他们所关心的个人利益所驱动。牛顿主义是道德世界里自然科学的一股新的驱动力。牛顿又成了18世纪道德和政治论文中提到的人物之一，这些变革是由苏格兰的道德哲学家和法国的哲学家领导的，对苏格兰哲人而言，道德哲学是作为必然的实验科学来看待的，这也是当时大卫·休谟提倡的观点，他把《人性论》"叙述为把推理实验方法用到道德学科领域的一次尝

---

① 约翰·海尔布论，《社会思想与自然科学》，袁捷译，《剑桥科学史》第七卷"现代社会科学"第3章，第35–35页。

试"。他的这种抱负并不新奇，也只是牛顿式的道德科学的一个代表，但成为许多理论家的学习对象。①

在这样的背景下，形而上学、宇宙论和认识论方面的现代推进，也影响了伦理学和政治哲学领域，不光是受马基雅维利以来的政治现实主义倾向的崛起的影响，还包括新的伦理学和政治学思想的出现，都对传统的柏拉图主义伦理学和政治哲学②有广泛批判。但是即便在这种潮流之下，在这些领域还有一些为柏拉图主义进行辩护的努力，比如我国著名学者陈康先生的授业老师，德国哲学家尼古拉·哈特曼就提出了"价值柏拉图主义"。

据学者转述，"价值柏拉图主义是一种用柏拉图理念论的根本观点来解释价值与价值现象的哲学范式。柏拉图的理念论作为一种本体论建构，把世界一分为二：本体与现象，原型与摹本。本体指理念，是先验的、真实的、独立自存的、圆满自足的；现象是经验的、不真实的、依赖性的、不圆满的。由此造成的本体与现象的'分离'又借'分有'关系粘连在一起。价值柏拉图主义一般把柏拉图的理念解读为价值，并用种种新理论范型弥补或替代柏拉图的'分有说'，以此建构理论体系。Cadwallader将价值柏拉图主义的基本特征概括为：'它是这样一种理论，存在实体（松散地称为"价值"），该实体是"真正真实的"（具有独立于被经验或被认识的客观存在等），并且当人们反映其价值经验——一个最平常和熟悉的最佳例子是对一件事情优于另一件事情的判断（无论有多么含蓄）——时，它为人类个体所发现，而非创造。'价值柏拉图主义中的价值是指'价值理念'，以区别于现实化的价值。价值理念是价值物的内在根据，是判定物有无价值的标准。哈特曼的价值柏

① 约翰·海尔布论，《社会思想与自然科学》，袁捷译，《剑桥科学史》第七卷"现代社会科学"第3章，第37页。
② 关于柏拉图主义政治哲学，主要参看Dominic J. O'Meara, *Platonopolis, Platonic Political Philosophy in Late Antiquity*, Clarendon Press, 2003。望江柏拉图学园即将组织翻译。

拉图主义除具有柏拉图主义的共式外，更多的是基于对柏拉图理念论的重新解释，力图为在本体论层次上解决价值问题而创立的一种个性化的、新型的价值论范式。"①

因此，哈特曼的价值柏拉图主义是为了解决柏拉图的理念论中概念与理念杂合不分的混沌状态引发的问题，也注意到摩尔提出的自然主义谬误，他立基于价值柏拉图主义和价值绝对主义，又摆向价值自然主义和价值相对主义，显示了其价值论乃至整个价值柏拉图主义的理论困境及摆脱困境的理论努力。

同时，在以亚里士多德美德伦理为理论基础的当代美德伦理学回归的大势下，也有些柏拉图主义美德伦理学的探索值得关注。比如，Timothy Chappell在其相关论文中说，假如亚里士多德美德伦理学可以表述为"正确的行为依据于美德，与无美德相对"（据《尼各马可伦理学》1104b27, 1106a23–24）（简称"亚美"），那么柏拉图的美德伦理则可以表述为"好的行为者（Good agency）在最真实和最完满的意义上预设了对至善理念的沉思"（据《理想国》517b8-c6）（简称"柏美"）：

　　　　在可认识的世界里，那善的理念，它是那最后的，并且也是那很难为人得见的东西；但是它一经为人所见，那就应该由此得出结论——对于一切事物来说，它是那一切正确和美好的事物之因。在可见的世界中，它产生光亮和光亮的主宰者，在思维的世界里，它，本身作为主宰，是真理和理智的持有者；并且，凡是要想正确（emphronôs）行事的人，不论在私人或是在公众事务上，都是必须对它有所见和有所认识的。②

问题来了，这种没有提到美德一词的表述能被界定为美德伦

① 董世峰，《N.哈特曼的价值柏拉图主义》，《现代哲学》，2006年第3期，第114–115页。
② 顾寿观译文。

理学吗？根据柏拉图的学说，完全可以，因为经由对至善的认识，可以引发和表现为我们中的四主德(智慧、正义、勇敢和节制)的出现，第二，柏美中讲的是好的行动者而非正确的行为，原因在于，柏拉图更强调好而非正确，善好是更基础的概念，而正确则只是至善应用到有诸多偶然不确定因素的世界时的结果，因此正确只是分有了那无限者。说行动者而不是行为，旨在强调行动者的德性而非单个的决定。从行动转向行动者看似与美德伦理有关；这里强调至善的理念，但并不是说至善理念的沉思对善好的行为就足够了，甚至可能一方面耽于沉思，另一方面行为糟糕甚至是个坏人。反过来，行为良好，是个好人，也不意味着就对至善有沉思。柏拉图可能指的是，理想的好的行为主体是个沉思者，越是接近至善理念，就越是会成为一个沉思者；"预设了"意味着好的行为是沉思至善的结果；那么什么是对至善理念的沉思呢？一般人在这个时候就会因为柏拉图至善理念的模糊和不可行，而放弃这种柏拉图式的美德伦理学，但Chappell力图找到新的出路。[①]不论这一研究是否找对路径，这样的严肃探索本身就值得关注和参与，柏拉图主义的伦理学与亚里士多德伦理学之间的竞争，不应该在现代轻易结束。

　　政治哲学领域对柏拉图主义政治哲学中伤最严重的是卡尔·波普尔的《开放社会及其敌人》，其中将柏拉图视为集权主义的鼻祖，引发了古希腊学界的很多批评，英美柏拉图研究主流代表沃拉斯托斯(G.Vlastos)则想要应对这样的指责，进而将苏格拉底、柏拉图解释为民主之友，可是未免矫枉过正。在"民主和集权"的话语框架下，特别是在冷战的历史关键期(20世纪60–70年代)，这样的争议都太多地受到非学术因素的影响，但客观上推动了古典学界重新关注古代政治制度，这类研究一直持续至今，取

---

① Timothy Chappell, 2014, 第296–299页。

得了很多重要的新成果。①同样在六七十年代,还有列奥·施特劳斯为代表的政治哲学学派,他们继承了大陆现代哲学传统和犹太思想,另辟蹊径,想要在现代回复苏格拉底政治哲学问题,即"什么是好的生活?"严格来讲,这种努力不是古典柏拉图主义式的,而是对柏拉图思想的现代改造,回应的也是现代性社会和历史问题,是另外一种新柏拉图主义式的古典政治哲学或是力图复兴一种"古典政治理性主义",这方面国内已经有比较充分的译介和研究。②古典学领域现代研究柏拉图主义政治思想方面的著作并不多,比较有代表性的是多米尼克·奥弥拉(Dominic J. O'Meara)的《柏拉图式政制》,运用古典学家的研究方法,梳理了新柏拉图主义对柏拉图政治哲学的继承和发展,比较清晰地展示了古典柏拉图主义政制思想的观点、发展脉络和后世影响。

五、后现代与中国思想语境中的柏拉图主义

后现代的哲学家和思想家们对柏拉图主义的批判,继承了现代性批判中的反形而上学倾向,只是从不同角度再次反省传统形而上学的问题,比较典型的是德里达、德勒兹、列维纳斯和巴迪欧等法国思想家。他们与柏拉图主义的关系需要专门的研究,但不

---

① 比如历史学家和古典学家对古代政治制度的研究,古代城邦政制的研究,结合考古学等发现,都取得了新的研究进展。比如最新的有摩根·汉森(Mogens Herman Hansen)的诸多作品: *Polis:An Introduction to the Ancient Greek City-State*,Oxford,2006; *The Shotgun Method: the Demography of the Ancient Greek city-state Culture* , The Curators of the University of Missouri,2006;*An Inventory of Archaic and Classical Poleis: An Investigation Conducted by The Copenhagen Polis Centre for the Danish National Research Foundation*, Mogens Herman Hansen and Thomas Heine Nielsen, Oxford, 2004, 以及法国学者Nicole Loraux的著作*The Divided City: On Memory and Forgetting In Ancient Athens*, translated by Corinne Pache with Jeff Fort, Zone Books, 2001, 等。
② 参看刘小枫主编"经典与解释·施特劳斯集"中的原典翻译和研究著作,特别是《柏拉图式政治哲学研究》、《古典政治理性主义的重生》等。

论是质疑还是某种接续,柏拉图主义在现代还是值得了解和认真对待的哲学思想体系,它的问题根植在思想自身深处,不是想解构就可以事实上解构,想反对就能视而不见的。它在很大程度上还在召唤新的理解和批评,它自身的理性主义传统,决定了自己欢迎一切理性的或能够达成思想沟通的讨论,哪种思想是不是主流并不重要,重要的是它还值不值得严肃对待,能不能达成某些共识以便继续推进人类的相互理解与合作,以及对美好生活的探索与努力。这点上,古典柏拉图主义的演进历程就展示了思想论争的细节,展示了严肃的哲学思考的魅力和艰辛的思想努力的成就抑或徒劳,想来这些对所有思想探索者、智慧热爱者都有些借鉴。

最后值得一提的是,中国国内也有关于柏拉图主义对中国学问之影响的研究,比如有人从正名思想的柏拉图主义解读,来看柏拉图主义对解释中国哲学问题的局限性,[1]韩潮反省陈寅恪和贺麟的"纲常理念说",讨论了陈寅恪和贺麟对儒家纲纪学说的柏拉图主义阐释,提出了不同于余英时的关于陈寅恪与儒家伦理之间关系的解读,指出余英时没有正确理解陈寅恪借助柏拉图主义所表明的在儒家纲纪学说上的立场,还分析了陈寅恪和贺麟的"纲常理念说",判别了二者的异同,并梳理了贺麟对儒家"三纲说"的柏拉图主义阐释的思路,指出其阐释的得失。[2]这些都是很有益的研究和探索,只是这些论述中所谈及的"柏拉图主义"仅是一种大致的代表西方形而上学传统的标签,中国丰富的哲学思想中,究竟哪些还可以与古典柏拉图主义的形而上学、宇宙论、认识论、伦理学和政治哲学相互发明,相互融通,还有待更加充分和细致的研究,也许这些细致研究可以帮助我们真正理解中外的同异,并将差异纳入思想和人类文明内部来考察和辨别,而不只是诉诸外在的"历史主义"或"民族主义"立场,这样的努力也许更值得期待。

---

[1] 苟东锋,《近代中国哲学中的柏拉图主义——以孔子正名思想研究为中心》,《武陵学刊》2012年第3期,第53–58页。

[2] 韩潮,《纲常名教与柏拉图主义——对陈寅恪、贺麟的"纲常理念说"的初步检讨》,《云南大学学报》,2011年第6期,第56–65页。

附录1: 亚里士多德的"柏拉图主义"？

亚里士多德像[1]

一、柏拉图与亚里士多德的交谊

毋庸置疑的事实是,亚里士多德跟随柏拉图在学园度过了自己16–36岁的黄金年龄,一个智识初开的少年,成长为初步形成自

---

[1] Bust of Aristotle. Marble, Roman copy after a Greek bronze original by Lysippos from 330 BC; the alabaster mantle is a modern addition.

己独立研究方法和观点的学者,就他对柏拉图的广泛继承与批评而言,很难想象亚里士多德是"非-柏拉图"的,即与柏拉图无关的另一种独创。因此必须首先承认两人之间的师生友谊一定会有其理论后果。尽管后世喜欢引证亚里士多德所谓的"吾爱吾师,吾更爱真理"作为标榜亚里士多德为真理而牺牲"私人情感"的"高风亮节",但我们必须指出,这种探求真理而不遵循某个权威的精神,恰好来自柏拉图。柏拉图在《理想国》中就说过"无论如何不能尊敬一个人超过尊敬真理",①因此,亚里士多德不过是重复这一精神,但不能就此当成亚里士多德比柏拉图高明,柏拉图只是一味制造权威的口实。或许在学园中有将柏拉图的观点当作权威的人,但我们应该把继承了柏拉图勇敢探寻真理精神的人,当作他真正的传人。

据《名哲言行录》记载,柏拉图曾说:"亚里士多德踢开了我,犹如小雄驹踢开生养它们的母亲。"②赫尔米帕斯在《生平录》中断言,当色诺克拉底成为学园的主持时,他不在场,而是作为雅典的使节去了菲利帕斯的宫廷;他返回后,看到学园已被另外的人主持,便在吕克昂选了一块散步之地。在那里,他和学生们一起走动着讨论哲学,直到用橄榄油擦拭身体的时辰。正因如此,他们得了个"漫步学派"的名称。但有些人则说,得名的原因,是亚历山大生病后的康复期间,亚里士多德陪着他散步,并讨论某些问题。之前,我们在讨论老学园思想时已经提到过亚里士多德对同学们观点的批评,由于他们之间观点的争执,引来了无法以更好方式进行理解的妄人的非议:有一派拥护学园正统,把亚里士多德丑化为一个骄傲自大、志得意满,对他人不经了解,妄下判断的学园背叛者,而亚里士多德留存下来的著作中,那些肯定到有武断和误解嫌疑的判断,的确给人留了话柄;另一派则维护亚里士多德好学谦

---

① 595c,顾寿观先生译文。
② 《名哲言行录》5.2。

恭、实事求是的治学态度以及独立自主的学术眼光，认为他是堪当重任的人，但是学园并未让他来继承。我们知道，柏拉图可以容纳亚里士多德从学20年，一定不会不认同他的才华，但未传位给他也可能有更多现实因素，或许亚里士多德在柏拉图眼中还不够成熟。无论如何，我们不能否认亚里士多德是一个具有非凡理智才能的自信的学者，他用一生的探索和创作，让我们知道他取得的成就也是异常巨大的，几乎是决定性地影响了西方思想乃至世界思想，他对知识和真理的好奇、热爱与钻研足以成为"爱智者—哲学家"的一种楷模。

但是我们不能将他的学说与柏拉图特别是学园中探讨的问题割裂开来看，认为他是完全原创的，其实亚里士多德只不过是一个由于其自身理论光芒而超越了学园派标签的学园派哲学家，是学园派中最重要的理论工作者，也是学园哲学生长出的最好的理论果实之一。有些学者正是试图通过亚里士多德与柏拉图思想的关系来判定其作品的年代，进而描述其思想的发展脉络，引发了很多争论。

二、哲学继承关系的几种设想

1. 策勒与耶格尔：完善与发展

受黑格尔哲学史精神的影响，有人认为亚里士多德主要是发展和完善了柏拉图学说。策勒在其巨著《希腊哲学发展史》中说，"亚里士多德一贯设定苏格拉底—柏拉图的'相的哲学'特征的总的观点，他的任务只是在这个总的路线上建立更完全的知识系统；他用更精确定义的指导原则，用更准确的方法，更广泛和日益增进的科学材料来建立这种系统。在他自己的著作中确实很少表现出同意他的老师，而是经常同柏拉图的观点进行争辩，可是实际上他对柏拉图是同意大于分歧。只有将他的整个体系看作柏拉图体系的发展和进步，是由苏格拉底建立、由柏拉图推进的'相的哲学'的完成,我们才能理解亚里士多德。"策勒也特别强调亚里士多德哲学的经验基础,说他"不仅是一位最高思辨的哲学家,同时也是一位最精确和不知疲倦的观察者,是在这个世界上我们知道的一位最博学的人。在他的一般学说中他认为经验是思想的先行条件,思想材料都从知觉中产生,所以在实践上他为自己的体系提供了广阔的经验知识基础,将他的哲学建立在对事实材料的全面评估上。特别是关于自然学说,他认为我们应该首先知道现象,才能寻求它们的原因"。所以策勒认为亚里士多德和柏拉图的根本区别在于:"柏拉图对于从'相'下降到现象世界中的个别事物很少兴趣,对他来说只有纯粹的'相'才是哲学知识的惟一本质对象。亚里士多德承认科学知识必然是有关事物的普遍本质的,但是他不停留在这一点上,他认为从普遍推演个别乃是哲学特有的任务;而科学却从一般不确定的东西开始,但又必须进入确定的东西。它必须解释材料,解释现象,所以它不能忽略任何东西,即使那是毫无意义的,因为那里可能有知识的无穷宝藏。"[1]因此汪子嵩等先生总结说,"黑格尔和策勒一方面指出:苏格拉底-柏拉图-亚里士多德共同完成了'相的哲学',即承认有普遍的必然的理性知识,这是哲学的对象;另一方面又指出亚里士多德和柏拉图的不同在于:柏拉图只承认普遍的相而忽视现实世界中的个别事物,而亚里十多德却认为普遍知识只能从个别事物中获得,所以他重视个别事物和经验事实。这两点几乎为多数亚里士多德学者所认同。"[2]

但策勒在划分亚里士多德思想时期时,主要根据时间和地点,分为三个时期:

1. 柏拉图时期,当时他在柏拉图学园就学; 2. 过渡时期,

[1] 转引自汪子嵩等,2003,第79–80页。
[2] 汪子嵩等,2003,第80页。

当时他在阿索斯、米底勒尼以及后来在马其顿宫廷独立执教；3.他第二次居住在雅典，主持吕克昂学园时期。[①]

而发生法的创立者耶格尔则更进一步，他将亚里士多德看作"使自己的思想显得是批判前人、尤其是柏拉图及其学园的直接成果。如果人们在这一点上追随他，并且试图历史地从那个他建构自身的同样的前提出发来理解他，那么这就是哲学的和亚里士多德式的思考方式。"[②]耶格尔通过细致考察亚里士多德不同作品对柏拉图学说认肯度，区分年代，然后描述了整个亚里士多德从一开始的认同，到严厉批判，再到独立开创经验科学研究的演变或说成熟过程。耶格尔提出发生法，同时也就提出了有关亚里士多德和柏拉图的关系方面的一个新的问题，因为他认为亚里士多德思想的发展变化是以他和柏拉图思想的接近、疏远以至反对的情况来分辨的，所以他要确定亚里士多德的不同生活时期中和柏拉图的思想究竟处于什么关系。耶格尔研究亚里士多德的早期著作残篇发现，《欧德谟斯篇》和《劝学篇》中亚里士多德接受灵魂不朽和回忆说，同意纯思辨的辩证法，承认最高的善是最精确的尺度等等，都是接受了柏拉图思想的，因此他将这段时期称为亚里士多德的"柏拉图主义"时期。而稍后的《论哲学》则是亚里士多德自己独立的哲学宣言，从此开始批判柏拉图哲学，经过《形而上学》等对柏拉图相论的系统批判，他一步步远离了柏拉图的哲学。耶格尔认为亚里士多德哲学的发展过程是从柏拉图的思辨形而上学向经验科学的转变。他不同意策勒所说的现存的亚里士多德的主要著作都是在吕克昂时期构成的；他认为亚里士多德的哲学基础已经在他的中期阶段完成了，而将亚里士多德在雅典的最后阶段即吕克昂时期称为第三时期，说它完全是一个新的开始，转

① 策勒，1992，第170页。
② 耶格尔，2013，第3页。

向经验的研究细节。耶格尔认为亚里士多德思想的发展就是从原来的柏拉图主义逐渐离开，转向经验科学的过程。因此在评定一部亚里士多德的著作时，他就问这部著作的哲学观点离柏拉图主义有多远，以此作为判断亚里士多德著作先后的标准。[①]在当时探究柏拉图与亚里士多德的关系成了研究热点，柯尼斯在其著名的《亚里士多德对柏拉图和学园的批评》中认为，亚里士多德对前代的批评，只是他的一部分哲学研究方法，我们只能通过研究其哲学观点和其批判之人观点之间的对比思考才能理解这些批评的意义，[②]因此他本人要做的是具体分析亚里士多德对柏拉图和学园的所有批评及其证据，以期发现亚里士多德用什么方式重视或忽略了哪些教义学说，结合其他柏拉图著作和残篇，判定其批评的得当与否，并且探究他为什么要这么理解或批评。[③]

　　我国著名古希腊哲学研究专家陈康先生在其《智慧：亚里士多德寻求的学问》一书中接受了耶格尔的发生法，对亚里士多德的形而上学思想作了历史的分析，讨论了他在各个不同阶段中的神学和本体论相互之间的交替变化发展情况，最后得出结论说："在亚里士多德寻求智慧的过程中，柏拉图的影响之广是惊人的。在我们的这项研究中，亚里士多德的每一个主要方面都以柏拉图哲学为背景。"[④]耶格尔思想虽然有广泛深远的影响，但是也受到了诸多质疑和批评，特别是他进而要在《形而上学》内部描述其思想发展时，[⑤]安若澜教授很好地批驳了这一尝试，认为耶格尔企图用"形而上学"、"神学"等刻画亚里士多德的研究，但这种框架本身是经院哲学继而被康德主义和新康德主义继承，直到海德格尔都在沿用的"存在论"和"神学"的划分，这一做法只是一种

---

① 参考汪子嵩，2003，第81页。
② Cherniss, 1944, xxiv.
③ Ibid., xxii.
④ 汪子嵩等，2003，第84页。
⑤ 耶格尔，2013，第162页以下。

"化用"亚里士多德思想的当代尝试。[①]

2. 欧文：亚氏的原创性和质疑"柏拉图主义"

欧文（G．E．L．Owen）在1965年专门写了一篇文章——《亚里士多德的柏拉图主义》，完全反对耶格尔的论证和观点，他指责耶格尔用亚里士多德早期作品和柏拉图某些作品附会，把亚里士多德的哲学理论和他的逻辑学和哲学方法区分开来，声称在学园中，后者完全独立于前者的发展。柏拉图主义在耶格尔那里成了与论证无关而仅关于公式，与哲学方法无关而仅关于学说信念，亚里士多德"在他在形而上学上仍旧完全依赖于柏拉图的时候，在方法和逻辑技艺的领域里已经是一位大师了"，并得出结论"这个依赖显然根源于亚里士多德深深的非理性的宗教和个人感情"。[②]欧文质疑的主要观点是，所谓"柏拉图主义"是一个不可捉摸的字眼，我们最好还是从各个方面，即形而上学、逻辑学、物理学、心理学等方面去切实地探讨柏拉图对亚里士多德的影响。而不是基于模糊不清的"主义"。他下结论说，"现在，看来有可能的便是去追寻那个从尖锐的、相当系统的对柏拉图的批评到一个承认对柏拉图的一般的形而上学计划的同情的进程。但是同情是一回事，对亚里士多德的目标予以充分的具体的问题和步骤又是一回事。它们是他自己的，是在他自己的对科学和辩证法的思考的过程中得出来的。"[③]欧文一直强调的是亚里士多德思想的原创性，否认任何以柏拉图主义为幌子来混淆柏拉图及其学园派和亚里士多德的观点，制造思想之间的随意勾连。Hamlyn在为欧文此论文写的评论中提到，欧文一方面是为了批评耶格尔的柏拉图主义概念，另一方面也在说明亚里士多德与这个概念的关系。欧

---

① 安若澜，2015，第19–20页。
② 聂敏里，2010，第100页。
③ 同上，第119页。

文重点阐发亚里士多德在形而上学信念上不能与其哲学方法和过程分离，即便最后亚里士多德仍然回到了同情柏拉图形而上学计划的立场上，但是其问题意识完全是自己的了。欧文承认亚里士多德的范畴学说来源于对第三人论证的反思，也承认科学与辩证法的思想来源于学园中哲学和数学的研究推进。Hamlyn自己认为欧文将柏拉图和亚里士多德的关系看得太紧密了。特别是一些具体观点的得出方面，他不信赖欧文给出的第三人论证与范畴学说的关联，同时也认为将亚里士多德说成最终回到柏拉图形而上学立场上是走得太远了。①

3. 亚里士多德的"柏拉图未成文学说"与图宾根学派研究

　　国内已经有先刚教授和程炜的论著、译著和论文对这方面进行介绍，特别是先刚在其《论柏拉图的本原学说》中站在图宾根学派立场上，梳理了研究柏拉图哲学的问题，他梳理了两种脉络或研究倾向："施莱格尔—施莱尔马赫确立的浪漫派诠释模式把philosophic定性为'对于智慧的追求'，进而阐发为'智慧的缺失'，因此他们特别强调苏格拉底自认的'无知'，认为哲学只能无限地追求、趋近，但永远达不到智慧(sophia, episteme)、真理、绝对者等等。他们宣称这是哲学的宿命，且柏拉图对此欣然接受，他的哲学就是为了展示这么一个永不停止的'上路'和'在路上'的探索过程；柏拉图的哲学不是一个体系，不仅如此，他根本就不想要有一个体系，柏拉图的哲学没有提供终极答案，而且他根本不想提供终极答案，而是有意地追求'未完成'、'片段'、'悬疑'等等。这种浪漫派哲学思想的影响实在巨大，在此只需点出雅斯佩尔斯(Karl Jaspers)、伽达默尔、福尔克曼-施鲁克、魏兰德等名字就足够了，他们不但把这样的'哲学'观念强加给柏拉图，而且应用在整个哲学史上面。相应地，他们拒绝柏拉图的哲学中有什么绝对的、

---

① D. W. Hamlyn, 1968, 第40—41页。

根本的、系统的、可以通过理性和反思来把握的东西。反之，图宾根学派（克雷默和阿尔伯特）通过大量的词源考据指出，古希腊人的'philos+对象'的用法从未把爱的活动与爱的对象割裂开来，而是强调与对象的亲密和熟悉关系，因此他们把'phi-losophia'界定为'智慧的朋友'，与智慧朝夕相处、亲密无间的东西。柏拉图的口头教导和对话录中的大量地方都表明，他认为哲学必须而且能够认识到真理、理念、乃至最高的本原，而且他的辩证法为这条认识道路制定了严格的阶段和秩序。柏拉图对于基本真理的认识贯穿于他的所有其他认识中，他虽然没有现成的教科书式的'体系'，但他的哲学确实构成了一个坚实的、全面的、理性的系统。对于柏拉图另一方面对'哲学'与'智慧'的区分，图宾根学派认为这只是意味着哲学（哲学家）不能绝对地停留于智慧，而是必须在智慧与无知之间不断地来回往复，并以这种方式将所有存在贯穿起来。哲学活动类似一种螺旋式上升，这同样是一个无限的过程。我们可以发现，浪漫派的线性式'无限趋近'秉承的是康德—费希特—席勒的'想象无限'观念，即所谓的'恶的无限'（黑格尔语），而图宾根学派的圆圈式'无限循环'则是继承谢林—黑格尔的'思辨无限'观念。且不说这两种思维方式的高低之分，但后者显然更符合历史事实（包括对于柏拉图而言）。[1]根据这种判断，图宾根学派梳理了亚里士多德记载的柏拉图的未成文学说，并就此表明了亚里士多德与柏拉图的继承关系。

如果先刚教授的转述是准确的，那么我们至少可以问这样三个问题：1. 那种所谓发端于施莱尔马赫的对柏拉图学说的思考方向和学园怀疑主义有什么区别和联系？2. 图宾根学派根据对未成文学说的考察，得出的柏拉图主义观点与后世的学园柏拉图主义、中期柏拉图主义、新柏拉图主义的观点又有什么差异？3. 以"恶无限"和"思辨的无限"来思考古希腊哲学史除了继承黑格尔的

---

[1] 先刚，2014，第419–420页。

哲学史精神遗产外,有什么新的反思,与目前主流古代哲学界的判断和争论有什么差别?我们认为只有认真回应了这些问题,才能全面接受先刚教授转述的图宾根学派的判断,图宾根派的研究虽然已经持续多年,但是刚刚系统地转译成英文不久,[1]英语世界则是由Findlay系统研究了未成文学说贯通于柏拉图对话时的理论景象,[2]我们还需要细致研究。不过我们注意到,图宾根学派的主要努力方向是通过未成文学说,重新梳理柏拉图对话和得出其真正的主要哲学结论,重点在对柏拉图的阐释,其成功与否有待讨论,学界也有普遍争议。最近另一位学者则从整个古代哲学史的角度,借用图宾根学派的成果,从新柏拉图主义视角出发,重新梳理了柏拉图主义的脉络。

4. 格尔森:重提"柏拉图主义"

近20年来英美最活跃的柏拉图主义研究权威之一格尔森(Lloyd. P. Gerson)在2005年出版了《亚里士多德和其他柏拉图主义者》,2013年又出版了《从柏拉图到柏拉图主义》,其中通过重新界定"柏拉图主义",力图给出一个贯通古典哲学(苏—柏—亚)和希腊化哲学(新柏拉图主义)的柏拉图主义定义,用以更加融贯地解读古希腊哲学中的一种精神探索脉络,限于篇幅我们只做简单介绍。

格尔森的总体思路是以新柏拉图主义视野展示出的问题一贯性,来融贯从苏格拉底到新柏拉图主义的哲学线索,他在其《亚里士多德和其他柏拉图主义者》中说,"我这本书就是要逐渐破除人们普遍保有的信念:任何将亚里士多德纳入到柏拉图主义者的解读都在'事实上'是不足为凭的。"[3]他认为要区分亚里士多德的哲学与柏拉图的是相"协调"(harmony)还是相"一

---

① Dmitri Nikulin, 2012.

② J. N. Findlay, 1974.

③ Gerson, 2005, 第8页。

致"（identical）。他引证柏拉图《巴门尼德》128a–c中的话，"芝诺说，你未误解。却美妙地领会全篇著作所意欲的。苏格拉底说：巴曼尼德呵！我懂了，这位芝诺不仅要适合你的其他友爱，而且还要适合你的著作。因为在某种状况下，他写的和你写的**相同**，但变更了些形式，试试欺骗我们：即他讲了些其他的。因为一方面你在你的诗里肯定一切是一，并且关于你的意见美而且善地给了几个证明；另一方面这位又讲不是多，并且他贡献丰富的、伟大的证明。一人肯定一，一人否定多，每一人这样讲，看起来所讲毫不相同，然而两人几乎讲论**同一**的事。你们的言论好像讲得超出我们这些人的能力以外。芝诺说：诚然，苏格拉底。"格尔森认为亚里士多德与柏拉图的**协调**，不同于这里芝诺与巴门尼德的**一致**，亚里士多德当然不是柏拉图的传声筒。他追问道，人们总是问既然亚里士多德是柏拉图主义者，那么他为什么还要无情地批判柏拉图，可是却忘了问既然亚里士多德不是柏拉图主义者，为什么他有那么多学说表现得那么接近柏拉图的呢？格尔森的回应是，因为我们忽略了亚里士多德讲的柏拉图的未成文学说，他完全同意柏拉图有所谓未成文学说，并且是亚里士多德和其他学园同学所熟悉的。因此，他在承认未成文学说的基础上，要整体描述希腊哲学史中的柏拉图主义思想线索。他说，所有柏拉图主义者自始至终都毫不含糊地把亚里士多德当作柏拉图主义者，这是为什么？即使亚里士多德1. 批评柏拉图的形式理论，即批评感性世界之外的另一个实在界的存在；2. 也批评个体灵魂不朽。这些看起来都是柏拉图的核心论点，是康福德（Francis Cornford）所谓的柏拉图观点的"两个支柱"，但是格尔森认为亚里士多德的观点仍然可以和柏拉图的相协调，[①]在我们看来，这几乎是在重复古代柏拉图主义一直以来的努力。

在其《亚里士多德和其他柏拉图主义者》的结论部分，格尔

---

① Gerson, 2005, 第14页。

森总结出了亚里士多德之柏拉图主义的两个支柱,他说自己完全赞同康福德的判断,形式理论和灵魂不朽是柏拉图主义的两个思想支柱,但是他认为这两点也适用于亚里士多德的柏拉图主义。而亚里士多德只是一个柏拉图主义者吗? 格尔森又给予了否定答案,他认为正是亚里士多德开启了新柏拉图主义者协调柏亚之路,亚里士多德其实是分析了柏拉图的立场,并更精确地加以表达,而非驳倒了它。他通过整本书的研究得出结论,要移除一个设想,即仍然有一种同一的、融贯的亚里士多德主义,在他看来,反柏拉图的亚里士多德主义是个怪物。[①]格尔森认为如果亚里士多德是柏拉图主义者,那么新柏拉图主义者认为柏拉图主义需要亚里士多德就不错,他愿意唤起或者弥补很久以来人们忽略的一种可能,亚里士多德与柏拉图是可以协调的,并且新柏拉图主义者们就是那么做的。

在《从柏拉图到柏拉图主义》中,格尔森并没有改变观点,而是进一步发挥,将视野扩大到整个希腊哲学史,运用从协调柏亚而来的思路,融贯了苏格拉底到普罗提诺的哲学史,甚至追问苏格拉底与柏拉图主义的关系,追问柏拉图在何种意义上是一个“柏拉图主义者”。[②]这些思考非常有趣,可以说格尔森是继图宾根学派对未成文学说进行详细解读,认为柏亚学说有一贯性之后,从另一方面,依据新柏拉图主义特别是普罗提诺(格尔森是公认的20世纪后半叶最重要的普罗提诺专家之一)重新建立这种一贯性的积极尝试。

三、暂时的结论

总体来看,亚里士多德究竟是不是柏拉图主义者其实不是首

---

① Gerson, 2005, 第289页。
② Gerson, 2013, 第3页以下。

要的问题,问题在于亚里士多德的哲学在何种意义上批评、完善或推进了柏拉图乃至苏格拉底提出的哲学问题,在这个意义上,所有哲学家都是苏格拉底主义者、柏拉图主义者,或者亚里士多德主义者,也即继承了哲学追问精神者。但是这是宽泛地讲,本书要处理的柏拉图主义哲学是什么哲学呢?其实只是在柏拉图哲学感召下的对一系列相关哲学问题的回应的诸多哲学,它们由于处理类似的问题,提供出了类似的思路和解决办法,分享某些共同的哲学观点或立场,因此才得以整体研究,因为这些问题大多涉及的是所谓形而上学的问题,而其伦理学问题都基于哲学形而上学基础,因此,柏拉图主义的哲学史也就成了形而上学问题探究史中的最重要的线索,亚里士多德毋庸置疑,是这个线索中最重要的环节之一,也正是因为他太重要,这本粗略梳理脉络的书对他不作专题研究,我们将在其他著作或译著中讨论和介绍他对柏拉图主义哲学的贡献。

附录2：柏拉图学园掌门(σχολάρχης)传承谱系

一、Plato（387BC–347/8BC）

二、Speusippus（–338/9BC）

三、Xenocrates（–313/4BC）

四、Polemon of Athens（–276BC）

五、Crates of Athens（–268/4BC）

六、Arcesilaus of Pitane（–241/0BC）

七、Lacydes of Cyrene（–215BC）

八、Telecles and Evander（–?）

九、Hegesinus of Pergamon（–155BC）

十、Carneades of Cyrene（–127/6BC）

十一、Clitomachus of Carthage（–110/09BC）

十二、Philo of Larissa（–?）

附录3: 后学园时期柏拉图主义派系师承示意图

一、中期柏拉图主义诸派流传

Philo of Larissa (159/8–84/3 BC)

Varro (116–127 BC)　　　Cicero (106–43 BC)　　　Ariston/Dion

Eudorus of Alexandria

（拉瑞萨的菲洛以后的传承）

Ammonius of Egypt

Plutarch of Chaeroneia (46–120 AD)

（普鲁塔克师承）

Calvenus Taurus (?–165 AD)

Atticus (101–177 AD)　　　Gellius (125–180 AD后)

（雅典学派）

Gaius

Albinus　　　? Alcinus

Apuleius (124–170)

（盖乌斯学派）

二、新柏拉图主义诸派流传

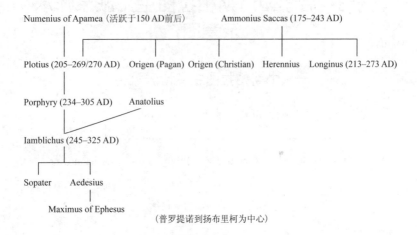

Numenius of Apamea（活跃于150 AD前后）　Ammonius Saccas (175–243 AD)

Plotius (205–269/270 AD)　Origen (Pagan)　Origen (Christian)　Herennius　Longinus (213–273 AD)

Porphyry (234–305 AD)　Anatolius

Iamblichus (245–325 AD)

Sopater　Aedesius

Maximus of Ephesus

（普罗提诺到扬布里柯为中心）

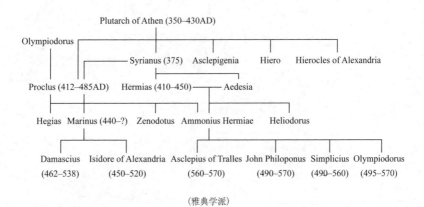

Plutarch of Athen (350–430AD)

Olympiodorus

Syrianus (375)　Asclepigenia　Hiero　Hierocles of Alexandria

Proclus (412–485AD)　Hermias (410–450)　Aedesia

Hegias　Marinus (440–?)　Zenodotus　Ammonius Hermiae　Heliodorus

Damascius　Isidore of Alexandria　Asclepius of Tralles　John Philoponus　Simplicius　Olympiodorus

(462–538)　(450–520)　(560–570)　(490–570)　(490–560)　(495–570)

（雅典学派）

附录4：新柏拉图主义者和基督教柏拉图主义者时间轴[①]

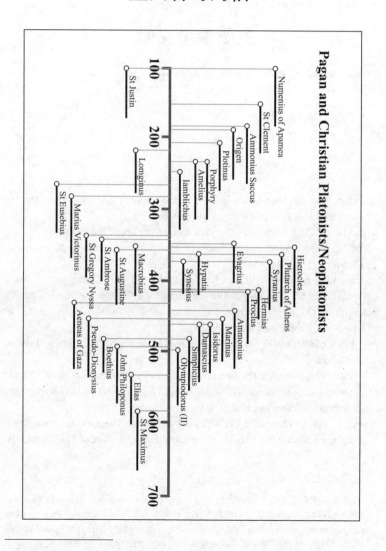

① 以公元纪年，取自http://www.john-uebersax.com/plato/cp.htm。

主要参考文献①

A

Afonasin, Eugene. John Dillon & John. F. Finamore, 2012, *Iamblichus and the Foundations of Late Platonism*, Edited by Brill.

Allen, James, 2011, Carneades, *Stanford Encyclopedia of Philosophy*.

Allen, J., 1994, "Academic probabilism and Stoic epistemology," *Classical Quarterly* (N.S.), 44: 85–113.

Altman, William H. F., 2010, The Reading Order of Plato's Dialogues, *Phoenix*, Vol. 64, No. 1/2 (Spring-Summer/printemps-été 2010), pp. 18–51.

Ammonius: *On Aristotle Categories*, translated by S. M. Cohen and G. B. Matthews. London and Ithaca 1992;

——1996, *On Aristotle's On Interpretation 1–8*, translated by D. Blank. London and Ithaca

——1998, *On Aristotle's On Interpretation 9*, with Boethius: *On Aristotle's On Interpretation 9*, translated by D. Blank (Ammonius) and N. Kretzmann (Boethius). London and Ithaca.

Annas, J., 2007, "Carneades Classification of Ethical Theories" in *Pyrrhonists, Patricians, Platonizers: Hellenistic Philosophy in the Period 155–86 B.C.*, A.

---

① 柏拉图主义者著作原典辑校本的书目，请参看Pauliina Remes和Svetla Slaveva-Griffin编辑的，《劳特里奇新柏拉图主义研究指南》(*The Routledge Handbook of Neoplatonism*, 2014)，第563–580页，收录比较全也比较新，因此在此省略原始文献部分，只保留研究和翻译文献。此处罗列的参考文献均属引用书籍，正文涉及引用文献处，页下只出简注。凡是纯参考性书籍，则页下出详细注释。

M. Ioppolo, D. N. Sedley (eds.), Naples: Bibliopolis.

安若澜(Annick Jaulin),《亚里士多德的〈形而上学〉》,曾怡译,华东师范大学出版社,2015年。

亚里士多德(Aristotle),《亚里士多德全集》,苗力田等译,中国人民大学出版社,1990–1997年。

——《亚里士多德选集·形而上学卷》,苗力田译,中国人民大学出版社,2000年。

——*The Complete Works of Aristotle*, Jonathan Barnes, Princeton University Press, 1991.

Athanassiadi, P., Frede M., edited., 1999, *Pagan Monotheism in Late Antiquity* Oxford University Press.

马可·奥勒留(Marcus Aurelius),《沉思录》,王焕生译,上海三联书店,2010年。

——*The Meditations of the Emperor Marcus Aurelius Antoninus*, Translated by Francis Hutcheson and James Moor, Edited and with an Introduction by James Moore and Michael Silverthorne, Liberty Fund, 2008

B

Balaguer, Mark., 2016, Platonism in Metaphysics, in *Stanford Encyclopedia of Philosophy*.

Baldwin, B. *Studies in Aulus Gellius*, Lawrence, KS, 1975.

Balla, C. and Kalligas, P. eds., *Platos Academy* (working title). Under Consideration with Cambridge University Press.

Barnes, J., Mansfeld, J. and Schofield, M. (eds.), 1999, *The Cambridge History of Hellenistic Philosophy*, Cambridge: Cambridge University Press.

——1989,'Antiochus of Ascalon', in M. Griffin and J. Barnes (ed.), *Philosophia Togata* (Oxford 1989), 51–96.

——2003, *Porphyry Introduction*, Clarendon Press.

Beck, Mark, 2014, Edited, *A Companion to Plutarch*, Wiley Blackwell.

Berchman, Robert M. &John F. Finamore, *Studies in Platonism, Neoplatonism, and the Platonic Tradition*, Brill.

Bett, R., (ed.), 2010, *The Cambridge Companion to Ancient Scepticism*, Cambridge: Cambridge University Press.

Bennett, Clinton., 2001, *In Search of Jesus: Insider and Outsider Images Continuum*, Bloomsbury Academic.

Blank, David, 2011, Ammonius Hermiae, *Stanford Encyclopedia of Philosophy*.

Blumenthal H.J. & Clark, E.G., 1993, *The Divine Iamblichus: Philosopher and Man of Gods*, Bristol Classical Press.

Bluck, R. S. Plato, Phaedo 69a-b, *The Classical Review*, New Series, Vol. 2, No. 1, (Mar., 1952).

Bonazzi, Mauro. 2003, *Academici e Platonici. Il dibattito antico sullo scetticismo di Platone*, Milan.

——2008, Towards Transcendence: Philo and the Renewal of Platonism in the Early Imperial Age, *Philo of Alexandria and Post-Aristotelian Philosophy*, Edited by Francesca Alesse, Brill.

——2007, *Platonic Pythagoras*, Brepols Publishers

Bostock, David., 1986, *Plato's Phaedo*, Oxford.

Brission, Luc., What is a God according to Plato? , in Kevin Corrigan & John D. Turner, 2007, pp 41–52.

——2012, Chapter18 of the Decommuni mathematica scientia. Translation and Commentary, in Afonasin, Eugene. John Dillon & John. F. Finamore, 2012.

——1995, with Walter Meyerstein, *Inventing the Universe: Plato's Timaeus, the Big Bang, and the Problem of Scientific Knowledge*, State University of New York Press.

Brittain, Charles., 2001, *Philo of Larissa: the Last of the Academic Sceptics*, Oxford University Press.

——2005, Arcesilaus, *Stanford Encyclopedia of Philosophy*.

——2006, Philo of Larissa, *Stanford Encyclopedia of Philosophy*.

——2006, *On Academic Scepticism*, trans. by Charles Brittain, Hackett Publishing Company.

——2011, Plato and Platonism, in Fine, Gail., 2011.

Bussell, F.W., 1986: *The School of Plato: Its origin, development, and revival under the Roman empire*, Methuen & Co.

Burkert, Walter, *Lore and Science in Ancient Pythagoreanism*, Harvard University Press(1963德文版, 1972英译本)

Burnet, John., 1926, *Platonism*, Edicions Enoanda, (2016).

C

Calcidius, *On Plato's Timaeus*, edited & trans. by John Magee, Harvard University Press, 2016.

Callanan, Christopher K., 1995, A Rediscovered Text of Porphyry on Mystic Formulae, *The Classical Quarterly*, New Series, Vol. 45, No. 1. (1995), pp. 215–230.

Cameron, A. *The Last Days of the Academy at Athens*, Proc. Cambridge Philo. Soc., No. 195, 1969, 7–29 (24–25).

Casanova, Angelo., 2012,"Plutarch as Apollo's Priest at Delphi", *Plutarch in the*

Religious and Philosophical Discourse of Late Antiquity, Edited by Lautaro Roig Lanzillotta and Israel Muñoz Gallarte, Brill.

Chappell, Timothy., 2014, *Knowing What To Do, Imagination, Virtue, and Platonism in Ethics*, Oxford University Press.

Cherniss, Harold, 1944, *Aristotle's Criticism of Plato and the Academy*, Johns Hopkins Press.

——1962, *The Riddle of the Early Academy*, Ressell & Ressell.

Chlup, Radek, 2015, *Proclus: An Introduction*, Cambridge University Press.

Chroust, 1965 'The Organisation of the Corpus Platonicum in An-tiquity'. *Hermes* 93, 34–46.

Chisholm, Hugh, ed., 1911, "Plutarch, of Athens". *Encyclopædia Britannica* (11th ed.). Cambridge University Press.

陈越骅,《跨文化视野中的奥古斯丁：拉丁教父的新柏拉图主义源流》,浙江大学出版社,2014年。

Cicero, Marcus Tullius. Margaret R. Graver, *Cicero on the Emotions: Tusculan Disputations 3 and 4*, University Of Chicago Press, 2002.

——*Academica*, edited by Johann August Goerenz, 1810

——*De natura deorum, Academica,* H. Rackham (trans.), Cambridge MA: Harvard University Press, 1933.

——*De Finibus*, H. Rackham (trans.), Cambridge MA: Harvard University Press, 1914.

——*De senectute, De amicitia, De divinatione,* W.A. Falconer (trans.), Cambridge MA: Harvard University Press, 1923.

——*De oratore,* Bk. III, De fato, Paradoxa stoicorum, De partitione oratoria, E.W. Sutton and H. Rackham (trans.), Cambridge MA: Harvard University Press, 1942.

——*On Academic Scepticism*, trans. by Charles Brittain, Hackett Publishing Company, 2006.

——*On Moral Ends*, Julia Annas (Editor), Raphael Woolf (Translator), Cambridge University Press, 2001.

Clark, Gillian, 2000, *Porphyry: On Abstinence from Killing Animals*, Bristol Classical Press.

——2003 with Dillon & Hershbell, *Iamblichus: On the Mysteries*, Society of Biblical Literature.

沙亚·科亨(Shaye J.D. Cohen),《古典时代犹太教导论》,郑阳译,中国社会科学出版社,2012年。

Collins, James Henderson., 2015, *Exhortations to Philosophy: The Protreptics of Plato, Isocrates, and Aristotle*, Oxford University Press.

Cooper, 2004: Cooper, J., 'Arcesilaus: Socratic and Sceptic', in J. Cooper,

Knowledge, Nature, and the Good (Princeton 2004) 81–103.

Couissin, P., 1929, "The Stoicism of the New Academy", repr. and trans. in *The Skeptical Tradition*, M. Burnyeat (ed.), 1983, Berkeley: University of California Press.

Corrigan, Kevin & John D. Turner, 2007, *Platonisms: Ancient, Modern, and Postmodern*, Brill.

Cornelli, G. McKirahan, R. and C. Macris. eds. *On Pythagoreanism*, Berlin, 2013.

A. Cameron, *The Last Days of the Academy at Athens*, Proc. Cambridge Philo. Soc., No. 195, 1969, 7–29 (24–25)

Cosmin, Andron, 2008, "Ploutarchos of Athens", *The Routledge Encyclopedia of Ancient Natural Scientists*, eds. Georgia Irby-Massie and Paul Keyser, Routledge.

D

Dancy, 2003–2011: Speusippus, *Stanford Encyclopedia of Philosophy.*

Dancy, 2003–2011: Xenocrates, *Stanford Encyclopedia of Philosophy.*

Damascius, 2012, trans. by Sara Ahbel-Rappe, *Damascius' Problems and Solutions Concerning First Principles*, Oxford University Press.

——2010, edited by L. G. Westerink, *Damascius Lectures on the Philebus*, Prometheus Trust, 3rd Revised edition edition.

——2009, edited by L. G. Westerink, *The Greek Commentaries on Plato's "Phaedo": Damascius v. 2*, Prometheus Trust; 2nd Revised edition edition.

——1999, trans. by Polymnia Athanassiadi, *Damascius: The Philosophical History*, Apamea.

Des Places, Édouard, ed. and trans. 1996. *Jamblique: Les mystères d'Égypte.* Budé. Paris: Les Belles Lettres, 1966 Repr. with additional bibliography.

Pieter d'Hoine, Marije Martijn , edited. 2017, *All From One: A Guide to Proclus*, Oxford University Press.

Dillon, John M., 2003: *The Heirs of Plato: A Study of the Old Academy* (347–274 BC), Oxford University Press。

——1977, *The middle Platonists, 80 B.C. to A.D. 220*, Cornell University Press.

——1987. 'Iamblichus of Chalcis'. *Aufstieg und Niedergang der Römischen Welt* 36.2, 862–909.

——1991, trans. with Jackson P. Hershbell, *On the Pythagorean Way of Life: Text, Translations, and Notes*, Society of Biblical Literature.

——1993, *Alcinous, The Handbook of Platonism*, Oxford Clarendon Press.

——1997, *The Great Tradition: Further Studies in the Development of Platonism and Early Christianity*, Variorum.

——2006, *Syrianus: On Aristotle Metaphysics 3–4*, Bristol Classical Press.

——2008, "Philo and Hellenistic Platonism", *Philo of Alexandria and Post-Aristotelian Philosophy*, Edited by Francesca Alesse, Brill.

——2009, trans. with Wolfgang Polleichtner, *Iamblichus of Chalcis: The Letters*, Society of Biblical Literature.

——2014, "Plutarch and Platonism", *A Companion to Plutarch*, Edited by Mark Beck, Wiley Blackwell.

——edited. *The Enneads of Plotinus With Philosophical Commentaries*, Parmenides.

第欧根尼·拉尔修《名哲言行录》，徐开来、溥林译，广西师范大学出版社，2010年版。

Diogenes Laertius, *Lives of Eminent Philosophers*, 2 vols., R.D. Hicks (trans.), Cambridge MA: Harvard University Press, 1931.

Dörrie, Heinrich., *Der Platonismus in der Antike*, Stuttgart-Bad Canstatt , 1987.

Dodds, Eric R. 1951. *The Greeks and the Irrational*. University of California Press.

董世峰，《N.哈特曼的价值柏拉图主义》，《现代哲学》，2006年第3期，第114–115页。

Dzielska, M (1986). "On the memoirs of Damis". *Apollonius of Tyana in legend and history*. Rome: L'Erma di Bretschneider. pp. 139–141.

E

Eastwood, Bruce S. "Heraclides and Heliocentrism: Texts, Diagrams, and Interpretations," *Journal for the History of Astronomy*, 23(1992): 233–260.

Edelstein, Ludwig. 1936, "The Philosophical System of Posidonius", *American Journal of Philology* vol. 57.

Edward Watts, 2007, *Creating the Academy: Historical Discourse and the shape of Community in the Old Academy*, The Joural of Hellenic Studies, Vol. 127(2007), pp. 106–122.

Edwards, Mark J.,. 1993, *Two Images of Pythagoras: Iamblichus and Porphyry*, in Blumenthal H.J. & Clark, E.G., 1993.

——2000, *Neoplatonic Saints: The Lives of Plotinus and Proclus by their Students*, Liverpool University Press.

Ehrman, Bart D., *Did Jesus Exist?: The Historical Argument for Jesus of Nazareth Harper Collins*, USA. 2012.

Emilsson, Eyjólfur., 2015, Porphyry, *Stanford Encyclopedia of Philosophy*.

Empiricus, Sextus. *Outlines of Pyrrhonism, Against the Professors*, 4 vols., R.G.

Bury (trans.), Cambridge MA: Harvard University Press, 1955.

爱比克泰德(Epictetus),《爱比克泰德论说集》,王文华译,商务印书馆,2009年。

Evangeliou, Christos., 1996, *Aristotle's Categories and Porphyry*, Brill.

尤西比乌斯(Eusebius),《教会史》,瞿旭彤译,上海三联书店,2009年。

F

Finamore, J. & J. Dillon, 2002, *Iamblichus de Anima: Text, Translation, and Commentary*, Brill.

Findlay, J. N., 1974, *Plato: The Written and Unwritten Doctrines*, Routledge.

——1975, 'The three hypostases of Plotinism', Rev. of Metaphysics 28, 4: 660–680.

Fine, Gail., 2011, edited, *The Oxford Handbook of Plato*, Oxford University Press.

Frede, M., "The sceptic's two kinds of assent and the question of the possibility of knowledge," in *Philosophy in History,* Richard Rorty, J. B. Schneewind and Quentin Skinner (eds.), Cambridge: Cambridge University Press.

——1987, 'The skeptic's two kinds of assent', in his Essays in Ancient Philosophy (Minneapolis 1987), 201–22.

G

伽利略,《关于托勒密和哥白尼两大世界体系的对话》,周煦良等译,北京大学出版社,2006年。

Gatti, M. L. (1996), 'Plotinus: the Platonic tradition and the foundation of Neoplatonism', in Gerson, (1996), pp. 10–37.

盖里乌斯(Gellius),《阿提卡之夜》1–5卷,周维明、虞争鸣、吴挺、归伶昌译,中国法制出版社,2014年。

Gersh, Stephen, 1986, *Middle Platonism and Neoplatonism: The Latin Tradition* (2 Volume), University of Notre Dame Press.

——2014, *Interpreting Proclus: From Antiquity to the Renaissance*, Cambridge University Press.

Gerson, Lloyd P., 2005, *Aristotle and Other Platonists*, Cornell University Press.

——2013, *From Plato to Platonism*, Cornell University Press.

——1996, *Cambridge Companion to Plotinus*, Cambridge University Press.

——2005b, What is Platonism? *Journal of the History of Philosophy*, Vol 43, number 3, July, 2005. Published by Johns Hopkins University Press.

——2010, edited, *The Cambridge History of Philosophy in Late Antiquity*, Vol 1,

Cambridge University Press.

Gertz, S. R. P., *Death and Immortality in Late Neoplatonism, Studies on the Ancient Commentaries on Plato's* Phaedo, Brill, 2011.

Gill, Christopher., 2007, Marcus Aurelius' Meditations: How Stoic and How Platonic?, *Platonic Stoicism–Stoic Platonism, the Dialogue between Platonism and Stoicism in antiquity*, Edited by Mauro Bonazzi and Christoph Helmig, Leuven University Press, 2007.

Glucker，1978：*Antiochus and the Late Academy* (Göttingen 1978), 13–31 & 64–90.

苟东锋，《近代中国哲学中的柏拉图主义——以孔子正名思想研究为中心》，《武陵学刊》2012年第3期，第53–58页。

Gottschalk, Hans B. *Heraclides of Pontus*, New York, Oxford University Press , 1980.

Gulick, Charles Burton辑校本：*The deipnosophists / Athenaeus; with an English translation*，Harvard University Press，1927–1941。

郭深泽，《数理逻辑的发展与数学柏拉图主义》，《学术研究》1996年第8期。

Guthrie, W. K. C，1978：*A History of Greek Philosophy*，Vol. V，Cambridge University Press.

Guthrie, Kenneth Sylvan., 1988, *Porphyry's Launching-Points to the Realm of Mind: An Introduction to the Neoplatonic Philosophy of Plotinus*, Phanes Press.

——1987, *The Pythagorean Sourcebook and Library: An Anthology of Ancient Writings Which Relate to Pythagoras and Pythagorean Philosophy*, edited by David Fideler, Phanes Press.

H

Hadot, Ilsetraut., 1978. Le problème du néoplatonisme alexandrin. *Hiéroclès et Simplicius*, Paris.

——2002, *Simplicius or Pricianus? On the Author of the Commentary on Aristotle's* De Anima. Mnemosyne, Volume 55, Number 2, 2002, pp. 159–199.

——2015, *Athenian and Alexandrian Neoplatonism and the Harmonization of Aristotle and Plato* , Brill.

Hadot, Pierre., 1968, *Porphyre et Victorinus*, 2 volumes, Paris: Études augustinn-iennes.

——皮埃尔·阿多，2014年，《作为生活方式的哲学》，姜丹丹译，上海译文出版社。

——皮埃尔·阿多，2017年，《古代哲学研究》，赵灿译，华东师范大学出版社。

黑尔,《反柏拉图主义的认识论论证》,王路译,《哲学译丛》,1994年第3期,第74和56页。

约翰·海尔布论,《社会思想与自然科学》,袁捷译,《剑桥科学史》第七卷"现代社会科学"第3章,第35—35页。

韩潮,《纲常名教与柏拉图主义——对陈寅恪、贺麟的"纲常理念说"的初步检讨》,《云南大学学报》,2011年第6期,第56—65页。

Hansen, Mogens Herman., 2006, *Polis:An Introduction to the Ancient Greek City-State*, Oxford.

——2006, *The Shotgun Method : the Demography of the Ancient Greek city-state Culture* , The Curators of the University of Missouri.

——2004, Mogens Herman Hansen and Thomas Heine Nielsen , *An Inventory of Archaic and Classical Poleis: An Investigation Conducted by The Copenhagen Polis Centre for the Danish National Research Foundation*, Oxford.

海德格尔,《尼采》上卷,孙周兴译,商务印书馆,2002年。

Helmig, Christoph., 2007, "The Relationship Between Forms and Numbers in Nicomachus' *Introduction to Arithmetic*". In *Platonic Pythagoras*, M. Bonazzi & C. Steel (eds), 127–46. Turnhout: Brepols.

——2015, Proclus, *Stanford Encyclopedia of Philosophy.*

——2012, *Forms and Concepts, Concept Formation in the Platonic Tradition*, De Gruyter.

Heraclides, *Heraclides of Pontus. Texts and translations*, edited by Eckart Schütrumpf; translators Peter Stork, Jan van Ophuijsen, and Susan Prince, Piscataway, N.J., Transaction Publishers, 2008.

Hermann S. Schibli, *Hierocles of Alexandria*, Oxford: Oxford University Press, 2002

Holmes & Shearin, Edited, 2012, *Dynamic Reading: Studies in the Reception of Epicureanism*, Oxford University Press.

Hoof, Lieve Van, 2010, *Plutarch's Practical Ethics: The Social Dynamics of Philosophy*, Oxford University Press.

——2014, "Practical Ethics", *A Companion to Plutarch*, Edited by Mark Beck, Wiley Blackwell.

Horky, P. S. *Plato and Pythagoreanism*, Oxford(2013)

黄秦安,《柏拉图主义数学真理的神学化及其解构》,陕西师范大学学报,2000年第3期,第57—65页。

Huffman, Carl., 2014, *A History of Pythagoreanism*, Cambridge University Press.

——2005, *Archytas of Tarentum: Pythagorean, Philosopher and Mathematician King*. Cambridge University Press.

伯特·霍普金斯,《重思数学哲学中的柏拉图主义源头——兼论亚里士多德对柏拉图相数理论的批评》,《南京大学学报》,2014年第一期。

I

扬布里柯(Iamblichus),《哲学规劝录》,詹文杰译,中国社会科学出版社,2008年。
——2003, *Iamblichus: On the Mysteries*, trans. by Emma C. Clarke, Society of Biblical Literature.
——2015, *Iamblichus on the Mysteries of the Egyptians, Chaldeans, and Assyrians*, trans. by Thomas Taylor, CreateSpace Independent Publishing Platform.
——1986, *Iamblichus' Life of Pythagoras*, trans. by Thomas Taylor, Inner Traditions.
——1992, *Iamblichus: On the Pythagorean Way of Life*, trans. by John Dillon, Society of Biblical Literature.
——1998, *Iamblichus: On the Pythagorean Life*, by Gillian Clark, Liverpool University Press.
——1988, *Iamblichus, the Exhortation to Philosophy: Including the Letters of Iamblichus and Proclus' Commentary on the Chaldean Oracles*, trans. by Thomas J. Johnson , Phanes Press.
——2009, *Iamblichus of Chalcis: The Letters*, trans. by John M. Dillon, Wolfgang Polleichtner, Society of Biblical Literature.
——1988, *The Theology of Arithmetic*, trans. by Robin Waterfield, Red Wheel / Weiser.
——2002, *Iamblichus de Anima: Text, Translation, and Commentary*, trans. by John F. Finamore, John M. Dillon, Society of Biblical Literature.
——2009, *Iamblichi Chalcidensis in Platonis Dialogos Commentariorum Fragmenta: Iamblichus, the Platonic Commentaries*, John M. Dillon, Prometheus Trust.
Ioppolo, 1986, Ioppolo, A.-M., *Opinione e Scienza* , Naples, 1986.
Isnardi Parente, 1980, *Speusippo, Frammenti*, Naples。
伊索克拉底(Isocrates),《古希腊演说词全集·伊索克拉底卷》,李永斌译,吉林出版集团,2015年。

J

Jasnow, Richard., *The Ancient Egyptian Book of Thoth: A Demotic Discourse on Knowledge and Pendant to the Classical Hermetica*, edited and trans. with

Karl-Theodor Zauzich, Harrassowitz Verlag, 2005.

耶格尔, 2013,《亚里士多德: 发展史纲要》, 朱清华译, 人民出版社。

Jones, C. P., 1967, "The Teacher of Plutarch", *Harvard Studies in Classical Philology*, Vol. 71 (1967), pp. 205–213.

汉斯·约纳斯(Hans Jonas),《诺斯替宗教》, 张新樟译, 上海三联书店, 2006年。

K

Kahn, C. H., 2001, Pythagoras and the Pythagoreans. A Brief History, Indianapolis.

Kalbfleisch, Karl., 1895, Die neuplatonische, fälschlich dem Galen zugeschriebene Schrift *Pros Gauron peri tou pôs empsukhoutai ta embrua. Aus dem Anhang zu den Abhandlungen der Königl. Preuss. Akademie der Wissenschaften zu Berlin vom Jahre 1895*. Berlin, Verlag der königl. Akademie der Wissenschaften.

Karamanolis, George, 2006, *Plato and Aristotle in Agreement?: Platonists on Aristotle from Antiochus to Porphyry*, Oxford Clarendon Press.

Krappe, Alexander Haggerty, 1927, 'Tiberius and Thrasyllus'. AJP 48, 359–66.

Küster, Ludolf, *Suidae Lexicon*, Cambridge, 1705.

L

Larsen, Bent Dalsgaard., 1972, *Jamblique de Chalcis: Exetete et philosophe*, Universitetsforlaget i Aarhus.

Lautaro Roig Lanzillotta & Israel Muñoz Gallarte, Edited, 2012, *Plutarch in the Religious and Philosophical Discourse of Late Antiquity*, Brill.

Lauwers, Jeroen., 2015, *Philosophy, Rhetoric, and Sophistry in the High Roman Empire: Maximus of Tyre and Twelve Other Intellectuals.* Brill.

Lasserre, Françoise. *Die Fragmente des Eudoxos von Knidos*, de Gruyter: Berlin, 1966.

Lévy, Carlos, 1992, *Cicero Academicus: Recherches sur les Académiques et sur la Philosophie Cicéronienne*, Collection de l' École Française de Rome 162 (Rome 1992).

——2010, Cicero and the New Academy, Lloyd P. Gerson, edited, *The Cambridge History of Philosophy in Late Antiquity*, Vol 1, Cambridge University Press.

Long, A. A. and D.N. Sedley (eds. and trans.), *The Hellenistic Philosophers*, 2 vols., Cambridge: Cambridge University Press, 1987.

Long, A.G. ed. *Plato and the Stoics*, Cambridge, 2013。

Loraux, Nicole, *The Divided City: On Memory and Forgetting In Ancient Athens*, translated by Corinne Pache with Jeff Fort, Zone Books, 2001.

Luce, J. V. A Discussion of Phaedo 69 a 6–c 2, *The Classical Quarterly*, Vol. 38, No. 1/2, (Jan. – Apr., 1944).

李勇,《寓意解经: 从斐洛到俄里根》,上海三联书店,2014年。

梁中和,《灵魂·爱·上帝: 斐奇诺 "柏拉图神学" 研究》,华东师范大学出版社, 2012年。

M

Macrobius, edited by Robert A. Kaster, 2011, *Macrobius: Saturnalia*. 3 volumes, Loeb classical library 510–512, Harvard University Press.

——1969, trans. by Percival Vaughan Davies, *Macrobius: The Saturnalia*. New York: Columbia University Press.

Macris, Constantinos., 2014, *Porphyry's Life of Pythagoras*, in Huffman, Carl.

Maggi, Claudia., 2012, Iamblichus on Mathematical Entities, in Afonasin, Eugene. John Dillon & John. F. Finamore, 2012.

Magny, Ariane., 2014, *Porphyry in Fragments: Reception of an Anti-Christian Text in Late Antiquity*, Routledge; New edition edition.

McClain, Ernest G., 1984, *Pythagorean Plato: Prelude to the Song Itself*, Nicolas-Hays.

Majercik, Ruth., 1989, *The Chaldean Oracles: Text, Translation, and Commentary*, Brill.

Merlan, P., 1968. "Ammonius Hermiae, Zacharias Scholasticus and Boethius," *Greek, Roman and Byzantine Studies*, 9: 143–203.

Morrow, Glenn R., 1970, *Proclus: A Commentary on the First Book of Euclid's Elements*, trans. by Morrow, Princeton University Press.

Mozley, J. R. (1911). "Hierocles of Alexandria, a philosopher". In Wace, Henry; Piercy, William C. *Dictionary of Christian Biography and Literature to the End of the Sixth Century* (third ed.). London: John Murray.

N

Nasemann, 1991, *Theurgie und Philosophie in Jamblichs De mysteriis*, Vieweg+ Teubner Verlag.

尼采,《偶像的黄昏》,卫茂平译,华东师范大学出版社,2007年。

Newmyer, Stephen T., 2006, *Animals, Rights and Reason in Plutarch and Modern Ethics*, Routledge.

聂敏里，2010，《20世纪亚里士多德研究文选》，华东师范大学出版社。

Nikulin, Dmitri., 2012, *The Other Plato: The Tubingen Interpretation of Plato's Inner-academic Teachings*, State University of New York Press.

Nilsson, Martin P. 1961, *Geschichte der griechischen Religion*. 2vols. Handbuch der Altertumswissenschaft 5.2. Munich: Beck.

O

O'Keefe, Tim, 2009, *Epicureanism*, University of California Press.

Olympiodorus, 1998, trans. by Robin Jackson, Harold Tarrant, Kimon Lycos, *Olympiodorus Commentary on Plato's Gorgias*, Brill.

——2015a, trans. by Michael Griffin, *Olympiodorus: Life of Plato and On Plato First Alcibiades 1–9*, Bloomsbury Academic.

——2015b, trans. by Michael Griffin, *Olympiodorus: On Plato First Alcibiades 10–28*, Bloomsbury Academic.

——2009, edited by L. G. Westerink, *The Greek Commentaries on Plato's "Phaedo": Olympiodorus v. 1* , Prometheus Trust; 2nd Revised edition edition.

O'Meara, D. J., 1989, *Pythagoras Revived: Mathematics and Philosophy in Late Antiquity*, Oxford University Press.

——1981, *Neoplatonism and Christian Thought*, State University of New York Press.

——2008, with John Dillon., *Syrianus: On Aristotle Metaphysics 13–14*, Bristol Classical Press.

Opsomer, J., 1998, *In Search of the Truth: Academic Tendencies in Middle Platonism* , Brussels.

——2001. 'ProclusvsPlotinusonMatter(Demal. subs. 30–37)'. *Phronesis* 46, 154–188.

P

Palmer, John A., 1999, *Plato's Reception of Parmenides*, Oxford.

潘能伯格（Wolfhart Pannenberg），《神学与哲学》，李秋零译，商务印书馆，2013年。

Pelling, Christopher., 2014, "Political Philosophy", *A Companion to Plutarch*, Edited by Mark Beck, Wiley Blackwell.

斐洛（Philo of Alexandria），《论〈创世记〉》，王晓朝译，商务出版社，2012年。

——石敏敏译，2004，《论凝思的生活》，中国社会科学出版社。

——石敏敏译，2007.8a，《论律法》，中国社会科学出版社。

——石敏敏译，2007.8b，《论摩西的生平》，中国社会科学出版社。

——2014, 1923, *Philo Judeaus, On The Contemplative Life*, trans. by Frank William, Nabu Press.

——1993, *The Works of Philo: Complete and Unabridged*, trans. by C. D. Yonge, Hendrickson Publishers.

John Philoponus, trans. by Michael Share & James Wilberding, 2004, 2005, 2010, 2006, *Philoponus: Against Proclus On the Eternity of the World 1–5, 6–8, 9–11, 12–18*, 4 books, Bloomsbury Academic.

Philip, J. A. 1970, The Platonic Corpus, *Phoenix* , Vol. 24, No. 4 (Winter, 1970), pp. 296–308.

Plato, *Plato's Complete Works*, J. M. Cooper Edited, Hackett Publishing Company, 1997.

——Edited by David Sedley, trans. by Alex Long, *Meno and Phaedo*, Cambridge, 2010.

——trans. by Tom Griffith, *Symposium and Death of Socrates*, Wordsworth, 1997.

——trans. by C.D.C. Reeve, *Republic*, Hackett Publishing Company, 2004.

——edited. by Archer-Hind, R.D. *The Phaedo of Plato*, Macmillan, 1883.

——edited by Geddes, W.D. *The Phaedo of Plato*, Macmillan, 1885.

——edited by Williamson, Harold *The Phaedo of Plato*, Macmillan, 1904.

——edited by Burnet, John *Plato's Phaedo*, Oxford, 1911.

——edited by Rowe, C.J. *Phaedo,* Cambridge, 1993.

——trans. by Bluck, R.S. *Plato's Phaedo, A Translation of Plato's Pheado with Intrduction, Notes and Appendices*, Routledge, 1955.

——trans. by Harckforth, R., *Plato's Phaedo, Translation with Introduction and Commentary*, Cambridge, 1955.

——trans. by Gallop, David, *Plato's Phaedo, Translation with Notes,* Oxford, 1975.

——张善元译，《苏格拉底最后的日子》，上海译文出版社，2007年。

——梁中和译，《阿尔喀比亚德》，华夏出版社，2009年。

——顾寿观译，吴天岳校，《理想国》，岳麓书社，2010年。

——詹文杰译，《智者》，商务印书馆，2011年。

——杨绛译，《斐多》，上海三联书店，2012年。

——徐学庸译，《〈米诺篇〉、〈费多篇〉译注》，台湾商务印书馆，2013年。

——程志敏译，《厄庇诺米斯》，华夏出版社，2013年。

——詹文杰译，《泰阿泰德》，商务印书馆，2015年。

——刘小枫译，《柏拉图四书》，上海三联书店，2016年。

Plutarch, *Moralia*, Vol1–15, The Loeb Classical Library, Harvard University Press.

——*Adversus Colotem* (Moralia vol 14), B. Einarson, P.H. De Lacy (eds.), Cambridge MA: Harvard University Press, 1967.

——Pomeroy, 1999, *Plutarch's Advice to the Bride and Groom and A Consolation to His Wife: English Translations, Commentary*, Interpretive Essays, and Bibliography, Oxford University Press.

——普鲁塔克,《论埃及神学与哲学:伊希斯与俄塞里斯》,段映红译,华夏出版社,2009年。

——《道德论丛》,席代岳译,吉林出版集团有限责任公司,2015年。

——《希腊罗马英豪列传》,席代岳译,安徽人民出版社,2012年。

Proclus, *Commentary on Book I of Euclid's Elements*, Friedlein, 1873.

——1992, trans. by Glenn R. Morrow, *Proclus: A Commentary on the First Book of Euclid's Elements*, Princeton University Press.

——2006, trans. by Harold Tarrant, *Proclus: Commentary on Plato's Timaeus: Volume 1, Book 1: Proclus on the Socratic State and Atlantis*, Cambridge University Press.

——2008, trans. by David T. Runia & Michael Share, *Commentary on Plato's Timaeus: Volume 2, Book 2: Proclus on the Causes of the Cosmos and its Creation*, Cambridge University Press.

——2007, trans. by Dirk Baltzly, *Proclus: Commentary on Plato's Timaeus: Volume 3, Book 3, Part 1, Proclus on the World's Body*, Cambridge University Press.

——2009, trans. by Dirk Baltzly, *Proclus: Commentary on Plato's Timaeus: Volume 4, Book 3, Part 2, Proclus on the World*, Cambridge University Press.

——2013, trans. by Dirk Baltzly, *Proclus: Commentary on Plato's Timaeus: Volume 5*, Book 4, Cambridge University Press.

——2016, trans. by Harold Tarrant, *Proclus: Commentary on Plato's Timaeus: Volume 6, Book 5: Proclus on the Gods of Generation and the Creation of Humans*, Cambridge University Press.

——1992, 1963, trans. by E. R. Dodds. *The Elements of Theology: A Revised Text with Translation, Introduction, and Commentary* , Clarendon Press, 2nd Edition.

——1994, trans. by Thomas Taylor, *Proclus' Elements of Theology*, Prometheus Trust.

——1992, trans. by Glenn R. Morrow & John M. Dillon, *Proclus' Commentary on Plato's "Parmenides"*, Princeton University Press.

——2014, trans. by Carlos Steel, *Proclus: On Providence*, Bloomsbury Academic.

——2014, trans. by Jan Opsomer, *Proclus: On the Existence of Evils*, Bloomsbury Academic.

——2011, 1971, trans. by William O'Neill, L. G. Westerink (Editor), *Proclus Commentary on the First Alcibiades*, Prometheus Trust.

——2012, trans. by Robert Lamberton, *Proclus the Successor on Poetics and the Homeric Poems: Essays 5 and 6 of His Commentary on the Republic of Plato*, Society of Biblical Literature.

——2014, trans. by Brian Duvick, *Proclus: On Plato Cratylus*, Bloomsbury Academic.

——2008, trans. by R. M. van den Berg, *Proclus' Hymns: Essays, Translations*, Commentary, Brill.

——2012, trans. by Carlos Steel & Jan Opsomer, *Proclus: Ten Problems Concerning Providence*, Bristol Classical Press.

Priscian: *On Theophrastus on Sense-Perception*, (translated by Pamela Huby) with Simplicius: *On Aristotle*, On the Soul 2.5–12, (translated by Carlos Steel). Duckworth, London 1997.

Porphyry the Phoenician, 1994, *Porphyry's Against the Christians*, edited and translated with an introduction and Epilogue by R. Joseph Hoffmann, Oxford University.

——1975, *Isagoge*, trans. by E.W. Warren, Pontifical Institute of Mediaeval Studies.

——2014, *Porphyry: On Abstinence from Killing Animals*, Reprint Edition trans. by G. Clarke, Bristol Classical Press.

——1989, *Porphyry's Letter to His Wife Marcella: Concerning the Life of Philosophy and the Ascent to the Gods*, trans. by Alice Zimmern, David Fideler, Phanes Press

——2006, *Porphyry Introduction*, trans. by Jonathan Barnes, Oxford University Press.

——2014, *Porphyry: On Aristotle Categories*, trans. by S. Strange, Bloomsbury Academic.

——1989, *Porphyry's Launching-Points to the Realm of Mind: An Introduction to the Neoplatonic Philosophy of Plotinus*, trans. by Kenneth Guthrie, Phanes Press.

——1983, *Porphyry on the Cave of the Nymphs*, trans. by Robert Lamberton, Station Hill Press.

——1917, *On the Cave of the Nymphs in the Thirteenth Book of the Odyssey*, From the Greek of Porphyry, Translated by Thomas Taylor, John M. Watkins.

——2015, *Porphyry's Commentary on Ptolemy's Harmonics: A Greek Text and Annotated Translation*, trans. by Andrew Barker, Cambridge University Press.

——1992, *On Aristotle's "Categories"*, trans. by Steven K. Strange, Cornell University Press.

——2014, *Porphyry: To Gaurus on How Embryos are Ensouled and On What is in Our Power* , trans. by James Wilberding, Bristol Classical Press.

Posidonius*, Posidonius, Volume I-III: The Fragments, Commentary, Translation,* by L. Edelstein and I. G. Kidd. Cambridge, 1972–1991.

Poster, Carol, 1998, The Idea(s) of Order of Platonic Dialogues and Their Hermeneutic Consequences, *Phoenix* , Vol. 52, No. 3/4 (Autumn — Winter), pp. 282–298.

Praechter, K., 1910. "Richtungen und Schulen im Neuplatonismus," in *Genethliakon* C. Robert. Berlin, 103–156.

Price, Robert M. *The Christ-Myth Theory and its Problems*, Atheist Press, 2011.

溥林,《〈范畴篇〉笺释》,译笺,华东师范大学出版社,2014年。

R

Radice, Roberto., 2008, Philo and Stoic Ethics. Reflections on the Idea of Freedom, *Philo of Alexandria and Post-Aristotelian Philosophy*, Edited by Francesca Alesse, Brill.

Remes, Pauliina, 2007, *Plotinus on Self: The Philosophy of the 'We'*, Cambridge University Press.

Remsburg, JE (1909). "Christ's real existence impossible". *The Christ: a critical review and analysis of the evidences of his existence*. New York: The Truth Seeker Company. pp. 13–23.

Renaud, François & Harold Tarrant, 2015, *The Platonic Alcibiades I: The Dialogue and its Ancient Reception*, Cambridge University Press.

Reydams-Schils, Gretchen, 2008, Philo of Alexandria on Stoic and Platonist Psycho-Physiology: The Socratic Higher Ground, *Philo of Alexandria and Post-Aristotelian Philosophy*, Edited by Francesca Alesse, Brill.

——2007, Calcidius on God , *Platonic Stoicism–Stoic Platonism, the Dialogue between Platonism and Stoicism in antiquity*, Edited by Mauro Bonazzi and Christoph Helmig, Leuven University Press, 2007.

Rosan, Laurence Jay., 2008, *The Philosophy of Proclus: The Final Phase of Ancient Thought*, Prometheus Trust.

Roskam, Geert, 2005, *On the Path to Virtue: The Stoic Doctrine of Moral Progress and Its Reception in (Middle-) Platonism*, Leuven University Press.

Roskam, G. 2009, *Plutarch's Maxime cum Principus Philosopho Esse Disserendum, An Interpretation with Commentary*, Leuven University Press.

Richard, Fletcher, 2014, *Apuleius' Platonism: The Impersonation of Philosophy*, Cambridge University Press.

Riel, G. Van 1997. 'The Transcendent Cause: Iamblichus and the Philebus of

Plato'. *Syllecta Classica* 8, 31–46.

Rist, J. M., 1967, *Plotinus: The Road to Reality*, Cambridge University Press.

Runia, D. T, 1986, *Philo of Alexandria and the Timaeus of Plato*. Leiden.

S

Sedley, D., 1981: 'The end of the Academy', *Phronesis* 26 (1981), 67–75.

—— 'Three Platonist Interpretations of the Theaetetus', in C. Gill and M. McCabe (eds.), *Form and argument in Late Plato* (Oxford 1996), pp. 79–103.

——2012, edited. *The Philosophy of Antiochus*, Cambridge University Press.

Seneca, 2010, *Seneca: Selected Philosophical Letters* (Clarendon Later Ancient Philosophers) 1st Edition by Brad Inwood (Translator), Oxford University Press, 2010.

施莱尔马赫(Friedrich Daniel Ernst Schleiermacher),《论柏拉图对话》,黄瑞成译,华夏出版社,2011年。

Schedel, Hartmann, *Liber Chronicarum*, Illustrator: Michael Wolgemut and Wilhelm Pleydenwurff, Anton Koberger, 1493.

Schenck, Kenneth., 2005, *A Brief Guide to Philo*, Westminster John Knox Press.

Schofield, M, 1999, Schofield, 'Academic epistemology', in K. Algra, J. Barnes, J. Mansfeld and Schofield, M.(ed.s), *The Cambridge History of Hellenistic Philosophy*, Cambridge, 1999, pp. 323–51.

Sharple, Robert W., 2007, The Stoic background to the Middle Platonist discussion of fate, *Platonic Stoicism–Stoic Platonism, the Dialogue between Platonism and Stoicism in antiquity*, Edited by Mauro Bonazzi and Christoph Helmig, Leuven University Press, 2007.

Shaw, Gregory., 1995, *Theurgy and the Soul: The Neoplatonism of Iamblichus*, Pennsylvania State University Press.

石敏敏,《论神性》,上海三联书店,2007年。

石敏敏,《普罗提诺的 "是" 的形而上学》,上海人民出版社,2005年。

Smith, Andrew, 1974, *Porphyry's Place in the Neoplatonic Tradition: A Study in Post-Plotinian Neoplatonism*, Martinus Nijhott. The Hague.

——1993, *Porphyrii Philosophi Fragmenta*, Gebundene.

Simplicius, *On Aristotle's Physics* 2, tr. Barries Fleet, Ithaca: Cornell University Press, 1997.

Siorvanes, Lucas., 1997, *Proclus: Neo-Platonic Philosophy and Science*, Yale University Press.

Sorabji, Richard., edited. *Commentaria in Aristotelem Graeca* (CAG), Duckworth.

——2005, *The Philosophy of the Commentators*, 200–600 AD, Cornell University Press.

Stamatellos, Giannis., 2007, *Plotinus and the Presocratics*, State University of New York Press.

Stevens, John, 2007, Platonism and Stoicism in Vergil's Aeneid, *Platonic Stoicism–Stoic Platonism, the Dialogue between Platonism and Stoicism in antiquity*, Edited by Mauro Bonazzi and Christoph Helmig, Leuven University Press, 2007.

Striker, G., 1980, "Sceptical Strategies," in Doubt and Dogmatism: Studies in Hellenistic Epistemology, M. Schofield, M. Burnyeat and J. Barnes (eds.), Oxford: Oxford University Press;

——1991, "Following nature: A study in Stoic ethics," *Oxford Studies in Ancient Philosophy*, 9: 1–73.

——1996, *Essays on Hellenistic Epistemology and Ethics*, Cambridge: Cambridge University Press.

——1997, 'Academics fighting Academics', in B. Inwood and J. Mansfeld (ed.), *Assent and Argument* (Leiden 1997), 257–276.

Svetla Slaveva-Griffin & Pauliina Remes edited., 2014, *The Routledge Handbook of Neoplatonism*, Routledge.

T

Taki, Akitsugu, 2012, Proclus' Reading of Plato's Sôkratikoi Logoi: Proclus' Observations on Dialectic at Alcibiades 112d-114e and Elsewhere, in *Alcibiades and the Socratic Lover-Educator*, Edited by Marguerite Johnson and Harold Tarrant, Bristol Classical Press.

谭立铸，《柏拉图与政治宇宙论：普罗克洛斯《柏拉图〈蒂迈欧〉疏解》卷一研究》，华东师范大学出版社，2010年。

陶建文，《试用胡塞尔的现象学克服维特根斯坦的反柏拉图主义》，《华南理工大学学报》，2006年第1期。

Taormina, Daniela P., 2012, Iamblichus:The Two-Fold Nature of the Soul and the Causes of Human Agency, in Afonasin, Eugene. in John Dillon & John. F. Finamore, 2012.

Tarán, 1981: *Speusippus of Athens. A Critical Study with a Collection of the Related Texts and Commentary*, Leiden。

Tarrant, Harold, 1985, *Scepticism or Platonism. The Philosophy of the Fourth Academy*, Cambridge.

——1993, *Thrasyllan Platonism*, Cornell University Press.

Themistius, 2003, trans. by R.B. Todd, *On Aristotle Physics* 4, Cornell University Press.

Thevet, André (1502–1509): Les vrais pourtraits et vies des hommes illustres grecz, latins et payens (1584).

Trapp, Michael. 1997, *Maximus of Tyre: The Philosophical Orations*. Clarendon Press.

——2014, "The Role of Philosophy and Philosophers in the Imperial Period", *A Companion to Plutarch*, Edited by Mark Beck, Wiley Blackwell.

U

Uzdavinys, Algis., 2004, *The Golden Chain: An Anthology of Pythagorean and Platonic Philosophy*. World Wisdom, Inc.

——2014, with John F. Finamore (Foreword), *Philosophy and Theurgy in Late Antiquity*, Angelico Press/Sophia Perennis.

——2011, *Orpheus and the Roots of Platonism*, The Matheson Trust.

V

Verrycken, K., 1990a. "The Metaphysics of Ammonius Son of Hermeias," in Sorabji 1990a, 199–231. *Aristotle Transformed. The Ancient Commentators and their Influence.* London and Ithaca.

Vogt, Katja., 2014, Ancient Skepticism, *Stanford Encyclopedia of Philosophy.*

Voss, O. *De Heraclidis Pontici vita et scriptis*, 1896

W

Wallis, R. T., 1995, *Neoplatonism*, 2nd edn., London: Duckworth.

汪子嵩等, 2014,《希腊哲学史》第四卷, 人民出版社。

——, 2003,《希腊哲学史》第三卷, 人民出版社。

Waithe, Mary Ellen (1987) *A History of Women Philosophers. Ancient Women Philosophers 600 B.C. – 500 A.D.* Dordrecht: Kluwer.

Watts, Edward Jay, 2006, *City and School in Late Antique Athens and Alexandria.* University of California Press.

Wear, Sarah Klitenic., 2011, *The Teachings of Syrianus on Plato's Timaeus and Parmenides*, Brill.

Westrink, L.G., *The Greek Commentaries On Plato's Pheado*, Vol. 1–2, North-Holland Publishing, 1973.

Woolf, Raphael: *On Moral Ends*, Julia Annas (Editor), Raphael Woolf (Translator), Cambridge University Press, 2001

Winkler, John J., 1985, *Auctor and Actor: A Narratological Reading of Apuleius's the Golden Ass*, University of California Press.

Wilberding, James., *Porphyry: To Gaurus on How Embryos are Ensouled and On What is in Our Power*, Bristol Classical Press.

Wildberg, Christian., 2016, Neoplatonism, *Stanford Encyclopedia of Philosophy.*

——2009, Syrianus, *Stanford Encyclopedia of Philosophy.*

——2007, John Philoponus, *Stanford Encyclopedia of Philosophy.*

Wilson, Catherine, 2008, *Epicureanism at the Origins of Modernity*, Oxford University Press.

威廉逊(Ronald Williamson)，《希腊化世界中的犹太人：斐洛思想引论》，徐开来、林庆华译，华夏出版社，2003年。

Witt, R.E., 1937, *Albinus and the History of Middle Platonism*, Cambridge University Press.

吴增定，《尼采与柏拉图主义》，上海人民出版社，2005年。

Z

策勒(E. Zeller)，1992：《古希腊哲学史纲》，山东人民出版社。

赵敦华、傅乐安主编，《中世纪哲学》，商务出版社，2013年。

章雪富，2005，《希腊哲学的Being和早期基督教的上帝观》，中国社会科学出版社。

章雪富，2012，《基督教的柏拉图主义：亚历山大里亚学派的逻各斯基督论》（第二版），中国社会科学出版社。

章雪富，2006，2008，《斐洛思想导论》I、II，中国社会科学出版社。

张力锋，《论模态柏拉图主义》，《科学技术与辩证法》，2006年第6期。

张新樟，《"诺斯"与拯救：古代诺斯替主义的神话、哲学与精神修炼》，生活·读书·新知三联书店，2005年。

Zhmud, L. *Pythagoras and the Early Pythagoreans*, trans. K. Windle and R. Ireland, Oxford (2012).

钟量，《数学真理观从柏拉图主义到人文主义的演变》，《社会科学战线》，2008年第4期，第262–263页。

Zimmern, Alice, trans. 1986, *Porphyry's Letter to His Wife Marcella: Concerning the Life of Philosophy and the Ascent to the Gods*, Phanes Press.

后 记

这个论题的确立始于2006年，当时和徐开来老师商量考博之事时，徐老师提到他和李秋零老师等人曾经想合作一部四卷本的《柏拉图主义思想史》，每人一卷，从古到今。进入人大后，李老师很爽快地通过了我关于斐奇诺的研究计划，李老师也是国内最早重视斐奇诺的学者之一，后来才知道他一直想做这个题目，只是没有机缘。我的工作是有意识地继承两位老师的志愿，试图推进这方面的研究工作，虽然目前也只是一个小小的介绍性的开端。

2017年1月1日哈佛大学James Hankins教授①访问川大，谈及他的老师、20世纪最重要的文艺复兴哲学和思想史专家保罗·克里斯特勒(Paul Oskar Kristeller)教授，早年从学于尼古拉·哈特曼(Nicolai Hartmann)教授②，继承了授业恩师恩斯特·霍夫曼(Ernst Hoffman)和哈特曼对柏拉图主义史进行梳理的志业，而不同于海德格尔③和卡西尔④的人文主义和文艺复兴思想研究路径。哈特

---

① 生于1955年，著名意大利文艺复兴思想史专家，哈佛大学历史系教授、哈佛大学I Tatti文艺复兴丛书主编。早年曾担任20世纪最重要的文艺复兴哲学和思想史专家克里斯特勒的助理，2012年荣获美国文艺复兴学会颁发的Paul Oskar Kristeller终身成就奖。
② 也是我国现代古希腊哲学研究鼻祖陈康先生的导师。
③ 海德格尔对克里斯特勒赞许有加，认为他是可造之材，参见海德格尔给雅思贝尔斯的书信。
④ 著名新康德主义代表和文艺复兴哲学专家。

曼教授的博士论文是《柏拉图之前古希腊的存在思想研究》(*Das Seinsproblem in der griechischen Philosophie vor Plato*, 1907), 1909年他出版了研究柏拉图的专著《柏拉图的存在逻辑》(*Platos Logik des Seins*), 同年完成了对普罗克洛的研究《普罗克洛论数学中的哲学元素》(*Des Proklus Diadochus philosophische Anfangsgründe der Mathematik*), 他希望在柏拉图主义和现代哲学中寻找联系, 克里斯特勒也秉持这一思路, 发现了斐奇诺哲学虽处于近现代, 但却与古代哲学有诸多紧密联系, 所谓文艺复兴的柏拉图主义和早期现代有着重要联系, 现代与古代的裂痕未必有尼采、海德格尔等人想象的那么巨大。克里斯特勒的众多弟子, 包括汉金森教授, 都延续了其师的思路, 在推进文艺复兴哲学, 特别是柏拉图主义和人文主义方面用力颇勤, 成果丰富, 克里斯特勒也引领了整个文艺复兴思想研究在20世纪的复兴, 人们开始严肃地关注古代与现代的联系, 而非局限于古今鸿沟或张力中。在这方面, 我博士期间的文艺复兴柏拉图主义(斐奇诺)研究工作也是力图接续这一传统, 在推进文艺复兴柏拉图主义研究中, 也是关注现代思想之源, 以及和现代的真正内在联系。

2010年, 博士毕业之际, 我为了日后继续从事柏拉图主义研究, 在北京收集了大量资料, 也留意电子资源。可是由于回川大后忙于教学和其他生活事务, 柏拉图主义研究直到2014年才真正启动, 在教育部专项资助的支持下, 进一步完善资料库, 最终于2016年底完成初稿, 2017年进行了认真修订。之所以是"编著", 原因在于, 我虽然在整体框架和很多判断中有自己的理解, 但也引用了很多最新的权威作品中的既成观点, 并非在所有问题上都有自己的独到见解, 因此本书更多是作为本科高年级和研究生入门教材所用。于研究方面, 它还是一个潦草的开始, 要进行真正深入而全面的研究还得分人物、分论题来细致梳理, 因为这是一个研究领域, 绝非一两本或一两套书能容纳得下的, 需要更多学者和研究生的参与，这也是未来一段时期我和我的学生们的主要用力方向，本书也是对大家参与本领域研究的一个邀请。

在此，首先感谢徐开来老师和李秋零老师的多年培养之恩，无以为报，只能继续开拓和发掘柏拉图主义研究，以传师道。在教育部和国家项目的申请和写作过程中，得到过李老师、徐老师和熊林老师的建议，我都尽量采纳了，非常感谢！也感谢刘小枫老师和华东师范大学出版社六点分社的同仁，感谢他们多年来在学术和出版上的帮助和支持！

同时感谢国际柏拉图研究协会主席、法国科学研究院Luc Brisson先生对望江柏拉图学园活动和我个人研究的指导，他作品的清晰、深入和他个人的勤谨、专注都是我的榜样；也感谢普林斯顿大学John Cooper教授和哈佛大学James Hankins教授，他们个人的学术作品是我们学习的典范，他们对学园学术活动和研究论丛出版方面提出的建议也很中肯而有益。

感谢帮助我收集资料的原望江柏拉图学园学员和川大毕业赴京的学生们，比如钟洋、张艳玲、虎嘉瑞、马飞、冉茂娥、顾枝鹰、邱信翰、魏奕昕等，他们多次帮我复印资料并邮寄，我深知其繁琐和辛苦；也感谢我自己的硕士研究生在收集资料和文字校对方面的协助，我们其实是一个学术研究工作组，彼此熟悉，彼此协助，彼此激励，他们是：王倩、虞思维、吴立立、陈宁馨、陈威、岳媛和李姿垠，特此感谢！同时感谢望江柏拉图学园的历届学员，我们的精神对话从未中断。

最后感谢我和妻子双方的家人，他们总是及时给予我们鼓励和帮助。本书特别献给妻子和儿子，如果不是湛儿上幼儿园需接送，我都没有那么固定的时间来写作。毕竟阅读似乎比写作更轻松而收获更多，分享很难，制作出值得分享的作品更难，苗力田先生曾经教导弟子50岁以前不急着写东西，普罗提诺也真的是50岁后才开始写作，我也自觉50岁之前是写不出值得分享的"作品"的。

今年丁酉，120年前，我祖父出生，现在我则刚好36岁，限于学力、积淀和视野，本书权作自己的计年之作，希望日后不断修订，以期更加准确、深入和完善。

本书也将成为四川大学通识教育金课"西方文化(哲学篇)"教材，特此说明。

2017年7月

丁酉仲夏

成都·棕竹园·杜若轩

图书在版编目(CIP)数据

古典柏拉图主义哲学导论/梁中和编著.
--上海: 华东师范大学出版社, 2019
ISBN 978-7-5675-9027-4

I.①古… II.①梁… III.①柏拉图主义-哲学史 IV.①B502.232

中国版本图书馆CIP数据核字(2019)第046671号

华东师范大学出版社六点分社

企划人 倪为国

望江柏拉图研究论丛

古典柏拉图主义哲学导论

编 著 者	梁中和
责任编辑	彭文曼
封面设计	吴元瑛

出版发行　华东师范大学出版社
社　　址　上海市中山北路3663号　　邮编　200062
网　　址　www.ecnupress.com.cn
电　　话　021-60821666　　行政传真　021-62572105
客服电话　021-62865537　　门市(邮购)电话　021-62869887
地　　址　上海市中山北路3663号华东师范大学校内先锋路口
网　　店　http://hdsdcbs.tmall.com

印 刷 者	上海盛隆印务有限公司
开　　本	890×1240　1/32
插　　页	1
印　　张	17
字　　数	380千字
版　　次	2019年5月第1版
印　　次	2019年5月第1次
书　　号	ISBN 978-7-5675-9027-4/B·1175
定　　价	88.00元

出 版 人　王　焰